La Chia
Tuo Oro

di

Alan Leo

La Chiave dell'oroscopo

Prima di proseguire la lettura, l'autore e l'editore chiedono esplicitamente di leggere e comprendere le note legali per chiarire alcuni aspetti fondamentali della relazione tra le parti.

Nota legale:

questo libro è soggetto a diritti d'autore esclusivi; la lettura è destinata esclusivamente all'uso personale. Si precisa inoltre che non è assolutamente consentito modificare o utilizzare nessuna delle sezioni di questo libro, né gratuitamente né a pagamento; non è assolutamente consentito utilizzare, citare o parafrasare una o più sezioni di questo libro o il suo contenuto senza il consenso scritto e firmato dell'autore e/o editore.

Avviso legale sulla non responsabilità dell'autore e dell'editore:

L'autore e l'editore affermano e ribadiscono che tutte le informazioni contenute in quest'opera, prese singolarmente o nella loro interezza, a seconda della sensibilità del singolo lettore o lettrice, possono avere uno scopo didattico-educativo o quello di semplice passatempo.

L'autore e l'editore di questo volume, pur ricordando a tutti i lettori che non viene fornita esplicitamente o implicitamente alcuna garanzia di alcun tipo, affermano e ribadiscono che tutte le informazioni contenute in quest'opera, essendo derivate dalla lettura critica di varie fonti, possiedono il massimo grado di accuratezza, affidabilità, attualità e completezza in relazione alla loro capacità di ricerca, sintesi, elaborazione e organizzazione delle informazioni stesse.

I lettori sono consapevoli che l'autore non è in alcun modo obbligato a fornire alcun tipo di assistenza o consulenza legale, finanziaria, medica o professionale, e anzi raccomanda loro, prima di tentare una qualsiasi delle tecniche o azioni esposte in questo libro, di contattare un professionista legalmente autorizzato ad esercitare la professione, come da legislazione vigente.

Leggendo questa introduzione, ogni lettore accetta, esplicitamente o implicitamente, che in nessun caso l'autore e/o l'editore saranno responsabili per qualsiasi perdita, diretta o indiretta, derivante dall'uso delle informazioni contenute in questo libro, incluso ma non limitato a errori, omissioni o imprecisioni.

www.templumdianae.com

Tarocchi, Astrologia ed Esoterismo

Materiale Didattico
incluso

Scansiona questo codice per ottenere
il tuo Video Percorso di introduzione al mondo dei Tarocchi,
dell'Esoterismo e della Numerologia

Oppure segui questo link:

https://www.templumdianae.com/bonus-libro/

(il percorso è sbloccabile solo 1 volta!)

Questo Materiale ti darà la possibilità di accedere a materiale didattico Esclusivo per migliorare nel tuo percorso esoterico!

Index

Contents

Prefazione

La Chiave dell'oroscopo

PREFAZIONE

Si potrebbe presumere che dal momento che questo è il Sesto Volume della mia serie "Astrology for All", occorra studiare gli altri cinque prima di metter mano a questo. Al contrario la sempre crescente richiesta di testi astrologici ha reso necessaria la pubblicazione di un libro più semplice da aggiungere alla ben nota raccolta, e l'accoglienza favorevole accordata alla prima edizione di questo volume da parte di praticanti e teorici dell'Astrologia, mostra che questo testo ha effettivamente riempito una lacuna fornendo informazioni necessarie alla pratica quotidiana di questa scienza. Come affermato più avanti nell'Introduzione, questo libro è rivolto sia a coloro che non possiedono alcuna conoscenza dell'Astrologia, sia a quegli studiosi che hanno già una qualche esperienza. Comunque, una serie di domande rivoltemi principalmente da principianti che non hanno compreso lo scopo del libro, rende necessario specificare *cosa esso realmente sia*.

COSA QUESTO LIBRO NON E'

Questo volume non da istruzioni su come calcolare un oroscopo, e non fornisce informazioni generali sulle dodici case o sulla natura dei segni dello Zodiaco, né sulle cose simbolizzate dai pianeti. Si presume che il lettore desideroso di maggiore conoscenza di questi argomenti studi gli altri volumi della serie, dove tutte le questioni teoriche sono trattate esaurientemente.

COSA E' QUESTO LIBRO

Questo libro risulterà prezioso sia allo studente alle prime armi che a quello ormai progredito, giacché più si è avanti nello studio, più si è in grado di apprezzare i vantaggi che derivano dall'uso di questo testo.

Comunque al principiante è semplicemente indispensabile! Infatti se egli vorrà mettere in pratica la sua conoscenza del significato dei segni, delle case, degli aspetti e dei pianeti, dovrà sicuramente assumersi la responsabilità di scrivere un'analisi completa di un oroscopo. Per poter assolvere ad un simile compito, occorre avere una conoscenza quanto più possibile completa del significato di ogni posizione e combinazione che possano essere ritrovate nella carta celeste; l'oroscopo deve essere analizzato, sezionato in ogni sua parte, cercando di comprenderne dettagliatamente ciascun significato. Occorrerà quindi considerare i risultati che scaturiscono dalle combinazioni di dette parti costituenti, che appaiono in serie quali: caratteristiche personali, salute, occupazione, questioni di denaro, parentela, matrimonio, figli, amici e così via, e tenere in considerazione le informazioni fornite dalle combinazioni dei vari fattori.

Questo libro è stato pensato per fornire esattamente questo tipo di informazione, e non è scritto né per lo scienziato, né per il filosofo né per l'occultista, ma per l'astrologo pratico, ovvero qualcuno che per mestiere deve delineare carattere e destino delle persone. L'approccio fornito dal libro è simile a quello usato dallo studioso di fisiognomica o di frenologia, solo che qui si studia un oroscopo invece dell'apparenza fisica.

COME ARRIVAI A SCRIVERE QUESTO LIBRO

La compilazione di questo volume prese avvio dalla popolarità ottenuta dal mio libretto "Test Horoscopes" edito in migliaia di copie all'inizio di questo secolo. In quel manualetto originalmente c'era la descrizione del carattere e del temperamento di persone, in relazione al segno ascendente, al pianeta che sorgeva al momento della nascita ed al signore dell'ascendente. Il successo fu grande e da più parti ci fu richiesto sia di ampliare il testo che di aggiungere, con lo stesso sistema già usato, le definizioni concernenti altre parti dell'oroscopo. Sarebbe stato un compito disperato per una sola persona affrontare un lavoro di tal genere che appariva praticamente infinito, se non si fosse apprestato un metodo con il quale si potessero usare serie di definizioni destinate a fornire il tipo di informazioni richieste.

Il gruppo originario di distinte definizioni consisteva in PIU' DI MILLE FOGLI ciclostilati, ciascuno dei quali fu sottoposto ad attenta correzione in anni e anni di uso costante. Il metodo fu così sottoposto ad un laborioso *test* pratico che non avrebbe potuto essere realizzato in nessun altro modo, e a parte occasionali discrepanze (come quella affrontata al Cap. XXXIV), esso si dimostrò molto più valido da ogni punto di vista rispetto al vecchio metodo di giudizio non sistematico e più o meno fortunoso, che era suscettibile di variare in relazione all'equazione personale dell'Astrologo, ed alla sua attitudine mentale al momento in cui si accingeva a scrivere.

Di tutto il materiale iniziale, ai fini della pubblicazione è stata fatta una selezione, privilegiando le definizioni migliori e più utili alle esigenze di ricercatori e studiosi. Essendo in possesso di una carta del cielo di nascita, chiunque di intelligenza normale può far riferimento ai vari paragrafi numerati del libro e analizzare l'oroscopo in modo obiettivo, ad un livello che non ha nulla da invidiare a quello di un astrologo professionista. In più questa analisi potrà dimostrare, cosa invero di grande valore, il percorso attraverso il quale si è formato il giudizio.

Alan Leo

Londra, Autunno 1917

9

INTRODUZIONE ESPLICATIVA

Solo un po' di attenzione sarà necessaria per chiarire lo scopo di questo libro, che è organizzato per essere di massima evidenza. Esso è destinato a due categorie di lettori:

(1) coloro che non hanno alcuna idea di come si interpreta   una carta celeste;

(2) studiosi che pur conoscendo le regole ed essendo in parte capaci di interpretare autonomamente un oroscopo, necessitano di un manuale a portata di mano a cui far rapido riferimento per ottenere delle informazioni atte ad ampliare successivi sviluppi interpretativi.

I LETTORI DELLA PRIMA CATEGORIA

Non è dovuta alcuna spiegazione ai lettori appartenenti alla prima categoria, ovvero a coloro che sono del tutto ignoranti di Astrologia. Sarà loro compito quello di riferirsi ai paragrafi numerati che indicano l'argomento che li interessa. Il loro cammino è dunque semplice e possono senza problemi tralasciare il resto di questa Introduzione. Essi faranno comunque bene a leggere le avvertenze preliminari che son poste all'inizio di ciascun capitolo, prima di affrontare la lettura attenta del paragrafo che li interessa. Consiglio inoltre l'attenta lettura della Nota Importante che troveranno più avanti

I LETTORI DELLA SECONDA CATEGORIA

Questi lettori comunque cercheranno naturalmente una qualche spiegazione del piano di questo libro, e qualche suggerimento per il suo miglior uso. E' stato detto che esso si spiega da solo, e non c'è dubbio che uno studente intelligente potrebbe farcela benissimo anche senza alcuna spiegazione preliminare, giacché lo studio della Carta Celeste esemplificativa, quella di Re Giorgio, fornisce un'ottima visione di come si debba usare il libro, essendo chiaro che sarà necessario un identico procedimento per qualunque altro oroscopo. I paragrafi richiesti con i loro relativi numeri possono essere immediatamente visionati nella "Reference Chart"[1] pubblicata alla fine del libro.

Ma forse qualche ulteriore accenno esplicativo potrebbe risultare utile. Nei dieci o dodici anni di pratica astrologica quotidiana che furono la premessa di questo libro, ho gradualmente elaborato uno schema interpretativo costituito da sette principali sezioni o categorie: (1) il segno Ascendente ed il suo Signore, posizione per casa e segno del Signore, nonché aspetti che lo coinvolgono; (2)

---

[1] Tavole di Riferimento. (Nota del Curatore).

Caratteristiche Individuali, rappresentate dalla posizione per segno e dagli aspetti del Sole; (3) Caratteristiche Personali indicate dalla posizione per segno e dagli aspetti della Luna; (4) Caratteristiche Mentali indicate dalla posizione per segno e dagli aspetti del pianeta Mercurio. Queste quattro sezioni riassumevano quello che potrebbe essere definito il lavoro base dell'interpretazione; era poi accordata (5) una breve trattazione a ciascuna delle Case dell'Oroscopo in varie sezioni quali Finanze, Viaggi, Ambiente ecc., giudicate o sulla base del pianeta che si trovava in quella particolare casa, o sulla base del suo signore governante. Seguiva a ciò un Sommario (6) sulla natura generale dell'oroscopo, che indicava quali fossero le maggiori tendenze da incoraggiare e quali quelle da reprimere. Infine alcune pagine erano generalmente dedicate alle Prospettive Future (7) per i successivi quattro o cinque anni.

KING GEORGE V. Horoscope of Birth June 3rd, 1865, 1:15 a.m., 51°30' N., 37 secs W.

La Carta esemplificativa della natività di Re Giorgio illustra in modo completo questo metodo interpretativo, e va solo sottolineato il fatto che si richiede un certo grado di abilità per distinguere gli aspetti, i governanti delle case, ecc., al fine di assicurare una lettura quanto più organica possibile dell'oroscopo. I primi quattro elementi per esempio sono di facile osservazione, ma quando arriviamo agli aspetti che coinvolgono il Signore dell'Oroscopo[2] troviamo una quadratura di Venere, un trigone di Nettuno, un sestile della Luna ed uno del Sole, e naturalmente ci dobbiamo fermare per chiederci se tutti questi aspetti debbano essere annessi a questa lista, e se non tutti quali tra essi. Se osserviamo un attimo con attenzione la situazione vedremo che i sestili di Marte al Sole ed alla Luna dovrebbero giustamente essere annessi alle sezioni (2) e (3) del nostro elenco come Caratteristiche Individuali e Personali, mentre il trigone di Marte a Nettuno è di natura così contraddittoria rispetto al quadrato di Marte a Venere, che per il momento sarà bene ometterlo ai fini dell'interpretazione; tralasciandola del tutto in quella forma, questa influenza nettuniana sarà meglio focalizzata nella sezione (2) come Sole sestile a Nettuno.

Gli aspetti trattati nel Cap. XVIII sono organizzati in questo modo: congiunzione b, a, che significa che la congiunzione può essere considerata aspetto *benefico* o *avverso*, mentre per quanto riguarda gli altri aspetti avversi si considerano tali l'opposizione, il quadrato, il semiquadrato, il sesquiquadrato e forse la quinconce, mentre si considerano benefici il trigone, il sestile e forse il semisestile, sebbene quinconce e semisestile andrebbero piuttosto omessi del tutto nella maggioranza dei casi. Vanno per primi inseriti gli aspetti del Sole nel seguente ordine: Luna, Mercurio, Venere, Marte, Giove, Saturno, Urano e Nettuno; poi verranno gli aspetti della Luna ai pianeti che seguono: Mercurio, Venere, Marte ecc.; poi quelli di Mercurio a Venere, Marte, Giove ecc. E così via. Dunque l'aspetto di un qualunque pianeta al Sole apparirà come un aspetto del Sole a quel pianeta. Tutto ciò risulterà chiarissimo attraverso lo studio della nostra Carta Esemplificativa nelle pagine seguenti.

E' preferibile, per quanto riguarda gli aspetti, sbagliare per difetto, cioè è meglio segnarne pochi piuttosto che troppi: è consigliabile scegliere i più evidenti e segnare solo questi ultimi.

Sorge ora la nuova questione se l'opposizione della Luna a Nettuno dovrebbe o meno essere inclusa nella categoria (3) quella delle Caratteristiche Personali. La risposta è no. L'aspetto infatti non è così preciso ed è in qualche modo modificato ed adombrato dal sestile della Luna a Marte e dal fatto che Nettuno sorge, fenomeno questo che è trattato nei "paragrafi supplementari"; ci accontenteremo allora di segnare solo il sestile della Luna a Marte. Ancora, se dovessimo considerare il sesquiquadrato della Luna a Mercurio, dovremmo includere questo aspetto nelle Caratteristiche Mentali, piuttosto che nella categoria delle Caratteristiche Personali, dal momento che gli aspetti che coinvolgono la Luna e Mercurio hanno molto a che fare con la facilità con cui il cervello è in grado di esprimere i pensieri. Nel caso presente possiamo benissimo omettere questo aspetto dal momento che Mercurio sorge e si trova ancora all'interno della Casa Prima, essendo dunque molto più attivo di quanto sarebbe

---

[2]Il Signore di questo oroscopo è Marte per la signoria sul segno che ascende, ovvero l'Ariete. Dunque gli aspetti di cui si tratta sono aspetti di Marte. Con il termine usato in originale: *Ruler*, Alan Leo intende il Signore dell'Ascendente, detto anche Signore dell'Oroscopo. (Nota del Curatore).

stato in caso contrario, mentre anche la Luna è in stretto contatto con l'Ascendente per aspetto.

Queste poche osservazioni saranno probabilmente sufficienti a chiarire tutto ciò che può essere fonte di dubbio. Si esorta il lettore a studiare la Carta del nostro esempio approfonditamente, leggendola più volte per intero, e osservando come l'equilibrio dell'intera interpretazione venga mantenuto. Infatti è nella prima osservazione della carta che c'è il segreto dell'intera interpretazione: il resto segue quasi automaticamente.

Le "Polarità" di cui si tratta nel Cap. XXXIII, andrebbero incluse nella sezione (3) tra gli aspetti lunari, ma non è sempre necessario farlo: il lettore deciderà per suo conto quando sia il caso.

Una volta risolte le prime quattro sezioni della nostra interpretazione, dovremo affrontare con speciale attenzione la questione delle Case che sono così distinte: II Finanze, III Viaggi, IV Ambiente, V Imprese, VI Malattie, VII Matrimonio, VIII Eredità, IX Filosofia, X Professione, XI Amici, XII Occultismo. Gli altri significati delle case che non compaiono in questa elencazione generale, appaiono qui e là nelle note interpretative.

La regola generale è di assumere come reggente[3] di una particolare Casa il pianeta signore del segno che la Casa occupa, oppure il signore della cuspide, ma nel caso in cui un pianeta dovesse occupare fisicamente la Casa, esso andrebbe preso come reggente, preferendolo al reggente naturale del segno occupato dalla cuspide della casa stessa, e se più pianeti fossero presenti in quella casa, allora occorrerebbe assumere come reggente il più importante di loro in relazione alla sua forza. Ma questo schema non può essere seguito invariabilmente, come si potrà vedere nello studio della nostra Carta esemplificativa, e sarà davvero un ottimo esercizio per l'intuito del lettore domandarsi il perché ciò avvenga. Così considerando la Casa II, se non vi sono pianeti al suo interno, non bisogna subito prendere in considerazione il maestro di quella cuspide, ma controllare se Venere o Giove siano angolari; se ciò avviene prenderemo questi ultimi, ma se non avviene allora sarà il caso di controllare se il segno sulla cuspide della casa sia cardinale, fisso o mutevole. Così si farà anche per la III e per la X Casa.

Se la Casa VII non ospita pianeti, prenderemo in considerazione la posizione per segno di Venere e giudicheremo da quella. Per l'XI Casa, nel caso fosse vuota, osserveremo se il segno da essa occupato o che si trova alla sua cuspide appartenga alla Triplicità di Fuoco, di Terra, di Aria o d'Acqua, e da ciò giudicheremo. Nel caso di una XII Casa vuota si ricorrerà ad una speciale interpretazione fornita più avanti[4].

I cosiddetti Sommari sono abbastanza chiari da spiegarsi da soli: C., F., M. rispettivamente significano la *maggioranza dei pianeti* in segni Cardinali, Fissi o

---

[3]In inglese come sempre *Ruler,* che nel caso delle Case potrebbe essere tradotto anche con dispositore, maestro, governante ecc.(Nota del Curatore)

[4]Le particolari linee interpretative delle varie case nel caso siano vuote ecc. sono fornite all'inizio di ciascun capitolo dedicato alle Case stesse. C'è da dire che comunque come si comprende non ci può mai essere un'applicazione meccanica dei contenuti interpretativi dei vari paragrafi, ma ci dovrà esser sempre un qualche livello di "scelta personale" da parte di che sta interpretando una carta celeste.(Nota del Curatore)

Mutevoli, ma due lettere messe assieme come C. ed F. hanno un diverso significato ovvero che il Sole si trova in un segno Cardinale e la Luna in uno Fisso; al contrario F. e C. significheranno naturalmente che il Sole è in un segno Fisso e la Luna in uno Cardinale. Queste annotazioni sono molto utili quando i pianeti si trovino ordinatamente divisi (o quasi) tra le tre qualità. Simili annotazioni si applicano anche per le triplicità. Quando troviamo una chiara maggioranza di pianeti in un certo tipo di segno (per esempio 5 in segni cardinali e 4 in segni d'acqua) dovremo adottare i paragrafi appropriati, ma se ci sono dei dubbi su quale tipo di segno sia maggiormente rappresentato, allora ci atterremo alla natura del Sole e della Luna, come per esempio nella natività di Re Giorgio in cui abbiamo M. e C. ed A. (paragrafi 451,441). Nei casi in cui sia il Sole che la Luna si trovino nello stesso tipo di segno potremo usare i paragrafi da 440 a 445 (con un'adatta modificazione delle parole).

In questa come in tutte le altre questioni deve necessariamente entrare in giuoco il giudizio dello studioso, ma in generale c'è da dire che come regola il Sommario dovrebbe comprendere: (a) la posizione terrestre dei pianeti (pianeti che sorgono, tramontano, che sono al di sopra o al di sotto dell'orizzonte), e (b) la preponderanza dei pianeti o del Sole e della Luna in posizione per segno (C. F. M. e F.,T.,A.,Ac., ecc.), sebbene nel caso in cui le posizioni fossero reciprocamente contraddittorie (per es. pianeti alla levata in maggioranza mutevoli) la questione andrebbe giudicata con attenzione, e la scelta fatta in relazione alla decisione a cui si giunge. I pianeti son detti:

che *sorgono* se in casa X, XI, XII, I, II, III.
sotto l'orizzonte se in casa I, II, III, IV, V, VI.
che *tramontano* se in casa IV, V, VI, VII, VIII, IX.
sopra l'orizzonte se in casa VII, VIII, IX, X, XI, XII.

Riguardo alle Prospettive Future son forniti sufficienti suggerimenti nel capitolo ad esse dedicato; qui come altrove occorre sapere cosa omettere e cosa includere, ed in questo ambito ciò risulta ancora più importante.

Se dobbiamo interpretare l'oroscopo di un amico è meglio premettere una breve introduzione esplicativa a ciascun paragrafo nel modo esemplificato nel caso trattato nell'Appendice.

Con questo si conclude l'introduzione ed il lettore può essere ora lasciato ad esplorare liberamente il libro, con la certezza che sebbene in un certo senso si troverà di fronte a "definizioni preconfezionate" egli non dovrà mai sentire sacrificata l'opportunità di esercitare liberamente il suo pensiero e la sua capacità di sintesi, e non dovrà mai pensare che non ostante la sua serietà ed applicazione, non possa comunque sviluppare la capacità di "giudicare un oroscopo" per conto suo.

———————————————

Forse qualche parola sulla forma letteraria di queste definizioni non sarebbe sprecata.

Vediamo come arrivai a scriverle. Un uomo che conosce bene la sua materia detta ad uno stenografo, il quale segue la dettatura tanto rapidamente quanto la penna gli consente, ed alla fine di ciascuna pagina interrompe senza preavviso la dettatura rendendo necessario un forzato cambiamento di argomento. Ogni frase viene fuori dalla mente come incandescente, e così viene catturata dal foglio. L'idea è tutto per l'Autore, mentre la forma non è nulla. La sua mente lavora rapidamente, e tanto meglio se altrettanto rapidamente i suoi pensieri possono essere trasferiti sulla carta; una rifinitura scolastica può esser effettuata invero in qualunque momento successivo, se necessario[5]. E perché allora - chiederà il lettore critico - non è stato fatto?

La risposta è semplice e conclusiva. Un tale lavoro di rifinitura è stato fatto. Nel periodo in cui stavo lavorando al sistema delle definizioni interpretative realizzato in questo libro, fu ingaggiato un laureato dell'Università di Londra per eseguire il lavoro di revisione, e questo personaggio ritenne necessario apportare così tante modifiche al testo originale, che molti paragrafi vennero interamente riscritti. Il risultato però fu del tutto deludente. Il tentativo di esprimere idee ampie e non statiche, che descrivono per esempio un Ascendente in Ariete, attraverso una fraseologia troppo precisa, era condannato al fallimento. I paragrafi riscritti erano chiari e definiti; troppo definiti in effetti, giacché quando fu fatto un confronto con quelli originali, si vide che producevano sul lettore l'effetto di affermazioni fredde e monotone piuttosto che quello di idee nuove e palpitanti. Ciò risultò così evidente persino allo studioso in questione, che andando avanti nel lavoro con il resto delle definizioni, si limitò a cambiare una parola o una frase qui e lì, ritenendo che con tutti i loro errori formali i paragrafi nella loro forma originale erano più adatti a trasmettere le idee che si intendeva esprimere, meglio di qualunque forma letterariamente perfetta. Persino alcune circonlocuzioni si rivelarono utili nella loro forma originaria per esprimere per così dire "l'emozione" dell'idea che l'Autore desiderava trasmettere[6].

Tenendo a mente quanto detto, si comprenderà che nel preparare questo libro per la stampa non è stato fatto alcun tentativo di privare le Interpretazioni del loro carattere originario spontaneo ed improvvisato, giacché l'Autore è convinto del fatto che essere troppo precisi è tanto dannoso quanto esser troppo vaghi. Non si ritiene con questo che non sia possibile apportare dei miglioramenti, ed il lettore potrà ricavare vantaggio sia letterario che astrologico, sforzandosi di esprimere a suo modo le parole che troverà nei vari paragrafi del libro.

Si è detto che i testi dei Paragrafi furono in prima istanza dettati. La necessità di brevità ha reso a prima vista incomprensibili un paio di frasi, ma il lettore intuitivo potrà con un minimo di ragionamento comprendere cosa si intendeva. Ad esempio di ciò si può citare dal parag. 452: "fare la cosa azione (=agire) quando è finita la sua utilità" che significa che una decisione può essere posticipata fino al

---

[5]Qui ritroviamo uno spaccato interessante del carattere di Alan Leo, con i suoi molti valori in Leone: Giove, Sole, Mercurio e Saturno al trigone della Luna in Ariete nella IX natale, quella degli studi e della filosofia! Evidentemente un individuo così segnato veicola la passione e sensorialità anche sul contenuto a volte tecnico di queste note interpretative. La precisione viene chiamata dal Nostro quasi con disprezzo "clerkly finish" cioè rifinitura scolastica....(Nota del Curatore)

[6]Seguono alcuni esempi intraducibili di problemi semantici, ad esempio tra la parola "liable" scorretta ma espressiva e quella giudicata più corretta ma fredda "likely". In tali esempi Alan Leo vuole dimostrare che a volte una parola o espressione "letterariamente scorretta" può esprimere meglio l'idea che l'ha generata. Tutto ciò trova un limite però nella precisione e pulizia della lingua.(Nota del Curatore)

punto che l'azione decisa in precedenza viene attuata quando è troppo tardi per avere una qualche utilità, ma nonostante ciò deve essere eseguita lo stesso. Il pensiero deve alla fine divenire azione, questa è la legge del pensiero, e ritardi nelle decisioni non cambiano questa legge, rendendo invece l'azione stessa inutile.

E' stato appurato che una nota interpretativa scritta in seconda persona colpisce generalmente il lettore medio in modo molto più vivido e diretto di quanto non lo faccia una scritta in una forma più impersonale. Per questa ragione tutti i paragrafi del libro, a dispetto dei suggerimenti contrari, sono stati lasciati in questa forma.

LA CARTA CELESTE DEL SORGERE DEL SOLE

Se si dovesse stendere la carta natale di una persona di cui si ignora del tutto l'ora della nascita, dovremmo ricorrere come via maestra al tema calcolato per l'istante del sorgere del Sole[7]. La ragione di ciò sta nel fatto che quell'istante in qualunque luogo della terra è pregno di una speciale energia che in qualche misura pervaderà l'intero giorno; dunque un oroscopo calcolato per quell'istante conterrà molte nozioni che saranno valide per tutte le persone nate quel giorno in quel luogo, e sarà sicuramente più valido di qualunque altra carta oroscopica, a meno che non si potesse individuare l'oroscopo esatto attraverso una precisa tecnica di rettificazione, processo questo lungo e laborioso che richiede molta abilità.

Quando si dovesse interpretare un oroscopo di questo tipo sarà bene far precedere il testo dal paragrafo 630 B.

---

[7]Non è difficile calcolare una carta del genere: occorre riferirsi alle Tavole delle case calcolate per il luogo di nascita, annotando il Tempo Siderale dell'istante in cui il grado zodiacale occupato dal Sole si trova alla cuspide della Prima Casa, e trovando infine l'ora esatta che cerchiamo sottraendo questo Tempo Siderale dal Tempo Siderale fornito dalle Effemeridi per il Mezzodì. L'oroscopo è poi calcolato nel modo consueto.

Facciamo un esempio con l'oroscopo di Re Giorgio: il T. S. in cui 13° Gemelli è sulla cuspide della Prima Casa alla Latitudine di Londra è di 20h41'41", mentre il T.S. a mezzodì il 3 Giugno 1865 è di 4h47'49": la differenza tra i due valori è di 8h06'08". Il che significa che l'istante del sorgere del Sole era stato 8h06'08" prima di mezzodì, ovvero alle 3h54' a. m., ora per la quale va calcolato l'oroscopo.

IMPORTANTE CHIARIMENTO

UN'APPARENTE CONTRADDIZIONE

Si potrà spesso constatare che una certa parte di una nota interpretativa sia in completo contrasto con un'affermazione che appare in un'altra parte della stessa nota. I lettori che possiedono una notevole esperienza di studio di testi astrologici sono del tutto preparati a ciò: comprendono il perché ciò avvenga, e sono in grado con poca difficoltà di modificare l'uno o l'altro dei paragrafi in conflitto per quel che riguarda le *parole*, in modo tale da eliminare l'apparente contraddizione. Ma quei lettori per i quali la materia è del tutto nuova e che provano quella stessa vaga meraviglia e mancanza di fiducia nell'affrontare per la prima volta un oroscopo che io stesso provai, potrebbero esser spinti a ritenere che tali discrepanze siano una prova della totale falsità dell'Astrologia, e potrebbero esser tentati di immaginare che tutto quello che hanno verificato precedentemente, fosse frutto di coincidenze o di generalizzazioni.

La realtà è che alcune di queste stesse contraddizioni esistono in ogni carattere umano, e possono ritrovarsi (se analizzeremo abbastanza in profondità) persino nelle nature più equilibrate. In taluni queste paradossali contraddizioni sono molto più marcate, e quando ciò avviene l'Astrologia mostrerà la natura delle due opposte tendenze, ed indicherà quale delle due abbia maggiori possibilità di essere preponderante sull'altra. Alcune persone sono parsimoniose nella gestione della casa e spendaccione negli affari, altre sono munifiche a casa e ristrette negli affari. Perché? L'Astrologia e solo l'Astrologia può dare la chiave per comprendere anomalie di questo tipo.

Non è il caso qui di entrare in simili questioni di dettaglio. Sarà sufficiente rammentare al lettore che quando nell'interpretazione incontrerà affermazioni contrastanti dovrà ricordare che le stesse tendenze conflittuali esistono nel carattere della persona titolare dell'oroscopo che si sta studiando, e che per capire quale delle due tendenze sarà la più forte sarà bene rivolgersi al giudizio di uno studioso di maggiore esperienza.

Quando scriveremo un'interpretazione astrologica per un amico piuttosto critico, sarà bene richiamare la sua attenzione su ogni discrepanza di tal sorta, senza lasciare che sia lui a scoprirle da solo. Guarda i Paragrafi 630 Fa e 630 Fb.

Capitolo 1
l'ascendente e il segno che sorge

La Chiave dell'oroscopo

CAPITOLO I

L'ASCENDENTE ED IL SEGNO CHE SORGE

Con il termine Ascendente viene chiamata la Prima delle Dodici Case dell'oroscopo[8]. Esso è situato ad Est rispetto al luogo di nascita, ed il suo inizio o cuspide coincide con l'Orizzonte orientale. Il segno che sorge è quel segno dello Zodiaco che alla nascita occupa la cuspide stessa dell'Ascendente. Generalmente questo segno zodiacale è il più importante dell'intero oroscopo e fornisce una descrizione in termini generali dell'aspetto fisico e del carattere di una persona, sebbene tali connotazioni siano suscettibili di variazione in relazione alla posizione dei pianeti, e specialmente del Signore dell'oroscopo e di quel pianeta o di quei pianeti che stanno sorgendo o sono vicini all'Ascendente.

1. L'Ariete sorgeva alla tua nascita. Questo è un segno cardinale, mobile e di fuoco, che fornisce tanta energia ed attività sia fisica che mentale, molto impulso ed entusiasmo, e porta tanti cambiamenti nel corso della vita. Tu sei coraggioso, intraprendente, sincero ed estroverso. Puoi affrontare le difficoltà con prontezza ed eroismo, e dal momento che sai cosa vuoi ti senti raramente perso riguardo a ciò che occorre dire o fare nel momento in cui tu sia chiamato a decidere. Sei ambizioso, confidi in te stesso ed ami l'avventura, e per queste tue qualità e soprattutto per la fiducia che hai in te stesso sei destinato ad avere partita vinta nel mondo. Tu ami tanto la tua libertà ed indipendenza, e stai male ogni qualvolta ti senti impedito, coartato o limitato nelle tue azioni. Sei generoso e pronto a rispondere al richiamo delle emozioni. Sei uno zelante e disponibile protettore di chiunque solleciti la tua compassione. La maggior parte dei tuoi guai verranno proprio dalla fretta e dall'impulsività quando interferiranno nelle azioni, nei giudizi o nei sentimenti. In qualche misura ti manca una certa freddezza, prudenza ed autocontrollo, e per te non è facile lasciar spazio agli altri anche nel caso in cui la giustizia o la prudenza lo consiglierebbero. Marte governa questo segno.

2. Il Toro sorgeva alla tua nascita. Questo è un segno fisso e di terra. Sei amabile ed affettuoso, amante dei piaceri e della bellezza. Il segno del Toro dona spesso amore per la musica e per l'arte, con notevole gusto per i colori, per la melodia, per i vestiti, per gli ornamenti e l'eleganza in generale. Sei calmo, controllato, fermo e volitivo; amante della pace, dell'armonia e della quiete. Hai anche una

---

[8]In realtà per Ascendente oggi si intende la cuspide della Prima Casa, distinguendo tra questo punto che è dato dall'intersezione tra Orizzonte ed Eclittica, e la Prima Casa che comprende 30° circa di Eclittica. (Nota del Curatore)

natura pratica e sottoponi qualunque cosa al *test* della sua utilità ed esperibilità e valuti persone, cose ed idee soprattutto rispetto all'uso cui si può sottoporle. Sei ricco di perseveranza e tranquilla fermezza, e sei in qualche misura riservato ed egocentrico, pronto talvolta a dimostrare una grande ostinazione. Non cambi con facilità e manchi di adattabilità. Il corso della tua vita tende a fluire di giorno in giorno e persino di anno in anno nei modi usuali senza grandi mutamenti. Non sei facilmente influenzabile da parte degli altri, ma sei a tuo modo ed in coerenza con le tue idee un lavoratore paziente e tenace. Non sei facile all'ira, ma in te può albergare del risentimento. Hai opinioni stabili, sentimenti e desideri intensi, e sei capace di forti passioni, ma sei sostanzialmente buono ed amante del *comfort* e del riposo. Venere governa il Toro.

3. I Gemelli sorgevano alla tua nascita. Questo è un segno che appartiene all'elemento aria ed alla qualità detta comune o mutevole. Hai ottime capacità mentali, nonché un'intelligenza attiva e flessibile. Questo è uno dei segni intellettuali e di solito questi nativi hanno abilità nello scrivere, studiare, parlare e pensare. Sei un appassionato di libri e della lettura in genere e sei in grado di apprendere facilmente attraverso libri e conferenze; puoi applicarti ad una vasta gamma di materie e sei ingegnoso ed inventivo. Sei adatto a ricevere una buona istruzione e sei in grado di cimentarti in qualunque attività letteraria o lavoro di ufficio. Hai una grande capacità di ragionamento, una mente profonda, e sei ricco nello scrivere e nel parlare. Hai facilità con le lingue e per le scienze e sei appassionato di viaggi. La tua mente è pronta a cogliere il significato di tutto e sei capace di applicarti velocemente a qualunque attività e studio, ma manchi in una certa misura di concentrazione e di perseveranza. Sei piuttosto irresoluto, incerto, talvolta mutevole, non hai fiducia in te stesso e puoi avere o esprimere opinioni contraddittorie. Sei facilmente preda di preoccupazioni e irritazione e anche piccoli fastidi possono facilmente sconvolgerti. Sei gentile, umano e bonario, ma sai bene cosa significhi avere attacchi di timidezza, nervosismo e sentimento di chiusura nei confronti dell'esterno quando ti chiudi in te stesso. Il ragionamento e l'intelligenza sono le tue qualità forti, ma puoi effettivamente mancare di continuità e di forza di volontà. Mercurio governa i Gemelli.

4. Il Cancro sorgeva alla tua nascita. Questo è un segno che appartiene all'elemento acqua ed alla qualità cardinale o mobile. Questo segno ti dona grande sensibilità e ricettività, vividi sentimenti ed emozioni, e amore per le sensazioni e per le cose sconosciute. Hai una natura invero affettuosa e socievole, provi caldi sentimenti ed ami la vita domestica. Sei facilmente influenzabile da parte di coloro che ami e ammiri, ma sei molto freddo, riservato e diffidente con coloro che non conosci bene o che non ti piacciono. Hai immaginazione e fantasia molto vive, e spesso continui a rivivere a lungo nella tua mente il passato, ma allo stesso tempo guardi al di là verso il futuro. Sei molto prudente e pianifichi tutto bene, sei cauto ed attento ed al contempo hai una buona dose di tenacia e fermezza. Hai una naturale abilità per il commercio e per gli affari e potresti aver successo in queste attività, dal momento che hai il senso del valore delle cose e del denaro. Hai una mente pratica ed alla fine sottoponi tutto al *test* dell'utilità, e con il giusto impegno nella tua sfera di attività puoi farti la reputazione di una persona efficiente e pratica. Vivi comunque molto attraverso le tue sensazioni ed a volte sei capriccioso e mutevole, ma allo stesso tempo paziente e tenace. La Luna governa il Cancro.

5. Il Leone sorgeva alla tua nascita. Questo è un segno che appartiene all'elemento fuoco ed alla qualità fissa. Esso ti dona una natura aperta, sincera, nobile, magnanima e generosa. Hai dignità e fiducia in te stesso, doti queste che ti assisteranno nelle difficoltà della vita, e che ti porteranno a posizioni di prestigio se saprai usare con saggezza le tue potenzialità. Tu non sottovaluti il tuo valore, ma sei ambizioso e dominatore quando sono in ballo progetti e mete grandiosi e di vasta portata. C'è in te un certo grado di orgoglio e a volte non sai rinunciare all'ostentazione ed allo sfarzo; allo stesso tempo c'è anche un forte senso drammatico. Hai un cuore caldo e provi affetti ardenti, sai essere un amico molto fedele non incline a cambiare o a vacillare. Sei compassionevole, tenero e buono, ansioso di aiutare e di proteggere coloro che si trovano nel bisogno. Il tuo orgoglio può essere facilmente toccato, e l'ira può talvolta insorgere all'istante, ma sei un nemico che sa perdonare e preferisci la pace alla guerra. Hai una volontà di ferro ed è difficilissimo che tu possa cambiare direzione una volta che hai deciso; sei d'altronde capace di sforzi tenaci anche per lunghi periodi di tempo. Sei allegro, ottimista, socievole ed amante della compagnia. I tuoi sentimenti e le tue emozioni sono sollecitati all'istante, e sei piuttosto attratto dal lusso e dai piaceri; rispetto a ciò dovrai porre un freno. Il Sole governa il Leone.

6. La Vergine sorgeva alla tua nascita. Questo è un segno che appartiene all'elemento terra ed alla qualità comune o mutevole. Esso dona un carattere calmo, schivo, modesto e riservato. Sei attento, prudente e capace di pianificare tutte le tue azioni prima di compierle. Sei inoltre gentile e solidale ma non sei disposto a mostrare all'esterno i tuoi veri sentimenti, e sebbene tu sia adattabilissimo e quasi capace di divenire la persona che gli altri desiderano, raramente mostri del tutto la tua vera natura, risultando a volte difficile da capire. Vi sono in te ottime qualità mentali, puoi dunque imparare tutto con facilità ed hai una naturale disposizione allo studio. Hai un'intelligenza logica, abilità nel ragionamento, e puoi svolgere altrettanto bene sia attività scientifiche che letterarie; allo stesso tempo puoi anche sviluppare un livello molto alto di abilità pratica e puoi impegnarti con metodo e talento in lavori di minuzia. A volte sei portato a preoccuparti senza motivo, oltre che a vacillare interiormente e a cambiare idea. Sei diffidente e non hai molta fiducia in te stesso, e ti arrendi troppo presto di fronte alla difficoltà. Non sei abbastanza ottimista. Darai il meglio di te e sarai anche più fortunato se lavorerai sotto la direzione di un capo del quale tu abbia fiducia. La Vergine è infatti il segno del servitore e non quello del padrone. Mercurio governa questo segno.

7. La Bilancia sorgeva alla tua nascita. Questo è un segno che appartiene all'elemento aria ed alla qualità cardinale o mobile. Esso ti dona una natura elegante, gentile, affabile e cortese. Gli affetti ed i sentimenti sono in te molto sviluppati e giuocheranno un ruolo molto importante nella tua vita. Tu sei portato a stringere molte amicizie e puoi unirti con facilità ad altre persone; il lato socievole del tuo carattere è molto forte ed il tuo sviluppo sarà di molto facilitato se coltiverai con saggezza questa qualità. Sarai sicuramente meno fortunato se vivrai da solo o cercherai di star lontano dagli altri. La tua mente è raffinata, ami la bellezza e l'ordine, con un gusto notevole per la musica e per la pittura. L'ambiente circostante ha forte influenza su di te, e tu non ti sentirai mai felice se non sarà pulito, elegante ed armonioso. La tua mente può evolversi in modo notevole specialmente nello studio di materie che sviluppano il tuo lato immaginifico ed idealistico, ma tu hai più intuito che ragione, e l'emozione e gli affetti sono per te molto più importanti del freddo intelletto. Sei piuttosto incostante e mutevole; le cose che ti piacciono e quelle che ti repellono cambiano spesso, mentre le tue idee variano con il variare dei tuoi stati d'animo. Non sei costante né con le persone né con le idee, e la tua vita potrà esser piena di grandi trasformazioni. Cameratismo, amicizia, associazione, alleanza e matrimonio sono le parole chiave della tua natura, e non potrai raggiungere il massimo delle tue possibilità se prescinderai da queste cose. Venere governa la Bilancia.

8. Lo Scorpione sorgeva alla tua nascita. Questo è un segno che appartiene all'elemento acqua ed alla qualità fissa. Esso dona un carattere forte e potente, deciso e sicuro di sé. Generalmente sai quel che vuoi e sei chiaro e drastico per quanto concerne le tue opinioni od idee. L'indecisione non è quasi mai una delle debolezze di questo segno. Sei coraggioso ed audace e non ti ritrai dall'affrontare lo scontro o le controversie se ne vieni violentemente coinvolto. Hai fiducia in te stesso e non eviti di assumerti le tue responsabilità. Sei inoltre drastico negli amori e negli odi sia nei confronti delle persone che delle idee, e difficilmente sei disposto a cambiare opinioni o abitudini di vita. Hai una notevole forza di volontà, e sebbene a volte tu sia intensamente posseduto da sentimenti, emozioni e passioni, hai tanta resistenza e tenacia e puoi lavorare duro e a lungo per raggiungere i tuoi scopi. Hai orgoglio e senso dell'onore e sei capace di ira violenta se ti senti ferito in tal senso. Dovresti inoltre possedere considerevole abilità d'esecuzione e potresti divenire un lavoratore con ottima manualità se ti vorrai applicare in un settore che la richiede. Sei un buon combattente; il lato critico, sarcastico ed analitico della tua natura sono molto sviluppati. Sei ingegnoso e pieno di risorse; a volte le tue maniere sono un po' brusche ed esagerate e non abbastanza concilianti nei confronti delle persone le cui idee divergono dalle tue; sei poi ambizioso e dominatore. Hai infine una certa attrazione per le cose mistiche, occulte, strane e segrete. Marte governa lo Scorpione.

9. Il Sagittario sorgeva alla tua nascita. Questo è un segno che appartiene all'elemento fuoco ed alla qualità mutevole o comune. Esso dona una natura nobile e di ampie vedute, sincera e leale. Sei generoso, gentile e solidale, franco e giusto. Hai forte il senso dell'onore e contemporaneamente privilegi l'ordine, la pulizia, la precisione e la correttezza sia per quel che riguarda la tua persona che l'ambiente in cui vivi. Ami inoltre la bellezza nella forma e nelle linee ed hai molto buon gusto per i vestiti, per gli ornamenti e le decorazioni. Ami la libertà e l'indipendenza, e sei generalmente attivo ed irrequieto, così come ottimista ed allegro. Sei un patito di *sport* ed esercitazioni all'aria aperta e puoi diventare molto abile in questi settori. Sei in qualche misura impulsivo e focoso, talvolta un po' troppo brusco e rude ma di solito solo quando ti senti offeso, giacché come regola sei molto formale nei rapporti e non ti piacciono affatto le infrazioni all'etichetta. Sei generoso, umano e benevolo. Hai una mente versatile ed hai una notevole propensione naturale a dirigere i tuoi studi verso le materie più sublimi e difficili come la filosofia, la teologia o la legge. Hai un innato sentimento di reverenza e devozione ed un naturale senso religioso a prescindere dal fatto se segui o meno una determinata religione. Giove governa il Sagittario.

10. Il Capricorno sorgeva alla tua nascita. Questo è un segno che appartiene all'elemento terra ed alla qualità cardinale o mobile. Esso ti dona una natura calma, stabile, tenace, paziente, resistente e prudente. A volte sei vittima della melanconia e di un modo di pensare troppo serio, mancando un po' in te l'ottimismo, la spensieratezza e l'apertura alla speranza, e talvolta guardi le cose solo nel loro lato buio. Hai una grande abilità di esecuzione pratica, sei un lavoratore sul quale potere sempre contare e generalmente porti a termine con fedeltà qualunque lavoro in cui ti impegni. Hai un fortissimo autocontrollo e forza di volontà e puoi perseguire i tuoi fini a dispetto di molti ostacoli. Credi nella giustizia, nell'economia, nella prudenza e nella cautela, e normalmente pensi prima di agire. Hai l'ambizione di raggiungere il potere e nel caso in cui ciò avvenga sai esercitarlo; sei padrone di te stesso e puoi dirigere, comandare ed organizzare subordinati in modo molto efficace, sebbene tu sia in genere più rispettato che amato da loro. Sei riservato e misurato, non stringi amicizia con facilità, ma sei molto fedele agli amici che possiedi; sei però un nemico duro e piuttosto spietato. Possiedi una calma tenacia ed una solida determinazione che potranno condurti a fare quasi tutto ciò che ti sei posto come obiettivo. Saturno governa il Capricorno.

11. L'Aquario sorgeva alla tua nascita. Questo è un segno che appartiene all'elemento aria ed alla qualità fissa. Esso ti dona ottime capacità intellettuali nonché una propensione che tu dovresti coltivare per la scienza, la letteratura o l'arte . Hai una forte volontà e forti opinioni molto decise, e non cambi con facilità. Sei paziente e tenace, fermo e calmo nella determinazione. La tua natura è aperta, sincera, leale ed onesta, e se talvolta puoi chiuderti nel silenzio e ti ritiri in te stesso non sei preda della melanconia, ma sei geniale, ottimista ed innocente. Sei portato a stringere molte amicizie e sei costante e fedele nei tuoi affetti; potrai giovarti molto dei tuoi amici e conoscenti e ricaverai sempre molto piacere dalla loro frequentazione. Hai buona memoria e sei in grado di ricevere un'ottima istruzione, oltre ad avere la capacità di applicarti nelle più svariate direzioni. Hai una qualche inclinazione per l'occulto ed il misterioso, e potresti facilmente anche far progressi in queste direzioni. Saturno governa l'Aquario.

12. I Pesci sorgevano alla tua nascita. Questo è un segno che appartiene all'elemento acqua ed alla qualità mutevole o comune. Esso ti rende gentile, benevolo, accondiscendente e generoso. Hai una natura altruista e caritatevole, i tuoi sentimenti sono facilmente sollecitati e tu sei sempre disponibile ad aiutare

le persone bisognose del tuo soccorso. Sei socievole e simpatico e sei capace di fare facilmente nuove conoscenze e di andare d'accordo con la gente. Hai una forte immaginazione ed una fertile fantasia, sei impressionabile ed emotivo e potresti applicarti in qualunque direzione che fosse adatta a sviluppare queste caratteristiche come per esempio il teatro, la musica, il canto, la pittura o la letteratura; è forte infatti la tua attitudine verso queste attività. Ti piace prendere la vita con leggerezza e divertirti, hai un buon carattere e sei molto amichevole oltre ad essere ben disposto nei confronti di tutti; tu sei generalmente così. Hai un certo senso dell'onore e dell'orgoglio, rispetti le forme, i costumi e l'etichetta, e tieni in considerazione i sentimenti degli altri. Ami la bellezza e l'eleganza: non sopporti di esser circondato da cose brutte o di cattivo gusto; hai inoltre un buon senso artistico. Sei sensibile, intuitivo e ricettivo. Giove governa i Pesci.

La Chiave dell'oroscopo

DESCRIZIONE APPROSSIMATIVA DELL'ASPETTO FISICO PRODOTTO DALL'ASCENDENTE

N.B. *Le seguenti descrizioni subiscono notevoli modificazioni in relazione a: (a) il segno che alla nascita ospita la Luna, e (b) il segno che ospita il Signore dell'Ascendente ovvero il Pianeta Governante o Signore dell'oroscopo. Le seguenti descrizioni sono date solo come indicazioni generali. Occorre molta abilità per individuare l'aspetto fisico dall'oroscopo.*[9]

L'ASCENDENTE ARIETE fornisce un corpo piuttosto magro e asciutto, statura media, arti robusti, ossatura poderosa, un volto che ricorda il muso di un montone, sopracciglia spesso scure e di solito folte, sguardo veloce, un bel collo lungo, carnagione scura e "focosa", capelli mossi ed ispidi, spesso ricci e castani, talvolta rossastri, spalle larghe ben costruite. La prima parte del segno fornisce una corporatura più alta e più piena, la seconda parte un tipo più piccolo e di solito più scuro.

L'ASCENDENTE TORO fornisce un corpo corto, pieno e ben piazzato, occhi e volto tondeggianti, collo corto e grosso, ampie narici e bocca grande, volto luminoso talvolta di carnagione scura, spalle ampie e forti, mani corte piene e grosse, capelli scuri e talvolta neri, generalmente tendenti ad essere ricci specialmente sul davanti, cui si aggiunge spesso un ciuffo sulla fronte.

L'ASCENDENTE GEMELLI fornisce un corpo alto, eretto e dritto, braccia lunghe, mani e piedi generalmente sottili e nervosi, in genere carnagione scura, capelli scuri o nerastri, occhi color nocciola, sguardo acuto ed un aspetto attivo e di solito allegro.

L'ASCENDENTE CANCRO fornisce statura media, viso pienotto e tondeggiante, pallido e di aspetto delicato, lineamenti piccoli, generalmente un naso del tipo detto meditativo, capelli di un castano spento, piccoli e grigi gli occhi. La posizione per segno della Luna influenza moltissimo sia l'aspetto che il carattere di questi nativi, ma in generale i nati nel Cancro sono timidi e sfuggenti.

L'ASCENDENTE LEONE. Statura giusta tendente al robusto, di solito ben fatto, dal portamento eretto, ampie spalle ben fatte, occhi luminosi e splendenti, dallo sguardo vivace, solitamente di color marrone-nocciola nelle varie gradazioni, capigliatura abbondante di bel colore dal biondo al castano; viso ovale o tondeggiante, carnagione rossastra o sanguigna, passo sicuro, modi generalmente dignitosi e dispotici.

L'ASCENDENTE VERGINE. Statura media, ben fatto, piuttosto slanciato, essenziale ed armonioso, talvolta compassato. Carnagione scura, rossastra e volto gradevole, naso lungo che si proietta dalla base. Il naso mercuriale è inconfondibile.

L'ASCENDENTE BILANCIA. Bella la figura, talvolta alta se appartenente alla prima parte del segno; se alla seconda più piena e più bassa. Corpo piacevole, ben fatto, capelli lisci e lucenti, talvolta di color nero ambra; se Venere si trova in un bel segno i capelli sono molto chiari; volto rotondo e bello, carnagione chiara,

---

[9]Non c'è dubbio che a tal fine occorre considerare il segno della Luna e del Signore dell'oroscopo, ma non dimentichiamo il segno che ospita il Sole! (Nota del Curatore)

fine, bianca e rossa; occhi che vanno dal blu al verde, ma sempre grandi e chiari. Le persone nate sotto questo segno sono generalmente molto belle, e in special modo le donne. Modi gradevoli e eleganti, sobrietà nel vestire.

L'ASCENDENTE SCORPIONE. Taglia media, corpo pieno, robusto e ben piazzato, volto grande e squadrato, carnagione scura e ombrosa, capelli castano scuro, in genere mossi, ricci, cespugliosi ed abbondanti. Occhi scuri, talvolta grigi e piuttosto piccoli, lo sguardo è perspicace. Soprattutto le donne del segno procedono con un passo sinuoso da serpente.

L'ASCENDENTE SAGITTARIO. Corpo ben fatto, piuttosto alto, allungato volto ovale, ampia fronte e naso lungo, begli occhi chiari, spesso di un marrone opaco, rotondi e aperti, di un tipo inconfondibile; bella la carnagione, volto aperto, capelli castani o castano-chiari. Ama camminare ed ha un bel portamento.

L'ASCENDENTE CAPRICORNO. Corpo magro e statura bassa, non sempre ben fatto, volto magro e allungato, generalmente ordinario. Mento lungo che generalmente si protende, collo piccolo, magro e curvo, capelli castani molto scuro o neri, talvolta di un blu-nero, lisci e flosci. Petto stretto e solitamente ginocchia deboli.

L'ASCENDENTE AQUARIO. Statura media, talvolta robusto, ben piantato e forte; volto allungato, carnagione bella, chiara, sanguigna e talvolta molto delicata; occhi nocciola, bei capelli tra il biondo ed il castano chiaro. Questo segno dona agli uomini tanta bellezza quanto la Bilancia dona alle donne.

L'ASCENDENTE PESCI. Statura bassa, costituzione pienotta, spalle rotonde, andatura piegata in avanti; volto ampio e pallido, pelle chiara e trasparente, capelli scuri o tendenti allo scuro; occhi addormentanti, come da pesce, un po' all'infuori; lineamenti molto mutevoli e voce delicata.

Capitolo 2
il signore dell'ascendente

CAPITOLO II

IL SIGNORE DELL'ASCENDENTE

Ciascun segno dello zodiaco è associato ad un pianeta che è detto signore o governante di quel segno[10]. Nel Capitolo I abbiamo parlato dei segni Ascendenti, ora ci soffermeremo sull'influenza dei pianeti che governano detti segni.

13. IL SOLE governa il segno del Leone. Il suo influsso consiste nel donare energia vitale e fuoco all'intera natura sia fisica che mentale. Esso accresce la dignità, la fiducia in sé stessi e la forza di volontà, stimolando l'ambizione ed un desiderio di raggiungere validi risultati nell'azione. Sei portato ad ambire a posti di comando, e non ti sentirai a tuo agio in posizioni subordinate. Sei in grado di organizzare e dirigere affari e persone, e non ti tirerai indietro dall'assumerti le tue responsabilità. Sei d'animo gentile e generoso, ammiri ciò che è nobile e disprezzi ciò che è meschino e squallido. Il lato socievole ed affettivo della tua natura è molto sviluppato, e facilmente ti attirerai la simpatia di amici e compagni. Ami il *comfort*, il piacere ed il lusso, ma non devi lasciare che le debolezze del cuore o forse della sfera del desiderio ti consumino. La chiave di questo influsso che appartiene principalmente all'individualità è: armonia interna realizzata nella vita esterna.

14. LA LUNA governa il segno del Cancro. Il suo influsso consiste nel formare, nutrire e sostenere, e si riferisce alla personalità[11]. Il lato casalingo e familiare della tua natura è forte, e tu sei molto legato alla famiglia ed ai tuoi genitori. L'immaginazione è ben sviluppata e giuoca un ruolo importante nella tua vita. Sensazioni e sentimenti vivono intensamente dentro di te, e tu sei soprattutto portato a cambiare e a fluttuare giorno per giorno attraverso i vari stati d'animo da cui sei colto, dal momento che ti mancano energia e tenacia. Hai però la capacità di divenire pratico e di occuparti dei tuoi affari che sai peraltro intuire e gestire con abilità. Potresti occuparti di una vasta gamma di attività a seconda della tua istruzione: della vita domestica, di affari, di scienze applicate e di arte;

---

[10] Si tratta del pianeta che ha il suo domicilio i ;n quel certo segno. (Nota del Curatore)

[11] Individualità e Personalità sono i due poli di riferimento cari ad Alan Leo. Il primo appartiene alla parte immortale dell'Uomo ed è astrologicamente rappresentato dal Sole, mentre il secondo, la Personalità astrologicamente rappresentato dalla Luna, è caduco e mortale, è la maschera che l'io adotta per muoversi nel mondo. Ma quanto più l'Individualità potrà prendere il sopravvento sull'automa personale tanto maggiore è la possibilità per l'Uomo di individualizzarsi (jungianamente individuarsi) superando i livelli standard delle consuetudini sociali causati dall'imitazione, dall'ipocrisia ecc . Vedi di Alan Leo "Astrologia Esoterica" a cura di Alessandro Guzzi; Ediz. Nuovi Orizzonti, Milano, ai Cap. XV, XVI, XVII. (Nota del Curatore)

tutte queste cose rappresentano infatti sfere di attività adatte ai nati sotto la Luna. Sei prudente ed attento, portato all'economia ed alla progettazione anticipata di ogni cosa, e sei pratico ed abile a patto che non lasci che l'immaginazione ed i sentimenti ti consumino.

15. IL PIANETA MERCURIO governa i segni dei Gemelli e della Vergine. Il suo influsso si determina sul cervello e sui nervi, ed ha più a che fare con l'intelletto che con i sensi. Esso ti dona ottime capacità mentali, genialità ed adattabilità, ricchezza di risorse ed acume, e forse un'ottima memoria. Dovresti essere portato a parlare e a discutere in pubblico, essendo il tuo modo di esporre ricco e convincente, ma insieme a queste caratteristiche talvolta si osserva in te un certo grado di elusività e segretezza così come di riservatezza e tendenza all'isolamento. La tua natura non sarà mai mostrata del tutto al resto del mondo, e c'è una parte di te che non mostrerai mai neanche agli amici più intimi. La tua mente è molto attiva ma manchi di tenacia e di concentrazione, e tendenzialmente ti occupi di troppe cose, cambi troppo rapidamente idea, ed "hai troppa carne al fuoco". Come un camaleonte puoi velocemente adattarti agli stati d'animo ed alle opinioni degli altri, e sei in grado di riconoscere il giusto anche quando si presenti sotto le più diverse mascherature. Mercurio in qualche misura è come se assumesse in sé stesso la natura degli altri pianeti, dunque poni attenzione al segno in cui alla nascita c'è il tuo Mercurio ed agli aspetti che riceve, dal momento che questi elementi possono modificare ciò che è stato detto fino ad ora.

16. IL PIANETA VENERE governa i segni del Toro e della Bilancia. E' il pianeta dell'amore e della bellezza. Esso mette in evidenza la vita affettiva rendendo preminente il lato sociale della tua personalità. Affettuoso ed amichevole gradisci moltissimo la compagnia di amici e parenti; sei di natura amabile e pacata e tendi a preferire tutto ciò che sia armonioso ed elegante. Ti piacciono le comodità ed il *comfort*, il lusso ed i piaceri e dovrai esercitare un qualche freno su quel lato della tua natura. Venere generalmente dona a chi nasca sotto il suo influsso buon gusto e amore per la bellezza, per gli ambienti raffinati, i bei vestiti, gli ornamenti, le decorazioni, oltre che la predilezione per ciò che è lindo ed ordinato. Potrai forse, se vorrai, sviluppare il lato estetico della tua natura: verso il canto, la musica, l'arte, la poesia, ecc. L'influsso di questo pianeta può essere usato anche negli affari dal momento che fornisce una certa abilità finanziaria oltre che fortuna. Il temperamento è di solito allegro, ottimista, ben disposto, doti queste che accrescono la popolarità ed il numero degli amici.
Venere è il significatore principale dell'amore e del matrimonio: ha anche una certa influenza positiva sulle questioni di denaro e sul benessere, e dona anche il senso della bellezza.

17. IL PIANETA MARTE governa i segni dell'Ariete e dello Scorpione. E' il pianeta del fuoco, dell'energia e dell'espansione. Dona al nativo un carattere ardente, attivo, sicuro, impulsivo ed impetuoso. Ami la libertà e l'indipendenza, e non puoi sopportare gli impedimenti, le limitazioni di ogni sorta o i ritardi. Sei generoso e sincero, ami le cose fatte alla luce del sole, l'eroismo ed il coraggio sia fisico che morale. Hai tanta fiducia in te stesso e di solito sei facilmente in grado di resistere fino in fondo, essendo pronto con le parole e con l'azione. Devi stare attento a non essere troppo impulsivo ed ostinato; sei infatti piuttosto aggressivo e prepotente, e a causa di ciò potrai invero incappare in molti guai. Hai una buona dose di orgoglio, che può facilmente venire ferito; non è facile per te rimanere calmo e sotto controllo se vieni provocato. Sei un lavoratore attivo ed energico che può realizzare molto in poco tempo, ed in te c'è la possibilità di divenire molto pratico e capace di districarti nella vita, se saprai sottoporti ad una certa autodisciplina.

Marte è il pianeta del fuoco, dell'energia, dell'impulso e dell'azione. La sua posizione per segno indicherà attraverso quale canale questa energia potrà scorrere. Esso ha anche una qualche connessione con il tipo di morte.

18. IL PIANETA GIOVE governa i segni del Sagittario e dei Pesci. Esso tende a creare un carattere vivace, allegro ed ottimista, che ti aiuterà molto nella realizzazione della tua popolarità e nell'apprezzamento da parte di molti amici. Ti conquisterai la stima di tutti ed il successo e ti farai piuttosto benvolere ed apprezzare. Sei benevolo, generoso ed umano, e sei sempre pronto ad aiutare coloro che se lo meritano e ad appoggiare cause degne. Hai rispetto per la legge, l'ordine e la proprietà nonché per le norme e le convenzioni; disprezzi la maleducazione, la goffaggine o il cattivo gusto nelle opinioni o nella condotta, tanto quanto non sopporti lo squallore o la bruttezza di ciò che ti circonda. Hai reverenza per la bellezza delle idee e delle forme, ti piace un ambiente bello e tutto deve essere confortevole ed elegante. Sei pieno di energia, entusiasmo, ardore e lealtà. Hai un rispetto naturale per la legge e per la religione, e tieni in gran conto i riti, i cerimoniali e l'etichetta, essendo invero un po' troppo ossequiente ai formalismi. Sei portato a coltivare il tuo spirito, laddove ne sentirai il bisogno, attraverso la religione, la legge, o la filosofia.

Giove è un pianeta molto favorevole se ben messo in una carta celeste. Esso governa il benessere sociale e generale, la religione, la legge, la benevolenza e la buona volontà, e fornisce un certo apprezzamento per la bellezza, l'armonia, l'immaginazione e per gli ideali.

19. IL PIANETA SATURNO governa i segni del Capricorno e dell'Aquario. Esso tende a rendere il tuo carattere severo, serio e grave. E' il pianeta che per sua natura governa la tarda età, e la sua influenza migliore non è percepibile finché la giovinezza non sia passata. Esso ti dona autocontrollo, riservatezza e misura, insieme ad una certa propensione per la frugalità, la prudenza e la cautela. Da esso mutuerai anche forza di volontà ed un carattere paziente e tenace, segnato dalla calma, dalla forza interiore e dalla serenità. Talvolta sei un po' carente di allegria ed ottimismo, e non sei capace di perdere il tuo formalismo in società così facilmente come altri riescono a fare, né sei capace di infondere allegria, divertimento e spensieratezza, sebbene sia in grado di apprezzare queste cose quando ti ci trovi coinvolto. Hai un buon livello di abilità pratica e sei capace di gestire uomini e mezzi con abilità e senso dell'economia. Sei ambizioso e capace di ideare progetti di vasta portata dedicandoti per lungo tempo alla loro realizzazione. Le migliori virtù che Saturno può insegnare sono l'autocontrollo,

la prudenza, la pazienza, la purezza, la parsimonia ed una propensione mentale piuttosto meditativa, come può anche insegnare a distinguere tra valore reale e pretenziosità di superficie.
Saturno è considerato un pianeta sfortunato e ciò è dovuto al suo potere di limitare ed impedire, e quindi ha effettivamente un'influsso inibente e vincolante. Esso costituisce il ponte tra le emozioni e l'intelletto e pone le prime sotto controllo finché non sia assicurato l'autocontrollo.

*   *   *   *   *

Questi sono i sette signori dello zodiaco per come ci sono stati tramandati dall'antichità. Oltre a loro abbiamo due nuovi pianeti scoperti in tempi recenti: Urano e Nettuno. Non ci sono ancora prove sicure circa il governo di questi due pianeti su definiti segni zodiacali, così come avviene invece per gli altri pianeti. Molti ritengono che Urano abbia molta attinenza con l'Aquario, e potrebbe talvolta effettivamente governare quel segno ma solo per gli individui più evoluti dell'Umanità; è peraltro ben situato anche in Ariete ed in Gemelli. Nettuno sembra avere qualche attinenza con i Pesci, e forse è anche ben messo in Cancro.

20. IL PIANETA URANO dona un carattere forte, fiducioso e sicuro, suscettibile di evoluzione in tutti i suoi aspetti. Fornisce un'intelligenza originale e brillante; il nativo tende a pensare in modo autonomo e non imita assolutamente nessuno. Dona grande capacità di applicazione negli studi superiori, siano essi scientifici, metafisici o letterari. Al lato emozionale del carattere il pianeta fornisce vigore ed energia, entusiasmo e determinazione, e grande zelo nei confronti di persone o questioni che possano attrarre. Rende la volontà forte ed indomabile e dona la capacità di lavorare sodo e dinamicamente. Coloro che nascono sotto l'influsso di questo pianeta sono molto indipendenti, odiano le regole, le coercizioni e le convenzioni e di frequente rompono o ignorano tutto ciò. Spesso si mettono in luce e sono più o meno noti nel loro ambiente, dal momento che possono organizzare, dirigere e comandare, oltre che assumersi responsabilità. Il pianeta dona anche una certa attrazione per l'occulto ed il misterioso, e talvolta causa esperienze strane ed inusuali. Improvvisi cambiamenti accadono nella vita, e tutto il bene e il male che Urano può arrecare avviene in modo del tutto imprevedibile.
Urano è un pianeta sintetico. Governa in gran parte la volontà oltre ad essere responsabile dei cambiamenti magnetici che avvengono nel corpo e nel sistema nervoso; causa cambiamenti nella coscienza che corrispondono a cambiamenti di vita.

21. IL PIANETA NETTUNO è difficile da comprendere e sembra molto elusivo. Ha attinenza col piano emozionale e *psichico* [12] della natura umana. In genere causa

---

[12] E' bene ricordare quello che ebbi già occasione di scrivere in una nota di *Esoteric   Astrology* (pag. 112 nell'edizione italiana curata da me per la "Nuovi Orizzonti"). In inglese il termine *psychic* ai tempi di Alan Leo corrisponde all'obsoleto termine italiano: psichico, che già aveva il significato di "medianico, o legato a piani della coscienza altri rispetto a quello materiale". La

particolari esperienze *psichiche* o medianiche, come sogni importanti, visioni, intuizioni, impressioni, preveggenza, trasferimento del pensiero ecc., e fomenta una qualche disposizione verso questo tipo di fenomeni. Talvolta dona talento musicale o artistico. Stimola inoltre la sfera dei sentimenti, delle emozioni e dei sensi, e talvolta c'è un eccesso di compiacimento o indulgenza nei confronti di questi aspetti della propria natura, che richiederebbero controllo e purificazione. La volontà non è sempre molto forte ed il temperamento è permeabile e ricettivo, e nonostante si sia amabili e di buon carattere, si è inclini all'incertezza e ad una certa incapacità ad affrontare le difficoltà ed a rimanere interiormente forti e stabili. Si sa molto poco circa l'influsso di Nettuno soprattutto a causa del fatto che esso sembra agire più sulla mente subconscia che su reali eventi fisici, inoltre questo pianeta è in grado di influenzare ad un livello considerevole solo le persone molto ricettive ed in qualche modo medianiche o *psichiche*.

---

definizione del Dizionario *Webster* per la parola *psychic* è: "relativo ad un piano al di là della sfera di attinenza della scienza fisica o della conoscenza" o anche "sensibile a forze ed influssi non fisici o soprannaturali." (Nota del Curatore)

Capitolo 3
la posizione del signore dell'ascendente delle case

CAPITOLO III

LA POSIZIONE DEL SIGNORE DELL'ASCENDENTE NELLE CASE

L'influenza del Signore dell'Ascendente descritta nel Capitolo II è soggetta a modificarsi a causa della sua posizione nelle case e nei segni, oltre che degli aspetti che riceve da parte degli altri pianeti. Ciascun aspetto al Signore dell'Ascendente (vedi § da 202 a 308) andrebbe dunque considerato in questa sezione così come spiegato nell'Introduzione, insieme alle sue posizioni per segno e per casa. In questo Capitolo si fornisce il significato della posizione del Signore dell'Ascendente nelle dodici case.

22. IL SIGNORE DELL'ASCENDENTE SORGE IN CASA I. Questa è una posizione potente nonché fortunata sia per il carattere che per gli eventi. Essa indica che ci si può aspettare che la natura del Signore dell'Ascendente, descritta in precedenza, sarà molto rilevante nel tuo carattere, e che potrà operare con il minimo livello di impedimento o di ostacolo. Inoltre questa posizione accresce la forza e l'unicità del carattere stesso, distinguendoti chiaramente rispetto a tutti gli altri individui. L'influsso del Signore dell'Ascendente si potrà anche vedere chiaramente negli eventi della tua vita, sia quelli che sarai tu a causare, sia quelli che si realizzeranno a causa dell'azione di altri con i quali verrai in contatto. Se imparerai a conoscere perfettamente la natura di questo importante pianeta, sarai preparato agli effetti che tende a realizzare quando si trova in questa posizione in un oroscopo. L'intera sua natura non tende a rivelarsi subito, giacché i suoi tratti più superficiali appartengono alla giovinezza, e l'influenza più profonda e piena alla maturità.

23. IL SIGNORE DELL'ASCENDENTE IN CASA II. Questa è un posizione che mette in evidenza le questioni finanziarie e tutto ciò che ha a che fare con il denaro e la proprietà. Avrai preoccupazioni per quanto concerne il denaro, e avverrà o che sarai tu per tua scelta ad occuparti intensamente di questioni finanziarie, o che saranno le circostanze ad obbligarti a farlo. Parlando in generale questa posizione è molto fortunata ed indica la capacità di guadagnare denaro attraverso persone o attività che sono significate dal pianeta stesso e dal segno in cui è situato. Questa buona fortuna sarà accresciuta da ogni aspetto favorevole che il pianeta riceve, ma sarà diminuita o perturbata da quelli cattivi. Questa posizione del Signore dell'Ascendente aumenta anche in qualche misura la forza di volontà e la natura emozionale e passionale.

24. IL SIGNORE DELL'ASCENDENTE IN CASA III. Questa posizione rende più attiva l'intelligenza ed il pensiero, e rende probabile il fatto che la propria occupazione, gli svaghi o gli *hobby* siano soprattutto di tipo mentale. Libri, lettere, scritti, documenti possono essere molto importanti; verrà probabilmente dedicato molto tempo allo studio, alla lettura, alla scrittura. Questa posizione causa anche un gran numero di viaggi, soprattutto piccoli spostamenti, di solito anche molta corrispondenza, oltre che frequenti cambiamenti di opinione e di idee. Sarai molto legato all'ambiente familiare, ed i tuoi fratelli e sorelle ti saranno o meno di aiuto a seconda del livello di accordo esistente tra il tuo oroscopo ed il loro.

25. IL SIGNORE DELL'ASCENDENTE IN CASA IV. Questa posizione, specialmente nella prima parte della tua vita, ti lega all'ambito familiare e domestico; un legame molto stretto con uno dei genitori - probabilmente con tua madre - eserciterà una forte influenza su di te, coinvolgendoti profondamente. Se non sarà così allora alcune circostanze nel tuo ambiente ti ostacoleranno in qualche misura e tu non potrai superare queste condizioni fino a quando non abbia oltrepassato la mezza età. Questa posizione favorisce l'acquisizione di terre, proprietà, case, oltre che dei prodotti della terra, ed è favorevole a coloro che sono impegnati in occupazioni correlate a queste cose. La quarta casa governa gli ultimi anni di vita e l'età avanzata in genere e di solito ciò che è indicato da questa posizione non può essere esperito in pieno fino ad allora. Questo luogo dell'oroscopo è in qualche misura *psichico* ed occulto, avendo una forte correlazione con il piano astrale, e tu potrai essere attratto verso questa dimensione nell'ultima parte della tua vita, o potrai anche avere delle esperienze molto strane.

26. IL SIGNORE DELL'ASCENDENTE IN CASA V. Questa posizione evidenzia il lato socievole e gaudente del tuo carattere, rendendoti espressivo negli affetti ed ardente nei sentimenti. Ti dedichi a divertimenti ed ad attività più perché ti danno piacere che per il fatto che possano risultarti utili in qualche modo, e sei capace di prendere la vita con gioia. Talvolta l'individuo che presenta una tale posizione alla nascita intraprende attività o *hobby* che danno gioia agli altri quali la musica, l'arte, il teatro, ecc., ed in genere c'è in te un notevole talento in uno di questi settori. Devi però stare attento a non esagerare quando siano in giuoco i sensi ed i piaceri. In coincidenza di direzioni favorevoli sei in grado di trarre guadagni grazie a investimenti oculati. Ti piacciono molto i bambini. Ami la natura e ne sei con facilità profondamente commosso. Sei generoso, sincero e leale. Questa posizione rafforza l'energia vitale e la salute.

27. IL SIGNORE DELL'ASCENDENTE IN CASA VI. Questa è un'ottima posizione nel caso tu sia un lavoratore, a prescindere dal tuo livello sociale. E' possibile che tu abbia altri individui a te sottoposti, e che sia capace di organizzarli e dirigerli con successo, ma questa posizione indica soprattutto un individuo che da il meglio di sé nel servizio più che nella direzione, e che trova maggiore fortuna proprio quando si associa a qualcuno che faccia da direttore, o *partner*, o quando occupi una posizione subordinata piuttosto che quando lavori in proprio. Ciò vale sia per gli affari che per la professione. Talvolta questa è la tipica posizione di un impiegato statale, o di qualcuno che lavori in una grande azienda o impresa, o di chi non sia per qualche ragione libero ed indipendente. La tua salute potrebbe risentire negativamente di quest'influsso, che può anche ritardare in qualche modo i tuoi progetti, o portarti sfortuna.

28. IL SIGNORE DELL'ASCENDENTE IN CASA VII. Questa posizione è atta a metterti notevolmente in vista, e dal momento che contribuisce all'acquisizione di amici e conoscenti, fa che gli altri siano molto attratti da te e proprio perciò sarà bene che tu intraprenda una carriera pubblica che possa sfruttare queste doti. Sarai inoltre attratto dall'altro sesso e ti accadrà di aver successo in tal senso. Questa posizione spinge notevolmente al matrimonio ed è improbabile che tu rimanga da solo. Negli affari e nella professione è meglio che lavori in associazione o colleganza con altri piuttosto che per conto tuo; potrai inoltre facilmente aggregare altre persone con le quali andrai d'accordo. Nei periodi segnati da direzioni sfavorevoli potrebbe accadere di subire inimicizie proprio come effetto di questa posizione, e di soffrire da parte degli altri l'opposizione, la rivalità, la gelosia o la contesa.

29. IL SIGNORE DELL'ASCENDENTE IN CASA VIII. Questa posizione potrebbe mettere in pericolo la salute o addirittura la stessa vita di un individuo durante l'infanzia e la giovinezza, specialmente in presenza di cattive direzioni. Se questo periodo di pericolo viene favorevolmente superato, questa posizione è in grado di aumentare la tua energia e la forza vitale, oltre che la vivacità e il vigore dell'intera natura. Potrà accaderti di guadagnare denaro unendoti ad altri, in associazioni o in qualche altro modo, ed anche dal matrimonio, se ti sposerai. Potrai avere a che fare con testamenti o beni dei defunti; la morte di un particolare amico o parente potrebbe avere un'importante influenza su di te, e potrà anche avvenire che tu entri in contatto con la morte in molti modi. Una propensione per lo *psichismo* o l'occultismo accompagna a volte questa posizione, e potresti fare strane esperienze correlate allo spiritismo o ai morti. E' una buona posizione per i chirurghi, i farmacisti, i titolari di pompe funebri, i medici legali, o per coloro che direttamente o indirettamente hanno a che fare con i morti.

30. IL SIGNORE DELL'ASCENDENTE IN CASA IX. In una certa fase della tua vita questa posizione ti spingerà verso la religione e ti porrà in contatto con persone collegate con la religione o con i culti. Sarai peraltro interessato alla filosofia o ad altre discipline di grande profondità dal momento che questa posizione ha molto a che fare con i piani più elevati della natura e con il lato più astratto del pensiero ed il suo approfondimento. Potrai avere esperienze nella professione di scrittore o di editore, da solo o in associazione con altri. Potrai viaggiare molto o avere a che fare col mare e con le navi, e potrà accaderti di intraprendere un lungo viaggio; grandi cambiamenti che implicano viaggi potranno avvenire nella tua vita. Tale posizione arricchisce ed evolve la mente e spinge allo sviluppo della conoscenza e della saggezza.

31. IL SIGNORE DELL'ASCENDENTE IN CASA X. Questa posizione indica che sei ambizioso, anelante, intraprendente, desideroso di raggiungere una posizione di potere e di diventare famoso, e che probabilmente potrai ottenere ciò che desideri. Sei adatto a elevarti socialmente nella vita e ad acquisire prestigio, reputazione, fama o una buona posizione in relazione alla natura degli sforzi che saprai applicare. Otterrai l'appoggio di persone più vecchie o più altolocate di te, di superiori negli affari, nella professione o nella società, e trarrai profitto e piacere dalla loro amicizia. Ti capiteranno occasioni per il successo e per realizzazioni importanti, e se sarai all'altezza delle possibilità che sono in te potrai andare lontano. A volte questa posizione indica un forte legame con il padre, o una rassomiglianza con lui nell'aspetto, nel carattere o nel tipo di attività.

32. IL SIGNORE DELL'ASCENDENTE IN CASA XI. Avrai molti amici e conoscenti e sarai piuttosto popolare nel tuo ambiente. Fai amicizia facilmente con le persone del tipo indicato dal Signore del tuo Ascendente; ti saranno congeniali, e nel rapporto con loro potrai sia divertirti che ricavare vantaggio, dal momento che saranno sempre pronti ad aiutarti in qualunque momento tu abbia bisogno di assistenza. Nello stesso tempo sarebbe bene che tu esercitassi una certo giudizio nella scelta degli amici, giacché in coincidenza di cattive direzioni potrebbe capitarti di soffrire a causa loro. Gli amici in un modo o nell'altro possono davvero influenzarti moltissimo. In te c'è un certo grado di ambizione e di desiderio di successo, come di benessere e decoro, e potrà certo accadere che tu possa migliorare la tua posizione ed ottenere il soddisfacimento delle tue ambizioni.

33. IL SIGNORE DELL'ASCENDENTE IN CASA XII. Questa non è affatto una posizione fortunata, giacché quando sarai sottoposto a direzioni cattive potrai soffrire a causa di inganni, imposture, inimicizie, imbrogli e odi. Il male che proviene da questa casa è generalmente difficile o impossibile da prevedere ed è perciò improvviso e spesso disastroso. Talvolta esso può essere il risultato di una certa tua mancanza di prudenza o previsione, e potresti essere stato tu stesso la causa di tutto ciò che ti capita: per questa ragione questa casa è detta "dell'autodistruzione". A causa di quest'influsso potrai essere ostacolato e coartato e sentirti profondamente deluso, oppure potrà avvenire che tu debba forzatamente incorrere in un qualche grado di isolamento o reclusione, o per tuo desiderio o per cause esterne. C'è inoltre il pericolo di accuse false, falsi amici e persino di un'ingiusta carcerazione. Sotto buone direzioni potrai ricevere l'aiuto e l'assistenza che necessiti, e sarai tu stesso sempre disposto ad aiutare gli altri, dal momento che sei caritatevole e pieno di buoni sentimenti. Questa posizione è spesso accompagnata da un'inclinazione per l'occultismo e per i fenomeni *psichici*, mentre l'aggregazione a società segrete, e questioni che coinvolgono la segretezza, il mistero o l'imprevedibile son tutte cose che potranno entrare nella tua vita.

Capitolo 4
le posizioni del sole come sovrano nei segni

CAPITOLO IV

LE POSIZIONI DEL SOLE COME *RULER* [13] NEI SEGNI

34. IL SOLE IN ARIETE. Questa posizione accentua il lato energico, dinamico ed impulsivo della tua natura, nella misura in cui il segno ascendente può mostrare queste qualità. Sarai in qualche misura ambizioso e desideroso di successo ed allo stesso tempo svelto ad afferrare le opportunità favorevoli. Sei abbastanza indipendente ed hai fiducia in te stesso; sei in grado di rivestire ruoli di responsabilità e prestigio, e di dirigere ed organizzare altre persone. Quando incontri opposizione sei portato ad essere piuttosto irremovibile, precipitoso e combattivo. La tua posizione naturale è in prima fila e non prendi volentieri un posto indietro o ti sottoponi facilmente ad altri. Sei in grado di lavorare sodo per chiunque o qualunque causa ti interessi profondamente, nonché di sacrificarti molto. Si tratta dunque di una posizione molto fortunata per l'energia vitale e atta a farti progredire nella vita.

35. IL SOLE IN TORO. Questa posizione accentua la fiducia in te stesso e l'ambizione, ma insieme a queste caratteristiche ci sarà anche tenacia e determinazione, e sarai più portato ad agire con cautela che in modo impulsivo. Talvolta ti dimostri troppo statico ed ostinato, non sufficientemente adattabile e sensibile alle novità. La tua naturale tendenza sarebbe quella di seguire un'unica direzione di vita per un lungo periodo, senza cambiamenti rilevanti, ma questo modo di essere fa sì che tu possa perseguire i tuoi scopi con fermezza, pazienza e grande resistenza, e così potrai ottenere molto. Queste caratteristiche potrebbero essere indirizzate o negli affari o nelle questioni di denaro e tenderanno alla lunga a darti notorietà o successo. Sei inoltre affettuoso ed espansivo, ma talora puoi anche tendere a star da solo con te stesso.

36. IL SOLE IN GEMELLI. Questa posizione accentua il lato mentale della tua natura, rendendo la tua intelligenza forte e sicura, ma anche versatile e desiderosa di cambiamenti. Essa può darti attitudine per la lettura, la scrittura, l'istruzione, o per qualche tipo di lavoro d'ufficio o letterario, e sarà possibile che tu possa

---

[13] Come già spiegato nelle note precedenti per *Ruler*, Alan Leo intende il governante o signore di un certo segno che all'istante della nascita si leva, ovvero sorge, cioè dell'Ascendente. Il *Ruler* però potrà trovarsi in qualunque altro Segno all'interno della carta oroscopica. Così ad esempio se ho l'ascendente in Cancro e la Luna è in Scorpione potrò dire che il *Ruler* del mio oroscopo è in Scorpione, con tutte le conseguenze del caso. In queste definizioni però il *Ruler* non è considerato per la sua posizione "terrestre" (= le case) ma per la sua posizione per segno, così ad esempio Marte come *Ruler* (= AS in Scorpione) in Toro viene considerato nella tendenza che gli comunica il segno piuttosto che per la sua posizione di opposizione all'AS. (Nota del Curatore)

realizzarti proprio grazie ad un'occupazione che abbia a che fare con una di queste attività. Sei benevolo ed intuitivo, ma sei un po' incostante e talvolta risulti indeciso. Con facilità ti adatti agli altri e li comprendi, sei convincente ed abile nelle argomentazioni, ma non sei altrettanto portato a dirigere o comandare altre persone. E' possibile che a causa di questa posizione tu debba viaggiare molto, soprattutto brevi viaggi di terra. Il lato intellettuale e scientifico della tua natura è forte, e probabilmente stringerai amicizia tra gli scrittori, gli studiosi, gli intellettuali e gli appassionati di letteratura.

37. IL SOLE IN CANCRO. Questa posizione accentua in te il lato emozionale e sentimentale e ti dona un'inclinazione per la vita domestica e familiare. Sei naturalmente riservato e cauto, e non mostri tutto te stesso in superficie. Puoi progredire nella vita attraverso l'esercizio della prudenza, della precisione e del senso dell'economia, e oltre a ciò questa posizione ti dona una certa dose di istinto negli affari e di oculatezza, ma anche la capacità di affrontare questioni pratiche sia nell'organizzazione della casa che in una sfera più pubblica, oltre che nelle scienze applicate. Hai tatto e capacità dirigenziale e potrai aver successo grazie a queste doti. Questa è una posizione favorevole anche per i vantaggi che si ottengono grazie ad essa dai propri genitori, e spinge all'acquisto di una casa, di terre oltre che a fare affari con le proprietà. Nel caso di persone più anziane questa posizione è buona per le comodità ed il benessere che favorisce durante la vecchiaia. Il tuo successo nella vita dipende per te più che per chiunque altro da un ambiente favorevole, giacché se le circostanze ti sono ostili tu puoi provare un acuto sentimento di costrizione, frustrazione ed impedimento.

38. IL SOLE IN LEONE. Questa posizione ti dona ambizione, aspirazioni, ardore e determinazione. Possiedi un'ottima capacità organizzativa, puoi comandare e dirigere gli altri; sei adatto a rivestire il ruolo di capo, nonché ad assumere l'autorità ed il comando. Esercitando l'autocontrollo puoi raggiungere molto successo attraverso la tua forza di volontà e il magnetismo, e ti renderai conto di avere molto vantaggio sugli altri per queste qualità. Hai un forte sentimento della tua dignità personale, ma allo stesso tempo sei affettuoso, di buon carattere, socievole, generoso e magnanimo. Questa posizione è atta a spingerti verso una posizione di prestigio e di responsabilità dalla quale dovrai dirigere o impiegare altre persone, e tu sei perfettamente adatto a questi compiti. I tuoi sentimenti e desideri sono ardenti, ed hai un forte senso drammatico, oltre che amore per la bellezza ed il lusso. E' difficile per te essere sottoposto all'altrui autorità o occupare una posizione di inferiorità dal momento che sei nato per comandare.

39. IL SOLE IN VERGINE. Questa posizione dona al tuo carattere metodo, tatto ed inventiva; puoi adattarti agli altri, comprenderli ed esser sensibile nei loro confronti. La tua natura è sfaccettata e tu non sei legato necessariamente solo ad una linea di pensiero o di attività, ma possiedi molta adattabilità e plasticità. Questa posizione giudicata di per sé non dona molta forza di volontà e talvolta è accompagnata da una qualche incertezza o da una tendenza a cambiare ed a vacillare sia negli stati d'animo che nelle azioni. Essa indica un individuo che si trova forse più a suo agio come servitore che come padrone, e che può realizzarsi al meglio quando lavora da subordinato o con un associato piuttosto che completamente da solo. Dovrebbero esserci anche buone capacità mentali nonché favorevole applicazione nelle attività intellettuali. Sei perspicace, selettivo ed analitico, ma hai una tendenza alla riservatezza ed alla serietà, e ti mancano talvolta ottimismo ed ardore.

40. IL SOLE IN BILANCIA. Questa posizione accentua il lato sociale della tua natura e ti dona l'inclinazione ad unirti agli altri. Avrai probabilmente più successo in questo modo piuttosto che lavorando da solo. Qui vengono indicate l'amicizia, l'unione, la colleganza, l'associazione, la cooperazione con gli altri. Qualcuno potrà entrare nella tua vita in una delle modalità suddette o per il matrimonio, ed avrà grande influenza su di te. Sei affettuoso ed amichevole, ed hai amore per la bellezza, gli ornamenti, i colori, la musica o l'arte, e potrai incontrare il successo nell'applicarti a queste attività. Dovresti avere inoltre una buona capacità di percezione ed osservazione; sei anche intuitivo, critico ma giusto. Ami i viaggi ed i cambiamenti. Questa posizione accresce l'allegria, l'ottimismo, il buon umore, e la positività, con qualche grado di indipendenza e dinamismo.

41. IL SOLE IN SCORPIONE. Questa posizione aumenta la forza di volontà e la sicurezza del tuo carattere, rendendoti forte, fermo e determinato. Tu tendi istintivamente a resistere alle influenze esterne, e non puoi essere dominato facilmente dagli altri, ma piuttosto fai e pensi a modo tuo. Tale posizione inoltre ti dona energia, impulso ed una certa dose di combattività sia fisica che mentale, così come una tendenza alla prontezza di spirito, al sarcasmo ed alla critica rivolti nei confronti degli altri. Sei capace di essere un amico generoso, fedele e devoto, ma anche un nemico pericoloso che non perdona. Sei dignitoso, sicuro di te ed il qualche misura riservato; pretendi di essere trattato come credi di meritare e tieni per te le tue opinioni quando è necessario. Questa posizione rende molto importante il pianeta Marte nella tua vita, e può renderti idoneo alle occupazioni da esso governate. Potrai ottenere il successo in tarda età.

42. IL SOLE IN SAGITTARIO. Questa posizione accresce la sincerità, il candore, la franchezza e l'onestà della tua natura, e tende a renderti giusto, altruista, benevolo e socievole. Essa ti aiuterà altresì a stringere molte amicizie e conoscenze ed a guadagnarti la fiducia degli altri, dai quali sarai molto influenzato e che tu stesso a tua volta molto influenzerai. Sei molto socievole, ed il tuo istinto naturale non è quello di star solo ma di associarti molto agli altri; hai inoltre rispetto per le forme, le consuetudini e le convenzioni della società. C'è un certo grado di impulsività nella tua natura e talvolta puoi anche parlare o agire in modo un po' precipitoso; dovresti in effetti diventare più avveduto e prudente. Sei molto ottimista ed allegro, nonché dinamico ed irrequieto sia psicologicamente che fisicamente. Sei originale ed inventivo e sebbene sia amante dei cambiamenti, puoi lavorare sodo e fino in fondo a compiti che richiedono tempi lunghi di esecuzione. Ci saranno probabilmente viaggi e spostamenti. Hai gusto per la bellezza nella natura e sei appassionato dei piaceri della vita. Rispetti la religione ed hai un certo talento filosofico.

43. IL SOLE IN CAPRICORNO. Questa posizione accresce la gravità e la serietà della mente, e spinge alla coscienziosità, alla riservatezza ed all'autocontrollo. Le armi del tuo successo sono l'avvedutezza, la prudenza ed il tatto. Hai un'ottima capacità manuale, abilità ad occuparti dei dettagli e sufficiente forza di volontà per inseguire i tuoi scopi per degli anni con perseveranza e fermezza per ottenere ciò che desideri. Desideri comandare e sei adatto ad incarnare la figura del capo o del *leader*, sebbene tu possa anche essere un fedele lavoratore subordinato o un amministratore. Avrai più successo lavorando con assiduità e pazienza ad una data meta, piuttosto che nella fretta e nell'eccitazione. Questa posizione può anche spingerti talvolta un po' all'isolamento o per la forza delle circostanze o perché sei tu stesso ad essere troppo chiuso. Devi diventare più ottimista e resistere alle tendenze depressive.

44. IL SOLE IN AQUARIO. Questa posizione ti aiuterà a raggiungere una posizione elevata e direttiva nella società, così che potrai conoscere molte persone e a tua volta sarai da molti conosciuto; sei infatti portato ad avere molti amici e conoscenti. Possiedi abilità ed energia e farai bene a coltivare le tue capacità e le tue ambizioni, senza mai diventare troppo chiuso e riservato. Hai una natura forte ed indipendente, sai stare sulle tue proprie gambe e sai affrontare il tuo destino. Questa posizione amplia la mente ed i sentimenti rendendoti libero, benevolo e pieno di vita, donandoti altresì buone capacità intellettuali, solo se vorrai coltivarle. Sei adatto alla vita pubblica e le cose ti andranno meglio se ti muoverai in un'ampia sfera di azione piuttosto che in una più ristretta e chiusa. Dovresti inoltre avere buona memoria ed ottima capacità di analisi dei caratteri e della natura umana.

45. IL SOLE IN PESCI. Questa posizione accentua il lato della natura che appartiene ai sentimenti, alle emozioni ed alle sensazioni e rende questi ambiti attivi ed importanti nel tuo carattere. Sei portato alla compassione nei confronti degli altri e sei naturalmente altruista, benevolo e soccorrevole nei confronti di coloro che sono nei guai o sono malati. Hai un buon carattere, sei adattabile e sensibile alle impressioni che ricevi, ed il tuo successo o insuccesso dipenderanno ampiamente dalla persona con la quale entrerai in contatto e dal tuo ambiente in generale, giacché tu sei più portato a plasmarti in rapporto alle circostanze piuttosto che a forzare le cose con la tua volontà. Talvolta sei incline alle preoccupazioni e ti lasci prendere dall'indecisione e da un'irrequieta esitazione. Rispetti la legge e l'ordine, e tieni in considerazione le consuetudini sociali. Ti piacciono il *comfort* ed il lusso, ed ammiri la bellezza e l'eleganza.

Capitolo 4
le posizioni della luna come regnante nei segni

CAPITOLO V

LE POSIZIONI DELLA LUNA COME *RULER* NEI SEGNI

46. LA LUNA IN ARIETE. Questa posizione accentua l'irrequietezza e l'amore per i cambiamenti della tua natura, e fa sì che tu viva sull'onda di entusiasmi, impulsi, emozioni e passioni, piuttosto che con freddo metodo e calcolata perseveranza. Hai ambizione e grande desiderio di eccellere, e questo desiderio potrà in una certa misura realizzarsi, giacché questa posizione ti offre la possibilità di raggiungere il successo o di divenire per lo meno una persona nota nel suo ambiente. Il tuo successo è però legato alla condizione che tu coltivi la stabilità e la pazienza, e che impari a controllare le emozioni e gli impulsi. Sei ricco di immaginazione ed in qualche modo molto eccitabile, e vivi soprattutto in un tuo mondo ideale, nella tua mente e nelle emozioni. Sei in qualche misura disobbediente ed indipendente, non sopporti le coercizioni e non puoi facilmente impiegarti in un lavoro subordinato. Questa posizione causa qualche leggero stato febbrile, *stress* mentale e affezioni alla testa.

47. LA LUNA IN TORO. Questa è una posizione fortunata dal momento che la Luna è esaltata in questo segno. Essa ti dona amici e conoscenti con i quali starai bene e che potranno darti credito ed aiuto nella vita. I tuoi conoscenti avranno un ruolo più importante sulla tua carriera di quanto avvenga di solito, ed è possibile per te stringere durevoli amicizie. Questa posizione è molto fortunata per le questioni di denaro, specialmente riguardo a quello che si ricava da immobili e terre o che si riceve da uno dei genitori. Essa favorisce un carattere socievole, nel quale giuocano un ruolo importante la tenacia, la pazienza, ed una calma stabilità, ma potresti talvolta non controllare la gelosia, l'orgoglio ed un'indebita ostinazione, cose queste che possono invero impedire il tuo successo. Le tue abitudini sono fisse, invariabili, e tu manchi di adattabilità.

48. LA LUNA IN GEMELLI. Questa posizione accentua la forza della parte intellettuale della tua natura e ti rende più influenzabile attraverso il pensiero che attraverso i sentimenti. Hai la capacità di prenderti cura di una molteplicità di dettagli, e di operare in più di un solo campo, e ciò può avvenire sia negli studi che nelle attività lavorative, giacché puoi facilmente passare da una cosa all'altra. Hai una buona dose di versatilità e mutevolezza, che può talvolta divenire mancanza di tenacia e compiutezza. Questa posizione ti spinge verso i libri, lo scrivere, lo studio, la scienza o la letteratura, e dona possibilità di successo in una di queste direzioni. Potresti viaggiare di frequente, soprattutto brevi spostamenti, e sei appassionato del moto, delle passeggiate e ti piace andare in giro. Sei fisicamente e mentalmente dinamico ed abile con le mani. Andando avanti negli anni diverrai più diplomatico ed accorto, e vivrai più il lato mentale della tua natura che quello sentimentale.

49. LA LUNA IN CANCRO. Con questa posizione sarai fortemente influenzato dall'ambiente che ti circonda e dalle persone con le quali verrai in contatto; sarai ipersensibile a condizioni disarmoniche, e potresti essere da queste emotivamente disturbato più di molte altre persone. Sei molto attaccato alla tua casa ed ami occuparti di essa, e sebbene le circostanze potrebbero spingerti a viaggiare, sarai sempre più felice a casa tua. Ci saranno molti cambiamenti nella tua vita e forse un lungo viaggio per mare; ti piace la varietà ed i tuoi stati d'animo o umori variano invero di giorno in giorno. Hai una tendenza alla parsimonia, all'economia, all'accuratezza; dai valore alle proprietà ed al denaro e non ti piace vederli sprecati; hai inoltre capacità amministrative, sia nelle questioni domestiche, che negli affari o in altri campi, e potresti essere un ottimo subordinato o amministratore. Questa posizione spesso crea uno stretto legame con la madre ed i parenti di lei, e tu potresti molto rassomigliarle.

50. LA LUNA IN LEONE. Questa posizione ti dona ambizione, indipendenza, fiducia in te stesso ed una forte e sicura volontà. Desideri molto aver successo nella vita, e sei idoneo ad occupare posizioni autorevoli e di responsabilità attraverso le quali eserciterai il comando ed avrai subordinati. Hai dignità, sicurezza e l'ambizione di fare grandi cose e se sarai capace di aggiungere metodo e prudenza al tuo entusiasmo ed alla tua energia, diverrai famoso. Hai immaginazione, idealità, generosità e candore. Sai essere fedele nelle amicizie e nei sentimenti ed hai la capacità di essere apprezzato da tutti. Questa posizione è moderatamente fortunata per quanto concerne le questioni di denaro, ma devi stare in guardia contro la prodigalità. Sei appassionato dei piaceri, dei lussi, della mondanità, degli ornamenti e della bellezza, ed hai molto buon gusto.

51. LA LUNA IN VERGINE. Questa posizione accentua le tue capacità mentali ed in special modo il lato pratico della tua intelligenza, e ti rende idoneo a qualunque occupazione in cui siano richiesti adattabilità, inventiva e comprensione del metodo e dei dettagli. Per quanto concerne questa posizione sarai forse più fortunato se rivestirai un ruolo subordinato piuttosto che dirigenziale, sebbene tu possa comunque raggiungere un considerevole successo, specialmente nel caso in cui ti associ ad altri o lavori alle dipendenze di qualcuno che funga da dirigente. Potresti avere molti amici ed essere noto, ma dovresti cercare di non essere troppo ambizioso o bramoso di innalzarti socialmente, infatti agirai per il meglio se vivrai tranquillo senza tentare di esporti troppo; dovresti infatti adattarti alle circostanze piuttosto che cercare di forzarle con la forza della tua volontà. Probabilmente viaggerai molto. Talvolta tendi a preoccuparti e ad essere molto ansioso e dovresti tentare di coltivare in te l'ottimismo e la calma.

52. LA LUNA IN BILANCIA. Questa posizione dovrebbe ampliare la sfera delle tue amicizie e conoscenze, aumentando la tua popolarità in generale. Essa è contraria all'isolamento ed alla separazione e ti mette a contatto con molte persone, tendendo a metterti in vista, così che sarebbe più indicata per te un'ampia sfera di attività piuttosto che una ristretta. Questa è anche una posizione in qualche misura fortunata per il matrimonio, l'associazione e l'amicizia, e sarai sicuramente avvantaggiato da uno di questi canali. Essa ti dona altresì un certo amore per la musica o per la pittura, con gusto per gli ornamenti, gli accostamenti dei colori, l'arredamento degli interni, e per le attività artistiche in generale. Questa posizione tende anche a donare un carattere accomodante e socievole, dinamizzando il lato emotivo della natura, ma dovresti guardarti dal rischio di essere troppo tollerante ed indifferente. Essa salda un legame con uno dei genitori, probabilmente con la madre, e dispone alla possibilità di guadagno tramite i genitori.

53. LA LUNA IN SCORPIONE. Questa posizione accresce la stabilità e la sicurezza della natura, ti dona forti amori ed odi e ti pone molto sotto il dominio dei sentimenti e degli impulsi. Tendi a vivere molto di sensazioni ed hai sempre motivi potenti alla base di tutte le tue azioni, e dal momento che hai una forte volontà sei preparato a fare qualunque cosa sia necessaria per poter realizzare ciò che hai deciso. Questa posizione dovrebbe donarti anche una certa abilità pratica e capacità di lavorare con energia, sebbene a te piaccia anche una vita comoda e stare in tranquillità. Puoi talvolta essere piuttosto brutale e troppo franco nel parlare e sei capace di albergare in te un certo grado di cattivi sentimenti. Sei molto riluttante a cambiare e fisso nelle tue abitudini, e nessuno può facilmente influenzarti. In presenza di direzioni favorevoli puoi guadagnare denaro attraverso speculazioni, o grazie all'associazione con altri.

54. LA LUNA IN SAGITTARIO. Questa posizione spinge al dinamismo ed all'irrequietezza nei modi di fare, ti rende svelto ed impulsivo e qualunque cosa tu stia facendo, nel lavoro o nel tempo libero, ti muovi con rapidità. Sei pieno di energia e di aspirazioni, ma c'è talvolta in questa posizione qualche pericolo di danni alla salute causati da eccesso di lavoro o da avventatezza ed impulsività. Sei portato ad essere troppo entusiasta ed ansioso in ciò che fai, siano esse attività sociali, di affari o intellettuali; metti troppo te stesso in ciò che fai e gli interessi degli altri ti stanno a cuore quanto i tuoi. C'è la possibilità di viaggi, uno lungo per mare[14] è possibile, e puoi cambiare residenza molte volte. E' possibile anche un cambiamento di attività. C'è in te la possibilità di sviluppare doni *psichici* quali la chiaroveggenza, il sogno, ecc. Hai talento per la musica e la pittura e ti attrae la religione.

55. LA LUNA IN CAPRICORNO. Questa posizione ti dona molto autocontrollo e riservatezza; hai talvolta la tendenza a chiuderti fortemente in te stesso, senza mai lasciar trapelare i tuoi sentimenti, e sebbene altri umori possano variare in te, questa caratteristica di esser come raccolto in te stesso e freddo a tratti si ripeterà. Possiedi pazienza e perseveranza nel perseguire ciò che ti sei prefissato, ed anche se potrai incorrere in molte preoccupazioni e difficoltà, mostrerai sempre grande resistenza. Possiedi prudenza ed accortezza, nonché una certa

---

[14] Ai tempi di Alan Leo non esistevano viaggi in aereo! peraltro la parola inglese *voyage* indica lunghi viaggi per mare. Evidentemente oggi non possiamo che includere anche i viaggi in aereo nel concetto di "viaggio" e tanto più di "lungo viaggio". (Nota del Curatore)

pratica abilità amministrativa ed istinto per gli affari; sei inoltre prudente e parsimonioso. Questa posizione può in qualche modo porti a contatto col pubblico giacché indica molti contatti con l'esterno, e ti spingerà verso gli altri attraverso associazioni, società, amicizie o grazie al matrimonio. Devi sviluppare in te l'ottimismo e l'entusiasmo.

56. LA LUNA IN AQUARIO. Questa posizione ti rende originale ed indipendente e può interessarti o spingerti a praticare qualche settore dell'occultismo. Sei incline ad investigare cose fuori dal comune, e se lo farai contestualmente a direzioni favorevoli potrai ottenere un considerevole successo in questo campo, o potrai sviluppare qualche dono *psichico*. Sei notevolmente determinato e perseverante, e non cambi facilmente le tue abitudini. Tale posizione accresce l'immaginazione e l'intuizione, e dona penetrazione nell'umana natura. Ti mette a contatto con molta gente, con la massa, e può donarti molti amici e conoscenti oltre che una buona dose di successo sociale, attraverso il quale potrai migliorare la tua posizione. Hai una certa abilità per la politica, per l'insegnamento ed il lavoro scientifico. La perdita o la morte di un amico può avere grande influenza su di te.

57. LA LUNA IN PESCI. Questa posizione accentua il lato emotivo della natura, stimolando i sentimenti e la sensibilità. Sei emozionabile, ricettivo, sensibile e molto influenzabile dal tuo circondario, in special modo da quello domestico o sociale. Armonizzi con gli altri ed il tuo benessere dipende in larga misura dal tipo di persone che ti circondano e dalle circostanze della vita di tutti i giorni. Sei tranquillo e rilassato, ma mutevole ed amante dei cambiamenti, e nella misura in cui si estende l'effetto di questa posizione sei un po' carente di energia, di risolutezza e di resistenza. Sei forse medianico e puoi sviluppare qualche facoltà *psichica*. Quando sei sottoposto a cattive direzioni puoi incorrere in opposizioni e ostilità e puoi soffrire a causa di perdite, inganni, o azioni segrete. C'è la possibilità di viaggi, forse anche di un lungo viaggio per mare, e di molti cambiamenti di residenza.

Capitolo 6
le posizioni di mercurio come regnante nei segni

CAPITOLO VI

LE POSIZIONI DI MERCURIO COME *RULER* NEI SEGNI

58. MERCURIO IN ARIETE. Questa posizione ti dona un'intelligenza ardente, irrequieta ed ambiziosa, veloce, brillante ed entusiasta, più ricca d'impulso e di energia che di prudenza e di avvedutezza. Essa ti renderà veloce nell'apprendere e risoluto, abile ed ingegnoso nelle discussioni, pronto nelle decisioni, ricco di idee ed originale. Puoi raggiungere il successo in varie direzioni grazie a queste qualità, e puoi diventare famoso. La tua intelligenza potrebbe essere rivolta in varie direzioni e tu potresti diventare un oratore o uno scrittore. Sei portato a stringere amicizie tra persone che si occupano di letteratura o in qualche modo di libri. Sei in parte carente di concentrazione mentale e di equilibrio, e, per quanto concerne la sfera del pensiero, ti piacciono i cambiamenti e la varietà. Hai una certa tendenza all'esagerazione ed al sarcasmo e potresti avere dei problemi a causa di queste caratteristiche. Si prevedono molti viaggi, soprattutto brevi.

59. MERCURIO IN TORO. Questa posizione indica un'intelligenza paziente e tenace, non facilmente incline ai cambiamenti. Non sei così adattabile o versatile nel pensiero come lo sono altre persone; ci vuole un bel po' perché tu possa essere indotto a cambiare le tue opinioni e i tuoi modi di pensare, e non sei così pronto nelle decisioni, ma una volta che tu abbia compreso cosa davvero ritieni giusto o vero non lo abbandoni facilmente, ma diventi molto tenace ed ostinato. Hai una buona dose di intuizione e di apprezzamento per la musica o l'arte, e le cose belle ti procurano molto diletto. Non sei sempre ambizioso o dinamico come dovresti, ed in te i sentimenti possono influenzare notevolmente i giudizi, ma puoi comunque raggiungere ottimi risultati intellettuali attraverso la tenacia e la fermezza. Sei abbastanza portato a guadagnare denaro attraverso scritti, studi o occupazioni che richiedano abilità. Sono indicati anche dei viaggi ma soprattutto per scopi definiti come affari, questioni di denaro, salute ecc., piuttosto che per il puro piacere di viaggiare.

60. MERCURIO IN GEMELLI. Questa posizione accentua il lato intellettuale della tua natura, donandoti un'intelligenza veloce, versatile ed ingegnosa, nonché amore per tutte le attività intellettuali. Saresti portato a ricevere una buona istruzione e la tua intelligenza potrebbe adattarsi a comprendere quasi qualunque materia che implichi il pensiero o l'abilità. Sarai attratto dal leggere, dallo scrivere, dagli studi, dai libri, dalla scienza o dalla letteratura e potresti avere una spiccata propensione o per tutte o per una di queste attività. Tendi in parte a separare o frammentare le tue energie cambiando di continuo o cercando di applicarti a due o più materie contemporaneamente, invece di concentrarti solo su di una. Sei appassionato di una miriade di cose che attraggono la tua intelligenza, e puoi mostrare una certa mancanza di determinazione, troppa versatilità e mancanza di sistematicità. Sei un appassionato di viaggi, specialmente quelli brevi, e sei portato a viaggiare di frequente. Hai un vero talento e puoi raggiungere molto se riesci a concentrare le tue energie; puoi infatti ottenere successo pubblico o fama. Sei originale ed ingegnoso, e potresti riuscire nello studio dell'Astrologia.

61. MERCURIO IN CANCRO. Questa posizione dispone la mente a finalità pratiche ed utilitaristiche negli affari, negli interessi o nella scienza; uso e finalità sono i punti di riferimento, e ci si aspetta sempre che qualche vantaggio possa maturare da qualunque attività di studio a cui ci si si dedichi. Hai la possibilità di guadagnare denaro attraverso i viaggi, gli scritti, gli studi, o da occupazioni nelle quali è largamente impiegata l'intelligenza. Farai amicizie tra persone che si occupano di letteratura o di affari, e tra coloro che sono significati dal pianeta Mercurio. Hai una buona dose di intuizione, e sei mentalmente flessibile, mutevole ed inquieto; dovresti anche avere una buona memoria e sebbene la tua intelligenza talvolta risulti un po' lenta, è altresì sicura e tenace. Sei portato anche a viaggiare, soprattutto a navigare, e potresti avere una serie di cambi di residenza. Sottoposto a cattive direzioni potresti soffrire e persino perdere del denaro per la casa o per i terreni, ed anche a causa di fratelli e sorelle.

62. MERCURIO IN LEONE. Questa posizione dona all'intelletto sicurezza, vitalità e costanza. Concepirai grandi progetti e piani ambiziosi, ed avrai una visione vasta ed onnicomprensiva delle cose, ma non sarai altrettanto abile o ingegnoso nelle piccole questioni o nei dettagli, e sarai anzi piuttosto portato a trascurare o a dimenticare questi elementi. Hai immaginazione ed idealità, un certo senso del drammatico e dell'imponente, e potresti avere considerevole successo in ogni attività in cui fossero necessarie queste doti. Hai una grande forza di volontà, ed una volta che tu abbia stabilito i tuoi progetti non sei disposto a cambiarli, ma alla loro realizzazione puoi dedicare moltissimo tempo e tanta energia, giacché hai concentrazione mentale e forza. Hai la capacità di operare in connessione con enti pubblici ed imprese, con i teatri, i concerti, le scuole, e sei capace di amministrare e dirigere altre persone in questo genere di attività. Puoi anche viaggiare molto, per piacere o per lavoro.

63. MERCURIO IN VERGINE. Questa posizione dona una mente sottile ed ingegnosa che può adattarsi a molti campi di attività. Dovresti ricevere una buona istruzione oppure potresti anche sviluppare le tue capacità da solo, con un piccolo aiuto da parte degli altri. Hai una buona memoria e puoi apprendere prontamente sia dai libri che dagli insegnanti; hai capacità che potrebbero esser rivolte alla letteratura, alla scienza o agli affari. Sei adatto quasi a qualunque tipo di occupazione che richieda abilità intellettuale ed inventiva, professionale o d'altro tipo. Leggere, scrivere, lo studio, i libri, il lavoro di segretario, il lavoro da impiegato sono tutti ambiti adatti, e tu potresti aver successo se potessi cooperare con un socio o lavorare per un superiore o un datore di lavoro, giacché sei un ottimo subordinato in lavori intellettuali. Hai molto tatto ed elasticità mentale, ma dovresti coltivare in te la semplicità e la franchezza. Hai metodo ed ordine mentale e puoi applicarti in molti settori e prenderti cura dei dettagli senza confonderti.

64. MERCURIO IN BILANCIA. Questa posizione accentua l'attività mentale e tende al suo perfezionamento. Andrebbero rafforzate in te le attitudini adatte alla vita sociale; la simpatia, l'amicizia, e l'allegria dovrebbero essere in primo piano, e tutte le inclinazioni che spingono le persone a stare insieme potrebbero facilmente essere sviluppate. Sarai molto più fortunato se coopererai o ti assocerai con una o più persone, giacché in tal modo guadagnerai ed otterrai di più che in un'azione isolata. Hai talento artistico e musicale che potrebbero essere coltivati e la tua mente è adatta sia al lavoro letterario che a quello scientifico. Hai intuito, immaginazione e buon gusto; le facoltà percettive e selettive sono forti in te, e ti sono congeniali molte forme di perfezionamento intellettuale. Sei appassionato di viaggi. I tuoi piaceri sono soprattutto mentali. Hai la possibilità di guadagnare denaro attraverso attività intellettuali, soprattutto quando gestite in associazione con altre persone.

65. MERCURIO IN SCORPIONE. Questa posizione rende la tua mente attiva, sicura e tenace. Potresti dimostrare considerevole determinazione e forza di volontà, ma questa posizione di Mercurio dona anche una certa prudenza e ti spingerà a predisporre i mezzi rispetto ai fini, ed a muoverti con tatto e diplomazia, non affidandoti solo alla tua determinazione. Dovresti avere una forte capacità di concentrazione mentale e la possibilità se necessario di tenere sotto controllo e di mascherare i tuoi sentimenti. Hai vivacità mentale e sarcasmo, e puoi sviluppare un eloquio pronto e scorrevole e un modo di scrivere fluente. Hai talento per il disegno, la scultura o per la meccanica, l'ingegneria, e per quasi tutte le attività in cui l'abilità manuale si combina con l'intelligenza. Potresti essere un ipnotizzatore di successo dal momento che la tua mente è forte, e potresti anche sviluppare un qualche potere occulto.

66. MERCURIO IN SAGITTARIO. Questa posizione inclina la tua mente verso una naturale propensione per la religione e per la filosofia, donandoti la capacità di comprendere materie astruse e difficili quali la legge, la scienza astratta o la storia. Potresti acquisire facilmente una capacità critica applicabile all'arte, alla musica ed alla letteratura, e potresti sviluppare stile e senso della forma nello scrivere. Sei talvolta un po' impulsivo nel parlare e puoi farti dei nemici per ciò che dici o scrivi. Il tuo pensiero è in qualche misura mutevole e sei più portato a dedicarti ad un certo numero di materie piuttosto che a limitarti solo ad una; puoi inoltre interessarti contemporaneamente a due diversi indirizzi di studio. Hai talento nella scrittura e nello studio, ma sarebbe meglio per il tuo successo che tu lavorassi insieme a qualcun altro o comunque in associazione con altre persone piuttosto che da solo. Questa posizione ti fa amare i cambiamenti e ti spinge a viaggiare molto.

67. MERCURIO IN CAPRICORNO. Questa posizione rende la tua mente forte, risoluta e ferma, e ti dona concentrazione, resistenza e continuità. Dovresti possedere una buona memoria e sei in grado di immagazzinare una gran varietà di esperienze pratiche o di ampie conoscenze a cui attingere quando l'occasione lo richieda. La tua intelligenza è chiara, pratica e tenace, e dal momento in cui hai fatto tua una certa disciplina non la abbandoni né la dimentichi più. Sei prudente e profondo ed hai capacità che possono essere favorevolmente applicate allo studio di materie astruse, o che possono renderti persona molto pratica e diplomatica. In concomitanza a direzioni benefiche potresti ottenere un notevole successo attraverso l'esercizio delle tue facoltà intellettuali, e potresti guadagnarti una certa fama con la parola o con la penna, o ancora attraverso le tue capacità pratiche. Hai una certa abilità nel parlare e nello scrivere: qualità queste che possono essere sviluppate attraverso un certo esercizio. La tua mente è concreta e seria piuttosto che brillante e superficiale.

68. MERCURIO IN AQUARIO. Questa posizione indica un'intelligenza forte, sicura, indipendente ed originale. Se si tratta di prendere delle decisioni o di organizzare le proprie faccende tu lo fai in modo del tutto indipendente ed originale, e non imiti le idee altrui. Hai la capacità di ricordare tutto molto bene e non dovresti avere difficoltà ad imparare le cose a memoria; hai buone capacità mentali che potrebbero essere indirizzate verso la scienza, l'arte o la letteratura, e potresti guadagnarti riconoscimento, ricompensa o fama grazie alla tua intelligenza. Potresti riuscire nello studio di materie misteriose o occulte, ma anche in quello delle lingue. E' probabile che viaggerai un po' ed anche che ci sarà un lungo viaggio per mare nella tua vita. Potresti riuscire come insegnante o istruttore, ma anche come rappresentante, amministratore, o lavoratore per conto di un'altra persona. Hai intuito e puoi sviluppare grande forza di volontà e doti di ipnotizzatore.

69. MERCURIO IN PESCI. Hai una buona capacità mentale ma hai la tendenza a frammentare le tue energie in molti campi di attività piuttosto che a limitarti ad uno solo; manchi inoltre di sufficiente concentrazione e di forza di applicazione, e tenti in genere di seguire due indirizzi di studio o di attività allo stesso tempo. Dovresti avere una buona immaginazione, apprezzamento per la bellezza, inclinazione artistica e senso dell'ordine, del metodo, dell'armonia e della misura, nelle idee, nelle parole e nelle cose. Questa posizione ti sarà molto utile nello scrivere o nel parlare, e ti donerà grandi doti espressive. Potrai incappare in ritardi o difficoltà in questioni concernenti l'istruzione, gli studi, la letteratura, e quando sarai sottoposto a cattive direzioni potrai incorrere in delusioni, opposizioni ed odi, calunnie, difficoltà nell'impiego o con i tuoi sottoposti. Con buone direzioni puoi raggiungere il successo e persino la fama con il lavoro letterario, immaginativo o artistico. Sei anche destinato a viaggiare un po' ma ci sono problemi correlati ai viaggi.

Capitolo 7
le posizioni di venere come regnante nei segni

CAPITOLO VII

LE POSIZIONI DI VENERE COME *RULER* NEI SEGNI

70. VENERE IN ARIETE. Questa posizione ti renderà molto socievole e ti farà avere di conseguenza un gran numero di amici e conoscenti. Essa dona in una certa misura popolarità, simpatia e la tendenza a risultare gradevoli e ad ottenere l'approvazione da parte degli altri. Gli affetti sono vivi ed ardenti, l'amore viene facilmente sollecitato, mentre sentimenti ed emozioni risultano profondi ed intensi, in modo tale che talvolta non è facile trattenerli o tenerli sotto controllo, ed il risultato di ciò può essere l'imprudenza. Questa posizione promette una certa dose di fortuna nelle questioni di denaro e dona successo in generale, ma non indica necessariamente che tu abbia talento finanziario e c'è altresì una certa tendenza alla prodigalità, alle spese eccessive, alla generosità ed allo spreco, cose queste che provengono dalla tua natura, e dunque necessitano di esser controllate, o che possono esserti imposte dalle circostanze. Potresti avere talento per la musica o per la pittura, e sei comunque appassionato di ornamenti e di cose belle.

71. VENERE IN TORO. Questa è considerata una posizione fortunata per il pianeta Venere. Essa dona stabilità negli affetti, fedeltà nell'amore, e, sebbene i sentimenti siano forti, la natura è fissa e dunque non incline alla mutevolezza. Amori ed odi sono mantenuti tenacemente, e se puoi dimostrarti un amico fidato, sei anche piuttosto restio a smettere di provare sentimenti di rifiuto ed ostilità. Il lato sociale del tuo carattere è ben sviluppato e puoi guadagnarti molti amici ed essere famoso nella tua cerchia. Se ti dedicherai agli affari o a questioni finanziarie questa posizione si dimostrerà fortunata giacché ti aiuterà a guadagnarti la stima delle persone con cui hai trattato, facilitandoti il percorso. Essa è anche in parte favorevole per quanto concerne il denaro in generale, specialmente quello proveniente da lasciti, associazioni o matrimonio. Hai una certa abilità a trattare questioni di denaro, ma sei anche generoso e gentile.

72. VENERE IN GEMELLI. Questa posizione dona un certo grado di notorietà sociale ed aumenta il numero degli amici. Puoi stringere amicizie nell'ambiente letterario, tra persone ben istruite e che hanno viaggiato. Questa posizione inclina talvolta ad una certa incostanza in amore, o può anche dar luogo a due storie d'amore o due matrimoni. Crea inoltre uno stretto legame tra te ed i tuoi fratelli, sorelle o cugini, ed i tuoi rapporti con queste persone dovrebbero essere piacevoli ed armonici. Essa favorisce altresì i viaggi, realizzati sia per piacere che per le necessità della tua professione, ed è fortunata per i guadagni che si possono realizzare tramite gli scritti, i libri, la letteratura, i discorsi, l'istruzione, grazie alla professione piuttosto che agli affari. Questa posizione chiarifica e perfeziona l'intelligenza ed in una certa misura ti spinge verso la religione. Ti dona ordine e metodo, non solo nelle faccende di tutti i giorni, ma anche nell'organizzazione e nell'espressione delle idee oltre che nell'attenzione ai dettagli.

73. VENERE IN CANCRO. Questa posizione accentua il lato affettivo della natura, e ti rende amante della casa, socievole e mite, questo per lo meno per quanto concerne i sentimenti, sebbene tu possa avere altre e diverse caratteristiche in differenti aspetti della tua natura. Ami il *comfort* e la protezione della vita casalinga, e possiedi quell'istinto genitoriale che ti spinge a donare aiuto e protezione ai bambini o a coloro che sono molto più giovani o più deboli di te. Questa posizione a volte causa un matrimonio di convenienza al fine di ottenere vantaggi familiari o sociali. E' inoltre fortunata per quanto concerne l'acquisizione di denaro o proprietà tramite il matrimonio o l'associazione con altre persone, così come tramite qualche risorsa che proviene dalla tua famiglia o da quella del tuo *partner* matrimoniale. Dovresti possedere una certa dose di istinto per gli affari e non sei incline allo spreco o alla prodigalità. Sei abile nelle faccende di denaro e dovresti essere fortunato per quanto concerne l'acquisizione di case o terreni.

74. VENERE IN LEONE. Questa posizione dona sentimenti caldi e sinceri, una natura profonda nell'amore, insieme ad una notevole dose di fedeltà e stabilità. Essa, se altre circostanze non interferiscono, può causare un precoce matrimonio e tende nella direzione dell'"amore a prima vista". E' una posizione fortunata dal punto di vista sociale e può procurarti molti piacevoli amici e conoscenti attraverso i quali potrai ottenere divertimento e vantaggi. E' anche atta a spingerti ad una certa prodigalità, sia nei sentimenti che tendono ad essere troppo sollecitati, sia col denaro. Sei molto generoso, gentile e magnanimo. Hai una natura allegra, ottimista, amante dei divertimenti, della compagnia e del lusso. Potresti avvantaggiarti esercitando tutte quelle occupazioni che hanno a che fare con l'intrattenimento, con i pubblici affari, con le associazioni, con la mondanità o con il teatro e se saprai aggiungere prudenza alla tua intraprendenza, potresti anche guadagnare tramite investimenti e speculazioni. Questa posizione inoltre porta un certo grado di popolarità ed una disposizione favorevole dei superiori nei tuoi confronti.

75. VENERE IN VERGINE. Questa è una posizione fortunata per quanto riguarda questioni commerciali e d'affari, soprattutto se sarai associato ad altri come impiegato, socio o amministratore, giacché essa ti sarà più favorevole se opererai all'interno di una collaborazione di qualche tipo, piuttosto che nel caso tu intenda lavorare da solo. Potrai fare guadagni sottoposti, soci ed altre persone che lavorino per te, mentre questa posizione potrebbe realizzare il tuo successo come impiegato o amministratore al servizio di altre persone. Puoi guadagnare anche attraverso investimenti e speculazioni prudenti se saranno realizzati quando sarai sottoposto a direzioni favorevoli. Talvolta questa posizione causa ritardi o ostacoli nelle questioni d'amore o di matrimonio, o anche qualche tipo di incompatibilità dopo il matrimonio, ma tutto ciò potrà essere superato sotto buone influenze. La natura amorosa è stabile, tranquilla, ben disposta, sensibile, ma non cieca rispetto ai difetti della persona amata. Potresti essere un buon genitore.

76. VENERE IN BILANCIA. Questa posizione è favorevole al matrimonio ed a tutti i tipi di associazione con gli altri; accresce il numero degli amici e dei conoscenti, dona affabilità ed un certo grado di popolarità sociale o l'attitudine a conquistarla. Essa contribuisce in una certa misura al perfezionamento intellettuale e dona del talento per le attività governate da Venere quali la musica, la poesia, il canto; aiuta altresì a sviluppare la mente verso l'immaginazione, gli ideali, il senso della bellezza ed il buon gusto, così che la sgradevolezza e la volgarità non possono che offenderti. L'amore e l'affetto sono qui mischiati al pensiero piuttosto che al desiderio, e fanno la loro comparsa le attitudini estetiche. Potrai guadagnare denaro con una delle tipiche occupazioni di Venere specialmente se lavorerai in società con altri o come amministratore o agente in nome altrui. Questa posizione può inoltre portare guadagni tramite il matrimonio.

77. VENERE IN SCORPIONE. Questa non può affatto essere considerata una posizione fortunata per il pianeta. Essa infatti tende a sollecitare eccessivamente ed a rendere troppo impetuosi i sentimenti, i desideri e le sensazioni, a tal punto che si rende necessaria un'opera di freno e disciplina. Sei un po' troppo attratto dai piaceri, dal lusso, e talvolta dal lasciarti andare a tutto ciò. Questa posizione causa una forte natura passionale ed un'accentuata attrazione per il sesso opposto. C'è qualche pericolo di guai nell'amore o nel matrimonio, unioni improvvise o imprudenti, possibilità di finire nell'eco di uno scandalo, disarmonia o gelosia nell'amore o nel matrimonio, separazione dalla persona amata o morte di quest'ultima. Se sarai in grado di esercitare l'autocontrollo eviterai i problemi peggiori e potrai dimostrare una natura generosa, soccorrevole, pratica, di grande aiuto nella vita, forte e capace a vantaggio delle persone che sono più deboli di te. Hai una certa tendenza alla prodigalità ed alla perdita di denaro, ma quest'ultima potrebbe essere causata "per forza maggiore" dalle circostanze, e per nulla essere una tua colpa. Potresti guadagnare denaro con il matrimonio o per eredità, ma può anche succedere che, sotto cattive direzioni, tu possa perdere del denaro a causa del tuo matrimonio o del tuo *partner* di affari.

78. VENERE IN SAGITTARIO. Questa posizione dona immaginazione e amore per il bello e per il sublime. Dovresti possedere un forte gusto per la bellezza, l'armonia e l'eleganza e potresti coltivare quest'attitudine attraverso le belle arti, la musica, la poesia o la letteratura. Ami la bellezza nelle forme, negli ornamenti, nei bei vestiti e nei quadri, e potresti guadagnare denaro in tutte quelle attività che danno rilevo a questa inclinazione. I tuoi sentimenti sono vivi, romantici e generosi, ma sei un po' portato alla volubilità, sei imprudente e tendi a soggiacere agli impulsi. C'è la possibilità di due storie d'amore o di due matrimoni nella tua vita. Questa posizione inclina fortemente alla devozione che potrebbe attrarti verso una persona, una causa o verso la religione. Potresti viaggiare un po' o in connessione con il tuo lavoro, o a causa del matrimonio.

C'è qualche rischio di amore per l'esibizione, l'ostentazione, per il conformismo ed il formalismo.

79. VENERE IN CAPRICORNO. Questa posizione indica che sebbene tu abbia una natura affettuosa, possiedi anche un bel po' di prudenza, tatto ed autocontrollo, e non sei portato a farti consumare dai sentimenti. Sei fedele e costante, ed una volta che una persona abbia guadagnato la tua fiducia o nell'amore o nell'amicizia, non sei facilmente disposto a cambiare idea o a dimenticartene. Questa posizione talvolta ritarda o ostacola il matrimonio, ed in presenza di cattive direzioni queste difficoltà potrebbero esser causate da questioni di denaro, dalla posizione sociale, dall'attività lavorativa, o da uno dei genitori; in presenza di direzioni favorevoli invece questi stessi motivi saranno fonte di vantaggi per te. Hai una pratica abilità finanziaria e puoi facilmente imparare a gestire le faccende di denaro, gli investimenti e gli affari. Sei portato a migliorare accuratamente la tua posizione nella vita, e potrai guadagnarti il favore delle persone più anziane e dei superiori, oltre che la simpatia e l'amicizia di persone altolocate.

80. VENERE IN AQUARIO. Questa influenza dovrebbe contribuire alla tua popolarità ed al tuo successo sociale, e dovrebbe accrescere il numero dei tuoi amici e conoscenti, alcuni dei quali potrebbero avere una buona posizione nella vita e dunque potrebbero avvantaggiarti socialmente, ma anche nell'attività lavorativa o nelle questioni finanziarie. Si tratta di una posizione favorevole all'amore ed al matrimonio, ma può causare ritardi e delusioni, soprattutto nei periodi in cui sei sottoposto a direzioni critiche, e in periodi del genere potresti avere dei dispiaceri a causa di amici falsi. Essa inoltre dona fedeltà e costanza negli affetti e nelle amicizie, e amore per i bambini, che saranno fonte di diletto per te. Essa raffina la mente e dona una certa immaginazione nonché inclinazione per la musica o per le belle arti. Dovresti possedere una certa abilità col denaro e negli affari, e potresti fare dei guadagni attraverso investimenti e speculazioni.

81. VENERE IN PESCI. Questa posizione ti dona una natura compassionevole e benevola, con sentimenti di solidarietà nei confronti di coloro che necessitano di aiuto a causa delle sofferenze o della povertà. Sei allegro, di buon carattere e rilassato, talvolta un po' indolente e carente di energia. Dovresti avere una buona immaginazione, una mente intuitiva e sensibile ed un carattere socievole. Hai buon gusto ed un'inclinazione per le cose belle come la pittura, la musica, l'arredamento degli interni, i vestiti o gli ornamenti, e potresti aver successo in un'attività che abbia a che fare con uno di questi interessi. C'è in te un po' il gusto per l'esibizione, l'ostentazione, la forma e le convenzioni. Sei leggermente incostante negli affetti e nei sentimenti, e potresti avere due storie d'amore, due matrimoni o addirittura due attività lavorative. Sotto direzioni sfavorevoli potresti perdere del denaro a causa di inganni o in altro modo, oppure potrebbe succedere qualche guaio che comunque dipende dal denaro. Questa posizione talvolta causa fidanzamenti o matrimoni segreti.

La Chiave dell'oroscopo

Capitolo 8
le posizioni di Marte come Regnante nei segni

CAPITOLO VIII

LE POSIZIONI DI MARTE COME *RULER* NEI SEGNI

82. MARTE IN ARIETE. Questa è una posizione forte e favorevole per Marte, atta a rinforzare tutti i lati migliori del pianeta e ad imprimere in profondità il suo influsso sul tuo carattere. Essa ti dona energia, sicurezza, decisione ed iniziativa. Hai fiducia in te stesso, sei coraggioso ed amante delle avventure, ma a volte sei un po' portato a spingere troppo oltre queste tue qualità dimostrandoti troppo impulsivo e privo di controllo. Puoi affrontare il pericolo e non ti arrendi, ma sei piuttosto imprudente e combattivo; ti offendi con facilità e sei pronto al risentimento anche per un piccolo sgarbo, reale o immaginario che sia. Sarai tu stesso la causa diretta di molte delle disgrazie che ti capiteranno. Questa posizione dona forza e vigore, ma anche rischi di febbre, malattie infettive, ferite, incidenti, operazioni chirurgiche. E' propizia a tutte le occupazioni tipiche del pianeta quali quella del soldato, del marinaio, dell'ingegnere, del chirurgo.

83. MARTE IN TORO. Questa posizione ti dona fermezza e determinazione. Una volta che tu abbia deciso una certa linea di azione è difficile che la cambi: vai sicuro avanti per la tua strada e nessuno può dissuaderti. Hai pazienza, tenacia e vigore, ma se provocato puoi dimostrarti insieme ostinato ed iroso. Questa posizione ti dona una certa abilità pratica, la capacità di lavorare sodo e ottenere molto attraverso la forza di volontà e la perseveranza, e dovresti avere la capacità di guadagnare denaro mettendo in pratica queste qualità; al tempo stesso però c'è anche una certa tendenza alla perdita di denaro, a spese eccessive, a generosità indebita o a imprese avventate negli affari. Questa posizione favorisce in qualche misura il matrimonio, ma c'è qualche rischio di gelosia o di disaccordo. Puoi fare guadagni tramite eredità, associazioni con altri o grazie al matrimonio. C'è una tendenza alle affezioni della gola. In costanza di direzioni sfavorevoli incontrerai opposizione, ostilità e rivalità.

84. MARTE IN GEMELLI. In questo caso la vigoria di Marte si esprime più tramite il pensiero che attraverso i desideri, in modo mentale piuttosto che nelle passioni. Questa posizione dovrebbe rendere la tua intelligenza brillante e veloce, e dovrebbe renderti abile e determinato nel parlare. Essa tende a donare coraggio intellettuale e capacità, con un certo grado di combattività e sicurezza, inclinazione all'ironia, all'umorismo, al sarcasmo o alla satira. Dovresti avere capacità critica, e potresti divenire abile nello scrivere, nel parlare, nel dibattere e argomentare, ma talvolta sei portato ad offendere un po' gli altri attraverso l'opposizione dialettica e la franchezza dei tuoi scritti e dei tuoi discorsi, e potresti farti così dei nemici. Tendi un po' a frammentare le tue energie occupandoti di

66

troppe cose, e ci guadagneresti se ti concentrassi solo su di una. Questa posizione potrebbe causare o la morte o l'allontanamento di un fratello o di una sorella, guai a causa di lettere, di questioni legate all'istruzione o alla letteratura, ed incidenti o la morte mentre si è in viaggio o comunque fuori casa. I polmoni possono essere soggetti ad affezioni.

85. MARTE IN CANCRO. Questa posizione dona uno spirito indipendente ed una certa inclinazione alla ribellione contro le leggi, le regole, i superiori, e l'esercizio dell'autorità. Potresti a volte avere dei dispiaceri da parte dei superiori, e forse subire qualcosa di simile all'ingiustizia, all'abuso o all'oppressione, oppure al contrario potresti essere tu afflitto dalla insubordinazione o dalla disubbidienza dei tuoi sottoposti o impiegati. C'è la possibilità di guai provenienti da uno dei genitori, probabilmente dalla madre: disaccordo, allontanamento o morte prematura di quest'ultima. Al contempo però la posizione è favorevole per quanto concerne l'eredità da parte di uno dei genitori, nonché per guadagni legati alla proprietà di case o terreni, o per attività legate alla terra. C'è un'inclinazione ai viaggi, specialmente per mare, ma anche rischi di guai o di incidenti durante i viaggi, ed anche di pericoli di bruciature, ustioni ed incendi. Lo stomaco e la digestione possono dare problemi.

86. MARTE IN LEONE. Questa è una posizione forte di Marte, che può favorire il successo nelle questioni governate dal pianeta. Essa ti rende energico, attivo, ed indipendente e contribuisce a fornirti forza di volontà e carattere. Viene indicato da questa posizione che sei sincero, onesto, aperto, franco e generoso; essa ti dispone ad una posizione di responsabilità dalla quale dovresti controllare, organizzare, dirigere e comandare altre persone. Essa ti dona riconoscimento e rispetto da parte dei superiori e da parte di coloro che hanno potere, e può forse innalzarti socialmente portandoti onori o promozioni. Con questa posizione c'è il rischio che tu possa diventare un po' troppo sicuro di te o militaresco nei modi di fare, così che quando fossi sottoposto a cattive direzioni potresti farti dei nemici ed incappare in contrasti e liti. Marte in Leone accresce il fuoco e la vitalità del corpo ma può disporre alla febbre anche alta ed agli incidenti. Sofferenze possono giungerti da contrasti sociali o familiari; c'è anche il rischio di troppa impulsività ed imprudenza nelle faccende amorose, e potrebbe esserci la morte di un figlio. Il cuore e la schiena sono i punti delicati, ma non si deve temere nulla di serio data la forza del pianeta in questo segno.

87. MARTE IN VERGINE. Potrai essere un lavoratore pratico, energico e capace, ma avrai più successo se sarai impiegato presso altra persona o al servizio di un superiore piuttosto che nel caso tu voglia lavorare per conto tuo. Hai una certa dose di ambizione, ma avrai maggior fortuna come dipendente, amministratore o rappresentante che come dirigente o capo. A proposito di ciò, la tua natura possiede più prudenza e riservatezza di quanto sia usuale per Marte e tu sei in grado di programmare e di agire con tatto e perspicacia. Hai abilità inventiva e costruttiva. Quando sei sottoposto a direzioni infauste, persone di servizio e subordinati in genere possono procurarti dei guai per inimicizia, inganni o disonestà, ma guai potranno procurarteli anche amici falsi. Potresti perdere a causa di morte amici o persone di sevizio. Questa posizione dona una certa abilità nel lavoro scientifico, nelle attività letterarie, specialmente quando queste cose siano considerate dal lato della loro pratica utilizzazione. Sei in grado di eseguire lavori che sono stati progettati o consigliati da un'altra persona, e puoi risolvere problemi ponendo attenzione anche ai minimi dettagli, essendo accurato e preciso. C'è in te una certa predisposizione a disordini di fegato, degli intestini e della digestione.

88. MARTE IN BILANCIA. L'effetto di quest'influenza può variare molto in relazione al fatto che tu sia sottoposto a direzioni favorevoli o sfavorevoli. Il suo effetto positivo è quello di attrarti con forza verso gli altri, tramite *club*, amicizie, associazioni di un qualche tipo, o grazie al matrimonio. Sei molto devoto alle persone a cui sei legato e puoi dimostrarti ardente ed entusiasta come amico o innamorato, giacché sei impetuoso nei tuoi affetti ed in qualche misura appassionato e queste caratteristiche potrebbero risultare in un matrimonio precoce o sconsiderato. Il *partner* matrimoniale, d'affari o d'altro tipo sarà probabilmente di tipo marziale, sicuro, energico e piuttosto dominante. Può esserci guadagno tramite il matrimonio, l'associazione con altri o un'eredità, e c'è un'ottima capacità sia di lavoro che di guadagno attraverso la cooperazione. Quando sei sottoposto a cattive direzioni c'è pericolo di discordia con altre persone, liti, screzi, incompatibilità di carattere; spuntano i nemici e vengono provocate rivalità e gelosie; possono determinarsi inoltre rotture di rapporti, separazione dal *partner* matrimoniale o di affari, o morte degli stessi. I reni e l'inguine possono subire affezioni, o in generale potrai soffrire a causa delle azioni o negligenze di altre persone.

89. MARTE IN SCORPIONE. Questa è una forte posizione per Marte che tende a renderti sicuro, determinato, saldo e volitivo. Sei ambizioso e la tua mente è assolutamente fissa su qualunque oggetto ti attragga o su qualunque idea ti seduca, e tu dai tutto te stesso, finché dura quel momento, al compito di acquisire l'oggetto o inseguire l'idea. Puoi mostrare grande devozione ad una persona o ad una causa, e fare molti sacrifici in relazione a ciò. Sei dominato parecchio dai piaceri, dai sentimenti e dagli stati d'animo, ma puoi anche essere estremamente fermo, stabile e rigido. Hai ottime capacità pratiche di esecuzione, e quando ti piace qualcosa sei in grado di lavorare sodo; sei adatto a tutte le occupazioni tipiche di Marte: soldato, chirurgo, farmacista, ingegnere ecc. Questa posizione accentua l'energia vitale ma può provocare incidenti, febbri, e malattie infettive. Hai senso dell'onore ed un certo grado di orgoglio, e talvolta potrai offendere qualcuno o sentirti tu stesso subito offeso, e dunque soffrire a causa di odi, rivalità, gelosie e contrasti. Può esserci guadagno di denaro attraverso eredità, matrimonio, cooperazione o associazione con altre persone, ma c'è una certa inclinazione alla prodigalità.

90. MARTE IN SAGITTARIO. Questa posizione ti dona passione ed energia che potrebbero operare tanto sul piano intellettuale che su quello emotivo, prendendo la forma di impulso, ardore ed entusiasmo. Talvolta ciò potrebbe farti perdere l'autocontrollo e tu potresti metterti ad inseguire troppo un'idea o un desiderio, oppure potresti spingerti ad eccessi nel tentativo di ottenere qualcosa. Hai bisogno di freni, moderazione e prudenza. Hai il coraggio delle tue opinioni ed idee, che non sempre corrispondono a quelle delle persone che ti circondano, ma la tua tendenza naturale è quella di andare ad ogni costo per la tua strada. Nella religione questa posizione spinge a realizzare un tipo poco ortodosso oppure molto attivo, devoto, e forse dalle maniere un po' militaresche. Sei un lavoratore svelto e dinamico, ma portato a cambiare, o che intraprende troppe cose, o ancora che frammenta un po' troppo le sue energie. Questa posizione favorisce i viaggi, e spinge a cambiare opinione, occupazione e residenza; favorisce inoltre la vita all'aperto, il cavalcare, e tutti gli *sport*. Potrà esserci pericolo durante i viaggi, disaccordo con fratelli e sorelle o separazione da essi. E' possibile che dovrai affrontare una causa mentre liti e contrasti sono molto probabili.

91. MARTE IN CAPRICORNO. Questa posizione ti dona ambizione, determinazione e capacità di farti strada nel mondo e di costruire strenuamente la tua carriera. Hai molta abilità pratica, puoi lavorare sodo e con competenza, ed ottenere molto. Hai senso dell'autorità, sei in grado di dirigere ed organizzare altre persone e sei adatto a posti di responsabilità. Questa posizione tende ad innalzarti nella scala sociale, a darti un certo livello di importanza e di supremazia sugli altri, anche se solo in misura minore, ma tende altresì ad isolarti un po' e a far sì che tu sia più temuto e rispettato che amato. Marte è forte in Capricorno e rende idonei alle occupazioni significate dal pianeta, quali quella del soldato, del marinaio, del chirurgo, del farmacista, dell'ingegnere, ma anche alle cariche parlamentari o di stato ed a quelle municipali. Quando sei sottoposto a cattive direzioni puoi incorrere in inimicizie, critiche, rivalità in special modo da parte di superiori o di persone importanti, mentre questa posizione non è propizia per il padre, dal momento che causa pericoli di disaccordo e separazione da lui o di morte dello stesso. C'è rischio di problemi reumatici o similari.

92. MARTE IN AQUARIO. Questa posizione realizza un carattere che è al contempo dinamico e saldo, veloce nell'azione ma inflessibile e in una certa misura litigioso. Hai molta forza nervosa e capacità di lavoro, ma anche, per quanto concerne questa posizione, molta impulsività che ti dispone a lavorare in modo piuttosto irregolare. Questa posizione tende a renderti pronto e deciso nel parlare e nell'agire, ma talvolta un po' brusco e sgarbato. Nei periodi in cui sei sottoposto a direzioni favorevoli tendi ad essere molto devoto nei riguardi di quegli amici o di quelle questioni cui dai valore, e per loro tramite potrai ricavare sia diletto che vantaggi, migliorando la tua situazione. Ma sotto cattive direzioni potrai avere dispiaceri da parte di amici e di associati; potrai perderli a causa di separazioni o per la loro morte, o ancora potrebbero esserci rotture causate da punti di vista divergenti. C'è anche il pericolo di falsi amici o di liti con amici. Dovresti coltivare la calma e la prudenza, ed imparare la gentilezza ed a far concessioni agli altri. C'è una certa tendenza all'esaurimento nervoso per troppo lavoro.

93. MARTE IN PESCI. In questa posizione Marte mostra ardore ed impulsività in misura minore di quanto non faccia nella maggior parte degli altri segni, e si accompagna ad una buona dose di riservatezza. Hai energia e capacità, ma non sei portato a mostrare l'intera tua natura in superficie. Non ti lanci nelle azioni senza pensarci come fanno in genere le persone che nascono sotto l'influsso di questo pianeta, né vieni da esso corredato della ferrea volontà e dello spirito indomito che si mostra in alcune altre posizioni. Tu sai attendere la buona occasione, sai scegliere il momento opportuno all'azione, sai aspettare con pazienza, diplomazia ed avvedutezza la realizzazione dei tuoi piani, e sei in grado di ottenere molto così. Ma quando sei sottoposto a direzioni infauste potresti incorrere in inimicizie segrete o soffrire a causa di contrasti, critiche o ostilità generalmente più o meno inattese e nascoste; potrai perdere del denaro per errori di giudizio, o fare dei passi falsi che possono intralciare o impedire il tuo cammino, metterti in cattiva luce, o causarti qualcosa di simile ad una rovina. Dovresti guardarti dall'insicurezza, dall'indecisione o dall'irresolutezza.

Capitolo 9
le posizioni di giove come regnante nei segni

CAPITOLO IX

LE POSIZIONI DI GIOVE COME *RULER* NEI SEGNI

94. GIOVE IN ARIETE. Questa posizione accentua il calore, la buona reputazione e la generosità della tua natura, e può esser considerata molto fortunata in generale. Le attitudini verso la vita sociale sono stimolate, e sono accresciute bonomia, socievolezza e popolarità. Questa posizione è favorevole al successo in tutte le attività significate da Giove, e tende a sviluppare nel carattere le qualità del pianeta. La legge, la medicina, ed attività correlate vengono al primo posto. C'è una certa attitudine a viaggiare, può esserci un cambiamento di attività e la presenza di due *hobby*. Giove in questa posizione inclina alcuni individui al perfezionamento superiore della mente attraverso la filosofia o la religione, mentre per altri rappresenta uno stimolo verso i divertimenti, la buona compagnia, le attività all'aperto, i cavalli ed i viaggi. E' un'ottima posizione per chi abbia a che fare con i malati o con i poveri, per i medici, le infermiere, e per i filantropi. C'è in effetti anche un certo grado di orgoglio e formalismo.

95. GIOVE IN TORO. Questa posizione dona senso della bellezza e dell'armonia nella natura e nell'arte nonché una certa inclinazione per la musica, la pittura, e gli ornamenti. Hai un carattere affettuoso e socievole, ma con un tocco di riservatezza ed orgoglio, e ti piacciono le buone maniere e l'etichetta. Apprezzi il *comfort*, il lusso ed il riposo. Potresti far progressi attraverso materie correlate alla religione, alla medicina, o al superiore perfezionamento della mente. In te c'è un certo spirito devozionale e religioso, che questa posizione tende a render stabile e non incline ai cambiamenti, e queste tendenze della tua natura tenderanno a coinvolgerti più sul piano dell'intuizione e dei sentimenti intimi che su quello della ragione. C'è inclinazione ai viaggi ma soprattutto per uno scopo specifico, come il lavoro o la salute. Questa posizione è fortunata per quanto concerne le questioni di denaro e le eredità, e per la proprietà di case e terreni, ma sotto cattive direzioni vi può esser perdita di denaro.

96. GIOVE IN GEMELLI. Questa posizione migliora l'intelligenza, donando armonia e raffinatezza, ed è favorevole all'istruzione, alla cultura ed alla competenza di giudizio. Essa ti fornisce buon senso e capacità di consigliare, guidare o addestrare altre persone con assennatezza. Imparerai attraverso l'esperienza ed avrai tatto e lungimiranza. Sei appassionato di viaggi e portato a muoverti di frequente, anche se solo per spostamenti di breve distanza. Sei portato ai cambiamenti d'opinione e tendi dedicarti a più di una materia o settore d'interesse, o a passare di frequente dall'uno all'altro. Tendi ad avere un punto di vista critico nei confronti della religione, o a guardarla dal lato intellettuale o filosofico. Questa

72

posizione è favorevole al matrimonio e ad un buon rapporto con fratelli, sorelle e parenti in genere, ma quando sarai sottoposto a direzioni infauste questi stessi canali possono diventare causa di sofferenza, con la possibilità di perdite e separazioni, ma non è detto comunque che debbano avvenire necessariamente fatti gravi.

97. GIOVE IN CANCRO. Questa posizione aumenta l'immaginazione e l'intuizione, e ti dona un'inclinazione per l'arte. E' favorevole alla vita familiare, dona pace ed armonia in casa, crea un legame importante tra te ed i tuoi genitori, e ti porta felicità e benessere. Potresti ricevere un'eredità dai tuoi genitori, probabilmente da tua madre o dalla sua famiglia. Puoi fare dei viaggi e c'è la possibilità di farne uno importante per mare, o potrebbe essere che tu svolga un'attività che comporta i viaggi. Puoi ricavare profitto dalle case e dalle terre, o da occupazioni correlate. Hai buon gusto per i mobili e per l'arredamento in genere e ti piace la bellezza e l'eleganza nella casa; sai inoltre capire l'architettura ed anche studiarla con gran vantaggio. Sarai attratto in una certa misura dal lato occulto o *psichico* delle cose, o forse potrai anche sviluppare una capacità *psichica*. Questa posizione dispone altresì al lato devozionale della religione o al misticismo.

98. GIOVE IN LEONE. Questa posizione ti rende virtuoso, rispettabile e simpatico. Ti dona un forte senso della reputazione e ti predispone a posizioni di prestigio e responsabilità. Sei atto a conquistarti la stima dei tuoi superiori e ad esercitare in modo appropriato potere o direzione sugli altri. Molto probabilmente potrai innalzarti socialmente e guadagnarti stima e rispetto, e forse potere e fama. Questa posizione dovrebbe favorire l'acquisizione di molti amici e conoscenti, una certa popolarità e successo. Hai consapevolezza del tuo valore e non ti sottovaluti; apprezzi lo sfoggio, la pompa, le forme, il buon gusto, e talvolta tendi a dare troppa importanza all'ostentazione, ma nonostante ciò non offendi nessuno con i tuoi atteggiamenti giacché sei generoso e magnanimo. Hai sentimenti profondi e ardenti. Questa posizione aumenta la vitalità e il vigore.

99. GIOVE IN VERGINE. Giove non è forte in questo segno e qui il suo lato passionale non può mostrarsi bene all'esterno. La posizione è in qualche modo favorevole agli affari ed al commercio, alla riuscita per mezzo di persone di sevizio o impiegati, specialmente nel caso in cui tu abbia molti impiegati o associati, ed al guadagno tramite cooperazione con altri. Ma quando tu fossi sottoposto a cattive direzioni potrebbero esserci guai o perdite finanziarie causati dagli stessi individui che erano normalmente fonte di guadagno. Hai senso dell'ordine, del metodo e dell'organizzazione, ma questa posizione talvolta porta con sé una certa indifferenza rispetto l'aspetto esteriore, trascuratezza ed indolenza. La tua natura è più intellettuale e filosofica che incline alla devozione, sei critico ed analitico e dovresti essere adatto agli studi scientifici ed all'insegnamento. La posizione non è molto favorevole alla digestione e potrebbe avere dei risvolti negativi sul fegato e sugli intestini, e per un periodo della tua vita potresti essere ostacolato in qualche modo da una malattia piuttosto persistente. Potrebbero esserci viaggi per affari o per conto di un'altra persona. Sotto cattive direzioni rischi di truffe, tradimenti ed inganni.

100. GIOVE IN BILANCIA. Questa posizione accentua il lato sociale della tua natura, e sviluppa quelle qualità che facilitano l'amicizia, la simpatia e la popolarità nelle relazioni con gli altri. Dovresti dunque avere molti amici, ed essere noto ed apprezzato nel tuo ambiente, e potresti addirittura attirare la pubblica attenzione e guadagnarti un certo grado di importanza al di là dell'ordinario. E' inoltre fortunata per il matrimonio e per tutte le cooperazioni, per aggregarsi a società, associazioni, compagnie o grandi gruppi di individui sia negli affari che in altre direzioni. I viaggi sono favoriti. Questa posizione accentua un'immaginazione intellettuale, e può donare un sentimento religioso di tipo mistico o immaginativo, ma anche inclinazione per l'arte, per la poesia o per la musica. Quando ti trovi sottoposto a cattive direzioni essa può provocare un certo disaccordo o incompatibilità nel matrimonio, e qualcosa di simile anche nelle amicizie o associazioni, che potrebbero dimostrarsi false, subdole, ingannevoli.

101. GIOVE IN SCORPIONE. Questa posizione dona al carattere calore, entusiasmo e passione ed amplifica notevolmente sentimenti ed emozioni. Il lato positivo di queste cose è potente così che tu avrai risorse e forza di volontà che ti renderanno di notevole e reale utilità nel mondo. Questa posizione dona una certa abilità nelle questioni di denaro, negli investimenti e nelle speculazioni, con possibilità di guadagni tramite il matrimonio, le associazioni o le eredità. In campo religioso c'è una certa inclinazione verso il misterioso e l'occulto, nonché un atteggiamento poco ortodosso, o sicuro ed un po' militaresco. Hai un certo orgoglio e senso della reputazione e a causa di ciò puoi facilmente sentirti offeso, sebbene tu sia fondamentalmente di buon carattere e generoso. Ricaverai piacere e guadagno dai tuoi viaggi, nonché da attività correlate con l'acqua o i viaggi, ma anche da cose che abbiano a che fare con la religione, con la filosofia o con l'istruzione superiore, ma con cattive direzioni in atto questi stessi ambiti potranno esser fonte di guai e perdite.

102. GIOVE IN SAGITTARIO. Questa posizione è forte e favorevole per il pianeta Giove, e ne attiva tutte le caratteristiche benefiche. E' propizia alle più elevate manifestazioni dell'intelletto e del sentimento, e dunque a discipline quali la religione, la filosofia, la legge e la medicina, ed alle tendenze filantropiche e sociali, e realizza un carattere benevolo, compassionevole, generoso, di buon senso e ricco di *humour*. Hai un'alta considerazione della tua reputazione e preferisci conformarti alle consuetudini e formalità della buona società, ma al contempo sei molto tollerante e simpatico, e facilmente portato a perdonare coloro che ti offendono. Questa posizione è favorevole ai viaggi, e tende a portare pace nella vita familiare e domestica. Aumenta inoltre l'energia vitale e la buona salute.

103. GIOVE IN CAPRICORNO. Questa posizione accentua la forza di volontà nonché la capacità di operare praticamente nel mondo. Sei probabilmente molto ambizioso ed amante del potere, nelle piccole così come nelle grandi cose, ed in una certa misura sei adatto a dirigere, guidare ed organizzare persone e cose, ad occupare una posizione importante e di responsabilità, ed a comandare. Questa posizione dona notevole capacità finanziaria e commerciale, abilità e fortuna negli affari. Ma sei anche portato a realizzare dei guadagni attraverso attività professionali e viaggi. Essa è favorevole a coloro che occupano posizioni o incarichi in uffici pubblici o semi-pubblici, all'acquisizione di denaro tramite questi canali, e per denaro o eredità che si possono ottenere dal padre, dal fratello o dalla sorella, oltre ad essere favorevole ai tuoi rapporti di lavoro con queste persone. Sei portato a fare dei viaggi anche molto lunghi. La posizione favorisce l'avvedutezza e la serietà così come la sobrietà e la parsimonia.

104. GIOVE IN AQUARIO. Questa posizione ti porterà molti amici e conoscenti, un certo grado di popolarità e di successo, e la buona disposizione nei tuoi confronti delle persone che appartengono al tuo ambiente. Essa è propizia sia nell'ambito familiare che all'esterno nel mondo, e dona diletto nei rapporti con fratelli e sorelle. Questa posizione spinge ad unirsi con altre persone in vari modi, ad aggregarsi ad istituzioni religiose, ad essere membro di società, associazioni, confraternite o compagnie, sia in ambito sociale che negli affari. Sono presenti forza di volontà, perseveranza e spirito indipendente, notevole fiducia in sé stessi e orgoglio, nonché capacità di comando e direzione. Questa posizione dona una certa abilità negli affari e notevole successo nelle questioni di denaro. Essa talvolta favorisce un'inclinazione per l'occultismo o il misticismo, oppure per qualche tipo di religiosità misteriosa e fuori dal comune.

105. GIOVE IN PESCI. Questa posizione ti dona un buon carattere rilassato, ben disposto nei confronti degli altri, caritatevole e benevolo. E' un'ottima posizione per medici o infermiere, e comunque per tutti quegli individui che debbono avere a che fare con i malati o con i poveri, o dal punto di vista dell'aiuto materiale, o da quello delle cure mediche, o da quello della religione. E' favorevole alla religiosità, talvolta di tipo misterioso ed occulto, ma talvolta di tipo molto ortodosso e devoto. Questa posizione dona notevole immaginazione e senso della bellezza sia nella forma che nell'armonia, qualità che possono spingerti verso la musica, l'arte o la poesia. A casa ti piace l'eleganza, la bellezza ed il lusso e questa posizione tende a preservare la pace e l'armonia nella vita familiare, e ti dona amici ed un certo grado di popolarità.

Capitolo 10
le posizioni di Saturno come regnante nei segni

CAPITOLO X

LE POSIZIONI DI SATURNO COME *RULER* NEI SEGNI

106. SATURNO IN ARIETE alla nascita farà di te una persona più o meno in vista, in proporzione al tuo ambiente. Sei ambizioso, diplomatico e diffidente, amante del potere, e sei in grado di esercitare un qualche livello di autorità, ed anche di dirigere altre persone, organizzare e programmare. Sei molto sicuro di te stesso e deciso, ma talvolta ti dimostri austero, malinconico ed amante della solitudine. Questa posizione dona autocompiacimento ed irritabilità, o pessime reazioni se si è provocati. Il tuo destino nella vita, ed in special modo quello relativo alla carriera, lo crei in gran parte tu stesso con le tue scelte, e così le disgrazie saranno spesso il risultato di tue azioni. Se farai della sincerità e della tolleranza le tue virtù, raggiungerai potere e successo, ma evita l'intolleranza e l'impazienza.

107. SATURNO IN TORO alla nascita tende a fare di te una persona forte, resistente e di ferrea volontà nel perseguire i propri scopi. Esso ti dona una natura lenta ma tranquilla e gentile, sebbene facilmente preda della collera. Non è favorevole alle questioni economiche in generale, giacché il denaro arriverà con lentezza, o tenderà ad essere sprecato, sebbene tu sia portato a guadagni (o, quando Saturno fosse afflitto *a perdite*) attraverso pubbliche speculazioni, borsa, azioni, investimenti, banche e compagnie, o speculazioni in questi ambiti; c'è inoltre qualche possibilità di guadagni grazie a persone anziane. Sai essere prudente e parsimonioso nelle questioni di denaro ed il maggior successo lo potrai raggiungere attraverso l'oculatezza e la perseveranza.

108. SATURNO IN GEMELLI alla nascita minaccia guai nell'infanzia, difficoltà correlate all'istruzione, ad attività d'ufficio e letterarie, ai fratelli ed a brevi viaggi. Potresti comunque con la tua pazienza ed industriosità acquisire notevole capacità intellettuale. Potresti coltivare vantaggiosamente forza di carattere ed acutezza d'intenti, profondità di pensiero ed abilità nella ricerca scientifica. Ad un certo punto della vita, quando Saturno riceverà buoni aspetti potrai aver successo tramite attività intellettuali, o tramite la tua famiglia, ma quando il pianeta risulterà afflitto, potranno derivarti guai dagli stessi ambiti. Evita l'irritabilità e l'amarezza nei sentimenti.

109. SATURNO IN CANCRO alla nascita fa temere la perdita delle proprietà o della posizione sociale, e non è favorevole al successo ed agli onori, giacché è atto a causare guai negli affari e nella professione, minacciando rovina, perdita della reputazione, e disfatta finanziaria (specialmente quando Saturno affligge la Luna, Venere o Giove). Spinge altresì ai fenomeni medianici ed a qualche forma di occultismo. Tieni sotto controllo le tue idee ed impressioni e cerca di distinguere l'immaginazione dalla fantasia. Sei molto influenzabile da parte degli altri ed essi potrebbero esaurire la tua energia vitale, dunque stai attento alle persone a cui ti unisci. Fortifica la mente, e non incoraggiare l'insoddisfazione o il rancore. Tenderai ad evitare le responsabilità, che non consideri piacevoli. La tua attività lavorativa potrebbe risultare impopolare.

110. SATURNO IN LEONE alla nascita ti aiuterà nella vita, donandoti potere, autorità o responsabilità, e la possibilità di distinguerti in una certa misura dalla massa. Saturno in questa posizione rende un po' insufficiente la circolazione sanguigna, attenua la forza vitale e può nuocere al cuore. Tende a farti ottenere il favore dei superiori e delle persone d'alto rango. Tu sei ricco di determinazione ed autocontrollo. Guai però potrebbero risultare dalle tue storie d'amore o dalle tue passioni, a meno che tu non sia in grado di praticare la castità, senza diventare una persona fredda. Le tue principali esperienze si determineranno attraverso i sentimenti, e se saprai tenere a bada le passioni, e saprai uccidere il leone dell'ira, potrai evitare gran parte dei tuoi guai.

111. SATURNO IN VERGINE alla nascita dona una mente seria ordinata, critica ed analitica, tendente a renderti inventivo e capace di impegnarti in profonde materie di studio, ma potrebbe altresì non dimostrarsi benefico nei primi anni di vita. Questa serietà tendenziale di carattere potrebbe a volte sconfinare nella depressione, rendendoti eccessivamente diffidente e chiuso in te stesso. C'è la possibilità di delusioni o rovesci nella professione, e la tua ambizione potrebbe esser frustrata, o potresti subire le ostacolanti conseguenze di un lavoro impopolare, della cattiva salute, o di un qualche problema causato da persone più anziane di te. Il significato occulto di questa posizione è "discernimento", attraverso il quale puoi divenire più saggio, e migliorare la tua natura inferiore[15].

112. SATURNO IN BILANCIA alla nascita è piuttosto fortunato, essendo qui nel segno della sua esaltazione. E' generalmente favorevole a tutte le questioni concernenti associazioni, in special modo con persone più anziane di te, ed è atto a procurarti guadagni tramite appunto associazioni, unioni ed aggregazioni con altre persone. Questa posizione tende a renderti particolarmente esigente nelle questioni concernenti la giustizia, ma nella misura in cui amplierai i tuoi orizzonti e ti svilupperai, diverrai più accondiscendente e comprensivo, nonché religioso e mistico. Sotto cattive direzioni questa posizione fa agire l'amicizia in senso contrario e causa opposizione, gelosia, egoismo, ecc. Essendo questo il segno che rappresenta una bilancia, ad un certo punto della tua vita avrai la possibilità di scegliere tra due differenti linee di azione, e ciò segnerà molto il tuo futuro.

---

[15] Qui Alan Leo si riferisce alla costituzione occulta dell'Uomo per la quale la sua *personalità* mortale è costituita dai triangoli intrecciati a stella a sei punte dei segni di terra e d'acqua, e la sua *individualità* immortale è costituita dai triangoli intrecciati a stella a sei punte dei segni di fuoco e di terra. Su questo argomento vedi dello stesso Autore: Astrologia Esoterica, Edizioni Nuovi Orizzonti, Milano. (Nota del Curatore)

113. SATURNO IN SCORPIONE all'ora della nascita accentua la volontà e la forza del tuo carattere, nonché l'amore per il potere e per l'autorità, rendendoti insopportabili impedimenti ed ostacoli. Esso ti dona un carattere energico, forte e persino turbolento, a meno che queste tendenze non siano controbilanciate da buoni influssi. Questa posizione è piuttosto critica. Essa mette in pericolo onore e reputazione e può causarti una certa impopolarità. Si minacciano talvolta rovina e collasso. Non è favorevole all'occultismo, ma ti donerà qualche potere nelle cose segrete, nascoste, occulte e misteriose. Tenderai ad essere molto riservato e padrone di te stesso, ma dovresti evitare di cader vittima dell'orgoglio e della gelosia, sono questi infatti i due maggiori rischi della tua vita.

114. SATURNO IN SAGITTARIO alla nascita ti dona una mente di tipo filosofico, indirizzandoti così verso la scienza, la filosofia o la religione, e conformemente al tuo progredire il tuo pensiero diverrà più originale, chiaro e filosofico, e segno di ciò sarà il fatto che accetterai nuove idee con la stessa serietà con cui in un certo momento nel passato potresti aver accettato idee che allora pensavi fossero definitive. La tua mente sarà investigativa, e se dovessi dedicarti alla religione potresti diventare un grande teologo, se alla filosofia un grande filosofo, se alla finanza un grande uomo d'affari. Ma DEVI esercitare la concentrazione prima di poter raggiungere una delle virtù promesse da questa posizione, la quale però ti renderà comunque onesto e sincero.

115. SATURNO IN CAPRICORNO alla nascita tenderà a migliorare la tua posizione donandoti potere, padronanza, indipendenza, ambizione ed a volte solitudine ed isolamento, ma la sua influenza si modifica in relazione alla tua sfera vitale. Questa posizione talvolta dona fortuna nell'attività lavorativa o negli affari, seguita da definitivo rovescio o collasso nei periodi segnati da cattive direzioni. Quando Saturno è afflitto sarai depresso, pensoso e melanconico. Questa posizione rafforza la tua personalità, causando ambizione, amore per il potere, e a meno che Giove, Venere o il Sole non si oppongano a questa tendenza, un certo disinteresse nei confronti degli altri. Dovresti avere inoltre una forte personalità e la capacità di migliorare da solo la tua posizione nella vita tramite l'autocontrollo e la diplomazia.

116. SATURNO IN AQUARIO alla nascita domina il destino considerevolmente, agendo come freno o limite ai tuoi impulsi. Esso dona capacità e fortuna correlati ad associazioni, compagnie o gruppi di persone; è inoltre favorevole per quanto concerne l'occulto ed il misterioso. Questa posizione dona capacità di comprensione della natura umana, sebbene talvolta potresti sbagliare valutazione sui tuoi amici, e soffrire il loro inganno, ecc., pericoli questi da cui dovresti effettivamente guardarti. Ti sono propizi i movimenti popolari, ma anche le attività finanziarie, e gli investimenti in titoli di borsa. Dal punto di vista occulto questa posizione ti promette uno sviluppo in relazione alla tua capacità di rispondere alla vibrazione dell'Aquario.

117. SATURNO IN PESCI alla nascita è sfavorevole per quanto concerne l'attività lavorativa, la posizione sociale, la reputazione e la popolarità, e c'è il rischio di incorrere meritatamente o meno nel pubblico disprezzo o nel disonore. I superiori, le autorità e le persone che occupano posizioni elevate non sono benevoli nei tuoi confronti, infatti sei circondato da gente che ti critica, da nemici e da amici falsi. Sei portato inoltre a subire attacchi da parte di persone subordinate, ma se Saturno riceve buoni aspetti potranno venirti dei vantaggi nel caso tu sia in qualunque modo collegato ad ospedali, istituzioni caritatevoli, case di ricovero, libere professioni, società segrete, o attività impopolari[16]. Moderazione, tolleranza e fermezza ti avvantaggeranno molto e ti potranno aiutare a superare le disgrazie succitate. Rafforza la volontà, ed evita per quanto ti è possibile di fare errori di giudizio.

---

[16] Queste "unpopular pursuits" che appaiono anche altre volte nel testo sono da considerarsi attività necessarie ma sgradevoli: quella del boia ad esempio, ecc. Questi ultimi paragrafi delle *Delineations* sembrano scritti effettivamente con un certo grado di disordine; ad esempio il passaggio nel n. 116 dalla fortuna nelle associazioni ecc, all'attitudine per l'occulto ecc. sembra davvero un salto privo di senso. A proposito di questa improvvisazione un po' scoordinata leggi l'Introduzione di Alan Leo. (Nota del Curatore)

Capitolo 11
le posizioni del pianeta urano nelle case

CAPITOLO XI

LE POSIZIONI DEL PIANETA URANO NELLE CASE

Si potrà comprendere facilmente da quanto riferito nel Capitolo II, che Urano può solo raramente o forse mai esser considerato come il pianeta *Ruler* di un oroscopo. In realtà in molti casi e forse nella maggioranza di essi, si potrà osservare come l'astro eserciti poco o nessun influsso. Nei casi in cui il pianeta effettivamente realizzi un qualche effetto sulla natività sarà sicuramente più importante la sua posizione nelle case piuttosto che quella nei segni. Ad esempio Urano in Cancro nella III casa mostrerà i suoi effetti più per quanto concerne discorsi e scritti ed altre attinenze soprattutto mentali della terza, piuttosto che su desideri e sentimenti, ambiti questi significati dal Cancro. Dunque, in altre parole, la posizione terrestre [nelle case] dell'astro supera in potenza quella celeste [nei segni]. In questo capitolo perciò darò i significati delle posizioni di Urano nelle case piuttosto che nei segni, il che sarà sicuramente più utile allo studioso, a parte il fatto che sia Urano che Nettuno (per il quale sono applicabili le stesse considerazioni) orbitano così lentamente da rimanere in un segno il primo per circa sette anni ed il secondo per circa quattordici, così da coinvolgere nel loro influsso più o meno in modo simile tutte le persone nate in quel periodo. Probabilmente la posizione nei segni di questi due pianeti occulti e misteriosi ha più a che fare con le particolari categorie di *ego* che vengono a manifestarsi di tempo in tempo, nonché con il *Karma* generale di codeste categorie, piuttosto che con il carattere particolare degli individui. Questa è però solo una speculazione filosofica.

118. URANO IN PRIMA CASA. Questa posizione ti dona un modo di pensare originale ed un carattere non comune ed alquanto trasgressivo. Potresti mostrare un notevole genio inventivo e sarai comunque portato ad andare controcorrente. Questa posizione causa dei rovesci di fortuna, eventi strani ed insoliti, innalzandoti a volte per poi gettarti giù di nuovo. Essa predispone anche al pericolo di allontanamento dalle persone che ti sono più vicine, e può spezzare con brutalità ed all'improvviso molti legami sociali. Sei portato ad essere un po' brusco ed a volte a parlare in modo troppo franco, oltre che ad essere talvolta troppo sicuro delle tue idee ed irritabile. Dovresti anche cercare di controllare una certa tendenza alla stranezza. Sei portato alla metafisica ed all'amore per ciò che è bello e profondo. Potrai raggiungere dei risultati nell'occultismo e nel pensiero superiore.

119. URANO IN SECONDA CASA. Questa posizione causa un carattere irrequieto e molti cambiamenti di destino. Improvvisi guadagni ed improvvise perdite renderanno i tuoi affari finanziari sempre più o meno incerti. Potrai guadagnare una fortuna tramite una qualche speculazione o invenzione, e potrai perdere tutto improvvisamente. Potresti fare guadagni tramite le azioni delle ferrovie, anche con investimenti destinati a nuove invenzioni, tramite imprese uniche e grandiose o grandi società per azioni, ma dovrai sempre stare molto attento perché potrai perdere tutto quello che hai guadagnato. Non c'è sicurezza finanziaria con Urano, sebbene i buoni aspetti si dimostrino in genere benefici. L'azione di quest'influenza sul piano mentale stimolerà in te pensieri profondi durante la vita, e potrà nascere un interesse molto importante per l'Astrologia.

120. URANO IN TERZA CASA. Questa posizione renderà la tua mente alquanto bizzarra, eccentrica, inventiva e curiosa. Essa ti dona la capacità di studiare materie difficili e profonde, mentre i tuoi metodi saranno in genere originali ed ingegnosi. Questa posizione fa sì che tu riceva tante lettere strane, ed anche che tenga un'ampia e varia corrispondenza, forse con individui che studiano la metafisica o che si occupano di occultismo. Avrai tanta corrispondenza (molta in certi periodi, meno in altri) e c'è la possibilità che qualche problema venga da una lettera o da una notizia ricevuta improvvisamente. Sarai appassionato di viaggi, avrai difficoltà con i tuoi parenti, e dal momento che avrai idee strane ed originali potrai sempre essere severamente criticato dagli altri.

121. URANO IN QUARTA CASA. Questa posizione influenzerà la tua vita domestica causando molti cambiamenti inaspettati e forse bruschi. Sei portato ad avere strane esperienze nel luogo di residenza, nella casa in cui sei nato, o persino nella città o stato nel quale vivi. Sei anche portato a liti o a strane scenate con i tuoi genitori o con le persone che abitano con te. Con l'avanzare degli anni devi porre estrema attenzione ad evitare malattie strane ed incurabili. Dovresti sempre cercare di essere circondato da condizioni armoniose e dovresti anche stare attento alle persone con cui ti associ o unisci, specialmente in età avanzata. La tua fine avverrà probabilmente in modo piuttosto inatteso e del tutto improvviso.

122. URANO IN QUINTA CASA. Questa posizione causerà strane storie d'amore, e ti farà vivere avventure molto romantiche e fuori dell'ordinario; tu però dovresti stare molto attento nello scegliere conoscenti del sesso opposto, c'è altrimenti il rischio che la tua amicizia possa venir usata impropriamente. Questa posizione causerà l'allontanamento delle persone che ami, e tuttavia tu potresti venir attratto dalla pratica di particolari godimenti e strane esperienze che attengono alla sfera dei cosiddetti piaceri. Dovresti inoltre stare attento alle speculazioni finanziarie dal momento che sei portato ad avere improvvisi guadagni ed improvvise perdite. I tuoi figli potrebbero causarti molti guai e potrebbero crescere con difficoltà, ma nel caso riuscissero a sopravvivere essi o ti abbandoneranno del tutto, o ti causeranno discredito e preoccupazioni a causa del loro comportamento strano ed eccentrico.

123. URANO IN SESTA CASA. Questa posizione non è favorevole alla salute. Ti causerà disordini nervosi e potrebbe anche portare qualche malattia strana o incurabile, difficile da debellare, giacché la tendenza di qualunque debolezza fisica potrebbe essere quella di diventare una malattia incurabile. Dovresti comunque stare attento ad evitare l'ipocondria o i disturbi nervosi che sono atti a causarti molto più danno e inutili sofferenze di tipo mentale. Dovrai inoltre porre attenzione nel trattare con persone di servizio e subordinate, giacché potrebbero causarti preoccupazioni, ansietà e forse improvvise perdite economiche. Queste persone infatti sono causa di disagi e fastidi, e sono incapaci di venire in qualche modo incontro al tuo bisogno di benessere o di felicità. Sei infine portato ad incorrere in incidenti strani ed improvvisi.

124. URANO IN SETTIMA CASA. Questa posizione causa eventi stranissimi ed inusitati in connessione al matrimonio o alle unioni e associazioni. O sarà stato il tuo *partner* ad attraversare una qualche strana e straordinaria esperienza, o sarai stato tu ad aver stretto d'impulso un qualche legame che può portare molte complicazioni. C'è il rischio di separazione per allontanamento, divorzio, o improvvisa perdita del *partner*. Non dovresti spingerti ad affrontare il pubblico senza essere ben preparato e capace di resistere con le tue forze, giacché incontreresti notevole e tenace opposizione. Dovresti stare sempre molto attento nel trattare con sconosciuti mentre sarebbe molto meglio per te evitare del tutto i tipi strani e fuori dal comune. Questa posizione inclina ad unioni platoniche.

125. URANO IN OTTAVA CASA. Questa posizione ha un significato particolare ed occulto e dovrebbe provocare in te un interesse profondo e sincero per tutte le cose che si riferiscono ad altri piani dell'esistere che sono accanto a questa terra fisica[17]. Essa provoca a volte dei sogni vividi e ti spinge ad interessarti molto agli stati del *post-mortem*. Dal punto di vista materiale questa posizione potrà farti guadagnare denaro in modi strani ed inaspettati, attraverso testamenti o eredità, o col matrimonio, attraverso collaboratori, o in altro modo fuori dal comune. Non è d'altronde favorevole riguardo alla modalità della propria morte, giacché con Urano in ottava casa questa potrà essere improvvisa ed inattesa. Ma in generale molto dipenderà dagli aspetti che Urano riceveva alla nascita, e da quelli che verrà a ricevere nel progredire del tuo oroscopo, dunque non si può mai dare un'informazione precisa riguardo a questa posizione.

126. URANO IN NONA CASA. Questa posizione favorisce interessi che vanno dalla metafisica all'astrologia, dall'occultismo al lavoro immaginativo. Essa spinge verso l'originalità e l'inventiva ed è propizia alle attività che hanno a che fare con le rarità d'arte e l'antiquariato, nonché agli studi su questi argomenti. Questa posizione dona una capacità profetica, e ti fa fare sogni strani che talvolta giungono a te come avvertimenti o addirittura come rivelazioni. Sei portato ad avere incidenti (o, invece ad essere fortunato, a seconda degli aspetti di Urano) durante i tuoi viaggi, specialmente durante quelli lunghi in treno, o all'estero. Tendi infine all'innovazione in campo religioso e scientifico.

---

[17] Interessantissimo il fatto che Alan Leo usi "beside"e non "beyond" (come ci si aspetterebbe) per descrivere dove siano questi piani d'esistenza superiore rispetto alla terra. Essi sono al lato, accanto e non al di là del piano materiale della terra.(Nota del Curatore)

127. URANO IN DECIMA CASA. Questa posizione causa improvvisi ed assolutamente inaspettati cambiamenti nella tua posizione sociale. Ora su ed ora giù, talvolta godi di grande credito da parte degli altri, talaltra patisci le conseguenze di una cattiva reputazione. I tuoi datori di lavoro potrebbero passare attraverso difficoltà particolari e tu potresti in qualche modo rimanere coinvolto in queste vicissitudini. Sei portato a dedicarti per tutta la tua vita a qualche *hobby* molto originale, e ti realizzi bene in attività di tipo eccentrico ed inusuale. La tua vita sarà piena di storie sentimentali e di strani episodi, molti dei quali saranno correlati alla tua professione. Dovresti evitare di avere a che fare per quanto è possibile con enti pubblici e pubbliche inchieste, a meno che gli aspetti ad Urano non siano favorevoli.

128. URANO IN UNDICESIMA CASA. Questa posizione ti dona amici molto sinceri tra coloro che si occupano di studi metafisici o occulti[18]. Dona altresì l'amicizia di pensatori originali, inventori e di personaggi inusuali. Alcuni dei tuoi conoscenti potrebbero essere decisamente degli anticonformisti o addirittura (se Urano riceve cattivi aspetti alla nascita o nelle progressioni) degli avventurieri. Avrai speranze e desideri molto differenti rispetto a quelli delle altre persone, ed amerai il misterioso, il profondo ed il meraviglioso. Avrai l'amicizia di individui che hanno storie d'amore romantiche ed ascolterai degli stranissimi racconti dai tuoi amici. Essi saranno scelti tra le persone che hanno un pensiero progredito e metodi originali, e ciò direttamente o indirettamente ti sarà d'aiuto.

129. URANO IN DODICESIMA CASA. Questa è una posizione sfavorevole dal momento che può provocare esilio o allontanamento dal tuo paese, o dai tuoi amici o parenti. Faresti bene ad evitare di frequentare individui strani e di avere a che fare con persone che non siano perfettamente oneste. Questa posizione potrebbe causarti delle avventure romantiche e disastrose con stranieri, o forse in connessione con altre persone che conosci, e inoltre dovresti stare molto attento a difenderti dagli inganni. Sii pronto a sorprese improvvise per quanto concerne tutte le questioni di natura segreta.

NOTA: A meno che non ci sia un *qualche aspetto importante* tra Urano ed uno dei pianeti più vicini [Sole, Luna, Mercurio, Venere, Marte] Urano non è atto ad esercitare una notevole influenza qualunque sia la sua posizione.

---

[18]Non occorre di certo essere troppo riduttivi oggi nell'attribuzione di interessi uraniani esclusivamente diretti verso "occult and metaphysical studies" perché le branche del sapere che possono essere sollecitate da Urano (e qui correlate ai significati di XI casa) sono anche quelle tecniche, tecnologiche, scientifiche ecc. Oggi sappiamo quanto Urano abbia a che fare con un pensiero astratto che riesce a pensare però anche il funzionamento finalizzato, un pensiero inventivo (Alan Leo lo dice) e dunque la tecnica: dalla tecnica delle mani del pianista alla tecnica di puntamento di una bomba a guida *laser*! (Nota del Curatore)

Capitolo 12
le posizioni del pianeta nettuno nelle case

CAPITOLO XII

LE POSIZIONI DEL PIANETA NETTUNO NELLE CASE

Le considerazioni sul pianeta Nettuno date al Capitolo II, dovrebbero essere studiate con attenzione prima di esaminare i significati delle sue posizioni nelle case, qui dappresso riportati brevemente. Andrebbe anche letto in relazione a ciò il paragrafo iniziale del Capitolo XI. Si sa molto meno di Nettuno di quanto non si sappia di Urano, e dunque le seguenti osservazioni dovrebbero esser considerate alquanto provvisorie, e prese come spunti di analisi piuttosto che pronunciamenti sicuri.

130. NETTUNO IN PRIMA CASA al momento della tua nascita influenzerà la tua vita in modo insolito. Sarai medianico e romantico, o portato allo *psichismo*. Nella tua vita farai delle esperienze stranissime e ti accadranno fatti straordinari. Solo pochissimi individui sono però in grado di rispondere alle sottili vibrazioni spirituali del pianeta Nettuno, ed essi sono le anime che vivono una vita purissima. Devi stare in guardia contro la suggestione ipnotica, e dovresti scegliere con accortezza amici e collaboratori. Avrai molto probabilmente sogni eccezionali, che dovresti sforzarti di ricordare. Talvolta non potrai fare a meno di essere molto medianico.

131. NETTUNO IN SECONDA CASA ti farà viver strane esperienze in relazione agli affari finanziari. Potrebbe donarti una qualche abilità nel canto e nello studio della musica, spingendo i tuoi pensieri verso il lato misterioso della vita. Sarà comunque un'influenza debole a meno che l'astro non riceva aspetti potenti dagli altri pianeti, soprattutto dai luminari. Dona infine un certo gusto per il misterioso e lo spaventoso.

132. NETTUNO IN TERZA CASA causerà strani avvenimenti nella storia della tua famiglia. La tua mente sarà soggetta a strane fantasie o ispirazioni; potrai vivere esperienze eccezionali durante i tuoi viaggi. Sarà bene che tu agisca con estrema prudenza nell'ambito della tua corrispondenza. Sforzati di sviluppare un atteggiamento mentale positivo, e non dimenticare di coltivare il lato scientifico ed artistico della tua natura.

133. NETTUNO IN QUARTA CASA causerà strani avvenimenti alla fine della tua vita. Potrebbe influenzare le questioni familiari facendo accadere eventi insoliti, e tu potresti avere dei legami familiari di tipo eccezionale. Questa posizione tende a renderti medianico. Fai attenzione alle condizioni *psichiche* delle case in cui potresti sentirti attirato ad andare a vivere.

90

134. NETTUNO IN QUINTA CASA ti mette in guardia contro strani magnetismi. Potrebbe portarti figli particolari o l'attitudine a ricercare piaceri inusitati di tipo misterioso o d'altro tipo. Sforzati di coltivare il lato spirituale della tua natura, e ricorda che anche l'apprezzamento puramente sensuale della bellezza ha i suoi rischi.

135. NETTUNO IN SESTA CASA minaccia affezioni rare. Sei portato a prendere malattia da altre persone ed a soffrire le conseguenze del magnetismo impuro. Sei portato a penare a causa delle azioni fraudolente di servitori e subordinati.

136. NETTUNO IN SETTIMA CASA denota strane relazioni con il sesso opposto ed un matrimonio molto strano ed inusuale. Evita di essere troppo facilmente dominato dagli altri e controlla sempre che il tuo intelletto approvi la scelta dei sentimenti.

137. NETTUNO IN OTTAVA CASA non sembra essere un'influenza importante, e non se ne sa nulla. Ha probabilmente una qualche connessione con lo stato di coscienza durante il sonno.

138. NETTUNO IN NONA CASA promette sogni eccezionali e talvolta visioni, oltre che un modo di vedere mistico della vita.

139. NETTUNO IN DECIMA CASA sembra produrre *hobby* originali ed attività fuori dal comune. Può causare onori inaspettati o discredito.

140. NETTUNO IN UNDICESIMA CASA denota strane amicizie ed associazioni. Inclina ad una comprensione sicura delle cose o alla chiaroveggenza.

141. NETTUNO IN DODICESIMA CASA denota nemici potenti e molto inganno mascherato da amicizia. Dona tendenze *psichiche*.

NOTA: A meno che non ci sia un *qualche aspetto importante* tra Nettuno ed uno dei pianeti più vicini [Sole, Luna, Mercurio, Venere, Marte] Nettuno non è atto ad esercitare una notevole influenza qualunque sia la sua posizione.

Capitolo 13
caratteristiche indivduali

CAPITOLO XIII

CARATTERISTICHE INDIVIDUALI

Le caratteristiche individuali sono simbolizzate dalla posizione del Sole. Nel Sistema Solare il Sole rappresenta l'"energia vitale" che si trasforma in rapporto al Segno attraverso il quale passano i suoi raggi mensilmente; questa energia o influenza viene ulteriormente modificata dagli aspetti solari, ed in una misura minore anche dalle altre posizioni planetarie. Qualunque aspetto al Sole (§ 202-225) andrebbe dunque considerato in questa sezione, insieme alla sua posizione per segno, a meno che non avvenga che il Segno Ascendente sia il Leone, nel qual caso gli aspetti solari avranno già ricevuto considerazione nella Sezione I che trattava degli Aspetti al *Ruler* dell'oroscopo.

Il Sole è significatore dell'individualità, la base permanente della natura [dell'Uomo], e la sua posizione ha una rilevante influenza modificatoria sul tipo di carattere indicato dal segno ascendente. Nella personalità il Sole governa principalmente la forza vitale.

Una descrizione completa delle Caratteristiche Individuali apparve già in *Astrology for All* [19] da pag. 13 a pag. 47, e le seguenti note interpretative vanno perciò considerate come descrizioni abbreviate e condensate nei limiti delle finalità di quest'opera.

142. IL SOLE IN ARIETE. Il "principio vitale" del raggio del Sole in questo segno ti ha dotato di uno spirito ardente, indomito e ricco di aneliti. Questa posizione ti dona un carattere forte, e ti rende energico, entusiasta, in una certa misura volitivo e talvolta impulsivo ed imprudente. Sei indipendente, amante della libertà e delle responsabilità: ami l'approvazione e l'apprezzamento da parte degli altri, ed operi bene se vieni incoraggiato, ma non sopporti di essere sottoposto ad eccessiva pressione. Sei naturalmente molto magnanimo, ma anche generoso e leale con tutti i tuoi amici. Sei un idealista, intuitivo e profetico, talvolta portato ad estremizzare ed a sopravvalutare, ma sei un pioniere nato che possiede una splendida preveggenza, rapido giudizio percettivo, lealtà, vigore ed eroismo, e ti piacerà sempre guidare gli altri.

143. IL SOLE IN TORO. Il "principio vitale" del raggio del Sole in questo segno ti renderà determinato, tenace, paziente, e resistente, risoluto nell'azione, pratico, piuttosto tradizionalista, e talvolta un po' dogmatico ed ostinato. C'è in te la tendenza a diventare più autoritario, calmo, riservato, stabile ed inflessibile con

---

[19] Il primo volume della monumentale opera astrologica di Alan Leo. I riferimenti di pagina corrispondono all'edizione originale. (Nota del Curatore)

l'avanzare degli anni. Dietro tutta la tua fermezza c'è però un cuore caldo, e tu sarai sempre ben disposto e generoso. La tua natura interiore è nobile, cauta e prudente, e sebbene tu sia lento nel giungere ad una decisione, il tuo giudizio sarà pratico e concreto. Interiormente il principio negativo[20] sarà ben sviluppato, e ciò ti renderà affettuoso, gentile e benevolo.

144. IL SOLE IN GEMELLI. Il "principio vitale" del raggio del Sole in questo segno renderà la tua intelligenza brillante, impulsiva, e tendente ad essere perentoria. Sarai intellettuale, interessato alla letteratura, alla scienza o all'arte, ed in qualche misura ambizioso e pieno di speranze di successo. Dovresti coltivare la concentrazione per diventare bravo, dal momento che possiedi capacità latenti in rapporto alla letteratura o al parlare in pubblico. C'è irrequietezza nella tua natura interiore che potrà causarti nervosismo ed irritabilità, e se non starai in guardia contro questi rischi, potrai diventare incostante, indeciso ed inaffidabile. Sarà bene per il tuo benessere e per la tua felicità che tu impari ad evitare le preoccupazioni e l'irrequietezza. Imparare il controllo del pensiero potrebbe aiutarti a trasformare in vantaggio gran parte delle tue attitudini intellettuali.

145. IL SOLE IN CANCRO. Il "principio vitale" del raggio del Sole passante in questo segno ti farà amare la casa e la famiglia, e ti spingerà a stringere forti legami caratterizzati da sentimenti delicati. Sarai piuttosto ritirato, timido e riservato e non molto incline a farti avanti. Questa posizione ti farà amare i ricordi del passato, le antichità, gli usi antichi, e ti renderà sensibile all'amore romantico. Sarai parsimonioso e molto tenace, capace di resistere là dove gli altri privi della tua perseveranza si arrenderebbero. Ogni eccesso di sensibilità ti potrà nuocere, impedendo il tuo successo, ma potrà esserti in molti modi dannoso anche qualunque eccesso in cui siano coinvolte le sensazioni. Cerca di sforzarti per distinguere tra i tuoi sentimenti e quelli degli altri.

146. IL SOLE IN LEONE. Il "principio vitale" dell'energia del Sole passante per questo segno ti renderà generoso, affettuoso e di natura amabile. Avrai emozioni profonde ed una ferma volontà, ma quando privi di controllo, i tuoi desideri saranno avventati ed i sentimenti facilmente influenzabili. Dovresti tentare di fortificare la tua volontà e di vivere la parte più elevata della tua natura se vuoi comprenderne la nobiltà e magnanimità. Sarai nel profondo generoso, sincero, onesto, tenace e molto incline al perfezionismo. Questo segno ti donerà affettuosità, altruismo, ambizione, orgoglio ed amore del potere. I suoi pericoli sono la vigliaccheria, la prevaricazione, l'amore per l'ostentazione e la pompa, e la facile collera. Ami la giustizia, ma anche i piaceri naturali della vita, ma dovresti evitare tutti gli eccessi nei sentimenti e nelle emozioni.

147. IL SOLE IN VERGINE. Il "principio vitale" del raggio del Sole passante in questo segno ti dona un carattere laborioso, e ti rende pratico, filosofico, costruttivo, selettivo. Esso ti donerà la facoltà critica, lo spirito di autoconservazione, la

---

[20] Non dimentichiamo che il Toro è un segno femminile, governato da Venere, in questo senso "negativo". *Positivi* sono dunque i segni maschili.(Nota del Curatore)

prudenza, la diplomazia e l'ingegnosità, ma ci sarà anche molta sensibilità nella tua natura, da cui risulterà un atteggiamento riservato, tranquillo e coscienzioso. Più incoraggerai questa capacità di discernere più diverrai saggio, giacché la tua qualità più profonda è proprio il discernimento, ma dovresti guardarti da un'eccessiva riservatezza o indecisione, per evitare il rischio di diventare o troppo freddo e spietato, o troppo incerto. Sei per natura dinamico e portato agli affari, oltre che attento ai tuoi interessi, e saprai sempre fino a che punto sarà saggio sforzarti seguendo metodi pratici.

148. IL SOLE IN BILANCIA. Il "principio vitale" del raggio del Sole passante in questo segno denota equilibrio, giustizia, stabilità ed imparzialità. La tua natura interiore sarà giusta e ti farà amare l'armonia e l'ordine. Questa posizione ti dona la capacità di confrontare le cose e ti permette di esprimere un giudizio completo e spassionato, anche se sei molto sensibile e percepisci profondamente tutte le vibrazioni circostanti. Ma sei gentile ed amabile, sempre educato e di buone maniere; la tua natura interiore è pura, armoniosa, percettiva e docile, sempre portata ad imparare da ciò che osserva. Conformemente all'espansione della tua intuizione tramite un'accresciuta purezza di vita, la tua volontà si fortificherà e potrai imparare molte cose attraverso il confronto, la percezione e le sensazioni.

149. IL SOLE IN SCORPIONE. Il "principio vitale" dell'influenza solare passante in questo segno fisso ed acqueo farà sì che il tuo carattere, sorgendo dalla forza silenziosa della tua interiorità, sia stabile e potente, e ti donerà anche propensioni per l'occulto. Possiedi forza magnetica, percezione critica ed un'ottima capacità di giudizio, ma se non sarai in grado di tenere la tua natura del tutto sotto controllo potrai rivelarti piuttosto esigente, geloso ed orgoglioso. Avrai forti amori ed altrettanto forti odi e sarai molto riservato e dignitoso, sebbene tu possa diventare, se infastidito, tagliente e sarcastico, se non addirittura crudele. Avrai comunque molto autocontrollo, determinazione, tenacia e segretezza, e con l'avanzare degli anni nascerà in te un sempre più forte desiderio di investigare l'occulto ed il misterioso. Evita l'orgoglio, coltiva in te la benevolenza, e sforzati di vedere le cose anche da altri punti di vista oltre che dal tuo.

150. IL SOLE IN SAGITTARIO. Il "principio vitale" del raggio del Sole passante in questo segno alla tua nascita indica che sei intuitivo, profetico, sicuro di te, allegro, ottimista e tendenzialmente felice, sebbene piuttosto irrequieto e superattivo, e talvolta troppo ingenuo, franco ed intransigente. Se non starai attento potrai parlare più di quanto non sia saggio fare. Nella tua natura interiore c'è un afflato mistico, e possiedi per natura una sincera devozione ed amorevolezza. Sarai molto sincero, onesto, generoso e leale con le persone a cui sei legato, e cercherai sempre di essere filosofico, ma dovresti aggiungere una solida base di conoscenza scientifica ai tuoi pensieri ed alle tue azioni.

151. IL SOLE IN CAPRICORNO. Il "principio vitale" del raggio del Sole passante in questo segno alla tua nascita renderà il tuo carattere ambizioso, tenace, operoso e perseverante, dotato di uno spirito indipendente, sicurezza di sé, determinazione, parsimonia e prudenza, nonché di abilità ad acquisire ricchezze e proprietà. Il tuo carattere tenderà a divenire col tempo più paziente, resistente e parsimonioso; rispetterai la vecchiaia e gli antichi costumi, avrai una forte personalità, ed amerai il misterioso. Questo segno accentuerà il tuo mondo ideale, e ti donerà amore per la bellezza. Ti donerà altresì amore per la giustizia, per la purezza e la perfezione e potrai sicuramente realizzarti grazie ai tratti sinceri del tuo carattere. Questo segno ti conferisce la capacità e la forza di assumerti responsabilità, e tende anche a stabilizzare l'intero carattere rendendolo sicuro e affidabile.

152. IL SOLE IN AQUARIO. Il "principio vitale" operante attraverso questo segno ti renderà paziente, cauto, leale e determinato, fine ed intuitivo. Gran parte del contenuto di questo segno non può però esser vissuto fino a quando la mente non si sia ritratta dallo stato animalesco: questo è infatti uno dei segni specificamente umani; eppure anche gli individui incapaci di viverlo all'altezza che si richiederebbe, sentono intuitivamente che ci sarebbe un alto livello da raggiungere. Possiedi una natura gentile, altruista, onesta, tranquilla e stabile, e con il passare degli anni diverrai sempre migliore interprete della natura umana, e la tua opinione sarà equilibrata, in quanto non sei facilmente dominato dalle emozioni. Potrai infine sentirti facilmente a tuo agio con gli stranieri.

153. IL SOLE IN PESCI. Il "principio vitale" del raggio del Sole passante in questo segno tende a renderti fiducioso, onesto ed altruista, capace di provare molta compassione specialmente nei confronti degli animali. Sei portato a sentire in modo profondo, ma anche molto intenso, sebbene tu non esprima se non raramente le tue emozioni all'esterno; inoltre desideri sentirti in pace con tutti. Non sei molto ambizioso né hai molta fiducia in te stesso; dovresti a volte dimostrare maggiore volontà e sicurezza. Questo segno ti spinge alquanto alla medianità, ma ti rende socievole, allegro, sincero e portato alla religiosità. Essendo molto caritatevole sarai sempre felice di poter operare in attività sociali e di ospitalità. Sarà opportuno che tu non ecceda nell'attenzione ai dettagli.

La Chiave dell'oroscopo

Capitolo 14
Caratteristiche personali

CAPITOLO XIV

CARATTERISTICHE PERSONALI

Le caratteristiche personali sono simbolizzate dalla posizione della Luna in ciascuno dei Dodici segni. Questa posizione è per così dire "il punto sensibile" di ogni oroscopo, il vortice magnetico nel quale sono raccolte le influenze dei vari pianeti, ivi trasmutate in *caratteristiche personali*.

Una descrizione completa di queste caratteristiche si trova in *Astrology for All.*. Le delineazioni riportate in questo capitolo sono più o meno condensate. Occorrerebbe tenere sempre a mente che gli aspetti formati dalla Luna con gli altri pianeti sono da considerarsi assolutamente della stessa, se non di maggiore importanza, rispetto alla sua posizione per segno. Più avanti nel libro sono riportati anche i significati degli aspetti lunari; un aspetto che coinvolge la Luna accentua, neutralizza o modifica, in relazione alla natura dell'aspetto stesso, le tendenze indicate dalla posizione della Luna per segno. In questa sezione dunque andrebbero perciò considerati tutti gli aspetti della Luna (§ 226-246), insieme alle posizioni del Luminare notturno per segno e per casa, salvo quando all'Ascendente ci sia il Cancro, nel qual caso gli aspetti lunari sarebbero già stati considerati nella sezione riguardante gli aspetti del *Ruler* dell'oroscopo, [dal momento che la Luna governa il Cancro].

La Luna è il significatore della personalità e dei più mutevoli e fluttuanti stati d'animo e sentimenti. Ha anche influenza sulla forma corporea e sull'aspetto fisico. In qualche misura modifica le indicazioni fornite dal segno Ascendente, specialmente nelle cose che sono di suo naturale dominio.

154. LA LUNA IN ARIETE. Questa posizione donerà al tuo carattere personale[21] una tendenza marziale e piuttosto aggressiva. Accentuerà la tua indipendenza personale e ti renderà molto sicuro di te, ribelle contro l'autorità e desideroso di esser tu a gestire, dirigere o comandare in tutte le situazioni. Questa posizione ti donerà una dinamica natura intellettuale, che ti renderà acuto, perspicace ed ottimo osservatore. Sarai ambizioso, molto risoluto e pienamente consapevole delle tue capacità, ma se non imparerai ad usare l'autocontrollo sarai irascibile e facilmente collerico, tendente ad insistere per ottenere ad ogni costo ciò che vuoi. Ottima cosa per te imparare ad essere tollerante ed evitare di strafare, tenendo

---

[21] Carattere *personale* è contrapposto a carattere *individuale*. Il primo è di dominio *lunare*, ed è caduco, mortale, "momentaneo", mentre il secondo è di dominio *solare* ed è immortale, luminoso, permanente. Vedi a tal proposito dello stesso Autore: Astrologia Esoterica Ed. Nuovi Orizzonti, Milano, ma anche tutta la sua opera, giacché su questa distinzione si basa il pensiero astrologico di Alan Leo. (Nota del Curatore)

inoltre sotto controllo la tua tendenza a parlare d'impulso e ad agire in modo avventato.

155. LA LUNA IN TORO. Questa posizione indica una personalità riservata, tenace e determinata. Essa ti donerà una certa dose di ambizione, amore del guadagno, e capacità di perseverare a dispetto degli ostacoli, ma anche desiderio di mantenere in vita le antiche tradizioni. La Luna è esaltata nel segno del Toro così questa posizione accentua notevolmente l'amorevolezza, profondendoti pazienza, resistenza, ma, se non starai attento, anche orgoglio. Ma le virtù tipiche di questa posizione sono l'equilibrio, la stabilità e la generosità. Sarai molto intuitivo e talvolta sentirai le cose in modo molto profondo. Tenderai ad essere fermo e piuttosto ostinato, ma la tua natura sarà buona, gentile e socievole.

156. LA LUNA IN GEMELLI. Questa posizione fortificherà considerevolmente la tua intelligenza, donandoti amore per i libri e per le attività scientifiche o letterarie, così che tu potrai migliorare di molto il tuo carattere personale. Questa posizione ti spingerà ad essere dinamico nel corpo e nella mente e renderà viva la tua intelligenza, offrendoti la possibilità di impegnarti in più di una sola occupazione nello stesso tempo, e di adattarti a nuovi ambienti. Dovresti comunque evitare di passare da un estremo all'altro, giacché a volte puoi diventare impulsivamente generoso, mentre altre puoi essere avaro, perdendo così facendo delle opportunità. Se saprai evitare di essere superficiale potrai diventare davvero abile, essendo dotato sia di intelligenza che di capacità. Questa posizione ti farà vivere esperienze duplici nel corso della vita.

157. LA LUNA IN CANCRO. Questa posizione indica una personalità molto legata alla vita domestica ed ai legami familiari. Essa accentuerà molto la natura emozionale, rendendoti estremamente sensibile; amplierà la tua benevolenza nei confronti degli altri ed intensificherà i tuoi sentimenti. Avrai una viva immaginazione, ma dovresti evitare di diventare fantasioso. La tua memoria se esercitata sarà molto buona, e verso la fine della tua vita potrai coltivare un vivo interesse per le materie *psichiche*. Ti piace essere apprezzato e percepisci in modo molto intenso le cose che vengono dette su di te. Amerai i cambiamenti, sebbene sarai incline ad esser prudente e parsimonioso. Questa posizione della Luna dona una notevole ricettività, dunque è essenziale che tu ti unisca o associ solo a persone pure di mente ed allegre, o sarai soggetto a "umori" davvero indesiderabili.

158. LA LUNA IN LEONE. L'influenza di questa posizione sul tuo carattere personale tende ad innalzarti socialmente nella vita ed a farti amare le posizioni di responsabilità e di direzione. Sarai dignitosamente ambizioso, molto perseverante, di temperamento caldo, gentile, affettuoso, generoso, nobile e molto leale ed onesto in tutti i tuoi rapporti, e preferirai sempre la sincerità all'esser falso e reticente. Hai una natura sentimentale generosa e sarai fedele in tutti i tuoi affetti, ma anche piuttosto sensibile alle faccende di cuore. Hai un'anima poetica ed ami la musica, le belle arti e tutto ciò che è armonioso. Sei intuitivo e la tua fervida immaginazione ti sarà di grande aiuto. Una volta che avrai superato l'orgoglio e l'eccessiva risolutezza, avrai invero pochi altri difetti.

159. LA LUNA IN VERGINE. Questa posizione ti dona ottime possibilità intellettuali e capacità ad impegnarti in attività che richiedano tali attitudini; ti dona altresì un'ottima memoria, fatto questo che fa sì che tu possa apprendere le cose con facilità. Essa tende a renderti affidabile in tutti i rapporti e impegni con gli altri. Questa utilissima posizione ti renderà calmo, rilassato e non molto ambizioso, sebbene tu possa essere piuttosto critico e preso dagli affari. La tua personalità sarà altruista e raffinata, non eccessivamente assertiva, portata con entusiasmo agli studi medici e ad adottare tutte le misure concrete atte al tuo miglioramento. Con l'avanzare degli anni potresti diventare molto selettivo, e questa è la qualità che devi invero realizzare dopo che tu sia passato attraverso sufficienti esperienze.

160. LA LUNA IN BILANCIA. Questa posizione ti dona un carattere personale raffinato. Essa ti farà amare le comodità ed i piaceri, le arti e le riunioni sociali. Sarai sempre gentile, socievole, affabile ed educato, e cercherai di preservare uno stato d'animo felice. Ti piacerà essere approvato e la vita sarà dolce per te se e quando sarai apprezzato; non sarà così se nessuno ti noterà. Sarai tanto giusto quanto generoso ed amerai l'ordine e la perfezione. Hai ottime capacità di imitazione e di percezione, nonché amore per il confronto. Sforzati sempre di essere interiormente stabile e di mantenere "l'Equilibrio"[22]. Non sarà bene però che tu vada troppo oltre nella tua attitudine ad operare confronti, mentre l'attività potrebbe essere talvolta vantaggiosa. Hai inclinazioni artistiche.

161. LA LUNA IN SCORPIONE. Questa posizione ti renderà stabile, determinato e sicuro di te, capace di affrontare la vita da solo e di combattere le tue battaglie. Talvolta sarai brusco e troppo diretto nel parlare, così che sarebbe bene che tu stessi attento a non ferire gli altri, poiché quando sei infastidito le tue parole possono essere taglienti e a volte cattive. Ritengo che amerai il misticismo e le discipline segrete, avrai perciò la capacità di applicarti all'occultismo o di indagare nelle materie *psichiche*. Non sarai facilmente influenzabile e le interferenze potranno renderti particolarmente ostinato. Avrai una natura energica e abilità a lavorare sodo. Evita di essere eccessivamente impenetrabile e non permettere a te stesso di diventare intollerante, oppure ti ritroverai ad essere più egoista di quanto sia bene per te. Questa influenza ti dona sufficiente dignità e fermezza per non arrenderti mai.

162. LA LUNA IN SAGITTARIO. Questa posizione ti renderà veloce, dinamico ed irrequieto, e talvolta piuttosto ribelle ed incostante, ma renderà la tua natura molto sincera ed onesta e ti porterà ad essere religioso e di buon carattere. Ci sarà una forte tendenza religiosa in te e sarai molto saldo in ciò che credi, sebbene possa accadere che i tuoi principi non siano del tutto ortodossi. Sarai piuttosto incline al misticismo, allo *psichismo* ed all'occultismo, con una buona attitudine

---

[22]L'Autore gioca con la parola "Balance" che significa bilancia, oltre che armonia, equilibrio. Ricordo che il segno della Bilancia si chiama *Libra* in inglese. (Nota del Curatore)

anche all'insegnamento in questo ambito, giacché in te è presente una profonda vena filosofica e profetica. Dovresti evitare le estremizzazioni e gli sforzi eccessivi. Potresti aspettarti alcune esperienze duplici durante la tua vita, nel senso che due cose potrebbero avvenire nello stesso tempo, o due idee potrebbero occupare la tua mente nello stesso momento.

163. LA LUNA IN CAPRICORNO. Questa posizione indica che sarai molto attratto dal successo e molto ambizioso. Come regola coloro che nascono con questa posizione o raggiungono una grande popolarità o divengono molto famosi nel loro ambiente. Essa dona quel tipo di carattere tendente a mettere un individuo molto in vista. Questa posizione inclina inoltre alla purezza, alla prudenza, alla parsimonia e generalmente, grazie alla capacità ben sviluppata di acquisire possessi, al desiderio di ottenere il meglio da qualunque negoziazione. Non avrai mai troppo autostima, sebbene tu sia una persona sensibile e lodevole. Ad un certo momento della tua vita il tuo carattere personale ti porterà ad essere sedotto dal desiderio di potere, dal momento che questa posizione inclina all'amore per il comando e ad un forte desiderio di dirigere personalmente le cose.

164. LA LUNA IN AQUARIO. Questa posizione ti doterà di una personalità unica, spingendoti all'occultismo e donando alla tua natura un tocco eccentrico o inusuale. Potrai diventare un eccellente interprete dei caratteri, se ti applicherai allo studio della natura umana, giacché possiedi un dono naturale in questo ambito, e potrai anche sviluppare un grande amore per il misticismo e l'occultismo. Sei molto raffinato nei gusti, intuitivo, possiedi notevole sensibilità sociale, sei indipendente e cordiale, ma ami al contempo essere apprezzato. Questa posizione spinge la tua personalità verso le scienze, la filosofia e le attività letterarie. Potresti aver successo nell'ambito di associazioni o unioni.

165. LA LUNA IN PESCI. Questa posizione ti donerà una personalità tranquilla, riservata e talvolta insicura. Devi dunque tentare di non lasciarti scoraggiare troppo facilmente, giacché sei destinato ad incontrare ostacoli nella vita, che dovrebbero riuscire a renderti meno negativo e meno ricettivo. Avrai la tendenza ad essere medianico e silenziosamente emotivo, e potresti divenire molto sensibile alle forze *psichiche* e troppo facilmente influenzabile. Evita la depressione, e cerca di coltivare più che puoi la speranza, senza mai temere di diventare troppo determinato; la fermezza e l'indipendenza sono cose favorevoli per te, giacché tu non sei portato ad eccedere in queste direzioni. Amerai tutto ciò che abbia a che fare con i sentimenti e con l'ospitalità, e se tenterai di analizzare le tue impressioni ti renderai spesso conto di conoscere le condizioni emotive delle persone che ti circondano. Sarai appassionato di materie misteriose nonché del lato romantico ed emozionale della vita.

Capitolo 15
la posizione della luna nelle case

CAPITOLO XV

LA POSIZIONE DELLA LUNA NELLE CASE

La posizione della Luna nelle case è importantissima in ogni oroscopo, del tutto a prescindere rispetto alla sua influenza sulle caratteristiche personali, segnalata dalla sua posizione nei segni e descritta nel Capitolo precedente. La posizione nelle case mostra la direzione che tenderanno a prendere le attività indicate dal carattere personale. I seguenti paragrafi descrivono l'influenza della Luna in ciascuna delle dodici case.

166. LA LUNA IN CASA PRIMA alla nascita indica amore per il successo, per l'attività e per i cambiamenti. Cercherai di avere una posizione di comando dal punto di vista mentale o di avere una parte di rilievo in tutto ciò che ti interessa. Questa posizione ti rende molto ambizioso, anelante, ma anche abile, con la passione di progettare e di intraprendere avventure nuove ed originali. Essa ti dona una mente immaginativa, amante dei cambiamenti, delle novità e delle avventure. Questa posizione dona la popolarità, ma anche opposizione ed una predisposizione agli scandali che possono avvenire tramite i subordinati o il pubblico. Essa ti condurrà a una qualche notorietà o pubblico riconoscimento grazie al tuo merito ed alla tua capacità. Opererai bene con gli oggetti di uso comune, quali il settore dell'oggettistica e quello degli oggetti di pubblica utilità, o in quello delle cose che sollecitano il gusto e la fantasia del pubblico.[23]

167. LA LUNA IN CASA SECONDA alla nascita indica fluttuazione dal punto di vista finanziario. Potrai realizzarti nella vita attraverso il commercio di oggetti di pubblica utilità o affari connessi con i liquidi, o ancora grazie ad affari caratterizzati da rapidi e veloci ricambi [della merce]. Questa posizione indica generalmente sensibilità per quanto riguarda il denaro, e la mente collettiva è percepita di solito in relazione ai movimenti finanziari. Saranno attraenti per te tutte le questioni pubbliche o commerciali, e tu sei adatto ad un pubblico impiego. Avrai successo attraverso i viaggi, ma le tue fortune sono soggette a molti cambiamenti, perciò i tuoi sforzi dovrebbero esser diretti verso affari di

---

[23] L'originale dice "...common things, such as novelties and public commodities..". C'è in definitiva una forte attitudine al commercio sintonizzandosi con le correnti di gusto/fantasia che attraversano in-consciamente e collettivamente (Luna) il pensiero delle persone che vivono nella stessa città, nazione...! Così oggi penseremmo anche ai telefoni cellulari, ai videogiochi, ecc. Questa posizione della Luna in prima casa però accentua la funzione lunare e può creare talvolta anche dei problemi sul piano dell'equilibrio psichico. (Nota del Curatore)

natura fluttuante[24] o professioni in cui l'acqua o il movimento giuochino un ruolo importante. La tua mente è abile, dinamica, e ricca di immaginazione e sentimento.

168. LA LUNA IN CASA TERZA alla nascita ti porterà molte avventure nella vita, con cambiamenti continui e molti viaggi. A meno che la Luna non si trovi in un segno fisso non si tratta di una posizione favorevole alla stabilità o alla concentrazione, giacché la mente risulterà troppo mutevole e attratta dall'attività. Questa posizione ti donerà amore per gli oggetti rari e per le attività inusuali, con una certa attitudine a vivere - se necessario - di occasioni a volte ai confini del lecito. Hai amore per la conoscenza, molta curiosità e la capacità di impegnarti in molti campi. Sei molto legato ai tuoi parenti e sarà molto importante nella tua vita tutto quanto riguardi fratelli o sorelle. Talvolta la tua mente sarà piena di desiderio mentre la monotonia ti stancherà facilmente. Le attività intellettuali sono il miglior veicolo per esprimere le tue energie.

169. LA LUNA IN CASA QUARTA alla nascita è importante. A causa del suo influsso, non all'inizio, ma soprattutto verso la fine della tua vita, diverrai molto più attivo, mentre la tua esistenza si arricchirà di molti avvenimenti. Negli ultimi anni di vita tenderai ad interessarti al misticismo ed all'occultismo con una forte inclinazione per tutte le materie *psichiche*, in quanto la tua mente diverrà sempre più sensibile e probabilmente talvolta addirittura medianica. Questa posizione causerà molti cambiamenti e farà rompere o iniziare legami e rapporti nel momento in cui meno lo vorresti. Essa accentua inoltre il senso dell'economia nelle questioni domestiche e l'interesse per la vita di casa. Con questa posizione probabilmente erediterai o riceverai vantaggi economici.

170. LA LUNA IN CASA QUINTA indica che trarrai profitto da esperienze legate ai piaceri o alle sensazioni, e proprio attraverso un avvenimento legato ai sensi, forse direttamente correlato ai sentimenti, si concretizzerà per te un'esperienza eccezionale probabilmente necessaria per liberarti dalla trappola dei sensi. Ti saranno favorevoli le scuole o le attività collegate ai bambini, ai divertimenti, ecc, e talvolta anche gli affari di tipo speculativo. Questa posizione ti rende molto ardente nelle questioni di cuore, giacché metti molto sentimento in tutte le cose che danno piacere a te e agli altri; c'è comunque la tendenza ad essere volubile nelle storie d'amore ed al contempo di venire a contatto con persone che non sono troppo costanti nei loro sentimenti[25]. Sarai molto sentimentale.

---

[24] Come la Borsa ad esempio. Qui si nota come l'Autore suggerisca di agevolare la tendenza "fluttuante" sugli affari della Luna in casa seconda, non tentando di eliminare o arginare la fluttuazione stessa, ma accettandola anzi e ricercandola in quanto condizione naturale per il soggetto segnato da una Luna in seconda casa. In ciò c'è una grande saggezza dell'Astrologia, ovvero la conoscenza di sé che porta all'accettazione di ciò che meglio puoi fare tramite le energie di cui sei costituito/corredato. (Nota del Curatore)

[25] Qui c'è un esempio perfetto di ciò che significa l'assioma astrologico che il *carattere* è *il destino*: la propria incostanza e volubilità divengono una caratteristica anche dell'"altro" che incontriamo. Se lo incontriamo come necessario in casa settima, vediamo che la settima è lo specchio

171. LA LUNA IN CASA SESTA indica che la tua principale esperienza avverrà tramite fenomeni *psichici*. Sei una persona affidabile nel condurre a termine qualunque compito ti venga assegnato, ma operi al meglio sotto la guida di una personalità più forte piuttosto che da solo. Questa posizione tenderà a trattenerti indietro nella vita e ti impedirà di essere pienamente apprezzato per quanto vali. Talvolta sei indeciso ed esitante e così facendo perderai delle buone occasioni. La tua salute risentirà delle conseguenze di questa posizione e verrà a mancarti nel momento del bisogno, forse per eccesso di lavoro o per troppa apprensione; quest'ultimo atteggiamento infatti può influenzare la mente e di conseguenza avere un effetto sul corpo. Potrai fare guadagni più attraverso attività comuni che non grazie ad occupazioni importanti o di alto livello. Molte gioie e dolori ti saranno causati dalle persone subordinate.

172. LA LUNA IN CASA SETTIMA creerà un rapporto intimo tra te e la gente; sarai popolare nella tua sfera di attività, sebbene a volte potresti scontrarti con una qualche pubblica opposizione. Verrai in contatto con individui che viaggiano molto e farai conoscenza con persone che conducono vite anticonformiste ed errabonde. La tua fortuna nelle faccende legali sarà fluttuante: a volte favorevole ed a volte contraria a seconda degli aspetti. La vita di un altro individuo sarà sicuramente unita alla tua, fatto questo che ti causerà preoccupazioni o piacere e felicità, infatti stranamente le tue fortune saranno sempre legate indissolubilmente a quelle di un altra persona, nel matrimonio, nell'associazione, o in questioni al di là di un interesse individuale e separato.

173. LA LUNA IN CASA OTTAVA indica guadagni attraverso *partner* e collaboratori, probabilità di denaro tramite eredità, testamenti e legati, e guadagni anche attraverso il *partner* matrimoniale, quando quest'ultimo sia sottoposto ad influenze favorevoli. Questa non è la migliore posizione per la Luna, ma è favorevole per ciò che concerne questioni misteriose o occulte. E' possibile uno stato di *trance* o una morte inusuale. Questa posizione favorisce la medianità o strani interessi *psichici*. Pericolo accompagnerà tutti i lunghi viaggi e occorrerebbe fare attenzione a partire con aspetti favorevoli in atto: con molta probabilità potresti essere vittima di disastri e uno di quegli individui attratti irresistibilmente verso una calamità nazionale.

174. LA LUNA IN CASA NONA indica viaggi all'estero che possono procurare guadagni. Hai un'ottima intelligenza e sei portato ad indagare le materie metafisiche, con un forte interesse per la filosofia e l'occultismo. Questa posizione ti spinge verso il misterioso e l'occulto e ti fa indagare ed esplorare tutti i nuovi domini [della cultura] prima di farteli accettare definitivamente; ti rende inoltre sincero quando credi in qualcosa che abbia a che fare con l'anima o con la mente superiore. Sei idoneo all'insegnamento e tendi ad essere profetico ed a parlare per ispirazione o per intuizione. Ascolta sempre i dettami del tuo Se

---

della prima. E se la prima casa è l'io, ecco che lo specchio/settima ci dice nelle figure degli altri chi siamo. (Nota del Curatore)

superiore, giacché la tua anima è in ogni momento pronta a ricercare la verità spirituale che è sempre dentro e non fuori di te.

175. LA LUNA IN CASA DECIMA alla nascita ti dona il desiderio di condurre una vita pubblica e di ottenere il successo. Essa ti farà raggiungere posizioni molto elevate che però talvolta saranno difficili da mantenere essendo in esse connaturata una certa tendenza alla fluttuazione. Questa posizione risveglia tutte le ambizioni latenti e stimola l'istinto per gli affari. Non sarai mai veramente felice se non riuscirai ad occupare un ruolo di prestigio in qualunque ambito tu operi, perciò sicuramente farai progressi nella vita. Questa posizione quasi sempre porta il successo e talvolta la notorietà, dovresti allora stare attento agli scandali, alle calunnie ed agli inganni, usando molta prudenza nel trattare con le persone subordinate o con quelle gelose della tua posizione.

176. LA LUNA IN CASA UNDICESIMA alla nascita tende a donarti molti amici e conoscenti, alcuni affidabili, altri del tutto inaffidabili. Farai guadagni attraverso unioni, associazioni e tramite affari finanziari. Sarai socievole: tutti potranno facilmente comprenderti ed attrarti. Hai forti desideri e fantasie, ami l'occulto ed il misterioso, e possiedi capacità per l'astrologia e materie analoghe. Se saprai tenere i tuoi sensi sotto controllo potrai diventare un ottimo conoscitore dell'animo umano, dunque tenta di applicarti allo studio di quest'utile arte. Questa posizione dona un'influenza raffinata all'oroscopo natale; accresce infatti la sensibilità nei confronti delle condizioni delle altre persone, e dona favore ed aiuto da parte degli altri in generale.

177. LA LUNA IN CASA DODICESIMA alla nascita causerà molte questioni segrete nella tua vita, spingendoti verso la medianità ed i fenomeni *psichici*. Sarai coinvolto in una relazione d'amore e sarai molto ricettivo al fascino di questo sentimento, mentre tutte le cose strane e misteriose avranno un forte potere seduttivo su di te. Stai sempre in guardia contro le false accuse e gli inganni o contro qualunque cosa possa causarti il rischio di perdere la tua libertà, giacché ti farai dei nemici nel corso della tua vita. Farai dei lunghi viaggi quando le direzioni li indicano o li favoriscono. Questa non è una posizione favorevole per la Luna, salvo per quelle cose che non mettono troppo in vista la tua personalità.

Capitolo 16
caratteristiche mentali

CAPITOLO XVI

CARATTERISTICHE MENTALI

La posizione del pianeta Mercurio in ciascun oroscopo indica la mente e dunque le caratteristiche mentali di un individuo. Questa posizione è soggetta ad essere modificata nel significato dagli aspetti, specialmente da quelli con la Luna, la quale influenza la lucidità e la chiarezza della capacità di espressione mentale. Inoltre dal momento che Mercurio è anche correlato al sistema nervoso e la Luna al cervello in senso generale, aspetti favorevoli o dissonanti tra questi due pianeti saranno collegati allo stato nervoso generale di un individuo, rendendolo sereno e armonico, oppure ipersensibile, irrequieto, irritabile ecc.[26]

Tutti gli aspetti a Mercurio (§ 247-264) andranno dunque considerati in questa sezione, unitamente alla posizione dell'astro nei segni e nelle case, salvo il caso in cui la Vergine o i Gemelli non siano all'Ascendente: in queste eventualità gli aspetti di Mercurio saranno già stati considerati nella sezione I, nella parte riguardante gli aspetti al *Ruler* dell'oroscopo.

178. MERCURIO IN ARIETE. Le tue facoltà mentali saranno stimolate. Sarai rapido nel percepire e nell'osservare e la tua mente sarà fertile ed inventiva, abile nell'ideazione di progetti e veloce in tutti i lavori intellettuali. Hai una dinamica combattività mentale e la tua mente sarà sempre attiva ed anelante. Evita l'ansia e l'eccitazione mentale giacché potrebbero causare problemi cerebrali, nevralgie e terribili mal di testa. Ti piacciono tutte le attività intellettuali ed hai rispetto per le persone mentalmente dotate. Impara la moderazione nell'esprimerti, la concentrazione, e la costanza delle idee. Se farai così il tuo successo è assicurato giacché hai la capacità mentale di comandare e la maggior parte delle persone ti rispetterà per la tua intelligenza.

179. MERCURIO IN TORO indica che sei lento nel prendere le tue decisioni, ma anche che sei irremovibile una volta che le hai prese. Sei comunque molto paziente e tenace in tutte le attività mentali e disposto ad essere socievole, simpatico ed affettuoso. Questa posizione ti spinge anche verso la religione e ti dona inclinazione per l'arte, la musica o la poesia. Puoi dimostrare molta resistenza in tutto ciò in cui ti impegni mentalmente, ed io penso che tu abbia una buona memoria. Questa posizione di Mercurio in un segno fisso ti rende giusto, costante, stabile, industrioso, severo, sincero e poco disposto ai compromessi, ma devi guardarti dal pericolo di diventare mentalmente ostinato.

---

[26] Urano ha una certa influenza sul sistema nervoso; afflizioni tra Urano e Mercurio (soprattutto il quadrato) sono generalmente accompagnate da condizioni nervose disturbate ed in una certa misura isteriche.

180. MERCURIO IN GEMELLI. Questa posizione metterà in risalto tutti gli ambiti "mercuriali", dandoti abilità nello scrivere e nello studio. Ti è più facile comunque imparare attraverso i viaggi che attraverso lo studio o la lettura, giacché Mercurio in Gemelli è piuttosto nemico della concentrazione; la mente infatti trova difficile concentrarsi su un solo argomento alla volta, così che sono i viaggi il miglior mezzo per espandere la tua mente. Mentalmente sei mutevole e capace di impegnarti in due distinte attività o studi, fatto questo che accresce la tua versatilità. La tua mente è attiva e pronta e tu potresti diventare un buon parlatore, oratore o intrattenitore, dal momento che hai un'intelligenza pronta ed una più o meno abile facilità di espressione.

181. MERCURIO IN CANCRO ti renderà attivo e piuttosto mutevole. Sarai anche molto abile e curioso, afferrerai con facilità molti argomenti ed avrai un'ampia e comprensiva visione delle cose. Coltiva la memoria e rendi la mente forte e dinamica. Sarà saggio se indagherai materie occulte dal momento che potresti facilmente diventare un sensitivo o un visionario che intuisce il vero, e manifestare capacità occulte di un qualche tipo. Possiedi intuizione, tatto e talento, e sebbene sia ambizioso tendi ad attrarre amici tra persone appartenenti a ceti sociali più bassi del tuo e talvolta anche tra individui che indagano campi misteriosi. Ami l'acqua e potrai far guadagni attraverso viaggi per mare.

182. MERCURIO IN LEONE. Questa posizione fortifica notevolmente la mente razionale rendendoti volitivo e sicuro di te, ma anche buono, generoso e talvolta calmo e rilassato. Questa posizione ti farà assumere un posto di responsabilità, dandoti capacità di comando e direzione di altre persone. Hai un profondo apprezzamento dell'armonia mentale e possiedi una saggezza che proviene più dal cuore che dalla testa, fatto questo grazie al quale sei mentalmente intuitivo. Dovresti cercare di evitare il superlavoro o gli esaurimenti, dal momento che sei portato ad essere troppo esigente e determinato laddove si tratti di lavoro mentale. Potrai comunque sempre usare vantaggiosamente la tua intelligenza in attività correlate al comando, direzione e organizzazione di altri. Hai una mente tirannica.

183. MERCURIO IN VERGINE. La tua mente sarà attiva ed abile nel comprendere. Impari con facilità ed ami l'indagine scientifica, hai un'ottima memoria e puoi mettere a profitto tutti i tuoi studi. Potresti usare a pieno tutte le tue capacità, se non tendessi ad avere troppe cose sulle spalle nello stesso tempo. Questa posizione in qualche misura è contraria al successo, sebbene molto potrebbe esser fatto tranquillamente operando in un'ambito nel quale non debba esser tu a comandare; l'insegnamento, il lavoro letterario, quello di bibliotecario, di agente, potrebbero essere tutte occupazioni adatte al tuo tipo di intelligenza. Se eviterai di essere attirato dagli altri su di un piano mentalmente inferiore, potrai raggiungere un'effettiva abilità e con l'avanzare dell'età potrai migliorare la tua situazione grazie ai tuoi meriti.

184. MERCURIO IN BILANCIA rende la tua mente equilibrata e raffinata ed indica che hai attitudine per la lettura, la scrittura e lo studio, oltre che un eloquio brillante. Questa posizione favorisce gli studi insieme ad altre persone, ma non indica grande profondità o notevole capacità di resistenza; è favorevole tuttavia alla capacità di raffronto e di giudizio, sebbene possa accadere che se gli altri pianeti non segnalano un buon livello di energia, potrebbe non esserci molta inclinazione ad applicarsi a pesanti lavori mentali o allo studio. La tua mente è gentile, imitativa, artistica, ordinata e nitida, e tu sei altruista, equo e persuasivo. Hai una buona intuizione ed apprezzi l'arte. Hai attitudine per la poesia, e con il giusto esercizio potresti diventare abile nell'oratoria o nella letteratura.

185. MERCURIO IN SCORPIONE tenderà a renderti abbastanza sicuro, ostinato e difficile da convincere. Puoi però essere spinto all'entusiasmo da una qualunque causa tu sostenga, e ad un grande risentimento o odio a causa di torti subiti, veri o immaginari che siano. Sei mentalmente attivo e perspicace, alquanto sarcastico e pronto ad esprimerti con un ricco eloquio. Ami la segretezza e non mancherai mai di avere tatto e diplomazia, giacché la tua mente può comprendere i misteri. Questa posizione ti donerà anche una qualche abilità manuale, ti renderà geniale e ricco di risorse, abile nell'inventare o nello scoprire. Potresti seguire con grande concentrazione una concatenazione di pensieri.

186. MERCURIO IN SAGITTARIO. Questa posizione ti renderà mentalmente giusto, onesto e generoso. In campo religioso o filosofico sarai molto determinato, sebbene talvolta portato alla mutevolezza. Sarai in grado di studiare più di una materia per volta, ma sarai un po' discontinuo. La religione, la filosofia e la scienza ti interesseranno sempre, ed ami leggere e scrivere di argomenti seri e profondi. Quando parli lo fai sempre a proposito e le tue parole assumono spesso un significato profetico. Questa posizione di Mercurio dona diplomazia e tatto, ma queste tue virtù ti saranno più utili in ambiti subordinati piuttosto che nei casi in cui tu sia rivestito personalmente di grosse responsabilità.

187. MERCURIO IN CAPRICORNO renderà la tua mente sottile e prudente, diplomatica e profonda. Questa posizione crea un'intelligenza molto abile e ti dona la capacità di tenere per te le tue idee e di essere garbato nelle discussioni. Ti donerà altresì prestigio e riconoscimenti nelle attività intellettuali. Ti affermerai nella vita grazie alla tua ambizione, aiutata dal tatto e dall'efficienza, e non dovrai mai temere di assumere responsabilità e direzione. Hai una mente metodica ed ordinata, che ti rende possibile un lavoro sistematico. Sarai preciso in tutte le tue attività mentali. Avrai inoltre la capacità di studiare l'Astrologia e materie affini. Sarà sempre vantaggioso per te educare il tuo pensiero alla rettitudine.

188. MERCURIO IN AQUARIO accentua la forza del tuo intelletto, donandoti ottima memoria ed una mente forte ed abile nella comprensione delle cose. Questa posizione aumenta la tendenza verso la cultura, la scienza, la letteratura o la religione, ma tu sei portato ad avere opinioni ferme e non sei disposto a cambiare idea né ad essere influenzato troppo facilmente. Sei in grado di svolgere un eccellente lavoro intellettuale, puoi essere originale e con l'aiuto di una buona istruzione potrai fare grandi cose. Mercurio è molto forte in questo segno e dona capacità di concentrazione che potrà esser vantaggiosamente esercitata. Esso fortifica altresì l'intuizione e ti rende abile nello studio e nell'interpretazione della natura umana. Puoi intrattenere gli altri piacevolmente e potresti avere molto successo sociale se ciò divenisse una professione o se ti impegnassi nel campo dell'istruzione.

189. MERCURIO IN PESCI. La tua mente sarà molto ricettiva, incline ad essere alquanto medianica, in grado di percepire cose senza che tu possa dare spiegazioni sul come ne abbia ottenuto la conoscenza: in effetti una mente che può agire con diplomazia, con calma e inoltre in modo sistematico. Questa posizione dona capacità di parola, attitudine per il canto e per la scrittura, ma saranno più vantaggiosi per te gli affari comuni della vita di tutti i giorni piuttosto che quelli particolari o straordinari. C'è amore per lo spiritualismo e per il misticismo e la mente è capace di immergersi nei misteri spirituali per scoprire alcuni degli enigmi dell'anima. C'è però a volte la tendenza ad essere un po' troppo indifferente e a non essere sufficientemente attivo dal punto di vista mentale. Dovresti guardarti dalla superficialità di pensiero.

Capitolo 17
le posizioni di mercurio nelle case

CAPITOLO XVII

LE POSIZIONI DI MERCURIO NELLE CASE

Mercurio è il principale significatore del sistema nervoso e dell'intelligenza. La sua posizione nei segni (Cap. XVI) indica il tipo d'intelligenza, mentre la sua posizione nelle case, che è argomento del presente capitolo, mostra la direzione nella quale l'intelligenza cercherà di esprimersi, o in altre parole la direzione più adatta da prendere per un'attività mentale sana e positiva.

190. MERCURIO IN PRIMA CASA. Questa posizione accentuerà le caratteristiche mentali del tuo carattere, rendendoti brillante, dall'intelligenza acuta e pronta, abile nello scrivere e nel parlare, veloce nel ribattere e controbattere con spirito, incline talvolta a qualche esagerazione ed al sarcasmo. Questa posizione ti renderà mentalmente entusiasta e quando sarai sottoposto alla pressione di forti sentimenti, potrai divenire piuttosto eccitabile. Sei abile e possiedi un'intelligenza sottile, oltre che un'eccellente capacità di adattamento alle circostanze, ma dovresti evitare l'irrequietezza e la tendenza inquisitoria, e tenere i pensieri sotto controllo. Questa influenza ti spingerà a scrivere molto, con una vena fertile originale ed inventiva.

191. MERCURIO IN SECONDA CASA. Questa posizione è favorevole ai guadagni tramite corrispondenza, lettere e scritti, ma anche al successo in attività letterarie, e agli interessi professionali ed artistici in generale. Sebbene questa sia nell'insieme una buona posizione per Mercurio e tu possa sotto buone direzioni aver successo grazie a viaggi e brevi trasferte, d'altra parte però non è molto favorevole quando risulti afflitta. Hai un'intelligenza adatta al campo finanziario, e puoi realizzare guadagni nel commercio o in attività scientifiche, conferenze, ecc. Dovresti però guardarti dai furti e dalle truffe, giacché in un certo periodo della tua vita potresti rimanere vittima di raggiri.

192. MERCURIO IN TERZA CASA accentua notevolmente le tue capacità mentali[27]. Questa posizione rende la tua intelligenza veloce spingendoti allo studio e

---

[27] In effetti si può rilevare dalle varie definizioni che la posizione di un astro in una casa esprime l'ambito di applicazione dell'energia rappresentata dal binomio astro/segno, ma può anche indirizzare e plasmare l'energia stessa in relazione al binomio astro/casa, giacché *inevitabilmente* la casa è un luogo di qualificazione/materializzazione/espressione dell'energia in relazione al rapporto casa/segno. Così la terza è correlata *inevitabilmente* al segno dei Gemelli dal quale acquisisce le sue caratteristiche. Tutta l'astrologia è definita da questa ambiguità per cui a volte la casa funziona come segno e viceversa. (Nota del Curatore)

dotandoti della capacità di impegnarti in molte discipline. Allo stesso tempo essa farà sì che tu possa con facilità passare da una materia all'altra, rendendoti versatile e capace di impegnarti nei settori mercuriali. Ti donerà inclinazione alla lettura, amore per rari argomenti e capacità di studiare l'astrologia e le materie affini. Si tratta di una delle più forti posizioni di Mercurio, atta a donare chiarezza di ingegno e pensiero penetrante. Per godere a pieno di questa influenza occorre però coltivare la capacità di concentrazione.

193. MERCURIO IN QUARTA CASA nel tuo oroscopo modificherà considerevolmente l'influenza generale di questo pianeta. Porterà molti cambiamenti, specialmente nel lavoro, e molti possibili cambiamenti di residenza. Faresti meglio a viaggiare di frequente piuttosto che a stabilirti in modo definitivo. Questa posizione ti metterà a contatto con l'occultismo o farà sì che il tuo lavoro sia correlato all'occulto[28]. Sarà bene che tu stia attento a ciò che studi giacché nel tuo caso la mente agisce prontamente sul corpo. Dovresti amare l'acqua e la tua mente potrà espandersi durante i viaggi. Potrai migliorare le tue capacità mentali attraverso la stabilità e la concentrazione.

194. MERCURIO IN QUINTA CASA renderà la tua mente rilassata, amante dei piaceri e talvolta incline all'autoindulgenza. Ti farà amare i bambini, la musica, la poesia, il canto ed il teatro. Dovresti esimerti dall'applicarti eccessivamente allo studio per evitare ripercussioni cardiache. La tua disposizione mentale è amabile ed affettuosa ma dovresti guardarti dall'incostanza e dagli eccessi nei piaceri. Cerca di non perdere mai il controllo per quanto concerne le speculazioni oppure potresti incoraggiare in te uno spirito amante del gioco d'azzardo. Dovresti possedere doti da imitatore e c'è in te anche una latente inclinazione per la recitazione. I tuoi figli potrebbero essere molto capaci intellettualmente.

195. MERCURIO IN SESTA CASA favorisce lo studio dell'igiene e della medicina. Questa posizione ti consiglia di evitare il superlavoro giacché potresti risentirne fisicamente. Se tenderai alle preoccupazioni, sarai infastidito da tante piccole contrarietà, con il rischio di problemi nervosi e di dispepsia. Talvolta, quando Mercurio fosse afflitto, potresti patire le conseguenze di grossi guai causati da persone inferiori a te dal punto di vista sociale ecc. Hai una certa attitudine per l'occultismo ma non dovresti mai ricercare la fama, bensì operare nell'anonimato per evitare di diventare impopolare. Dovresti accontentarti di

---

[28] L'insistenza dell'Autore in tutto il libro sull'occulto e sull'occultismo mi spingono a spiegarne il senso. Per Alan Leo è *occult* ciò che non è rivelato, che è ancora segreto. E' occultismo allora lo "studio" delle forze, energie, realtà invisibili che formano il contenuto dogmatico delle religioni ufficiali. Occultismo è dunque spiritualismo, teosofia, misticismo. Tutto ciò che è oggetto della fede viene sperimentato dalla coscienza tramite l'attivizione di una sensibilità che normalmente non viene utilizzata in modo cosciente (receptivity) e creduto ancor di più a causa dell'esperienza sensoriale diretta. E' la via del mistico opposta a quella dell'indottrinamento di cui parla R. Steiner, a patto però che lo svelamento cognitivo del segreto non divenga eccesso della cognizione dell'io, e dunque arte egoica della limitazione del mistero a misura "umana". Nulla a che fare dunque con il significato banale e volgare di occultismo oggi utilizzato in Italia per indicare forme d'ignoranza e superstizione. (Nota del Curatore)

impegnare la mente in questioni relativamente oscure ed ordinarie. Questa posizione in una certa fase della tua vita può generare grossi pericoli di perdite causate da inferiori e subordinati.

196. MERCURIO IN SETTIMA CASA tenderà ad attivare la tua mente in questioni riguardanti unioni, matrimonio e cose concernenti più gli altri che te stesso. Attento ad evitare liti e discussioni se non vuoi rimanere coinvolto in una grande contesa e trascinato in una causa per motivi che possono apparire futili. Questa posizione non è favorevole alle controversie giacché i tuoi avversari forse potrebbero essere troppo forti per te. Essa minaccia perdite e causa preoccupazioni ed ansietà e se permetterai agli altri di agire su di te attraverso indebite pressioni potrai rimanere vittima di vessazioni. I tuoi *partner* potrebbero essere abili ed intelligenti, ma più astuti di te.

197. MERCURIO IN OTTAVA CASA renderà la tua mente più sicura e sarà difficile per gli altri riuscire a convincerti contro la tua volontà. Questa posizione ti spinge verso il misticismo e l'occultismo e ti dona la tendenza a guardare le cose al di sotto della loro superficie. Ti dona altresì una mente indagatrice, a causa della quale a volte sarai preso dall'ansia riguardo alla soluzione di problemi, e preoccupato circa una vita futura, fino al momento in cui non conoscerai la verità sulle condizioni del *post-mortem*. In questa posizione la mente è incline ad eccessive preoccupazioni, mentre inventiva ed abilità risultano accentuate. Non ti consumare in eccessiva attività mentale, ansia o preoccupazioni.

198. MERCURIO IN NONA CASA. Questa posizione ti dona un'eccellente intelligenza adatta alla scienza o alla filosofia, ma anche discernimento in campo religioso. Ti aiuterà nelle attività letterarie e ti donerà una conoscenza generale e completa di molti argomenti; la tua mente sarà sempre desiderosa di conoscere. Potresti avere successo all'estero o compiendo lunghi viaggi. Potrai realizzarti molto di più se riuscirai ad usare la concentrazione e non permetterai ai tuoi pensieri di vagare, o ancora se eviterai di impegnarti in troppe questioni nello stesso tempo. Hai capacità allo studio dell'Astrologia, dell'occultismo e di tutte le materie di tipo metafisico.

199. MERCURIO IN DECIMA CASA terrà la tua mente impegnata in questioni che hanno a che fare con impieghi e posizione sociale. Esso dona una menta ambiziosa e piuttosto irrequieta, ma spinge verso la letteratura e le attività mercuriali. E' un'ottima posizione per le attività commerciali, ma anche per ottenere riconoscimenti da parte delle persone influenti in campo letterario. Potresti guadagnare attraverso un lavoro di commissione, di agenzia ed attraverso quel tipo di dettagli che cadono sotto l'influsso di Mercurio. Questa posizione accresce il tatto e l'ambizione e da successo negli impieghi statali, come ad esempio quelli ministeriali. Potresti migliorare la tua posizione nella vita attraverso le tue capacità mentali, ma non essere eccessivamente ansioso.

200. MERCURIO IN UNDICESIMA CASA fortifica l'intelletto fornendo una mente più ferma, più forte e atta a comprendere con maggiore facilità. Questa posizione dona capacità letteraria e scientifica ed accresce il potere di concentrazione, mettendoti nelle condizioni di fissare le tue idee. Essa fortifica l'intelligenza nel suo insieme e, in relazione alla tua istruzione, la renderà ampia e originale. L'intuizione è notevole e ci sono latenti inclinazioni verso il misticismo o verso una religione che ti prenda sia la mente che il cuore. Se ti impegnerai nell'interpretazione del carattere, potrai diventare un esponente di spicco di quell'arte. Sarai molto legato ai tuoi amici, ma qualcuno di loro potrebbe ingannarti coinvolgendoti in guai e preoccupazioni.

201. MERCURIO IN DODICESIMA CASA tenderà ad impedire il tuo successo ed a non consentire un uso completo delle possibilità della tua intelligenza. Potresti, che tu lo meriti o meno, soffrire a causa di odi segreti o calunnie. In una certa fase della tua vita potranno insorgere pericoli momentanei per la tua salute mentale e faresti bene a non lasciarti coinvolgere in progetti imprudenti, specialmente nel caso si tratti di scritti. Stai attento a non firmare documenti in modo imprudente e non affliggerti mai con troppi oneri e preoccupazioni, giacché ciò poterebbe causare affezioni e sofferenze. Potresti facilmente neutralizzare le inimicizie stando attento a ciò che dici e a ciò che fai.

Capitolo 18
posizioni e aspetti del sole, della luna e dei pianeti

CAPITOLO XVIII

POSIZIONI E ASPETTI DEL SOLE, DELLA LUNA E DEI PIANETI

Del tutto distinta rispetto all'influenza che promana dalla posizione dei pianeti nei segni e nelle case, quella degli aspetti che legano i pianeti tra loro, tra uno dei pianeti ed i Luminari [il Sole e la Luna], e dei Luminari tra loro, ha una grandissima importanza nell'interpretazione di un oroscopo. E' cosa sicura dire che un Oroscopo in cui non siano presenti uno o due aspetti forti e significativi - benefici o malefici non dovrebbe per il momento interessarci - è molto debole.

Gli aspetti son definiti per brevità "benefici" e "malefici", come mostrato nella tavola a pag. 62 di *Astrology for All*, ma il principiante non pensi frettolosamente che gli aspetti "cattivi" dovrebbero necessariamente indurci a voltarci dall'altra parte disgustati. Al contrario esistono pochi caratteri forti nei cui oroscopi non siano presenti una o più "afflizioni" di questa natura. Forse termini come "comodi" e "scomodi", sebbene appaiano non molto nobili, potrebbero in questa circostanza utilmente sostituire "buoni" e "cattivi". Infatti gli aspetti benefici tendono ad un'espressione armonica delle qualità governate dai pianeti coinvolti, mentre gli aspetti malefici, sebbene coinvolgano le stesse identiche qualità, tendono ad una loro manifestazione brusca, impropria, eccessiva o violenta, in altre parole o troppo limitata o esagerata.

Ad esempio un aspetto tra la Luna e Saturno dispone la mente alla serietà; se l'aspetto è benefico, l'inclinazione è verso lo studio e la contemplazione, con una visione della vita calma e riflessiva, se al contrario si tratta di un'afflizione allora la tendenza nelle questioni ordinarie sarà piuttosto verso la malinconia e la diffidenza, verso l'ipercriticismo e la lamentosità, giacché la mente sarà eccessivamente portata a considerare il "lato oscuro" delle cose. Eppure abbiamo considerato le stesse forze, e per coloro che imparano a "guidare le loro stelle"[29] un aspetto "cattivo" controllato diventa una riserva di energia che forse difficilmente sarebbe volontariamente scambiata per il più favorevole ed armonioso degli aspetti "buoni". Un buon aspetto può spesso essere paragonato allo studente modello, che non da problemi ma eccelle nel suo lavoro e diviene un utile membro della società, mentre un aspetto cattivo è come un giovane

---

[29] Qui l'Autore si riferisce ad un cammino difficile ma praticabile, quello d'altronde per il quale vale la pena di studiare l'Astrologia, che può appunto portare il soggetto a superare il blocco costituito da una certa configurazione negativa per ottenere dalla stessa un effetto vitale, dinamico, propizio, adatto all'evoluzione. Quest'opera consiste nella presa di coscienza dell'evidenza ripetitiva di certi nodi, ostruzioni, impotenze che trovano vie non appropriate, più rapide ma non risolutive per "liberare" temporaneamente il soggetto dalla sofferenza. Queste "liberazioni" spesso peggiorano la situazione. Procedendo apparentemente "contro sé stessi" si può a volte trovare il bandolo della matassa, giacché si va in quel caso contro solidificazioni *personali* che impediscono l'accesso alla Luce *individuale*. (Nota del Curatore)

delinquente che, ribelle e maleducato è la disperazione dei suoi insegnanti, ma che forse ha in sé il seme della grandezza che il tempo porterà a maturazione. Non è tanto la natura degli aspetti, buona o cattiva che sia, che può segnalare un'anima grande, ma l'uso che se ne fa di loro.

Dopo queste brevi raccomandazioni preliminari possiamo ora occuparci degli effetti generali di ciascun aspetto, per come li osserviamo operare nella maggioranza degli oroscopi.

ASPETTI DEL SOLE[30]

202. La CONGIUNZIONE dei Luminari non è un posizione favorevole, eccettuati i casi di quegli individui che hanno raggiunto grandi risultati, e che stanno unendo la personalità all'individualità, ma segna uno stadio nel quale[31] sia l'individualità che la personalità vivranno le loro molto esperienze nel colore dei differenti aspetti che i Luminari formano nel tuo oroscopo. Questo aspetto ha la tendenza a limitare le tue esperienze in determinate direzioni, ma nel caso in cui l'individualità divenga più forte della personalità, l'influsso dell'aspetto non sarà così nocivo; quando invece è la personalità ad affermare sé stessa con eccessiva libertà l'influsso non può essere giudicato buono, giacché l'anima animale assorbirà in quel caso troppa energia solare senza quella libertà di espressione presente nei casi in cui la Luna è libera dal Sole.

203. Gli ASPETTI BENEFICI[32] tra il Sole e la Luna migliorano il tuo oroscopo. Ti porteranno successo e ti aiuteranno nel conseguimento di molti dei desideri e delle speranze cui la tua giusta ambizione ti fa anelare, mentre la fortuna accompagnerà tutti i tuoi sforzi rivolti ad ottenere successo nella vita. Otterrai riconoscimenti e fama nell'ambiente nel quale operi, in relazione all'uso che farai delle tue capacità. Quest'influenza inoltre migliorerà di molto il tuo carattere e accrescerà la tua energia vitale. Otterrai successo in tutti i rapporti che

---

[30] L'originale dice "aspects to the sun", ovvero aspetti al sole, ma noi preferiamo dire "del sole"; il lettore tenga presente però che il Sole riceve l'aspetto oltre che inviarlo. (Nota del Curatore)

[31] Evidentemente in questo passaggio l'Autore si riferisce ad un'ipotesi reincarnazionistica, che per lui è una certezza. Il presente "stadio" è quello in cui viene a trovarsi l'ego incarnato nel suo cammino evolutivo. Tutta l'Astrologia di Alan Leo si fonda sulla capacità dell'individuo di usare in modo proprio le energie a disposizione e dunque anche gli aspetti avversi e le configurazioni "malefiche" sono convertibili in forze utili e positive atte a produrre effetti favorevoli. Questa visione spirituale dell'Astrologia è assolutamente nuova per i tempi in cui l'Autore scriveva, mentre oggi, grazie a lui e ad Autori successivi come Rudhyar, Jones ecc., è talmente acquisita da risultare normale, salvo che per quella tendenza fatalistico/psicanalitico/atea che va un po' in giro tra l'Italia e la Francia e che spinge ad un neo-determinismo astrologico bieco e privo di sfondamento mistico, che ammette logicamente la verità del giuoco delle forze ma nega il senso ultimo di quella verità!. (Nota del Curatore)

[32] In originale al singolare: "l'aspetto benefico", ma per rendere la definizione generale per tutti i possibili aspetti benefici (o avversi) ho preferito il plurale. Ciò vale in tutti i casi. E' evidente che ciascuno di noi può avere un *solo* aspetto benefico (o avverso) tra Sole e Luna! (Nota del Curatore)

potrebbero coinvolgere la sfera affettiva, giacché nei sentimenti sarai profondamente sensibile e sincero.

204. Gli ASPETTI AVVERSI tra il Sole e la Luna nel tuo oroscopo non sono favorevoli giacché ti creeranno impedimenti nella vita, e provocheranno ritardi ed ostacoli alle tue speranze, desideri ed aspettative. Non sono peraltro favorevoli all'energia vitale o alla salute, che potrebbero a volte risentirne. Sarebbe bene che tu non rincorressi il successo, dal momento che ciò potrebbe in qualche modo ritorcersi contro di te. Stai molto attento a difendere la tua reputazione, evitando qualunque azione che potrebbe in qualche modo nuocere al tuo onore; in relazione a ciò dovresti agire con cautela e tatto in tutti i rapporti con i tuoi superiori o con le persone che rivestono cariche importanti. Abbi cura della tua vista.

205. Il Sole in CONGIUNZIONE A MERCURIO è una posizione incerta e soltanto coloro che sono più *individuali* che *personali* possono rispondere alla sua vibrazione; essa in quel caso dona notevole capacità mentale, con un pensiero lucido di ordine superiore. Ma nei casi in cui predomini il lato personale della natura questa posizione non può operare. Per renderla attiva e vantaggiosa occorre eliminare tutti i pregiudizi personali, e si deve far sì che la saggezza dell'anima possa trascendere l'intelletto. Questa è infatti una posizione che favorisce la coscienza soggettiva, ovvero l'intelligenza, più che l'ostentazione concreta ed oggettiva della conoscenza. Per la maggioranza degli esseri umani questa posizione rimane al livello di mera potenzialità, fino al momento in cui l'anima non raggiunga lo sviluppo.

206. A causa della misura limitata dell'orbita di Mercurio, Il Sole può formare con questo pianeta soltanto un *debole* aspetto FAVOREVOLE che risulta di scarso interesse. Per identiche ragioni

207. il Sole può formare con Mercurio soltanto un *debole* aspetto AVVERSO che risulta anch'esso di scarsissima importanza.

208. Il Sole in CONGIUNZIONE al bel pianeta Venere risveglierà dentro di te le più felici e gioiose vibrazioni così da rendere molto meno violenti tutti gli aspetti e le posizioni di natura avversa eventualmente presenti nel tuo oroscopo. Per risvegliare appieno quest'influenza sarà però necessario vivere più il lato individuale della natura di quello personale. Si tratta di una posizione che tocca le questioni più importanti della vita e che favorisce situazioni che hanno a che fare con i piaceri, la gioia o il successo nella propria attività. Il lato artistico della tua natura sarà stimolato e coltivato vantaggiosamente, e tu potrai unirti ad altri individui con piena fiducia in risultati felici e positivi. Si tratta di un'influenza fortunata.

209. Il Sole alla tua nascita si trovava in un aspetto[33] debolmente BENEFICO con il pianeta Venere. Questa posizione sebbene non abbia una forte influenza sulle tue condizioni esterne tuttavia renderà la tua natura interiore più armoniosa e incline a maniere gentili e pacifiche, di quanto non sarebbe stata altrimenti. Essa indica che tu sei interiormente affettuoso ed armonico, che desideri vedere gli altri esprimere il loro meglio, e che ti sforzi sempre per quanto ti è possibile di fare appello a quella parte superiore della loro natura. C'è sempre un certo amore per l'arte, o per ambienti artistici ed eleganti, e correlato a questo influsso anche un effetto di raffinamento sulla mente e sulla parte individuale dell'io.

210. Il Sole alla tua nascita formava un aspetto di natura AVVERSA con Venere. Questa posizione impedirà una facile espressione delle virtù e dei benefici che Venere di solito dona quando non è afflitta. Essa causerà alcune delusioni correlate ai sentimenti e in certi periodi della tua vita, alcuni problemi finanziari e difficoltà sociali renderanno il tuo ambiente molto più difficile di quanto non sarebbe stato se il Sole fosse stato libero da questa afflizione. Comunque non si tratta affatto di un aspetto disastroso, sebbene non doni quella contentezza e tranquillità della mente così indispensabili al successo ed al benessere. Stai molto attento a tutti i rapporti con persone che possono coinvolgerti in qualunque modo dal punto di vista sentimentale o emotivo, giacché c'è in te la predisposizione a delusioni e frustrazioni delle speranze e dei desideri, particolarmente nei casi in cui i tuoi sentimenti siano alla mercé degli altri.

211. Con il Sole ed il pianeta Marte in CONGIUNZIONE ci sarà guerra in questa vita tra la volontà ed i desideri: il Sole rappresenta la volontà e Marte i desideri. Questo conflitto sarà avvertito come passione o ira, risultanti talvolta da eccessiva energia, e come passioni che periodicamente causano stati d'animo esaltati che ti eccitano fino all'impulsività o all'eccesso di sentimento. Sebbene questo aspetto ti doni coraggio ed una certa forza, non si tratta affatto di una congiunzione favorevole a meno che non si eserciti un grande autocontrollo, dipendendo molto da te chi tra la volontà ed il desiderio avrà il sopravvento. L'elemento dominatore e atto al comando è forte in te e ciò provocherà molta forza di carattere oltre che la capacità di comandare e dirigere altre persone.

212. Gli aspetti BENEFICI tra il Sole ed il pianeta Marte sono molto favorevoli alla salute ed in generale all'energia. Essi potranno donarti coraggio ed una forte costituzione. La tua forza di volontà e la tua passione[34] saranno uniti, fatto questo che ti renderà possibile di farti strada nella vita con intensità di propositi, energia e perseveranza che non potranno che raramente se non mai essere

---

[33] In effetti Venere la cui orbita è interna a quella della terra non può allontanarsi dal Sole in longitudine eclittica geocentrica (elongazione) più di 48 gradi, il che significa che può formare con il Sole al positivo solo un semisestile (30°), ed al negativo solo un semiquadrato (45°). Si tratta di aspetti considerati minori il cui influsso è percepibile nei casi di aspetti molto esatti, solo da chi fosse molto segnato da Venere stessa (AS Bilancia, Toro, Venere angolare ecc.). Lo stesso discorso e a maggior ragione vale anche per Mercurio la cui massima elongazione è di 28°, e la cui possibilità di aspetti con il Sole è ridotta ad aspetti ancora minori. (Nota del Curatore)

[34] In originale "desire nature ", cioè natura del desiderio. (Nota del Curatore)

ostacolate. Sei in grado di comandare e di dirigere altre persone e generalmente riuscirai a convincere gli altri ai tuoi obiettivi più attraverso la tua energia e forza di volontà che attraverso il tatto e la diplomazia. Potrai raggiungere grandi cose se farai sì che la tua natura individuale agisca più spesso dei desideri e delle aspirazioni personali. Queste potenti configurazioni spesso donano troppa energia vitale e per l'equilibrio è necessario o un'abbondante utilizzazione energetica, o vivere una vita attiva per distribuire questa stessa energia in modo armonioso a tutto l'organismo.

213. Gli aspetti AVVERSI del Sole a Marte indicano che esiste un certo conflitto tra la tua volontà individuale e la natura del desiderio, e che tra queste due forze farai esperienze dolorose. Dovresti perciò tentare di fortificare la tua volontà individuale, senza permettere a te stesso di essere sedotto da desideri che non puoi realizzare. Penso che faresti bene ad evitare tutti i tipi di eccitazioni e che in certi periodi della tua vita dovresti stare attento agli incidenti. Prima di subire operazioni di qualunque tipo dovresti considerare tutto con attenzione, e dovresti anche stare attento agli incendi ed alle armi da fuoco. Sei costituzionalmente portato a disturbi febbrili, oltre che tendenzialmente troppo imprudente in generale.

214. La CONGIUNZIONE del Sole con il benefico pianeta Giove ti metterà in contatto con quelle vibrazioni che ridesteranno il lato individuale della tua natura e ti consentiranno di vivere la parte più nobile del tuo essere. Avrai successo grazie a questa posizione e beneficerai di molte opportunità di progresso dal punto di vista mentale, morale ed anche fisico. L'elemento sociale ti metterà in contatto con individui che occupano posizioni stabili ed importanti nella vita, mentre l'aiuto degli altri sarà a portata di mano tutte le volte che lo desidererai. Nuove imprese portano successo e la capacità costruttiva è rafforzata. Le forze vitali abbonderanno e tu avrai a disposizione tutta l'energia che vorrai. Sarà allora necessario vivere con moderazione. Questa posizione rafforza il carattere morale, espande anche i sentimenti, la compassione e le emozioni.

215. I BENEFICI aspetti natali tra il Sole ed il pianeta Giove portano una notevole dose di fortuna nella tua vita, e con molta probabilità ti faranno raggiungere una posizione più elevata o miglioreranno col passare degli anni la tua posizione sociale. Possiedi un sincero spirito religioso ed un sentimento autenticamente buono che ti rende benevolo e solidale con tutti coloro con cui vieni in contatto. Raggiungerai nella vita il successo che meriti e quasi tutte le tue imprese si realizzeranno in modo molto soddisfacente. Nelle difficoltà sarai ottimista ed allegro, e generalmente riuscirai a sistemare la tua situazione rapidamente e con facilità. Con questi aspetti benefici la salute e le relazioni sentimentali vengono rafforzate.

216. Gli aspetti natali AVVERSI tra il Sole ed il pianeta Giove non sono favorevoli, sebbene Giove sia il più fortunato tra i pianeti. Tali aspetti causeranno dei ritardi nel bene promessoti dalle questioni governate da Giove, oltre che preoccupazioni che scaturiscono proprio da quelle cose dalle quali ti aspetteresti crescita di profitti. Devi porre attenzione ai tuoi rapporti con i religiosi, ma anche alle relazioni e ad alla corrispondenza con le persone che ami. Quest'influenza non è favorevole per quanto concerne la salute e segnatamente per il sangue, e faresti bene a seguire una dieta dal momento che il fegato non è sempre in buon ordine, e ciò potrebbe avere ripercussioni nel corpo e nello spirito, rendendoti a volte malinconico e depresso. Questi aspetti ostacolano l'avanzamento sociale.

217. La CONGIUNZIONE del Sole con il pesante pianeta Saturno ti donerà un certo grado di autorità nella vita, ma allo stesso tempo potrebbe succedere che tu sia innalzato ad una posizione di potere solo per essere gettato giù, a meno che tu non ti mantenga umile ed eviti di puntare troppo in alto, giacché questa è una delle più difficili posizioni, che conferisce grandi responsabilità e potere in un qualche ambito, assieme però alla tendenza ad intraprendere più cose di quanto sia saggio fare. Avrai molte opportunità di imparare la parsimonia, l'economia, la pazienza e la tenacia. Nella tua natura individuale sono in evidenza la capacità di stabilizzare e di reprimere. Sei cauto e a volte addirittura pauroso e, se non vuoi perdere delle opportunità, dovresti cercare di non diventare mai troppo chiuso o depresso.

218. I BENEFICI aspetti natali tra il Sole ed il pianeta Saturno sono da considerarsi favorevoli. Essi tenderanno a renderti stabile, paziente, tenace, prudente ed onesto, e con queste caratteristiche caratteriali meriterai rispetto e sarai in grado di occupare posti di grande responsabilità nella vita, se ti darai da fare a cercarli. Le persone più anziane di te ti avvantaggeranno mentre quelle che occupano posizioni molto importanti ti si dimostreranno amiche se avrai bisogno del loro aiuto. Più progredirai nella vita più la tua natura morale diverrà stabile, e tu diverrai sempre più coscienzioso. Inoltre la tua salute migliorerà col passare degli anni e se sarai moderato potrai probabilmente vivere molto a lungo.

219. Gli aspetti natali AVVERSI tra il Sole ed il pianeta Saturno sono molto sfavorevoli: indeboliscono infatti notevolmente la tua natura individuale e causano molti dolori. Sarai in qualche modo impedito e bloccato, incapace di realizzare le tue aspirazioni, o a causa dell'interferenza di persone più anziane di te o per la mancanza delle debite opportunità; ritardi ed impedimenti sconvolgeranno i tuoi piani ed ostacoleranno il tuo progresso. Talvolta anche la tua salute ne risentirà a causa di una circolazione del sangue difettosa, perciò evita per quanto possibile il freddo. Migliorando la tua natura morale, potrai migliorare le tue condizioni generali e quelle finanziarie. Distruggi l'egoismo, la gelosia e l'odio.

220. La CONGIUNZIONE del Sole con il pianeta Urano aggiunge una certa dose di originalità al tuo oroscopo, rendendo il tuo carattere in qualche modo unico ed eccezionale. In una certa fase della tua vita sarà necessario che tu svolga una parte importante in affari che ti riguardano, occasione questa nella quale potrai esercitare le tue capacità inventive ed in cui sarà messo totalmente alla prova tutto il tuo talento. Ma tu sarai capace di lottare con qualunque difficoltà si presenti nella vita se solo ti libererai completamente dai pregiudizi e dalle limitazioni, giacché la tua capacità costruttiva è notevole e tu sei in grado di inventare o creare sia fisicamente che mentalmente.

221. I BENEFICI aspetti natali tra il Sole ed il pianeta Urano rappresentano un'influenza molto favorevole per tutti coloro che possono pienamente rispondere a queste alte vibrazioni, giacché donano un notevole genio inventivo e molta originalità, rendendoti sicuro di te e capace di fronte a qualunque necessità. Da ciò ne consegue che avrai uno spirito indipendente e che amerai mettere in atto i tuoi progetti, che di solito programmerai con chiarezza e precisione. Hai un certo potere magnetico e puoi esercitare un notevole fascino sugli altri, il che farà sì che tu possa facilmente influenzarli. Tendi a divenire molto aperto mentalmente, filosofico, anticonformista, libero e di ampie vedute, e sarai in profonda sintonia con tutte le materie occulte.

222. Gli aspetti natali AVVERSI tra il Sole ed il pianeta Urano sono sfavorevoli e disastrosi. Avrai delle stranissime esperienze e potrà avvenire o che tu sia allontanato dalle persone che ami, o che tu le possa perdere, e soffrire a causa di ciò. Dovresti fare tutto il possibile per pensare attentamente prima di agire e per non lasciarti mai trascinare via dall'impulso o dalla fascinazione degli altri. Prova a conoscere realmente i tuoi amici prima di dar loro fiducia e non lasciarti mai influenzare da sconosciuti. Accadranno nella tua vita eventi inaspettati ed imprevedibili, che sconvolgeranno tutti i tuoi programmi e preparativi.

223. La CONGIUNZIONE natale del Sole con il misterioso e poco conosciuto pianeta Nettuno renderà la tua vita diversa da quella della maggioranza delle persone e causerà molte esperienze inusuali, la cui natura dipenderà dalla misura della tua possibilità di risposta allo spirito dell'Amore Universale che questo potente pianeta rappresenta. Indulgerai in sogni di livello elevato e custodirai gelosamente progetti segreti per il tuo vantaggio o per quello di altri. La congiunzione del pianeta Nettuno al Sole spesso conferisce agli individui nati con questa configurazione un fascino sottile e particolare che li rende stranamente attraenti agli occhi degli altri. Dovresti stare in guardia però a non affidare la tua individualità nelle mani degli altri, e dovresti anche evitare tutti i rischiosi esperimenti con le droghe, gli anestetici e l'ipnosi.

224. I BENEFICI aspetti natali tra il Sole ed il pianeta Nettuno indicano che l'influenza di questo misterioso pianeta è favorevole alla tua crescita spirituale e che forse scoprirai che l'espansione maggiore della tua coscienza scaturisce da esperienze che solo con grande difficoltà potresti descrivere adeguatamente agli altri. I reali paradossi della vita saranno sempre più o meno presenti alla tua coscienza e certe verità che possono essere espresse solo in forma di paradosso avranno sempre per te uno speciale significato e realtà, a patto che tu ti possa innalzare fino al più alto livello di quest'influenza. Sarai fortunato, nel senso generale della parola, (sebbene tu potresti non considerarti tale) e generalmente piacerai molto agli altri. Dovresti però stare attento a non lasciarti dominare dal lato sensuale della vita.

225. Gli aspetti natali AVVERSI tra il Sole ed il pianeta Nettuno ti mettono sempre a rischio di inganni e falsità da parte delle persone che ti circondano o da parte di sconosciuti. Può accadere che tu debba rinunciare a molte cose sulle quali avevi riposto le tue speranze, e che dolorose delusioni potranno essere la conseguenza di ciò. Dovresti considerare questi eventi come il risultato del fatto che hai turbato l'armonia della natura attraverso una violazione della legge dell'amore o della compassione, così che le perdite che sei chiamato a sopportare rappresentano gli unici strumenti per sanare l'equilibrio o l'armonia perduti. In tal modo potrai essere sottoposto alla più elevata influenza di questi aspetti, che ti consentirà di innalzare la tua coscienza ad un livello superiore in modo tale da percepire la vita divina che permea l'intera natura[35].

---

[35] In questo bellissimo brano Alan Leo esprime tutta la sua filosofia: il karma, dunque in questo caso il male, *il dolore che va accettato.* E quest'accettazione è talvolta l'unica *attività* possibile giacché può risanare (attraverso l'attraversamento dell'inevitabile dolore) e riportare l'equilibrio che si era perduto attraverso il peccato, in questo caso contro l'amore e la compassione. In questo brano vediamo la correlazione archetipica tra PECCATO e MALE; il peccato crea una disarmonia che rimane come una ferita che ha bisogno di guarire, e questa guarigione può essere anche lunga e travalicare i limiti dell'apparenza razionale....Tra noi Umani questo tempo necessario di guarigione si chiama dolore. Dopo di ciò l'illuminazione, quella vera però!
La Chiesa Cattolica oggi non insegna più che il peccato produce il male in tutte le sue forme, comprese le malattie. E' troppo presa dal far demagogia assistenziale più o meno laica e rendere le sue funzioni sempre più simili ad una trasmissione televisiva della domenica pomeriggio. (Nota del Curatore)

La Chiave dell'oroscopo

ASPETTI DELLA LUNA

226. La CONGIUNZIONE natale della Luna al pianeta Mercurio ti donerà una splendida intelligenza ed una percezione precisa e veloce. Con questo aspetto la mente animale risulta unita a quella razionale, ma quest'ultima agirà sempre perché tu tenda più al lato umano della vita che a quello animale. Più lascerai che sia la ragione a guidarti più comprenderai la vita ed i suoi scopi, e questa conoscenza è una delle mete essenziali per lo studioso. Potresti coltivare vantaggiosamente la sincerità e l'onestà, giacché così facendo risveglierai la tua mente alle percezioni più elevate. Così potrai rendere la mente più veloce ed ampliare la conoscenza in modo molto più rapido che lasciando che il tipico fascino di Mercurio ti seduca con tutti quei frammenti tanto cari alle menti mediocri.

227. I BENEFICI aspetti natali tra la Luna e Mercurio ti doteranno delle migliori capacità intellettuali rendendo la tua mente acuta e attiva. Avrai successo nella vita grazie alla tua intelligenza brillante ed alla tua velocità di percezione. Possiedi la capacità di guadagnare denaro e dovresti riuscire bene con giornali e scritti. Questi aspetti fanno sì che tu possa apprezzare la vita e possa viverla al meglio, dal momento che sei intelligente e capace di prendere le tue decisioni indipendentemente dagli altri. Dovresti perfezionare la tua intuizione ed anche la tua raffinata memoria, caratteristica di questi aspetti quando sono attivi e non solo latenti. Hai la capacità di parlare bene e di scrivere e puoi esprimere pensieri ed idee con facilità.

228. Gli aspetti natali AVVERSI tra la Luna e Mercurio sono piuttosto sfavorevoli al tuo progresso nella vita, ma aguzzeranno il tuo ingegno e ti renderanno molto acuto, anche se contemporaneamente un po' sarcastico quando infastidito o in qualche modo disturbato. Il tuo sistema nervoso non sarà sempre in perfette condizioni, e ciò ti renderà un po' imprevedibile e mutevole. Potrai incorrere in critiche contrarie e le tue opinioni saranno sempre in disaccordo con quelle degli altri. Stai molto attento quando firmi documenti giacché sei portato a commettere errori per quanto concerne lettere e scritti. Evita di passare da un estremo all'altro e accertati che la tua espressione sia chiara e sempre precisa.

229. La CONGIUNZIONE natale della Luna a Venere pianeta amante dei piaceri, ti fornirà un buon ambiente fino a quando tu permetterai a questa vibrazione di essere quella maggiormente in evidenza[36]. Sarai appassionato di attività raffinate e forse artistiche e dovresti avere fortuna e successo nella maggior parte degli

---

[36] Questa è una delle consuete annotazioni "occulte" che compaiono di tanto in tanto nelle note interpretative di Alan Leo e che ampliano ed arricchiscono l'orizzonte deterministico dell'Astrologia verso la consapevolezza della *libertà dell'individuo* o verso una spiegazione "esoterica" di determinati fatti come conseguenza di altri precedenti (karma). In questo caso appunto si dice come l'assetto o modulo di esistenza sia "deciso" dal soggetto e che dunque la preponderanza di una certa configurazione in un certo modulo sia "decisa" dal soggetto stesso, fino al momento in cui egli potrà ampliare il suo orizzonte e passare all'utilizzazione di altre forze in giuoco che lo possono spingere oltre. (Nota del Curatore)

impegni a cui ti dedichi. Hai un carattere amabile ed anche una personalità molto gradevole. Il lato personale o esterno della tua vita sarà il migliore e da molti punti di vista sarà molto diverso da quello interiore ed individuale, così che imparerai molte più cose in questa vita attraverso i piaceri e la vita sociale piuttosto che addentrandoti nella tua interiorità ovvero nel lato puramente intellettuale dello sviluppo. Dovresti avere un facile passaggio attraverso la vita.

230. I BENEFICI aspetti natali tra la Luna e Mercurio sono molto favorevoli e ti promettono un felice viaggio nella vita e buone opportunità di successo. Avrai raffinatezza e talento artistico, buon gusto ed un profondo apprezzamento di tutto ciò è buono e bello. Sarai amabile ed attrarrai così persone che potranno portare una certa felicità nella tua vita, e ciò potrà tradursi in successo sociale. Finché questi aspetti favorevoli saranno attivi su di te non ti mancheranno mai gli amici. Le persone appartenenti al sesso opposto saranno interessate a te e ti agevoleranno in molti modi. Avrai talento musicale ed amerai il canto.

231. Gli aspetti natali AVVERSI tra la Luna e Mercurio causano dolori e delusioni, specialmente nelle tue questioni familiari. I tuoi sentimenti potranno esser causa di sofferenza e sarai in pericolo se agirai in modo incauto: potresti infatti aspettarti delusioni ed anche conflitti con persone del sesso opposto. Sarà meglio evitare tutte le questioni che abbiano a che fare con i piaceri, giacché questi aspetti indicano poca felicità e pochi piaceri. Farai bene ad esercitare un certo controllo, evitando eccessi nei sentimenti, nei dolori e nella sofferenza. Questi aspetti in genere provocano una certa prodigalità o eccessi di qualche sorta, e talvolta coinvolgono negativamente anche la salute, ma si tratta comunque di influenze che possono essere superate con un agire prudente ed evitando contrasti con esponenti del sesso femminile.

232. La CONGIUNZIONE natale della Luna a Marte pianeta focoso ed energico farà sì che tu commetta azioni impulsive e che non possa tollerare su di te alcuna autorità o controllo. In effetti si tratta di una posizione molto ribelle e sfortunata per la Luna. Guarderai la vita attraverso lenti rosse ed avrai opinioni personali preconcette talmente forti che potrai divenire molto intollerante, avventato ed imprudente (a meno che tu non riesca a controllare le energie che esprimi all'esterno) mettendoti così nei guai attraverso i tuoi forti sentimenti ed emozioni. Stai attento a quel che dici e non fare che il tuo coraggio ti trascini oltre ragionevoli limiti. Si è dimostrato vero, per lunga esperienza, che "la prudenza è la parte migliore del coraggio" e tu non avrai mai da rimetterci se mediterai su questa verità. Il tuo desiderio di libertà e la tua forza non ti saranno propizie, dunque non lasciare che i sentimenti prevalgano sulla ragione.

233. I BENEFICI aspetti natali tra la Luna e Marte ti renderanno impavido, intraprendente e coraggioso. Puoi dimostrare molto coraggio e resistenza, determinazione e piena fiducia in te stesso che potrai usare con successo nei rapporti con gli altri. Sei perfettamente in grado di impegnarti in qualunque cosa nella quale tu riponga le tue speranze. Si tratta di aspetti molto favorevoli a patto che tu non sia troppo libero e generoso, dal momento che potresti altrimenti diventare piuttosto prodigo e troppo smodato. L'influenza di questi aspetti rafforzerà il tuo organismo, ti darà tono e resistenza alle malattie. Inoltre ti renderà allegro e vivace, migliorando il tuo carattere.

234. Gli aspetti natali AVVERSI tra la Luna e Marte sono molto sfavorevoli dal momento che tendono a renderti sfortunato nella vita e ciò sarà spesso la conseguenza della tua impulsività ed avventatezza. Non dovresti mai agire nella fretta né dire più di quanto non intenda, giacché hai la tendenza all'esagerazione e ad amplificare le situazioni. Hai fortissimi amori e altrettanto forti odi e spesso potrai nutrire del rancore oltre che dire e fare cose di cui sicuramente domani di potresti pentire. Evita l'imprudenza e la negligenza e non lasciarti trascinare dalle passioni e dalla collera. Potrai avere vantaggio esercitando l'autocontrollo.

235. La CONGIUNZIONE natale della Luna al benefico pianeta Giove renderà la tua vita fortunata, tranquilla e di successo e qualunque sia la difficoltà con la quale ti dovrai scontrare alla fine riuscirai ad aver partita vinta. Hai delle splendide attitudini sociali, latenti o attive, e molto ottimismo capace di farti superare periodi difficili per i tuoi affari. Hai abbastanza autorevolezza e forza per poter occupare posizioni prestigiose ed alla fine raggiungerai un qualche importante riconoscimento. Otterrai molto successo personale nella vita, mentre il tuo ambiente sarà tale da sostenerlo. Le persone nate con questa congiunzione generalmente gravitano intorno a condizioni e situazioni favorevoli, ciascuna delle quali fa sì che la vita si evolva in modo propizio. Sei ben disposto di carattere e ciò ti procurerà l'aiuto di amici potenti.

236. I BENEFICI aspetti natali tra la Luna e Giove sono tra i più fortunati che possano determinarsi in un oroscopo. Porteranno benessere nella tua vita ed anche avanzamento sociale. Questi aspetti denotano ottima energia vitale atta a nutrire la mente ed il corpo. Sei mentalmente sincero, intuitivo e progredito; possiedi uno spirito religioso e con il passare degli anni diverrai sempre più giusto e benevolo. Hai un carattere molto ottimista e per questa ragione riuscirai ad attrarre quelle persone che saranno favorevoli a te ed ai tuoi interessi.

237. Gli aspetti natali AVVERSI tra la Luna e Giove non consentono a quest'ultimo di elargire tutta la felicità per cui è celebrato. In qualche modo questi aspetti tendono a sciupare le tue sostanze; a causa di una certa prodigalità o per imprudenza potrai subire perdite finanziarie o difficoltà nel guadagnare quanto vorresti. Dovrai essere molto prudente in tutti i tuoi rapporti con gli altri, giacché corri il pericolo di rimanere vittima di truffe o di subire false accuse da parte degli altri. Dunque conduci tutti i tuoi affari sempre nel modo più retto possibile, evitando di associarti a persone di cui non puoi fidarti. E' consigliabile la moderazione in tutto.

238. La CONGIUNZIONE natale della Luna a Saturno ostacolerà ed impedirà il tuo progresso nella vita da molti punti di vista. Il tuo ambiente di origine non ti ha fornito quei vantaggi sociali e personali necessari a consentirti in qualche modo di fare una forte impressione sul circondario. Questa posizione è in genere molto avversa, ma è di solito tale a causa dei freni e della paura che impone alle personalità che nascono sotto il suo influsso. Devi evitare di diventare troppo critico e scettico altrimenti attrarrai intorno a te un'atmosfera repulsiva tale da spingere gli altri a non fidarsi di te e ad avere sospetti sulle tue motivazioni. Non dimostri per nulla i tuoi sentimenti, ma puoi essere fedele e sincero, giusto e pronto ad assumerti responsabilità.

239. I BENEFICI aspetti natali tra la Luna e Saturno. Le virtù saturnine sono: la purezza, la fedeltà al vero e la sincerità e questi aspetti ti aiuteranno perciò a diventare prudente, parsimonioso, fedele ed affidabile. Possiedi capacità organizzative e puoi assumere posti di responsabilità nella vita. Sarai fortunato nei tuoi rapporti con le persone più anziane di te e tutte le tue azioni saranno all'insegna della moderazione, sistematiche e ponderate. Questi aspetti donano una grande pazienza ed uno spirito contemplativo, e praticando la meditazione puoi raggiungere grandi cose. Hai tatto ed accuratezza nei progetti ed io ritengo che tu possa diventare molto serio ed equilibrato.

240. Gli aspetti natali AVVERSI tra la Luna e Saturno sono dal punto di vista astrologico i peggiori che possano presentarsi in un oroscopo, ed essendo gli aspetti del destino, come regola causano disgrazie e dolori nella vita. Sarà bene che tu estirpi totalmente dalla tua natura l'egoismo, evitando la scontentezza che può insorgere dal momento che questi aspetti limitano e bloccano coloro che nascono sotto il loro influsso. Perciò il miglior modo per opporsi alla loro forza malefica è quello di sacrificare la natura inferiore il più presto possibile. La tua vita sarà ostacolata dagli altri, specialmente dalle persone più anziane di te, e dai tuoi superiori. Anche la salute sarà afflitta, e ciò soprattutto a causa della depressione o di una circolazione sanguigna insufficiente. Coltiva dentro di te la SPERANZA.

241. La CONGIUNZIONE natale della Luna al misterioso pianeta Urano in un certo periodo della tua vita ti spingerà ad attuare grandi cambiamenti improvvisi ed imprevedibili. Avrai una carriera piena di alti e bassi e ciò avverrà a causa del tuo particolare carattere, segno tipico della natura di Urano. Il tuo potente magnetismo avrà influenza sugli altri e talvolta a tuo svantaggio. Sei incline ad essere brusco ed irritabile. Non consentire a nessuna delle tue stranezze di impedirti di progredire, in quanto sebbene tu abbia capacità inventive o rare abilità potresti perdere con il tuo atteggiamento personale molto di ciò che ti potrebbe portare più avanti nel processo evolutivo. Questa posizione dona un tocco di genialità ma solo a coloro che siano totalmente liberi da preconcetti e pregiudizi, non agli altri.

242. I BENEFICI aspetti natali tra la Luna ed Urano fanno sì che tu sia attratto dalle materie occulte, ed in special modo dall'Astrologia o da materie affini. Hai idee del tutto originali ed attitudini inventive e costruttive. Hai forza magnetica e capacità di guarire e se ti eserciterai nella concentrazione o tenterai di coltivarla potrai ottenere molto nella vita. Ti staccherai da tutte le convenzioni nel momento in cui la mente superiore inizierà a ridestarsi ed a scrollarsi di dosso le catene che limitano la mente al solo intelletto fisico ed alle condizioni circostanti. Sei capace di essere del tutto originale ed il tuo carattere è unico da molti punti di vista.

243. Gli aspetti natali AVVERSI tra la Luna ed Urano sono da considerarsi sfortunati e atti a causarti guai o difficoltà improvvisi. Farai molto bene ad esercitare la prudenza in tutti i rapporti con estranei e dovresti evitare le conoscenze occasionali. Il sesso opposto produrrà una sorta di fascinazione su di te e c'è la possibilità che una persona in particolare possa causarti molta sofferenza e difficoltà. Questi aspetti danno una certa predisposizione agli incidenti o ad esperienze stranissime ed impreviste. Tendi sempre a compiere azioni di cui potrai dopo pentirti. C'è in te un'inclinazione all'eccentricità e sarai considerato un originale nel tuo particolare modo di essere, in quanto di tanto in tanto esprimerai idee estremistiche e singolari.

244. La CONGIUNZIONE natale della Luna al misterioso ed occulto pianeta Nettuno riempie la tua vita di esperienze strane ed inusitate specialmente nei periodi in cui altri pianeti per moto direzionale vanno a formare aspetti con Nettuno. Dovresti distinguere tra sensazione ed impulso, così come tra pensiero e desiderio intenzionale, altrimenti nella precipitazione compirai azioni di cui dopo avrai da pentirti. Si tratta di una strana posizione, e tu avrai bisogno di studiare l'intera tua natura molto più attentamente di quanto lo faccia la maggior parte degli altri individui, se vuoi usare al meglio il tuo vero potere, ma non dovrai aspettarti che la generalità delle persone ti comprenda o solidarizzi pienamente con te. Dovresti avere una qualche attitudine artistica, giacché hai certamente un profondo apprezzamento del lato sensuale dell'arte. La tua natura *psichica* è molto sensibile.

245. I BENEFICI aspetti natali tra la Luna e Nettuno ti rendono capace di ricevere alcuni dei raggi benefici di questo remoto e misterioso pianeta, e di tradurli in idee ed emozioni tramite l'intelletto fisico. Si tratta di influenze benefiche che ampliano la sensibilità verso gli altri, accentuano gli affetti e donano un certo elemento artistico alla natura, che talvolta può diventare possibilità d'ispirazione poetica. In ogni caso questi aspetti donano armonia al carattere ed un fascino in più alla personalità, con doti di grande comunicativa con tutti senza pur tuttavia perdere la necessaria riservatezza. Sarai sempre solidale con le persone nei guai o malate fisicamente o mentalmente. Il lato sensuale dell'arte avrà sempre molto fascino su di te ed avrai un senso vivo della bellezza.

246. Gli aspetti natali AVVERSI tra la Luna e Nettuno sono sfavorevoli da molti punti di vista, ed indicano molte delusioni e condizioni strane o complesse che tendono ad ostacolare la tua libertà di azione. Dovresti stare molto attento a non arrenderti alla volontà degli altri, giacché questi aspetti fanno sì che tu possa facilmente essere influenzato *psichicamente* dagli altri e sottoposto alla loro volontà, e non dovresti mai acconsentire a lasciarti ipnotizzare. Sei anche particolarmente sensibile all'azione di tutte le droghe, specialmente a quella dei narcotici, e dovresti evitare di farne mai esperienza. Questi aspetti tendono inoltre ad indebolire il lato morale della natura, mentre invece accentuano il potere dei sentimenti sulla mente, rendendoli allo stesso tempo più sottili ed esigenti.

ASPETTI DI MERCURIO

247. La CONGIUNZIONE natale di Mercurio a Venere è una posizione molto buona in grado di perfezionare le qualità intellettuali e di far sì che la tua mente sia benevola, artistica e poetica: sei così in grado di apprezzare tutto ciò che abbia a che fare con l'arte. Dal momento che possiedi una buona sensibilità per i colori e che ami tutto ciò che è bello, hai una naturale attitudine per la pittura, per la musica, la poesia o il canto, per tutto ciò che in definitiva possa recare diletto a te stesso ed agli altri. La scienza non ti attrae, ma ti piace leggere, specialmente la letteratura più leggera, sebbene la tua mente non sia molto portata alla concentrazione o allo studio. Hai un carattere ben disposto ed affabile, che sceglie il lato sociale e piacevole della vita, non quello faticoso.

248. I BENEFICI aspetti natali tra Mercurio e Venere[37] migliorano di molto le vibrazioni di Mercurio rendendo la mente delicata e sensibile, incline alle arti, alla lettura ed alla poesia. La tua disposizione d'animo sarà felice e gioiosa e più o meno libera e spensierata. Avrai la possibilità ed il desiderio di diventare musicista, e dovresti anche sapere come intrattenere gli altri e dar loro diletto. Non sei portato a ricercare il male, ed accadrà spesso che saranno gli altri a fartelo piuttosto che sia tu a commetterlo. Non ti piacerà comunque l'eccessivo lavoro mentale e non sarai incline ad assumere responsabilità. Il talento artistico sarà ben sviluppato.

249. Gli aspetti natali AVVERSI tra Mercurio e Venere si dimostrano sfavorevoli alle superiori utilizzazioni della mente, giacché i processi mentali saranno privi della cooperazione di quella strana facoltà conosciuta col nome di intuizione, ovvero la percezione interiore o sentimento della verità e della bellezza. Queste influenze non agiscono in modo particolare contro il successo nella vita pratica, ma ostacolano gli sviluppi superiori delle capacità artistiche. Gli svantaggi rappresentati da queste posizioni si possono principalmente giudicare indirettamente attraverso il confronto con la congiunzione di questi due pianeti umani e belli, e con il fascino dei modi e la delicatezza di sentimento che conferiscono. Così possiamo dire che gli aspetti sfavorevoli causano assenza di vantaggi piuttosto che effettivi svantaggi.

---

[37] La massima distanza angolare eclittica tra questi due pianeti è di 72° il che significa che possono formare tra loro una congiunzione, un semisestile, un semiquadrato, un settile (51°25'43"), un sestile ed un quintile (72°). Di questi aspetti gli unici maggiori o placidiani sono la congiunzione ed il sestile. (Nota del Curatore)

250. La CONGIUNZIONE natale di Mercurio a Marte è una posizione potente, che dona molta forza alla mente e ti rende intellettualmente molto attivo ed energico. Questa posizione renderà la tua mente più acuta e più veloce la tua percezione. Avrai una visione ampia della vita, ma più da un punto di vista materiale che ideale, dal momento che sei in grado di venire a contatto con il pensiero [collettivo] del mondo specialmente per quel che concerne le iniziative e gli affari. Dovresti stare attento agli impulsi essendoci in te una tendenza a precipitarti verso i tuoi obiettivi. Si tratta comunque di una posizione favorevole che rende la tua intelligenza acuta, assennata, profonda e dinamica. Non sopravvalutare e non esagerare per non correre il pericolo di ingrandire troppo le cose divenendo così eccessivamente speranzoso.

251. I BENEFICI aspetti natali tra Mercurio e Marte dinamizzeranno   notevolmente la tua mente, rendendoti perspicace, acuto ed attivo. Possiedi molta forza intellettuale e potresti volgere a tuo vantaggio queste capacità in quasi tutte le direzioni, a patto che impari a concentrarti. Sei spiritoso, brillante ed entusiasta e se spinto a ciò puoi diventare piuttosto sarcastico e satirico, ma generalmente cerchi di evitare di nuocere agli altri con il tuo umorismo. Sei senza dubbio bravo nel disegno, nel fare schizzi e nella progettazione dal momento che hai una splendida capacità tecnica, ma possiedi anche destrezza manuale che ti rende abile nei trucchi di prestidigitazione e nella tecnica musicale. Inoltre la tua coscienza oggettiva è molto ampia, profonda ed immediata.

252. Gli aspetti natali AVVERSI tra Mercurio e Marte non sono affatto favorevoli alla tua mente, dal momento che tendono a renderti impulsivo e troppo energico. C'è una forte dose di sarcasmo nella tua natura, attivo o solo latente, ed un'intelligenza pronta e molto perspicace. Comunque sei geniale e capace di impegnarti in attività scientifiche. Sei molto coraggioso, ma talvolta troppo temerario.
Nei discorsi sei tendenzialmente precipitoso e sarebbe bene che fossi più cauto quando parli o scrivi, giacché tendi a dire più di quanto intenda e ad asserire le tue opinioni senza troppe remore.

253. La CONGIUNZIONE natale di Mercurio a Giove ti doterà di un atteggiamento mentale molto allegro ed ottimista, che ti farà vedere il lato luminoso e felice della vita tutte le volte che ti lascerai guidare dalla tua mente. Ma dovresti stare attento a non lasciar mai che l'influenza degli altri distrugga quella parte intuitiva della tua mente che conosce le cose in un suo particolare modo. Hai una mente devota e da molti punti di vista religiosa, e se ti innalzerai al di sopra del livello ristretto, limitato ed ortodosso del pensiero religioso, potrai ottenere grandi benefici ed aiuto spirituale dalla pratica della meditazione e della contemplazione. Sarai fortunato in molti sensi, ma sarà soprattutto grazie al tuo stato mentale sano che potrai raggiungere la tua fortuna maggiore ed il tuo successo.

254. I BENEFICI aspetti natali tra Mercurio e Giove sono tra i migliori possibili per quel che concerne le qualità della mente. Sei dotato di un'eccellente capacità di giudizio e possiedi un'intelligenza ampia, tendenzialmente filosofica, intuitiva ed armoniosa. Sei tollerante con le opinioni degli altri ed ami tutto ciò che è retto e coscienzioso. Possiedi un sincero spirito religioso che necessita soltanto che un giusto ambiente faciliti la sua espansione, perché la tua immaginazione ti conduca nel mondo soggettivo o interiore, giacché la tua mente può arrivare a comprendere che "il Regno dei Cieli è dentro di noi" ed anche che la vera pace viene da dentro.

255. Gli aspetti natali AVVERSI tra Mercurio e Giove non sono favorevoli alla mente ed indicano che sei portato a commettere per tutta la vita molti errori di giudizio. Non avrai gran successo per quel che concerne questioni legate alla religione e sarà al contempo molto difficile convincerti su qualunque cosa tu non possa materialmente vedere, infatti queste posizioni rendono molto scettici. Dovresti sforzarti di non creare nessuna falsa impressione di te sugli altri e sarà altrettante bene che tu sia tollerante nei confronti delle loro opinioni. In determinati periodi della tua vita potrai essere coinvolto in scandali. Stai molto accorto per quel che concerne questioni legali e letterarie.

256. La CONGIUNZIONE natale di Mercurio a Saturno è una posizione favorevole. Ti donerà una mente sottile e ti spingerà a guardare la vita con occhi seri e talvolta profondi. Sarai sempre assennato, concentrato e molto incline a ponderare, a studiare ed a rimuginare su tutto ciò che attrae la tua attenzione, e se le altre condizioni del tuo oroscopo consentiranno a questa congiunzione di agire al massimo della sua forza sarai molto profondo e potrai talvolta anche cadere in depressione. Praticamente questo aspetto ti dà due influenze saturnine nell'oroscopo, dal momento che Mercurio assorbe l'influenza di qualunque pianeta con il quale venga a trovarsi in congiunzione. Sei appassionato di metafisica e dell'occulto in generale. Evita di diventare troppo critico ed esigente, oppure perderai molte possibilità di progresso.

257. I BENEFICI aspetti natali tra Mercurio e Saturno ti renderanno idoneo ad occupare posti di responsabilità nella vita, dotandoti di una mente prudente ed assennata, con profondità di pensiero ed attitudine allo studio di argomenti metafisici. La memoria e la capacità di ragionamento sono buone, e dovrebbero esserti gradite le materie occulte o misteriose, mentre potresti impegnarti senza pericolo nella meditazione. Potresti ottenere il successo tramite i tuoi discorsi o gli scritti ecc. nonché grazie al tuo atteggiamento filosofico verso la vita. Avrai un certo potere discreto sugli altri e tenderai ad essere fedele ed affidabile in tutti i tuoi legami.

258. Gli aspetti natali AVVERSI tra Mercurio e Saturno renderanno la tua vita piuttosto sfortunata, specialmente se tenderai alle preoccupazioni. Si tratta di aspetti che indicano impedimenti e ritardi nonché un'attitudine negativa degli altri nei tuoi confronti, ed in special modo delle persone più anziane di te. Proverai delusioni nella vita, dunque non cercare mai di ottenere posti di responsabilità giacché potresti esser oggetto di severe critiche e patire perdita di credito ecc. a causa di calunnie sul tuo conto. Dovresti stare molto attento ai documenti che firmi ed alle cose che dici. Sei a volte inesorabile e piuttosto severo con chi sbaglia. Evita le preoccupazioni.

259. La CONGIUNZIONE natale di Mercurio al misterioso pianeta Urano costituisce una posizione favorevole per tutte le forme di pensiero originale, per progetti inventivi ed innovativi, per tutto quanto abbia a che fare con nuovi ideali, e con ciò che si chiama originalità. Dovresti evitare però di diventare ciò che il mondo chiama un eccentrico, oppure ti ritroverai isolato ed incompreso. Hai a volte un eccesso di energia nervosa che ti rende irritabile e stravagante e forse troppo indifferente agli altrui sentimenti ed opinioni. Questa posizione spinge a modi bruschi ed indipendenti, a meno che tu non sia in grado di controllare la mente che a volte si dimostra troppo precipitosa nei cambiamenti, e ciò ti nuoce.

260. I BENEFICI aspetti natali tra Mercurio ed Urano sono, per coloro che stanno effettuando progressi intellettuali e spirituali, tra i migliori che Mercurio possa formare, dal momento che donano un'originale ed occulta direzione della mente che rende il soggetto adatto agli studi di astrologia e delle più profonde materie metafisiche. Sei ingegnoso, possiedi un ampia visione mentale e con il passare degli anni diverrai sempre più interessato allo studio del pensiero più elevato. E' forte in te la capacità d'analisi, ma sei anche intuitivo e possiedi una percezione interiore che ti fa comprendere prontamente il tuo circondario. Sono inoltre aspetti favorevoli ai viaggi ed alle nuove amicizie.

261. Gli aspetti natali AVVERSI tra Mercurio ed Urano sono sfavorevoli giacché rendono la mente piuttosto critica e stravagante. Dovresti stare attento a tutti i tuoi rapporti con estranei, ed anche riguardo alla firma di documenti. Quando meno te lo aspetti sarai duramente criticato e troverai gli altri contro di te, ma ciò sarà anche effetto del tuo atteggiamento, in quanto sei portato ad essere sarcastico e potresti anche assumere opinioni distorte sulle cose. Ciò è conseguenza delle condizioni del tuo sistema nervoso, che sarà fuori fase di tanto in tanto. Possiedi un forte spirito riformatore, ma esso sarebbe altrettanto valido se tu non fossi così precipitoso nei metodi che adotti.

262. La CONGIUNZIONE natale di Mercurio a Nettuno è una posizione insolita e particolare che avrà un forte effetto sulla tua mente e che ti renderà profondamente attratto da credenze misteriose e rari modi di pensare, generalmente non accettati o addirittura disapprovati dalla maggioranza delle persone. In effetti questa congiunzione dona una precisa tendenza "estetica" a tutti gli individui che ne sono influenzati. In tutti i casi sarà presente un particolare amore per forme paradossali di asserzione della verità. Sei piuttosto portato a sottoporti al dominio di una mente più forte della tua e dovresti strenuamente coltivare in te l'indipendenza mentale, esercitandoti in metodi di pensiero esatti attraverso lo studio della scienza o della logica formale. Altrimenti l'intuizione e le idee poetiche della tua mente sono destinate a diventare solo sogni vaghi ed irreali.

263. I BENEFICI aspetti natali tra Mercurio e Nettuno sono favorevoli alla tua mente e ti rendono molto sensibile al fascino della musica, della poesia e di tutte le emozioni elevate, aggiungendo inoltre una certa coloritura mistica al tuo assetto mentale. Le esperienze romantiche che attraverserai nella tua vita avranno una fortissima influenza sulla tua mente. La tua capacità di comunanza con gli altri sarà molto sviluppata e tu avrai molti amici nel mondo del pensiero astratto soprattutto tra scrittori mistici e religiosi. Dovresti sforzarti di realizzare nella tua vita pratica alcuni dei sublimi ideali che custodisci nella mente, giacché con questi aspetti c'è la tendenza a lasciarli essere per sempre delle mere astrazioni. I talenti artistici sono sicuramente accentuati, c'è infatti grande abilità nella tessitura di trame di romanzi e nella creazione di disegni. Il mare avrà su te un fascino speciale.

264. Gli aspetti natali AVVERSI tra Mercurio e Nettuno sono sfavorevoli dal punto di vista mentale, rendono infatti difficoltosa la concentrazione ed aprono la mente a fantasie vaghe ed irreali, ad idee visionarie ed utopistiche che non potranno mai realizzarsi nemmeno nei casi in cui esse siano del tutto condivisibili. Questi aspetti infatti producono un'influenza ingannevole, di cui non puoi fidarti, e tu dovresti fare tutto il possibile per superare il suo effetto dannoso attraverso un deciso esercizio della mente alla precisione ed esattezza del pensiero, che ad esempio lo studio scientifico può fornire. Se l'effetto inferiore di questi aspetti è così superato essi possono esprimersi in modo benefico giacché donano comunque tendenze poetiche e musicali, e rendono la mente molto sensibile ai più sottili impulsi emotivi. Se ti abbandonassi al lato sensuale della vita ciò avrebbe un effetto deleterio sulla tua mente.

ASPETTI DI VENERE

265. La CONGIUNZIONE natale di Venere a Marte ti procurerà eccezionali e potenti amori ed odi, ed è assai probabile che l'amore a prima vista possa coinvolgere la tua natura emotiva ed eccitare i tuoi sentimenti. Per quel che concerne i sentimenti sei abbastanza impulsivo e sebbene tu sia generoso, spensierato e libero, allo stesso tempo sei portato a commettere errori nei sentimenti. Non essere mai precipitoso ed impulsivo nei tuoi affetti e rifletti sempre prima di impegnarti in parole o azioni nei rapporti con il sesso opposto. Questa posizione ti renderà felice e allegro e ti sosterrà sempre anche nelle evenienze più difficili. Evita le azioni d'impulso.

266. I BENEFICI aspetti natali tra Venere e Marte sono fortunati da molti punti di vista, specialmente per le storie d'amore e per tutte le situazioni della vita che hanno a che fare con i sentimenti. Sarai ardente nelle passioni e portato a guadagnare tramite coloro ai quali sei legato. Sei generoso e libero con il tuo denaro e le relazioni sociali generalmente avranno una forte attrattiva su di te. Sarai piuttosto fortunato nelle questioni finanziarie e sarai avvantaggiato o da testamenti e lasciti o tramite associazioni con altre persone. Questi aspetti favoriscono le storie d'amore e sono generalmente positivi per quel concerne il matrimonio, le unioni o le associazioni.

267. Gli aspetti natali AVVERSI tra Venere e Marte sebbene siano sfavorevoli stimoleranno in molti modi i tuoi sentimenti, rendendo la tua natura emotiva molto profonda e reattiva. Sono aspetti che spingono ad essere imprevidenti, tendendo a renderti troppo generoso ed impulsivo, ed a causa di ciò potrai incorrere in perdite economiche, mentre per gli eccessi nei sentimenti potresti divenire vittima degli altri. Dovresti stare molto attento ai tuoi rapporti con il sesso opposto e non dovresti mai lasciarti trascinare in progetti o programmi che potrebbero essere frutto di fraintendimento. Questi aspetti non sono favorevoli all'amore o al matrimonio, indicando infatti pericoli di liti e gelosie. Essi possono inoltre nuocere alle prospettive finanziarie.

268. La CONGIUNZIONE natale di Venere al benefico Giove è una posizione molto favorevole ed armoniosa che porta il successo in quei determinati periodi nei quali i luminari formino aspetti armonici con questa parte del tuo oroscopo. Questa posizione di per sé non è molto potente, così che la sua influenza effettiva sarà percepita di più in coincidenza di buone direzioni, giacché allora l'oroscopo sarà progredito tanto da rendere questi due pianeti attivi; fino ad allora però essi potrebbero rimanere latenti. E' una posizione propizia per le relazioni sociali ed in qualche misura per le imprese finanziarie, ma come ho già detto prima moltissimo dipende dalle Direzioni future.

269. I BENEFICI aspetti natali tra Venere e Giove ti porteranno guadagni o tramite persone appartenenti al mondo religioso, o tramite testamenti o legati. Questi aspetti sono tra i più armoniosi e sereni possibili, atti a migliorare di molto l'oroscopo impedendo l'azione degli aspetti avversi. Potresti guadagnare attraverso i viaggi, mentre le tue storie d'amore tenderanno ad andare avanti senza ostacoli, così che il matrimonio dovrebbe essere felice e fortunato. Molte delle sofferenze che normalmente ti potrebbero colpire saranno evitate grazie all'influenza benefica di questi aspetti, mentre una certa dose di filosofia, che sarà di grande utilità per te, è tra le loro promesse.

270. Gli aspetti natali AVVERSI tra Venere e Giove non sono in genere da considerarsi importanti sebbene indichino perdite finanziarie causate da imprudenza negli affari, ma ciò vale solo per coloro che sono già naturalmente incauti e spendaccioni. Farai bene a stare molto attento in tutti i tuoi rapporti con le donne in relazione a questioni religiose, giacché divergenze di opinioni ed asti possono insorgere a causa di controversie religiose. Tali aspetti tendono a causare il rischio di inganni nella tua vita e la migliore cosa che tu potrai fare sarà perciò quella di agire con la massima onestà nei tuoi rapporti con gli altri, e soprattutto nelle questioni domestiche e familiari.

271. La CONGIUNZIONE natale di Venere a Saturno è una posizione particolare ed abbastanza strana, oltre che molto difficile da interpretare a causa del fatto che solo pochi riescono a percepire le sue vibrazioni. Essa dovrebbe comunicarti un'eccezionale passione per il mistero e per tutto ciò che è vecchio, obsoleto, antico e decadente. Rispetti le antiche tradizioni e tendi ad essere alquanto conservatore, ma possiedi anche un certo tipo di intuizione, che ti fa apparire assennato e lungimirante. Questa posizione dovrebbe inoltre renderti parsimonioso, ed ottimo interprete di questioni finanziarie, stimolando in te il senso dell'economia, la prudenza e l'integrità morale, ma causerà ciò nondimeno delusioni e sofferenze nel campo dei sentimenti.

272. I BENEFICI aspetti natali tra Venere e Saturno rappresentano vibrazioni molto alte del pianeta Venere, dal momento che qui l'influenza purificatrice e stabilizzante di Saturno tende a rendere permanenti molte delle armoniose virtù indicate da Venere. Questi aspetti renderanno stabile il tuo carattere, donandoti senso della parsimonia, saggezza nella gestione economica e possibilità di accumulare delle ricchezze se mai ne sentirai il bisogno. Hai tatto e buone capacità, nonché il dono di saper conservare le tue energie. Sei molto fedele nelle amicizie e dovresti anche essere molto sincero in tutti i tuoi legami, attraendo così verso di te quelle persone che potrai amare con sincerità e che ricambieranno il tuo amore.

273. Gli aspetti natali AVVERSI tra Venere e Saturno portano molte delusioni e sofferenze nella tua vita. Subirai perdite economiche o difficoltà ad ottenere tutto il denaro che desideri. Sono aspetti sfavorevoli alle questioni economiche da molti punti di vista e tutte le tue aspettative non potranno realizzarsi pienamente. Stai attento a tutte le transazioni con gli altri e cerca di vivere nel modo più corretto che puoi dal punto di vista morale. Non prestare mai denaro o firmare documenti legali senza precise garanzie. Tali aspetti hanno un'influenza sfavorevole sulle faccende amorose e sentimentali, e causano delusioni, dolore e ritardi.

274. La CONGIUNZIONE natale di Venere al misterioso pianeta Urano porterà nella tua vita o una fiabesca storia d'amore o un piacevole cambiamento del tutto inaspettato. Questa posizione ha la tendenza ad indebolire in qualche modo la parte più profonda della tua natura sentimentale ed emotiva. Fa nascere legami di tipo singolare e sembra poter purificare le caratteristiche della natura amorosa o dell'anima, ma solo coloro che si sono liberati degli istinti animali possono forse esser sensibili a queste vibrazioni molto profonde. Ma questa è una condizione che deve ridestare tutto ciò che è latente nell'Anima. Se sei incapace a percepirla, quest'influenza non si curerà di te, attendendo un'occasione più adatta. Sul piano materiale questa posizione dona ricchezze, eredità e guadagni improvvisi ed inattesi.

275. I BENEFICI aspetti natali tra Venere e Urano sono favorevoli a tutto ciò che arrivi nella tua vita all'insegna dell'originalità e della libertà dalle convenzioni. Hai idee molto avanzate soprattutto per ciò che attiene la vita amorosa e sentimentale. C'è un che di molto romantico in te che si manifesterà nel momento in cui incontrerai persone il cui magnetismo sarà forte abbastanza da toccare le tue emozioni e coinvolgere le vibrazioni che sono collegate all'amore.

Avrai guadagni improvvisi e potrai anche intraprendere viaggi del tutto inaspettati, dal momento che trasferimenti e cambiamenti fanno parte della tua vita.

276. Gli aspetti natali AVVERSI tra Venere ed il misterioso Urano non sono favorevoli alla vita sentimentale. Sarai affascinato o in qualche modo sedotto dal magnetismo di quelle persone appartenenti al sesso opposto che potrebbero essere attratte da te. Ti minacciano delusioni improvvise ed inaspettate, così come improvvise perdite finanziarie da cui dovresti guardarti evitando le speculazioni rischiose. Non sarai mai abbastanza prudente nei rapporti con sconosciuti ed in tutte le questioni legate all'amore ed al matrimonio. Ci sono inoltre pericoli minacciati dalla gelosia e dalla falsità. Questi aspetti causano separazioni, divorzi ed allontanamento degli amici e delle persone amate.

277. La CONGIUNZIONE natale di Venere a Nettuno è nel complesso favorevole giacché aggiunge un tocco mistico alla mente ed eleva ed amplia la comprensione ed i sentimenti nei confronti degli altri, condizioni queste in cui il lato inferiore dell'influsso di Venere non viene messo in giuoco. Infatti quando l'influenza di Nettuno *non* è elevante è terribilmente nociva, ed è dunque necessario che tu che presenti questa congiunzione nel tuo oroscopo natale purifichi la tua natura emotiva in tutti i modi possibili, ricercando sempre l'amore più alto e meno egoistico, che è poi quello che Nettuno davvero rappresenta. Giacché quando si viva interiormente la parte più bassa della propria natura, questa posizione rende possibile la più grande degradazione, proporzionata all'elevazione che si sarebbe potuto raggiungere se si fosse conformemente ricercata l'influenza più elevata. Nettuno in questo senso è il pianeta della *rinuncia.*

278. I BENEFICI aspetti natali tra Venere e Nettuno ampliano la tua comprensione nei confronti degli altri e purificano il tuo modo di amare, rendendoti estremamente sensibile alla bellezza della natura e facilmente conquistato ad ideali elevati di vita e di comportamento. Molto più difficile sarà però realizzare nella realtà questi tuoi ideali, giacché hai una certa tendenza a rimanere un sognatore, e dovresti dunque sforzarti di dare forma reale alle bellissime idee con le quali ti soddisfi interiormente. Ciò potrebbe avvenire con l'arte decorativa o con la pittura, con il teatro, o con lavori più pratici come quello dell'infermiere ecc., in conformità alle tendenze generali dell'oroscopo. Amerai sempre il mare, anche se forse non sarai un buon marinaio.

279. Gli aspetti natali AVVERSI tra Venere e Nettuno sono molto gravi e sfavorevoli dal momento che coinvolgono l'intera natura emotiva: questi due pianeti infatti rappresentano rispettivamente l'amore personale e quello universale, ed il conflitto tra i due significa che hai bisogno di purificare la tua natura amorosa dall'elemento egoistico, cercando di rendere universale ciò che è personale. Il lato pericoloso di questi aspetti è rappresentato dalla tendenza che inducono a cadere totalmente vittima del dominio dei sensi. Lo puoi sapere solo tu se c'è tale pericolo nel tuo caso, ma qualora ci sia, dovresti combatterlo con tutte le tue forze, giacché quando è malefico, l'effetto di Nettuno è insidiosissimo. Evita tutte le droghe narcotiche come la peste.

ASPETTI DI MARTE

280. La CONGIUNZIONE natale di Marte a Giove non è favorevole a Giove. Per quel che riguarda Marte questa potrebbe essere considerata una buona posizione da molti punti di vista, ma dal momento che Giove è deprivato di tutte le sue virtù da questa contraffazione dello spirito di Marte, essa inclina ad eccessi di generosità e addirittura di prodigalità. Problemi e perdite economiche saranno causate dallo spreco o dalla mancanza di parsimonia. Evita le questioni legali e tutte le spese che superino le entrate e certamente i gesti impulsivi e l'ostentazione di energia straordinaria oltre che l'eccessivo entusiasmo. Infatti questa posizione ti renderà troppo baldanzoso e tendente ad eccedere nei sentimenti. Per te la moderazione non sarà mai troppa e dovresti evitare le liti su questioni religiose e legali. Essa inoltre potrebbe avere ripercussioni anche sulle condizioni del sangue.

281. I BENEFICI aspetti natali tra Marte e Giove causano una certa prodigalità, con una tendenza ad essere troppo spendaccione e generoso e dunque la loro influenza non è destinata ad esserti favorevole per quel che concerne le questioni economiche. Sei orgoglioso e nobile, oltre che fiducioso nelle tue possibilità; da molti punti di vista sei un pioniere, che mette molta energia ed entusiasmo in tutto ciò che fa. Sei intraprendente, coraggioso e molto fortunato grazie al tuo spirito avventuroso e forte, ma l'agire d'impeto e la tendenza a spendere troppo dovranno sempre essere evitate. Ami la libertà, l'indipendenza, la forza e la giustizia e non permetterai mai che ti si imponga alcunché.

282. Gli aspetti natali AVVERSI tra Marte e Giove sono assai sfavorevoli da molti punti di vista. Indicano perdite finanziarie o a causa della tendenza a spese eccessive, o per un qualche tipo di prodigalità. Sei portato ad essere fin troppo generoso e se dovessi diventare ricco saresti più incline ad essere uno spendaccione piuttosto che un avaro. Dovresti sempre evitare le cause legali, altrimenti corri il rischio di rimanere coinvolto nella perdita di grosse somme di denaro e molto probabilmente finiresti per renderti conto che le questioni legali erano per te disastrose da ogni punto di vista. Tuttavia sei pieno di entusiasmo per tutto ciò che intraprendi e metti molta energia in tutte le tue imprese. Controlla lo stato del sangue per evitare rischi alla salute.

283. La CONGIUNZIONE natale dei due cosiddetti malefici Saturno e Marte è generalmente considerata molto cattiva, ma dal momento che la vera Astrologia insegna che non esiste il Male assoluto ma solo quello relativo, sta a te rendere questa posizione favorevole, e ci puoi riuscire facendo sì che la tua ambizione vinca i tuoi sensi, ma sta attento a non cadere da un pericolo all'altro, giacché è molto più difficile avere a che fare con la mente che con i sensi. Questa posizione ti darà una forte e potente volontà, ed un coraggio che sarà favorevole se escluderai l'egoismo. Sarai in grado di occupare posizioni uniche e di grande responsabilità, nelle quali sono necessarie abilità e coraggio, ma non diventare troppo ambizioso.

284. I BENEFICI aspetti natali tra Marte e Saturno ti renderanno ambizioso, tenace ed ansioso di eccellere in qualunque impresa tu intraprenda. Dinanzi al pericolo sei coraggioso, impavido e temerario, e non possiedi solo forza di carattere ma anche tatto. C'è in te molto dello spirito dell'eroe e ti piace comandare: puoi infatti essere un ottimo capo. Questi aspetti ti promettono successo specialmente nella direzione del miglioramento e rafforzamento del carattere, e grazie a ciò avrai successo nella vita e ti guadagnerai l'ammirazione di persone che saranno in grado di aiutarti. Questi aspetti indicano che i desideri e la mente inferiore o personale cooperano in armonia, e sono dunque splendidi per il raggiungimento dei tuoi desideri. Non fare però che ti rendano troppo egoista.

285. Gli aspetti natali AVVERSI tra Marte e Saturno sono molto sfavorevoli per coloro che non hanno imparato ad esercitare un pieno autocontrollo. Talvolta essi tenderanno a farti dire molto più del dovuto e tu non solo ti esprimerai in modo sarcastico ed offensivo, ma tenderai ad usare parole fuori misura specialmente quando sarai seriamente infastidito. Hai molto coraggio, ma sarai piuttosto imprudente riguardo al pericolo. Hai la tempra dell'"Eroe", ma temo che tu possa rischiare la tua vita a causa dell'impulso del momento, quando sei preda di grande entusiasmo. Hai forti desideri, e quando sei in collera diventi violento.

286. La CONGIUNZIONE natale di Marte ad Urano fornisce una gran quantità di energia ma anche un temperamento piuttosto irritabile. Il tuo sistema nervoso sarà talvolta sovraccarico di vitalità o di forza magnetica e ciò ti renderà troppo attivo, eccitabile e di gran lunga troppo energico, condizioni queste contrarie al tuo stesso bene. Questa posizione ti donerà amore per le materie misteriose, specialmente per l'Astrologia nonché per il lato metafisico delle cose. Stai sempre attento agli impulsi improvvisi, alle tendenze temerarie ed alle azioni o espressioni violente, giacché questa è una posizione che ti fa perdere il controllo o a causa di entusiasmi o di condizioni mentali strane ed inesplicabili, o ancora di ciechi impulsi. Si tratta di uno degli aspetti più pericolosi nei casi in cui l'anima sia comunque squilibrata; agisci dunque con prudenza.

287. I BENEFICI aspetti natali tra Marte e Urano sono magnifici per coloro che possono rispondere alle misteriose vibrazioni di Urano. Essi donano vera energia, mentale o fisica. Stimolano idee originali e dunque, delle persone che li percepiscono, fanno dei geni in un qualche settore. Essi favoriscono gli inventori e le persone che progettano e costruiscono. Danno stabilità e sicurezza di sé e, delle persone che nascono sotto la loro influenza, fanno dei riformatori, appassionati del progresso e delle innovazioni. Sei comunque di ampie vedute, generoso, non hai paura dell'opinione pubblica, e puoi anche diventare uno studioso entusiasta di metafisica, di filosofia o di Astrologia.

288. Gli aspetti natali AVVERSI tra Marte e Urano creano un'influenza che ti rende alquanto stravagante ed eccentrico. Sei pieno d'entusiasmo e talvolta irritabile, incline ad essere troppo carico di energia ed anche troppo violento. Tutto ciò scaturisce da una condizione di esaurimento del sistema nervoso, che è governato da Urano. Dovresti sforzarti di essere più calmo, non così avventato e non dovresti mai abbandonarti all'eccitazione. Tali aspetti possono portarti guai legali e pericoli con il sesso opposto. Sono aspetti sfavorevoli dal momento che fanno accadere la maggior parte degli avvenimenti della tua vita in modo improvviso ed inaspettato. Evita di rimanere coinvolto in liti e sta attento a non esporti mai a possibili incidenti.

289. La CONGIUNZIONE natale di Marte a Nettuno è una posizione particolare e straordinaria, che dona una riserva eccezionale di energie, risorse illimitate e capacità di dare corso ad imprese grandiose. Non è però una posizione del tutto favorevole in quanto da la tendenza ai nati sotto il suo influsso a diventare persone letteralmente sovraccariche, ad assumere cioè più impegni di quanti saranno in grado di eseguire e ad esagerare nella considerazione della propria importanza. Ciononostante la posizione di per sé è buona e se si mantiene il giusto atteggiamento mentale e si da sempre la dovuta considerazione ai diritti ed alle opinioni altrui, essa rappresenta una grandiosa forza di realizzazione ed in questo senso è dunque favorevole. Devi stare attento a non diventare un personaggio eccentrico ed al rischio che le tue idee grandiose non ti consumino. La partecipazione a circoli spiritistici ecc. potrebbe non avere effetti positivi su di te.

290. I BENEFICI aspetti natali tra Marte e Nettuno sono favorevoli: ti donano capacità realizzativa e fanno di te un po' il favorito di tutta la compagnia; hai infatti grazie a questi aspetti un intenso e piacevole magnetismo personale. Essi inoltre forniscono ampie opportunità alle ambizioni e donano la capacità di progettare grandi cose. Se poi sarai in grado o meno di portare a piena realizzazione questi grandi progetti dipenderà in gran parte dagli aspetti del Sole, della Luna e di Mercurio, ed anche dalla tua naturale determinazione e tenacia. C'è infatti una buona dose di mutevolezza in questi aspetti. Essi donano però un profondo senso del colore, ed in combinazione con aspetti generali alla Luna ed a Mercurio forniscono una speciale abilità per la pittura.

291. Gli aspetti natali AVVERSI tra Marte e Nettuno sono decisamente sfavorevoli dal momento che ti spingono ad entusiasmi di vario tipo innescati dall'intemperanza, e ti portano alla frequentazione di compagnie che faresti bene ad evitare. Dovresti sforzarti in ogni modo di superare tutte le possibili tendenze agli eccessi mentali o emotivi o nelle tue abitudini fisiche, in breve andrebbero evitate *tutte* le forme di smodatezza. Potresti incorrere in una certa fase della tua vita in conflitti violenti con persone appartenenti alle classi inferiori, e dovresti guardarti dal nutrire pregiudizi contro di loro. Se si terranno sotto controllo le tendenze all'intemperanza di cui si è parlato questi aspetti possono diventare molto favorevoli, donandoti grandi energie fisiche e mettendoti nelle condizioni di portare con successo a termine gli impegni che mettono alla prova le tue capacità. Evita tutte le droghe narcotiche e non partecipare ad esperimenti che sollecitino le tue sensazioni.

ASPETTI DI GIOVE

292. La CONGIUNZIONE natale di Giove a Saturno potrebbe esser definita una condizione favorevole per Saturno, ma non per Giove. Giacché essendo Saturno un pianeta negativo è più adatto ad assorbire l'influenza di Giove, che è invece positivo. L'effetto di questa congiunzione sulla tua vita sarà favorevole se saprai coltivare in te la speranza e lascerai agire liberamente il lato più felice del tuo carattere; ma se diverrai troppo prudente e parsimonioso essa deformerà il tuo carattere e ti spingerà a diventare troppo ambizioso e miope rispetto ai tuoi reali interessi. Se la religione dovrà in qualche modo influenzare la tua vita, sta attento ad essere sempre realistico e sincero in tutto ciò in cui ritieni di credere, giacché questa posizione reca con sé il rischio di autoingannarsi.

293. I BENEFICI aspetti natali tra Giove e Saturno rappresentano una posizione molto favorevole per questi due importanti pianeti, ed il tipo di vibrazione cui danno luogo sarà tale da aiutarti in tutte le prove della vita attraverso cui dovrai passare. Questi aspetti sono favorevoli alle tue prospettive finanziarie e mitigano da questo punto di vista qualunque altra influenza sfavorevole, rendendo molto più dolce la tua vita. Hai nella profondità di te stesso un vero spirito religioso, ed anche rispetto per ciò che sai esserti superiore. Puoi essere originale, anche molto caritatevole e benevolo, e non arriverai mai ad essere nel bisogno o a patire la miseria. La felicità giungerà con l'avanzare degli anni.

294. Gli aspetti natali AVVERSI tra Giove e Saturno non sono favorevoli, eccettuato il fatto che Saturno migliora il suo influsso perché in tali condizioni condivide alcuni raggi di Giove. L'effetto di tali aspetti sulla tua vita sarà però quello di spingerti alla depressione in certi periodi quando forse anche il tuo fegato sarà in disordine o malato. Sono aspetti sfavorevoli agli affari finanziari. Talvolta incorrerai in perdite economiche, sarebbe dunque sconsigliabile sia prestare denaro senza garanzie, sia sottoscrivere impegni che abbiano come conseguenza rischi finanziari. Sarà bene che tu agisca sempre nel modo più preciso e lineare possibile, dal momento che in certi periodi potresti essere vittima di accuse false e diffamatorie. Fai attenzione ai tuoi rapporti con i religiosi.

295. La CONGIUNZIONE natale di Giove al misterioso pianeta Urano avrà influenza su di te solo nel modo, o meglio nella direzione in cui tu hai un qualche genio latente, giacché Urano non può beneficiare Giove salvo che nel ridestare qualunque cosa sia latente nella natura, e la congiunzione di Giove può solo esser causa di un moderato veicolo per le vibrazioni di Urano che debbono raggiungerti. Per le persone che abbiano talento musicale o artistico questa influenza è molto favorevole in quanto va a toccare la parte più alta della natura piuttosto che quella più bassa e materialistica. Agli individui religiosi e con attitudini filosofiche consente di percepire le vibrazioni spirituali, ma si tratta di un'influenza puramente soggettiva[38] e come tale più cattiva che buona per chi, non ancora ridestato, non può apprezzare la vibrazione che lo raggiunge.

296. I BENEFICI aspetti natali tra Giove e Urano sono importanti per quegli individui che stanno progredendo sul piano del pensiero, o che sono originali, o ancora che sono portati verso il piano metafisico e occulto. Questi aspetti in generale potranno provocare guadagni improvvisi ed inaspettati per testamento o eredità. Potrà accadere o che inventerai qualcosa o che percorrerai una strada del tutto originale, e queste cose saranno una fortuna per te, ma in tutto ciò che farai per guadagnare attraverso quest'influenza deve entrarci un elemento di sorpresa, anche se c'è tuttavia da dire che la tendenza specifica di questi aspetti è quella di rendere il pensiero originale e di spingere al superamento delle convenzioni e delle ortodossie. Avrai inoltre molto entusiasmo in tutte le tue imprese.

297. Gli aspetti natali AVVERSI tra Giove ed il misterioso Urano non determinano affatto vibrazioni fortunate, giacché guastano ciò che di buono è promesso dal benefico Giove e tendono a privarti della felicità e della gioia che questo pianeta dona. Per tutta la tua vita ci saranno perdite economiche improvvise ed inaspettate ed incorrerai nel rischio di contese legali e di liti costose. Sarà bene che ti tenga alla larga dagli sconosciuti e che abbia poco a che spartire con le società per azioni e con compagnie ed associazioni varie. Incorrerai in alcuni improvvisi cambiamenti di opinione che potranno influenzarti sia sul piano soggettivo che oggettivo. Per quanto possibile evita i viaggi inutili, oppure abbi la massima cura al fine di evitare incidenti.

298. La CONGIUNZIONE natale di Giove a Nettuno produce un'influenza strana ed insolita che nel caso sia rilevante in un oroscopo porta a tendenze religiose inusuali, dal momento che forse la natura religiosa di chi nasce sotto questa congiunzione è un po' troppo sviluppata. In realtà alcuni ritengono che l'effetto di questa posizione sia la megalomania e tu faresti bene a fortificare la parte più puramente mentale e scientifica della tua natura così come il tuo buon senso, al fine di opporti all'eccessivo peso della sensibilità nei confronti degli altri, ed al desiderio che senti in te di espanderti nell'amore verso tutti. La parola chiave di questa posizione potrebbe essere "eccessiva esuberanza" e tu dovresti stare attento

---

[38] Occorre tenere a mente che per l'Autore "soggettivo" si riferisce ad individuale/solare, mentre oggettivo si riferisce a personale/lunare. La coscienza individuale spinge a scelte *soggettive* ovvero specifiche dell'Ego incarnato che cerca e trova la sua strada particolare, oltre le linee di tendenza comuni dettate dalle consuetudini, dalla forza di inerzia della società/natura che vorrebbero ripetersi all'infinito in modo identico. La coscienza personale spinge a scelte oggettive, dove c'è identità di vedute, apprezzamento, giudizio dei molti. Soggettivo appartiene ad un solo individuo, è la sua strada unica e ritagliata sulle sue esigenze evolutive. Oggettivo appartiene ai molti, ed è la strada dove tutti trovano valori, punti di riferimento ecc. a prescindere dalle disposizioni vere dell'ego che rimangono latenti, e spesso del tutto inavvertite. Soggettiva è la via del Sole; oggettiva è la via della Luna. Soggettiva è la Luce della propria via. (Nota del Curatore)

a trattenere entro giusti limiti il tuo Pegaso alato. Ciononostante l'entusiasmo e l'ampiezza di vedute donati da questa influenza sono di per sé cose bellissime, e se userai la dovuta moderazione sarai di grande aiuto per i tuoi simili. Ricorda comunque che esistono anche altri punti di vista oltre il tuo e non tentare di assumere un'indebita autorità sugli altri.

299. I BENEFICI aspetti natali tra Giove e Nettuno sono molto propizi alla tua prosperità materiale ma anche al tuo benessere spirituale, se saprai avvantaggiarti della loro influenza in questa direzione. Influssi positivi fluiranno verso di te e tu potrai farne l'uso che vorrai, spirituale o materiale. C'è però in queste posizioni una tendenza agli eccessi e tu dovrai cercare di correggerla disciplinandoti tramite altre linee di pensiero come la scienza, la matematica, in modo tale che la tua natura sensuale ed emotiva (che è probabilmente molto rilevante) non assuma troppo il dominio su di te. I progetti finanziari, direttamente o indirettamente, appaiono importanti nella tua vita. Dovresti curarti di esercitare le cosiddette virtù più severe, ma anche la semplicità e la frugalità.

300. Gli aspetti natali AVVERSI tra Giove e Nettuno non sono affatto favorevoli, e sembrano indicare che alcune delle attitudini rappresentate da Giove quali la superstizione, l'autocompiacimento e l'orgoglio personale abbiano bisogno di essere spiritualizzate e trasformate in attributi superiori dell'anima come la purezza, la compassione e la vera reverenza. Dunque l'effetto limitante ed ostacolante dell'afflizione di Nettuno dovrebbe realizzare la purificazione della tua natura. Avrai molte strane esperienze nella tua vita, specialmente di quelle che influenzano la parte più elevata della coscienza, e se fossi capace di ritornare con la mente ai tuoi sogni, ti accorgeresti senza dubbio di aver imparato molte cose da loro. Dovresti stare molto attento a non essere sedotto da entusiasmi all'insegna degli eccessi di ogni sorta, e dovresti anche lottare per coltivare in te le virtù della precisione e dell'accuratezza, come la precisione nel parlare, la prontezza nei pagamenti ecc. giacché hai una certa tendenza all'incuranza in queste questioni.

ASPETTI DI SATURNO

301. La CONGIUNZIONE natale di Saturno ad Urano è una posizione che avrà un effetto esterno relativamente modesto, dal momento che con molta probabilità la sua influenza opererà principalmente sul piano del pensiero. Dunque il suo effetto si determinerà più in un cambiamento dell'impostazione mentale che in una visibile caratteristica personale. Avrai una forte inclinazione verso una delle varie branche dell'occultismo (sebbene questa attitudine potrebbe rimanere latente) e tutti gli studi ed attività fuori dall'ordinario ti attrarranno in modo eccezionale. Ci potrebbe essere un forte desiderio di acquisire, ma da questo punto di vista la conoscenza sarà forse più importante per te delle ricchezze, e mostrerai in ciò anche un grande talento organizzativo. Con questa posizione si può raggiungere un eccellente livello di concentrazione sui propri scopi.

302. I BENEFICI aspetti natali tra i misteriosi e potenti pianeti Saturno e Urano determinano una vibrazione che tu forse non sarai in grado di raggiungere in questa tua presente incarnazione. Si tratta di aspetti che, a coloro che siano tanto sensibili da percepirne l'altissima vibrazione, donano la chiaroveggenza o la facoltà *psichica* nota con il nome di chiarudienza, ma più il pensiero ed i sentimenti diverranno chiari e puri più sarai vicino alla possibilità di ridestare le tue facoltà *psichiche*. Potresti migliorare vantaggiosamente la tua concentrazione e, se vuoi realizzare tutto ciò che indica questa vibrazione, dovresti anche mantenere per quanto possibile la mente libera da quelle condizioni oggettive che legano l'anima.

303. Gli aspetti natali AVVERSI tra Saturno e Urano, il più lontano pianeta del nostro sistema[39] (eccettuato il remoto Nettuno ancora così poco compreso) non sono atti ad avere una forte influenza su di te nella vita di tutti i giorni, dal momento che la loro influenza tende ad operare principalmente sul piano mentale. In tutti i casi ci sarà una forte attrazione per ciò che è inusuale e fuori dell'ordinario, oltre che particolari attitudini della mente che può dimostrare strani gusti ed opinioni poco ortodosse. In una certa fase della tua vita potrai incorrere in un'esperienza che tenderà a sconvolgere tutto ciò in cui credevi prima, e che si dimostrerà un punto di svolta nella tua carriera; che ciò avvenga nel bene o nel male dipenderà dall'uso che avrai fatto delle tue capacità e della forza interiore o carattere che sarai riuscito a sviluppare.

304. La CONGIUNZIONE natale di Saturno a Nettuno è una posizione molto strana ed inusuale la cui influenza è assai difficile da descrivere. E' molto probabile che tu non venga minimamente influenzato da questa vibrazione, ma di per sé il suo effetto sarebbe quello di unire la natura mentale a quella spirituale, e ciò, in relazione al progresso attuato dall'anima nel suo cammino evolutivo, potrà determinare o l'elevazione della prima o la degradazione della seconda. Nella maggior parte dei casi gli effetti di questa posizione saranno percepiti nella forma di severe limitazioni della libertà personale, o a causa dell'influenza di un qualche nemico, o a causa di altre circostanze contro le quali non puoi nulla, e ciò farà sì che tu possa fare affidamento solo su te stesso e che possa riflettere profondamente.

305. I BENEFICI aspetti natali tra Saturno e Urano indicano la capacità di concentrare gli sforzi in una particolare direzione con grande tenacia, difatti, nei casi in cui la loro influenza sia pienamente utilizzata, di per sé donano una magnifica perseveranza atta a contrastare ostacoli e disfatte. Ci sarà sempre nella tua natura una certa attrazione per le cose strane ed inusuali e tu sarai in grado di

---

[39] Evidentemente al tempo della stesura di questo testo Plutone non era ancora stato scoperto. L'Autore ciò nondimeno presagiva in un altro libro l'esistenza di due pianeti oltre Nettuno. (Nota del Curatore)

~ ~ ~

seguire la tua strada con molta soddisfazione, a prescindere dall'approvazione degli altri. Questi aspetti causano una certa tendenza alla durezza e dovresti cercare di ampliare la sensibilità e l'amore verso gli altri per opporti a ciò. La musica avrà sempre uno strano effetto sulla tua natura interiore.

306. Gli aspetti natali AVVERSI tra Saturno e Urano sono posizioni strane ed inusuali atte in certe fasi della tua vita a provocare situazioni eccezionali. Si tratta di vibrazioni molto alte, alla cui reale natura l'umanità dei giorni nostri non può sperare di esser completamente sensibile, e dunque gran parte della loro influenza ti passerà per così dire sulla testa, senza toccarti. Questi aspetti non sono però affatto favorevoli e sembrano indicare che c'è come una strozzatura nella natura interiore, che il tempo e le circostanze potranno mostrare, o che forse potrebbe non appalesarsi mai in questa vita e rimanere del tutto nascosta. Dovresti sempre stare in guardia contro le forme più subdole dell'egoismo che sono quelle più atte ad assalirti. L'approfondimento di facoltà *psichiche* non sarà favorevole. Ci sarà sempre una tendenza alla malinconia associata a queste posizioni.

GLI ASPETTI TRA URANO E NETTUNO

307. La CONGIUNZIONE dei lontani, misteriosi e potenti pianeti Urano e Nettuno è una posizione che può realizzarsi solo una volta in un secolo, ma a causa della continua variazione nell'anno della posizione orbitale della terra, tale aspetto si perfezionerà una volta per poi riformarsi varie altre volte nell'arco di due o tre anni[40] (ciò è vero anche per l'opposizione). La natura di questo aspetto è in gran parte simile a quella degli aspetti favorevoli descritti più avanti, ma possiede un carattere ancora più potente. Comunque, salvi i casi di una sua potente posizione nelle case (vedi il Cap. XI) questa congiunzione non influenzerà molto marcatamente la natura di un individuo, a meno che non riceva aspetti da altri pianeti quali Saturno, Marte o Mercurio.

308. I BENEFICI aspetti natali tra Urano e Nettuno rappresentano influenze che non avranno molta connessione con la tua vita esteriore, dal momento che i loro effetti vanno ad interferire con la parte più interiore del carattere. Essi indicano che l'elemento soggettivo è armoniosamente equilibrato con quello oggettivo, e che conseguentemente la vita esteriore è solo in minima parte soggetta ad essere disturbata da scariche di energia che hanno origine profonda. Sebbene questi aspetti potrebbero esser considerati di per sé favorevoli, non dovresti far troppo affidamento su di loro nel senso in cui la parola "fortunati" viene di solito usata, in quanto l'influenza di questi aspetti è troppo lontana dalla nostra esistenza

---

[40] Evidentemente gli aspetti tra i pianeti, ma tutti gli indicatori astrologici e dunque l'intera astrologia si riferiscono a condizioni rilevate dal centro della terra; l'intero panorama è solo geocentrico, giacché ad esempio la congiunzione di Urano e Nettuno non esiste in astratto nel cielo, ma solo in relazione al fulcro o vertice del triangolo da cui la misurazione viene eseguita in gradi: la terra. (Nota del Curatore)

fisica per poterla direttamente influenzare molto e di conseguenza gli aspetti degli altri pianeti nel tuo oroscopo saranno relativamente molto più potenti.

308 A. Gli aspetti natali AVVERSI tra Urano e Nettuno rappresentano influenze che potranno avere solo un modesto effetto sulla tua esistenza esteriore. Ma riguardo alla tua natura profonda tali aspetti indicano che è in atto un certo conflitto tra l'elemento soggettivo e quello oggettivo della tua natura, e che ciò può portarti in determinati periodi della tua vita a cambiamenti improvvisi ed inaspettati del tuo modo di pensare e forse anche delle tue abitudini. Tale conflitto sarà sempre più o meno in atto e potrà dunque riflettersi in una certa misura anche sulla tua vita esteriore, giacché ti accadrà sempre di esser messo nelle condizioni di dover scegliere tra un guadagno materiale ed uno spirituale.

La Chiave dell'oroscopo

Capitolo 19
le condizioni Finanziarie

CAPITOLO XIX

LE CONDIZIONI FINANZIARIE

Le condizioni finanziarie di un individuo possono essere giudicate dal principale pianeta che occupa la Casa Seconda del suo oroscopo, o in alternativa, se nessun pianeta occupa quella Casa, dal *Ruler* [41] del segno sulla sua cuspide.

Un metodo alternativo utilizzabile nel caso in cui nessun pianeta sia presente nella Casa Seconda è quello di giudicare attraverso la qualità del segno occupato da quella casa o dalla sua cuspide, come è mostrato nei §318-320; un altro metodo utilizzabile è quello di considerare l'angolarità[42] di Venere o di Giove. Quale di questi due metodi debba essere usato lo deciderà lo studioso di volta in volta, ma nel caso vi siano dubbi si usino i paragrafi 318-320. Giudicare in modo completo e con precisione le fortune finanziarie di un oroscopo richiede molta esperienza ed anche notevole capacità di analisi, ma le tendenze generali riguardo al denaro potranno essere comprese facilmente in questo modo.

309. IL SOLE al momento della tua nascita governava le questioni collegate alle finanze. Questa posizione ti promette guadagni attraverso attività in cui lo Stato sia direttamente o indirettamente coinvolto, e ti mette nelle condizioni di occupare posizioni importanti o per lo Stato o per grosse aziende. Le prospettive finanziarie sono ottimistiche; potrai col tempo ottenere vantaggi dai tuoi superiori, e potrai anche ricevere aiuti dal punto di vista economico. In una certa fase della tua vita potrai fare guadagni tramite speculazioni ed oculati investimenti. Tutti i progetti e programmi finanziari che in qualche modo ti interessano dovrebbero essere di vasta portata. Questa influenza favorisce entrate fisse, ma è consigliabile stare attenti alle spese.

310. LA LUNA che governi la seconda casa del tuo oroscopo indica fluttuazioni nelle questioni economiche, infatti le tue finanze cresceranno e caleranno come la Luna. E' perciò evidente che se un lavoro è necessario, attività fortemente caratterizzate da ricambi continui sono in ogni caso le migliori per te. Sono inoltre indicati da questa posizione guadagni legati ad investimenti in società per azioni ed associazioni, ma grande attenzione si dovrà porre in tutti gli affari

---

[41] Ricordo ancora che per *Ruler* si intende il pianeta signore di un determinato segno; ad esempio il Sole lo è per il Leone e Mercurio per la Vergine. (Nota del Curatore)

[42] Si dice *angolare* un pianeta che occupa un *Angolo* della carta. Sono Angoli o Cardini di un oroscopo l'Ascendente, il Medio Cielo, il Discendente ed il Fondo Cielo. La posizione angolare di un pianeta causa una grande importanza per quel pianeta nell'equilibrio di una carta oroscopica. (Nota del Curatore)

relativi a merci di pubblica utilità o in qualche modo collegati all'approvvigionamento alimentare e di servizi per la comunità. Sei molto sensibile alle necessità e alle richieste del pubblico.

311. MERCURIO che governi la seconda casa del tuo oroscopo promette guadagni tramite attività letterarie, rappresentanze, giornali ecc., in breve tutte le attività fisse nelle quali venga più usata la mente del corpo. Hai ottime capacità per gli affari, sei inventivo e piuttosto avido per ciò che riguarda il denaro, ma dovresti stare in guardia contro imbrogli e furti, ed anche quando si tratti di firmare documenti finanziari. Sei portato a tutte le professioni dove si richiedono spostamenti pronti e veloci, ed il giornalismo, gli affari e le professioni correlate all'editoria, alla mediazione, alla rappresentanza ti forniscono il modo più remunerativo di guadagnare.

312. VENERE che governi la seconda casa del tuo oroscopo è molto favorevole riguardo alle tue questioni economiche e mostra che avrai molto successo per quel che riguarda il denaro. Cose governate dal pianeta Venere ti porteranno fortuna e ricchezza. Venere favorisce la musica, il canto e le belle arti, oltre che tutte quelle cose che danno piacere e gioia agli altri. Sarai sempre più o meno fortunato in tutti i rapporti di tipo finanziario, e potrai realizzare guadagni tramite un'eredità, o una professione, con gli affari o attraverso un socio. Difatti a prescindere dalla direzione verso cui indirizzi la tua attenzione finalizzata al guadagno, sarai sempre più o meno fortunato.

313. MARTE che governi la seconda casa del tuo oroscopo sebbene sia propizio da molti punti di vista è al contempo anche sfavorevole e ciò a causa della natura di Marte che ha una tendenza sempre più o meno distruttiva. Potrai realizzare dei guadagni in qualche modo tramite gli altri o per eredità, legato o successione, nonché grazie a soci o collaboratori, ma devi comunque aspettarti perdite finanziarie causate dalla tua o altrui prodigalità. Sei talvolta portato ad essere molto impulsivo per quanto concerne le questioni finanziarie, e non dovresti mai prestare denaro senza garanzie se non vuoi perdere tutto. Sai essere pratico per quel che riguarda il denaro tranne nei casi in cui tu sia dominato dai sentimenti, ed in definitiva dovresti avere un'ottima posizione finanziaria, giacché hai la capacità di far denari in fretta, e ciò ti procura molta gioia e piacere.

314. GIOVE che governi la seconda casa del tuo oroscopo dona ottima fortuna nelle questione collegate alle finanze. Non sarai mai povero e potrai accumulare ricchezze tramite giuste operazioni. Essendo Giove il più munifico dei pianeti, promette la migliore fortuna in relazione alle cose che amministra e governa dal punto di vista finanziario. Potresti realizzare guadagni grazie ad affari con l'estero o tramite viaggi, ma anche con attività collegate alla terra, al cibo, al vestiario ed a quegli articoli che sono necessari al *comfort* degli altri. In coincidenza con direzioni favorevoli che coinvolgano Giove potrai ottenere un grande successo nella vita, realizzando guadagni tramite eredità o doni, e tramite gratificazioni e persone danarose.

315. SATURNO che governi la seconda casa del tuo oroscopo non è un significatore molto favorevole dal momento che causa ritardi ed ostacoli al progresso ed al miglioramento finanziario. Guadagni sono comunque attuabili grazie all'industriosità, alla costante tenacia, alla prudenza, alla parsimonia ed al senso dell'economia. Potrai col tempo acquisire ricchezze attraverso la purezza delle tue motivazioni, e potrai ottenere un ottimo successo grazie ad attenti investimenti in terre e proprietà ed in tutto ciò che sia solido e concreto. Non si tratta di un indicatore particolarmente felice per quelle persone che non provengono da ambienti ricchi, giacché segnala piuttosto fatica e duro lavoro che fortuna nelle questioni finanziarie. Sei comunque molto equilibrato in tutto ciò che riguardi il denaro.

316. URANO che governi la seconda casa del tuo oroscopo segnala grandi cambiamenti improvvisi delle tue fortune. Negli affari avrai delle strane ed eccezionali esperienze, e dovresti stare molto attento alle speculazioni dall'esito incerto. Questa è una posizione favorevole a coloro che trattano il settore degli oggetti rari, dell'antiquariato, dei libri antichi e delle rarità d'arte, ecc. E' una posizione al contempo favorevole e sfavorevole agli affari legati alle ferrovie, dunque sarà necessaria molta prudenza in tutte le questioni di questo tipo, dal momento che ci si possono aspettare improvvisi guadagni o altrettanto improvvise perdite, con il risultato di una grande incertezza. In effetti tutti gli affari che tratti tendono all'incertezza.

317. NETTUNO che governi la seconda casa del tuo oroscopo tende a causare perdite finanziarie o per l'altrui comportamento fraudolento, o per investimenti in società o in affari che si dimostrano disastrosi: sarà dunque necessaria la massima prudenza da parte tua nei rapporti con gli altri. Devi stare molto attento a non firmare documenti che possano causarti perdite o difficoltà finanziarie. Realizzerai guadagni nei modi più impensati, per una visione o tramite un sogno, o ancora grazie a contatti con persone inusuali, e potrai ricavare denaro da fonti del tutto inaspettate, tramite i mezzi più strani e bizzarri, o ancora praticando attività di tipo insolito.

318. UN SEGNO CARDINALE che governi la cuspide della seconda casa del tuo oroscopo indica ambizione per quanto concerne il successo finanziario: applicherai molte energie per acquisire ricchezze, ed accumulerai più grazie alla tua attività ed operosità che tramite altri mezzi. Potrai così migliorare la tua posizione nella vita ogni volta che ci sia un incentivo finanziario verso cui muoverti. I cambiamenti riguardanti in qualche modo le finanze ti sono propizi ed oltre a ciò possiedi un certo grado di intraprendenza nel campo delle speculazioni che ti consente di prevedere velocemente dove si possa fare più denaro e quali siano gli investimenti più vantaggiosi. Il desiderio di possesso è ben sviluppato.

319. UN SEGNO FISSO che governi la cuspide della seconda casa del tuo oroscopo indica che i tuoi guadagni tendono a rimanere stabili ed a non fluttuare come avviene invece quando altri segni occupano la seconda. Per te gli investimenti sono più favorevoli delle speculazioni, sebbene con buone direzioni in atto potresti anche avere successo nelle speculazioni, ma sei più portato ad accontentarti di entrate fisse, piuttosto che a correre rischi o a fare debiti che condizionerebbero seriamente le tue entrate. C'è una tendenza in te ad una certa indifferenza per quanto riguarda il denaro e saresti molto più soddisfatto della media delle persone con la sicurezza di un'entrata fissa e stabile, piuttosto che con l'incertezza ed il dubbio riguardo alle finanze.

320. UN SEGNO MUTEVOLE che governi la cuspide della seconda casa del tuo oroscopo indica che per tutta la tua vita le questioni di denaro tenderanno più o meno a fluttuare. Avrai più di un modo di ottenere introiti, sebbene quella di un segno mutevole non sia la migliore delle possibili influenze dal punto di vista delle prospettive finanziarie. Il miglior modo di far denari per te sarà con attività comuni e non troppo importanti, sia negli affari che nelle professioni, ma con molta probabilità perderai delle opportunità finanziarie o a causa dell'indecisione o accettando lavori per i quali non sei molto tagliato. La tua mente sarà molto presa dalle questioni finanziarie, e tu tenderai a preoccuparti troppo e ad essere molto ansioso riguardo al denaro. Parlando in generale guadagnerai di più quando sceglierai di non metterti troppo in luce e tramite occupazioni o investimenti senza troppa enfasi, modesti e comuni.

321. LA POSIZIONE ANGOLARE DI VENERE nel tuo oroscopo favorirà sempre le tue questioni finanziarie; dunque non sarai mai veramente nel bisogno né diventerai mai povero eccetto nel momento in cui vi siano direzioni eccezionalmente avverse che coinvolgono tuo oroscopo natale, ma ciò non è una buona ragione perché tu non debba raggiungere fortuna e successo per quanto riguarda le prospettive finanziarie. Venere congiunta ad un Angolo della carta porta denari tramite un matrimonio, gli amici, la professione ed in generale attraverso esponenti del sesso femminile. Questa influenza rende per così dire "fortunati" coloro che la presentino nel loro tema natale; riuscirai dunque in tutte le tue questioni di denaro e di finanza in generale.

322. LA POSIZIONE ANGOLARE DI GIOVE nel tuo oroscopo è indicazione di successo in tutte le questioni che riguardino il denaro, e dal momento che gli Angoli di una carta oroscopica rappresentano cose che si rendono manifeste, in una certa fase della tua vita sarai in grado di accumulare ricchezza o di venire in possesso di proprietà, o per diritti legali o per eredità. Ci saranno naturalmente periodi nei quali le tue faccende economiche non andranno tanto bene come in altri, ma come regola generale per tutto il corso della tua vita non avrai mai nulla da temere per quel che riguarda il denaro. Questo pianeta dona la maggior fortuna alla metà della vita. In tutti gli affari finanziari il Giovedì è per te probabilmente il giorno migliore ed il più fortunato.

Capitolo 20
i viaggi

CAPITOLO XX

I VIAGGI

La Terza Casa in generale indica i viaggi; ha influenza anche sulla mente e mostra le sue caratteristiche, ecc.; indica inoltre i parenti ed in special modo i fratelli e le sorelle del nativo, oltre che l'influenza che queste persone avranno sulla sua vita.

Nel caso in cui non ci siano pianeti nella Terza Casa considereremo o il pianeta che governa il segno da essa occupato, o la qualità di questo segno (§332-334). [Confronta anche il secondo paragrafo del Cap. XIX].

323. IL SOLE che governa la Terza casa del tuo oroscopo è piuttosto favorevole ai viaggi che potrai fare nella tua vita, ma in generale indica che non ci saranno molti spostamenti. Durante i tuoi viaggi, dal momento che il Sole è significatore di tutto ciò che è d'alto grado e condizione, potrai incontrare o entrare in contatto con persone dai nobili natali. Tutti i tuoi viaggi dovrebbero essere correlati ad una qualche missione d'alto valore, o allo svolgimento di un determinato incarico che richiede di tanto in tanto un tuo spostamento da un posto ad un altro. Hai un carattere molto allegro e vai d'accordo con i tuoi fratelli, i quali d'altronde potranno avvantaggiarti in qualche modo. La mente è ampia e generalmente imparziale, e c'è accordo con i parenti.

324. LA LUNA che governa la Terza casa del tuo oroscopo ti farà molto appassionare ai viaggi e, o per scelta o per necessità, viaggerai molto per le più svariate ragioni, essendoci infatti in te la tendenza a doverti spostare di città in città, o dal luogo di lavoro a casa, ed a poter facilmente percorrere sia le lunghe che le brevi distanze. La maggior parte delle tue esperienze mentali[43] in questa vita terrena le farai grazie ai viaggi e preferirai i cambiamenti e gli spostamenti a qualunque tipo di monotonia. Entrerai in contatto con la gente durante i tuoi viaggi, e dovresti essere anche molto sensibile agli umori delle altre persone.

325. MERCURIO che governa la Terza casa del tuo oroscopo è indicatore di grande attività per tutto ciò che concerne i viaggi; nella tua vita viaggerai molto e sarai soggetto a continui spostamenti. Sei appassionato di viaggi e di turismo e potresti essere impiegato in un'attività che richieda da parte tua continui cambiamenti e spostamenti. Ti farai una cultura, soprattutto più esperienza, ed otterrai notevoli

---

[43] Il termine "mentale" che traduce l'inglese *mental* potrebbe spesso essere sostituito da "psicologico", ma quest'ultimo termine ai tempi di Alan Leo non era affatto in voga come si dimostra nel testo in cui non compare mai. Ho dunque preferito lasciare l'omologo italiano di *mental* ovvero "mentale". (Nota del Curatore)

162

vantaggi in questa direzione. Quest'influenza è favorevole alle attività mentali e fisiche, ma non favorisce quella concentrazione necessaria ad una costante riuscita, infatti la tua mente è talvolta troppo agitata e per questo dovresti sforzarti di imparare a concentrarti.

326. VENERE che governa la Terza casa del tuo oroscopo rende gradevoli e vantaggiosi i viaggi, i cambiamenti ed i traslochi. I viaggi non saranno per te solo fonte di guadagno, ma anche della tua più grande gioia e piacere. Questa posizione di Venere migliora di molto le tue capacità mentali ed indica che hai tendenze artistiche, amore per il bello, specialmente in Natura. Andrai d'accordo con i fratelli ed in generale con i parenti, e potrai sia fare guadagni grazie a loro, sia essere per loro di un qualche aiuto reciproco, direttamente o indirettamente. In una certa fase della tua vita viaggerai per piacere o per interessi, essendo questa posizione di Venere molto favorevole.

327. MARTE che governa la Terza casa del tuo oroscopo non è favorevole ai viaggi, siano essi di lavoro o di piacere. Esso minaccia incidenti o prove dolorose causati da circostanze che si realizzano durante i viaggi. In generale questo pianeta non ha una buona influenza, rende infatti quasi sempre la mente troppo precipitosa ed impulsiva, in modo tale che, direttamente o indirettamente potresti causare incidenti. Questa influenza indica anche guai causati dai parenti: i fratelli infatti possono provocare liti e problemi. Dovresti stare sempre attento a ciò che dici e scrivi. Questa posizione ti dona tanto coraggio intellettuale quando ve ne sia bisogno.

328. GIOVE che governa la Terza casa del tuo oroscopo è molto favorevole per tutto ciò che concerne i viaggi, specialmente per quelli che si considerano al giorno d'oggi relativamente brevi. L'astro ti metterà in contatto con influenze propizie e favorevoli e quando viaggerai o per piacere o per lavoro, otterrai profitto e successo. Questa sezione del cielo è collegata anche ai fratelli ed alle condizioni della mente. Con Giove, il più benefico dei pianeti, nella Terza casa, tutte queste cose saranno in certa misura armoniose e propizie. I tuoi parenti saranno ben disposti verso di te, sarai incline alla religione e le tue condizioni mentali saranno generalmente armoniche. Potresti praticare con vantaggio la meditazione.

329. SATURNO che governa la Terza casa del tuo oroscopo causerà ostacoli e ritardi per quanto concerne i viaggi che dovrai affrontare. Sarà bene che ti prepari a delusioni nell'ambito dei viaggi. Avrai molte esperienze tristi e dolorose in questo settore della tua vita. Quest'influenza è sfavorevole all'accordo con parenti e soprattutto con i fratelli, ed è probabile che tu ne sia allontanato o debba soffrire a causa delle loro azioni, mentre il loro atteggiamento nei tuoi confronti sarà talvolta freddo e distante. Hai una forte attrazione per l'occulto ed il misterioso, e dovresti cercare di immergerti nelle materie che trattano di cose *psichiche*; inoltre hai una predisposizione allo studio dell'Astrologia e di materie affini.

330. URANO nella Terza casa del tuo oroscopo non è affatto una posizione favorevole ai viaggi: indica infatti viaggi improvvisi ed inaspettati che ti capiterà di dover affrontare nella vita. Amerai viaggiare ed andare in giro senza una meta specifica, e troverai difficile stabilirti in modo permanente in un qualche luogo. La tua maniera di pensare sarà molto originale ed anticonformista. Questa posizione indica attriti con i parenti, oppure che qualcuno legato a te da vincoli di famiglia è un personaggio strano ed originale. Sarai molto appassionato di Astrologia e di materie metafisiche. Sarà bene che tu stia attento agli incidenti durante i viaggi ed il girovagare senza metà.

331. NETTUNO nella Terza casa del tuo oroscopo indica che avrai delle esperienze eccezionali durante i tuoi viaggi. Potresti incappare in strane disavventure. Non si tratta inoltre affatto di una posizione buona o propizia per quel che concerne i parenti, in quanto alcuni di loro potrebbero essere in un modo o nell'altro dei personaggi stravaganti, di un tipo molto positivo o molto negativo, ma comunque molto difficili da comprendere. Non si conosce abbastanza di Nettuno per sapere con sicurezza se le sue vibrazioni possano agire in un oroscopo. Su alcuni individui la sua influenza è del tutto malefica, e solo coloro che siano minimamente avanzati dal punto di vista spirituale possono percepire l'influenza di questo pianeta in relazione alle questioni correlate alla terza Casa.

332. SEGNI CARDINALI che occupano la Terza Casa natale indicano che farai senza dubbio molti viaggi nel corso della tua vita, in quanto questi segni non solo donano amore per i cambiamenti, ma anche opportunità di viaggiare. Con certe direzioni sarai obbligato a fare cambiamenti ed ad intraprendere viaggi, e ciò si rivelerà più o meno proficuo in rapporto alla natura dell'influenza operativa in quella fase. Sarà molto saggio da parte tua se calcolerai la posizione e gli aspetti della Luna prima di intraprendere importanti viaggi, giacché la felicità che ti procurerà un certo viaggio dipenderà molto dall'orbita e dalle condizioni del Luminare notturno.

333. SEGNI FISSI che occupano la Terza Casa natale indicano un numero esiguo di viaggi nella tua vita, oppure un certo disagio ad allontanarti troppo dal tuo luogo di nascita. Perciò tutti i tuoi viaggi saranno più o meno obbligati o saranno la conseguenza di circostanze sulle quali non hai controllo, e che possono essere comprese dallo studio di quella parte dell'oroscopia che si occupa del futuro, e che si chiama studio delle "Direzioni". Ci saranno momenti in cui sarà bene che tu eviti di metterti in viaggio, o di fare intenzionalmente lunghi viaggi, in quanto risulta evidente [dalla tua terza casa in un segno fisso] che dovrai acquisire esperienza[44] rimanendo in una posizione fissa e stabile. Ci saranno naturalmente momenti nei quali sarà assolutamente necessario viaggiare, e questi saranno indicati dalle direzioni.

---

[44] Se la Terza è la casa del pensiero finalizzato a scopi pratici (brain-mind) e dunque del movimento quale attività necessaria per ottenere *fuori* determinati risultati, questa è per forza di cose in tal senso la casa dell'esperienza. (Nota del Curatore)

334. SEGNI MUTEVOLI che occupano la Terza Casa natale indicano che sei piuttosto indifferente riguardo ai viaggi, e che saranno le circostanze a deciderli per te; dunque tutti i tuoi viaggi e persino i tuoi trasferimenti saranno provocati più da cause esterne che dalla tua iniziativa. L'influenza dei segni mutevoli riguardo ai viaggi è caratterizzata dall'*indecisione*. E' dunque difficile arrivare ad un'idea chiara e precisa su quando farai un viaggio, o se mai ne intraprenderai uno, ma sembra che ci siano più indicazioni per lunghi viaggi piuttosto che per brevi, dal momento che i segni comuni o mutevoli sono più correlati con l'estero che con il luogo di nascita del nativo.

Capitolo 21
l'ambiente

CAPITOLO XXI

L'AMBIENTE

La Quarta casa riguarda la fine o luogo di quiete delle cose e perciò governa l'abitazione, ma anche la fine della vita. Essa influenza tutte le questioni familiari e domestiche ed indica le condizioni generali dell'ambiente, e più specialmente il circondario che ci sarà verso l'ultima parte della vita.

335. IL SOLE che governa la Quarta Casa del tuo oroscopo promette una fine in qualche misura gloriosa della tua carriera. Entrerai in contatto con persone potenti che ti daranno aiuto oppure potrà succedere che la tua vita sarà resa più solare grazie a condizioni che tu stesso hai messo in azione. Comunque l'ultima parte della tua vita sarà migliore della prima e tu ne avrai vantaggio dal punto di vista individuale e raccoglierai il frutto di ciò che hai seminato negli anni precedenti. Questa influenza del Sole, in accordo con il segno attraverso il quale il suo raggio passava alla nascita, si manifesta di più alla fine di ciò che intraprendi che all'inizio, ed indica che tue imprese avranno una conclusione soddisfacente.

336. LA LUNA che governa la Quarta Casa del tuo oroscopo causerà molti cambiamenti verso la fine della tua vita ed indica in generale una tendenza delle cose a fluttuare, così che a prescindere da quali siano i tuoi impegni, aspettati sempre incertezza in prossimità della loro conclusione. Alla fine della tua esistenza avrai ansie e preoccupazioni familiari e sarai probabilmente piuttosto incerto e non stabilizzato riguardo al posto di lavoro ed alle condizioni economiche. C'è una forte tendenza ai cambiamenti ed alle fluttuazioni, ma si tratterà sempre di cose necessarie perché tu ottenga molte di quelle realizzazioni che aiuteranno nel futuro la tua crescita occulta. Sei appassionato dal mistero e da tutte quelle cose che riguardano le altre dimensioni[45].

337. MERCURIO che governa la Quarta Casa del tuo oroscopo indica che avrai probabilmente delle preoccupazioni verso la fine della tua vita. Con l'avanzare degli anni dovrai stare attento ai tuoi rapporti con persone abili e astute, e sarà anche bene che usi *sempre* molta prudenza riguardo a qualunque documento tu debba firmare. La conclusione di tutti gli affari che in qualche modo ti riguardano richiederà l'esercizio delle tue facoltà mentali, ma la tua mente sarà sempre acuta ed attenta e dunque capace di destreggiarsi con tutte le difficoltà con cui dovrà confrontarsi. Probabilmente invecchiando ti interesserai o ti occuperai della giovinezza.

---

[45] In originale "the other worlds", ma evidentemente non si tratta della vita su Marte o sulla Luna! (Nota del Curatore)

338. VENERE che governa la Quarta Casa del tuo oroscopo ti promette , per quanto riguarda i beni materiali e le comodità, un periodo di vita molto tranquillo e felice verso la fine della tua esistenza. Alla fine della tua vita più che in precedenza ti troverai in condizioni migliori ed in un circondario più armonioso, e sarai circondato da persone che ti saranno molto legate e che vorranno donarti tutto ciò che desideri. Questa influenza ha anche la caratteristica di portare ad un ottima conclusione tutte le questioni a cui in qualunque momento tu sia interessato, e ciò specialmente ogni qual volta Venere sia coinvolta in buone direzioni, o riceva aspetti favorevoli da parte degli altri pianeti.

339. MARTE che governa la Quarta Casa del tuo oroscopo segnala contrasti e difficoltà in relazione alle questioni familiari e ti avvisa di stare attento ai problemi che in certe fasi della tua vita potranno sorgere a causa dell'agitazione o della discordia. Non si tratta di una buona influenza riguardo all'ambiente nel quale vieni al mondo. Non è inoltre favorevole ai tuoi genitori, né a coloro che possono avere un'autorità su di te; è infine più favorevole ai cambi di residenza che a lunghe permanenze in un solo posto.

340. GIOVE che governa la Quarta Casa del tuo oroscopo ti promette un ambiente favorevole verso la fine della vita: difatti quella sarà la parte migliore della tua esistenza, e ciò è indicato in modo chiaro. Sarà molto meglio che tu rimanga a vivere nel tuo luogo natale o non lontano da lì, piuttosto che vada ad abitare in un paese straniero, o ti allontani da casa in cerca del successo. Potrai guadagnare in tutte le transazioni che abbiano a che fare con questioni sociali e familiari e con la vita domestica in generale. Questa influenza indica beni che ti giungono dai genitori e promette un'eredità. Con l'avanzare degli anni la vita diverrà sempre più fiorente, e le comodità giungeranno sicuramente alla fine.

341. SATURNO che governa la Quarta Casa del tuo oroscopo ti mette in guardia contro l'eccessiva prudenza[46], essendoci infatti in te una tendenza ad essere attaccato alle ricchezze ed ansioso di accaparrarne, soprattutto con l'avanzare degli anni. Con questa influenza non sei molto generoso ed andando avanti negli anni potrai diventare piuttosto riservato e solitario, e verso la fine della vita potrà avvenire che tu rimanga solo, privato della compagnia delle persone che ami di più. Questa influenza favorisce sempre il senso dell'economia e ti metterà nelle condizioni, più di qualunque altra influenza oroscopica, di risparmiare ed accumulare denaro, e non c'è bisogno di avvertirti di pensare alla vecchiaia dal momento che tu sei portato ad essere già abbastanza assennato da quel punto di vista.

342. URANO che governa la Quarta Casa del tuo oroscopo indica che l'ultima parte della tua vita sarà abbastanza strana ed inconsueta. Intraprenderai degli studi, verso la fine della tua esistenza, di materie di cui prima ignoravi forse persino l'esistenza. Questa posizione di Urano non è affatto favorevole dal momento che

---

[46] In originale "over-carefulness" che in realtà è qui nel significato di eccessiva attenzione al denaro, dunque avarizia. (Nota del Curatore)

indica eventi improvvisi ed inaspettati che avvengono negli ultimi anni di vita; oltre a ciò potrà avvenire che tu entri a far parte di un ambiente a cui non sarai in grado di rispondere con la tua sensibilità a meno che non abbia fatto notevoli progressi nelle materie occulte. Hai una certa predisposizione allo studio dell'Astrologia e di materie affini.

343. NETTUNO che governa la Quarta Casa del tuo oroscopo indica delle esperienze particolari verso la fine della tua vita. E' difficile parlare con un certo grado di sicurezza o precisione di questo pianeta, dal momento che poco si sa della sua vibrazione, ma in generale potranno coinvolgerti molto probabilmente delle strane esperienze di tipo medianico o spiritualistico: potrà avvenire che tu viva in una casa infestata dagli spiriti, o dove avvengono dei fenomeni strani, o ancora che tu sia attratto verso quei luoghi dove operano delle influenze fuori dal comune. Sarà dunque bene che tu di tanto in tanto cambi casa.

Capitolo 22
le iniziative

CAPITOLO XXII

LE INIZIATIVE

La Quinta Casa indica quelle iniziative che forniscono opportunità agli sforzi ed all'intraprendenza di un individuo, ed è per questo che è nota come la casa delle imprese. E' la casa del *cuore*, e per questo è significatrice di quelle cose nelle quali il cuore giuoca un ruolo importante: storie d'amore, la ricerca dei divertimenti, le speculazioni e tutte le forme di iniziativa, i figli ed il talento artistico/creativo.

344. IL SOLE che governa la Quinta Casa del tuo oroscopo è in generale molto favorevole a tutte le iniziative, ma il successo o meno delle tue imprese dipenderà dagli aspetti che coinvolgono il Sole. Hai fiuto per le speculazioni e dovresti essere in grado di investire denaro a tuo vantaggio, ma le cose che ti piacerebbe realizzare dovrebbero essere i grossi affari o quelli che impegnano molto capitale. Da molti punti di vista hai la capacità di darti con naturalezza ai divertimenti, e di prendere con la giusta regalità i tuoi piaceri, dal momento che ti piace fare le cose in grande. I figli saranno motivo di progresso.

345. LA LUNA che governa la Quinta Casa del tuo oroscopo indica molta intraprendenza negli affari, ma anche una certa tendenza alla fluttuazione. In tutti gli investimenti, negli affari o nelle speculazioni tratta con le imprese che puntano alle masse, o che hanno come scopo il bene delle gente comune. Questa influenza tende a favorire il giuoco d'azzardo e gli affari rischiosi o quelli senza pretese, o ancora ciò che si può definire "caso", dove cioè prevale l'elemento dell'incertezza, così che molte delle tue imprese saranno soggette a fluttuazioni, e saranno caratterizzate da poca o nessuna stabilità. In una certa fase della tua vita sarai profondamente interessato ai bambini.

346. MERCURIO che governa la Quinta Casa del tuo oroscopo indica molta intraprendenza sul piano mentale. Questa posizione favorisce azioni rapide ed immediate in campo speculativo, ma avverte anche contro il pericolo di firmare o rendersi responsabili di carte o documenti che non si conoscano con sicurezza. Avrai un'intensa corrispondenza in rapporto alle tue storie d'amore e un qualche idillio ti capiterà o attraverso le molte letture o la tua attività intellettuale. Farai bene a vivere con purezza e ad evitare tutte quelle speculazioni che possono diventare veri giuochi d'azzardo. Tutti i tuoi investimenti dovrebbero riguardare articoli che sono soggetti a rapido ricambio. Avrai molto a che fare con i bambini.

347. VENERE che governa la Quinta Casa del tuo oroscopo promette successo in tutte gli affari di denaro collegati ad investimenti e speculazioni. Potrai investire vantaggiosamente il tuo denaro, e guadagnare in tutte le questioni collegate ai divertimenti. Questa è una casa fortunata ed in generale molto favorevole, e con quest'influenza venusiana amori e piaceri dovrebbero essere per te fonte di gioia; è notevole la tua attitudine alla felicità ed ai divertimenti e pochi sanno essere felici con la tua stessa sincerità. Quest'influenza promette un'unione propizia e felice con un rappresentante dell'altro sesso, ma anche gioia dai figli e dalle faccende ad essi collegate. Evita gli eccessi nei piaceri.

348. MARTE che governa la Quinta Casa del tuo oroscopo indica molta energia ed uno spirito intraprendente e se eviterai di agire d'impulso nel campo speculativo, anche riguardo a particolari investimenti, potrai applicare vantaggiosamente la tua energia nel campo degli affari, ma dovrai evitare scrupolosamente il giuoco d'azzardo e qualunque affare rischioso per il quale dovresti affidarti all'onestà altrui. Sei abbastanza libero nelle questioni collegate ai divertimenti, e passionale negli affetti, con la tendenza a farti coinvolgere negativamente da esponenti del sesso opposto, se non sarai prudente nei tuoi rapporti con loro. Quest'influenza indica qualche pena o problema a causa dei figli, e ti ammonisce riguardo a comportamenti precipitosi nel campo degli affari.

349. GIOVE che governa la Quinta Casa del tuo oroscopo ti promette fortuna e successo nelle speculazioni, investimenti ed imprese, indipendentemente dall'effettiva fatica finalizzata all'acquisizione di benessere. Con direzioni benefiche sarai molto fortunato nelle speculazioni e attraverso oculati investimenti potrai alla fine accumulare in vari modi una notevole ricchezza. Avrai una vita sociale molto felice e soddisfacente, ed i figli ti porteranno progresso e felicità. La Quinta casa è quella delle cose felici e sotto il dominio di Giove tutto ciò che è atto a donare successo e gioia nella tua vita si dovrebbe realizzare, ed in generale anche i tuoi interessi sociali andranno a buon fine.

350. SATURNO che governa la Quinta Casa del tuo oroscopo ti avverte di usare la massima prudenza in tutti gli investimenti e speculazioni. Faresti bene a favorire aziende che agiscono da molto tempo sul mercato e non ad investire in imprese nuove. Questa posizione non è comunque favorevole alle faccende di cuore ed influenzerà tutte le questioni che coinvolgono le emozioni ed i figli, inoltre minaccia delusioni causate da ostacoli e ritardi negli affari e nelle speculazioni. Ti renderai conto che l'età avanzata ti sarà più propizia e giovevole della giovinezza, e che il tuo affetto può essere accolto dalle persone più anziane di te, in special modo da quelle appartenenti al sesso opposto.

351. URANO che governa la Quinta Casa del tuo oroscopo condiziona con la sua tipica influenza affari e speculazioni. Questa posizione indica eventi improvvisi ed inaspettati e sebbene sia probabile che tu possa fare guadagni con affari legati alle ferrovie, corri comunque dei rischi nelle speculazioni. Alcune storie d'amore segneranno la tua vita, e vivrai delle strane esperienze causate da esponenti del sesso opposto. I figli saranno ribelli e ti causeranno preoccupazioni, ed in

generale molto nervosismo sarà provocato nella tua vita da questo influsso uraniano. Sulle questioni d'amore avrai idee originali e sarai anche in grado di influenzare gli altri con il tuo magnetismo.

352. NETTUNO che governa la Quinta Casa del tuo oroscopo rappresenta una strana influenza. Per quanto concerne speculazioni ed investimenti non sarai mai abbastanza prudente giacché potresti incappare in imbroglioni e truffatori di vario genere. Nelle questioni d'amore le tue iniziative saranno influenzate in rapporto alla purezza della tua vita. Ma dal momento che c'è una totale incertezza sul significato di Nettuno, non possiamo dire cosa davvero rappresenti questa sua posizione. Quando sarai in grado di rispondere alle alte vibrazioni di questo pianeta entrerai in contatto con coloro che a causa del loro affetto potranno avvantaggiarti. Ma se dovessi cadere sotto il dominio dei sensi andresti a finire nella degradazione.

Capitolo 23
le malattie

CAPITOLO XXIII

LE MALATTIE

La Sesta Casa di un oroscopo è in relazione alle malattie. Essa è inoltre la casa del lavoro e della fatica, ma anche in generale del servizio. Questa casa indica le malattie a cui si potrebbe esser soggetti nel caso di indebolimento della salute[47].

353. IL SOLE che governa la Sesta Casa del tuo oroscopo indica che non dovresti avere molte malattie nella tua vita, ma che quelle che avrai potrebbero essere lunghe e difficili da curare. Esse saranno causate soprattutto dallo stato dell'organismo che potrebbe aver ricevuto un duro colpo, o esser stato indebolito da qualche grosso problema. Godrai di grandi attenzioni quando sarai malato e se sarà usato il giusto trattamento sarai in grado di recuperare. I bagni di Sole e tanta aria fresca sono ottimi nel tuo caso e faranno molto più di medicine e intrugli, dal momento che il Sole è il miglior medicamento per tutti coloro che sono malati o indisposti. Potrai far guadagni tramite i tuoi sottoposti.

354. LA LUNA che governa la Sesta Casa del tuo oroscopo indica disturbi funzionali più che organici. Dovrai stare attento alla dieta giacché la maggior parte delle tue malattie saranno causate da cattiva digestione o da disturbi di stomaco. Non bere oltre misura e non indulgere a troppi bagni; evita inoltre farinacei in eccesso o cibi indigesti. Malattie potranno esser causate dai viaggi o dai troppi cambiamenti, ma soprattutto da magnetismo impuro o da ambienti insani, dunque abbi cura di respirare aria fresca, e che le persone con le quali sei in rapporto siano magneticamente pure. La Luna in casa sesta tende a causare malattie tumorali, ecc.

355. MERCURIO che governa la Sesta Casa del tuo oroscopo indica che la maggior parte delle malattie di cui soffrirai sarà di origine nervosa e mentale. Se hai minimamente a cuore la tua salute dovresti stare attento a non indulgere per nessuna ragione alle preoccupazioni, giacché si teme un esaurimento nervoso ogni qual volta la mente ti faccia arrendere alle ansietà ed al nervosismo: in definitiva tutte le tue malattie saranno in genere causate dallo stato della mente e

---

[47] E' importante notare la concezione occultistica per cui la caduta di tono dello stato di salute è la causa della malattia che poi si va a realizzare in quel determinato "punto debole" della propria costituzione che è per ciascuno di noi il "tallone d'Achille" dove tutte le disarmonie si concretizzano come "malattia". La scienza medica materialistica che giudica l'Uomo come l'assemblaggio di tanti diversi pezzi e frammenti considera solo "la parte malata", e non l'Uomo nel suo insieme. La malattia sorge dalla sua costituzione profonda *che va curata*, e non in quel frammento del suo corpo fisico dove lo "specialista" va a porre il suo occhio indagatore. (Nota del Curatore)

del sistema nervoso. Sarai soggetto ad alcune impressioni *psichiche* che ti influenzeranno in determinate direzioni e non potrai mai capire fino a che punto nel tuo caso dipenda tutto da uno stato armonioso della mente. Questa influenza è pericolosa quando dei problemi pressanti turbano la mente.

356. VENERE che governa la Sesta Casa del tuo oroscopo indica tendenze dell'apparato riproduttivo a patire le conseguenze di eccessi, o anche imprudenze riguardo all'alimentazione o alle abitudini di vita. Sarà bene dunque usare la moderazione in ogni cosa e se sarai portato ad indulgere in qualunque modo, ricorda che in ciò potresti rintracciare la causa della tua indisposizione. I reni, la gola, ed il sistema riproduttivo saranno le parti sensibili alle affezioni quando la salute si indebolisce.

357. MARTE che governa la Sesta Casa del tuo oroscopo indica problemi causati da eccessi e denota che il sistema muscolare si è indebolito per qualche ragione e che per rinforzarlo occorre utilizzare la mente in modo sano. Non sarai mai abbastanza prudente in rapporto alle tue abitudini e dovresti cercare di vivere in modo puro e sereno senza mai oltrepassare i limiti della moderazione, giacché sei portato a soffrire di disturbi febbrili ed infiammatori, con pericolo di operazioni, incidenti e malattie violente.

358. GIOVE che governa la Sesta Casa del tuo oroscopo è favorevole in tutte le occasioni di malattia in quanto indica una pronta guarigione grazie alle giuste cure. Le tue malattie saranno causate da eccessi alimentari e dunque dalle cattive condizioni del sangue, del fegato ecc. Mantieni il sangue puro, evita le medicine e vivi in modo igienico e guarirai prontamente da qualunque malattia di cui potresti soffrire. Potrai sfuggire da qualunque tendenza ad ammalarti imparando ad essere moderato in tutto.

359. SATURNO che governa la Sesta Casa del tuo oroscopo indica pericolo di malattie importanti in certe fasi della tua vita, malattie che tendono a trascinarsi e che sarà difficile curare. Il freddo avrà un effetto molto negativo su di te, e tenderai a soffrire di asma, ma anche di problemi di stomaco e di fegato, e tutto ciò sarà dovuto alle cattive condizioni generali del tuo organismo. Impara la dieta migliore per te e mantieni nelle giuste condizioni la circolazione.

360. URANO che governa la Sesta Casa del tuo oroscopo indica una tendenza a malattie inusuali che si dimostrano incurabili. Dovresti in ogni caso evitare le operazioni, mentre i trattamenti ipnotici non saranno sempre consigliabili nel tuo caso, sebbene in casi in cui si richieda particolare attenzione metodi elettrici o straordinari potrebbero rivelarsi utili. Evita gli isterismi per paura di malattie, dal momento che tendi all'ipocondria. Parlando in generale questa posizione indica una tendenza a malattie particolari del sistema nervoso.

361. NETTUNO che governa la Sesta Casa del tuo oroscopo causerà malattie strane e disturbi inusuali, perciò si renderanno necessari speciali trattamenti nel caso tu debba mai essere affetto da una malattia grave, in quanto è più che probabile che

tu soffra di ciò che potrebbe essere chiamata "malattia astrale", cioè di disfunzioni causate dalla mente, che ti coinvolgono a livello astrale[48]. Quando fossi afflitto da una grave malattia, occorrerà avere grande attenzione che il tuo circondario non sia disarmonico ed atto ad attrarre influssi insani e nocivi. La mente andrà tenuta in equilibrio e dovranno essere eliminate tutte le tendenze agli isterismi, mentre si dovrà fare di tutto per impedire l'ipocondria, ecc.

---

[48] C'è una notevole discrezione da parte dell'Autore nel parlare di questa "astral sickness" che poi potrebbe essere anche interpretata come l'effetto di un sortilegio, o per lo meno di un condizionamento da parte della capacità di autosuggestione di un individuo. Il luogo di Nettuno nell'oroscopo di ciascuno di noi è un luogo di entrata perché è un luogo di uscita. E' un luogo di uscita perché ti consente di aprirti a Dio, ma purtroppo se consente di uscire consente anche l'ingresso di ciò che, fatto operare sul piano astrale, può passare attraverso la porta astrale che è Nettuno. Da qui la necessità di fortificare il proprio io (anche inferiore) se non altro per proteggersi contro "ingerenze"...In sesta l'effetto è poi più pericoloso. (Nota del Curatore)

Capitolo 24
il Matrimonio

CAPITOLO XXIV

IL MATRIMONIO

La Settima Casa di un oroscopo in generale indica il matrimonio. Su questo argomento però è necessaria una buona dose di capacità interpretativa individuale giacché anche gli aspetti ai Luminari ed alcune altre considerazioni influenzano in misura notevole il matrimonio. In generale però, il pianeta più vicino alla cuspide della casa settima, o in caso non vi sia alcun pianeta, il segno sulla cuspide di quella casa, hanno la più forte influenza sul matrimonio.

Quando non ci sono pianeti in settima o vicini alla cuspide di quella casa, andrebbe considerata la posizione di Venere, che sarà analizzata nel prossimo capitolo. Anche i paragrafi 630 Ga e 630 Gb del Cap. XXXII si riferiscono al matrimonio, e saranno necessari in casi eccezionali, come da annessa spiegazione.

362. IL SOLE che governa la Settima Casa del tuo oroscopo indica un coniuge fortunato ed ambizioso e che avrà un'influsso benefico sulla tua vita. In qualche modo sarai avvantaggiato finanziariamente ed anche socialmente attraverso il matrimonio. Il coniuge sarà molto indipendente, ma di grande integrità morale e portato a disprezzare le azioni meschine e non perfettamente leali. Questa posizione non è la migliore per quanto concerne l'armonia, ma ci saranno molte possibilità che l'affetto aumenti, così come la felicità dovuta al successo. Questa influenza a causa dell'orgoglio o della posizione sociale, a volta ritarda il matrimonio o ne rende molto difficile la realizzazione.

363. LA LUNA che governa la Settima Casa del tuo oroscopo è indicazione favorevole per il tuo matrimonio, ed anche se esso potrebbe non essere considerato un successo dal punto di vista sociale, sarà comunque un matrimonio felice. Avrai svariate possibilità di sposarti, ma tenderai ad essere indeciso e titubante a riguardo. Il coniuge sarà sensibile ed incline ad umori mutevoli ed ai cambiamenti. Dovresti stare in guardia contro quelle influenze esterne che potrebbero seriamente nuocere ai tuoi progetti matrimoniali. Persone scure e di bassa statura saranno attratte da te, ma anche molto affascinanti e magnetiche.

364. MERCURIO che governa la Settima Casa del tuo oroscopo indica che il coniuge è molto intelligente e brillante, dalla parola facile e piuttosto portato a volte a dire tutto ciò che pensa, ma anche critico e nervoso. Alcune preoccupazioni e problemi sono però indicati da questa influenza, che tra l'altro favorisce un matrimonio con persona più giovane di te. Potrebbe esserci molta

corrispondenza in relazione al tuo matrimonio e sarà bene che tu sia molto prudente riguardo a ciò che scrivi, dal momento che con molta probabilità ci saranno problemi collegati a lettere e scritti. Mercurio è un pianeta molto strano quando è significatore del *partner* matrimoniale.

365. VENERE che governa la Settima Casa del tuo oroscopo è un'indicazione molto favorevole al matrimonio, che promette un coniuge non solo felice e di buon carattere, ma anche in grado di portare fortuna alla tua vita e di poterti avvantaggiare finanziariamente e socialmente. Il tuo matrimonio sarà felice e tutte le tue nuove parentele in seguito al matrimonio dovrebbero essere armoniose e serene. Venere è il pianeta che governa le storie d'amore, e tende a migliorare la vita in relazione alla casa che governa. Esso tenderà a rendere prospera la tua unione, ed i figli ti porteranno maggiore felicità e fortuna.

366. MARTE che governa la Settima Casa del tuo oroscopo non è il pianeta più adatto alle questioni correlate al matrimonio, dal momento che è più implicato con le passioni ecc., che con l'amore. Farai bene ad evitare un matrimonio d'impeto, o d'innamorarti a prima vista. Questa posizione indica un matrimonio prematuro e talvolta più unioni. Con molta probabilità sposerai una persona molto ardente nei sentimenti e negli affetti, ma anche portata a desiderare di tenere le redini ed il controllo della situazione. Inoltre il tipo marziale è affettuoso anche se a volte tendente all'ira ed alla prepotenza. La persona destinata ad attrarti di più sarà intraprendente e coraggiosa.

367. GIOVE che governa la Settima Casa del tuo oroscopo è indicazione   favorevole di un'unione matrimoniale felice, in quanto Giove è pianeta benefico che promette successo e molta felicità su tutto ciò che governa. Il coniuge sarà d'animo nobile e generoso, e la fortuna ti sorriderà in seguito al matrimonio. Questa posizione a volte indica un coniuge piuttosto orgoglioso, sebbene sempre moralmente ineccepibile. Se ti sposi in coincidenza di ottime direzioni ti arriverà molto successo in seguito al matrimonio, e la tua unione sarà prospera e vantaggiosa. Questa posizione a volte indica matrimonio o con una persona che era già stata sposata, o più vecchia di te di alcuni anni. Comunque si tratta nell'insieme della migliore posizione.

368. SATURNO che governa la Settima Casa del tuo oroscopo indica ritardi ed ostacoli nelle prospettive matrimoniali. Se il matrimonio comunque si dovesse realizzare, questa posizione promette un coniuge fedele ed affidabile, una persona corretta anche se piuttosto seria e profonda, industriosa, tenace, frugale e parsimoniosa. Ci sono probabilità che il coniuge sia più anziano di te e che socialmente sia in posizione di responsabilità. Questa non è una posizione favorevole al benessere economico, ma indica una condizione di fedeltà all'interno dell'unione, anche se occorrerà evitare che occasionalmente si determini della freddezza tra voi, giacché il coniuge non sarà molto espansivo nei tuoi riguardi, e preferirà l'azione ai discorsi ed i fatti concreti all'uso di molte parole e tenerezze.

369. URANO il misterioso pianeta che governa la Settima Casa del tuo oroscopo causa esperienze molto strane nell'ambito del tuo matrimonio, ed è molto probabile che possa determinare delusioni o allontanamenti. Urano in settima minaccia sempre separazioni dalle persone che amiamo, e ciò potrà avvenire sia prima che dopo il matrimonio. Fatti improvvisi ed inaspettati avvengono in tutte le parti dell'oroscopo governate da Urano, e ci sono più casi di divorzio sotto il suo dominio che con quello di qualunque altro pianeta; fa dunque in modo che il tuo *partner* sia una persona originale ed un appassionato di materie metafisiche. Saprai allora che si tratta della persona giusta descritta da Urano, pianeta che favorisce i mistici ecc.

370. NETTUNO il pianeta scoperto più di recente, che governa la Settima Casa del tuo oroscopo, produce un'influenza che ancora non siamo in grado di conoscere fino in fondo. Si suppone che Nettuno in questa posizione emetta vibrazioni molto più alte e spirituali di qualunque altro pianeta, e da questo punto di vista si pensa che possa favorire quei matrimoni che rappresentano più l'unione di due anime che dei sensi. Ma si è anche scoperto che il pianeta Nettuno è correlato sia alle condizione più basse che a quelle più elevate, e che può causare le unioni più strane ed inusuali, indicando matrimoni con persone invalide o comunque afflitte fisicamente, mentalmente o moralmente.

Capitolo 25
prospettive matrimoniali indicate dalla posizione di venere nei segni

CAPITOLO XXV

PROSPETTIVE MATRIMONIALI INDICATE DALLA POSIZIONE DI VENERE NEI SEGNI

Come ho già detto nel precedente capitolo ci sono altre forze oltre a quella costituita dalla posizione e dagli aspetti del Signore della Casa Settima ad avere influenza sul matrimonio; tra queste una delle più importanti è costituita dalla posizione e dagli aspetti di Venere.

371. VENERE IN ARIETE crea un influsso potente, ma ti minaccia di pericoli correlati alle tue storie d'amore. Tenderai ad essere un po' volubile e ad avere una serie di corteggiamenti o legami d'amore, e ciò è dovuto al tuo desiderio di cambiamenti con la conseguenza che se non starai attento, diventerai troppo incline alle storie sentimentali, ecc. Alla fine ci potrebbero essere dolore e tristezza nei tuoi affari di cuore, giacché sei portato a sbagliare riguardo al matrimonio, o per una decisione presa con troppa fretta, o per il fatto di finire talmente coinvolto ed irretito in un rapporto con un'altra persona da essere alla fine costretto a sposarla. Sei portato all'impulsività e tendi all'amore a prima vista.

372. VENERE IN TORO creerà alcuni problemi nelle tue storie sentimentali, ma allo stesso tempo potrebbe metterti nelle condizioni di guadagnare economicamente o socialmente attraverso il matrimonio. Questa posizione indica che hai una forte natura amorosa e che lasci che siano i tuoi sentimenti a guidare in massima parte le tue decisioni, dal momento che le tue emozioni sono moto più forti della tua razionalità. Un po' di felicità la raggiungerai infine con il matrimonio, ma ciò potrebbe realizzarsi più per ragioni economiche che per i reciproci sentimenti. Potrà avvenire che tu abbia una sola storia d'amore in tutta la tua vita, nei sentimenti tendi infatti ad essere più stabile che mutevole, e senti un forte legame per le persone che ami, dunque scegli con cura la persona a cui dedicare i tuoi sentimenti.

373. VENERE IN GEMELLI il segno doppio, porterà due storie d'amore nella tua vita e da questa situazione scaturiranno problemi e sofferenza, in quanto è molto probabile che tu abbia due legami nello stesso tempo. I parenti potranno influenzare non solo le tue relazioni d'amore ma potranno anche avere una forte influenza sul tuo matrimonio. Questa posizione sarà causa di problemi e difficoltà e sarà molto difficile per te non essere coinvolto in più storie d'amore allo stesso tempo, dal momento che questo pianeta in Gemelli causa sempre dualismo e più spesso di quanto non si pensi, due unioni con esponenti dell'altro sesso. Vi sono pericoli di gelosie, ed anche problemi causati dalla corrispondenza in relazione alle tue questioni matrimoniali.

374. VENERE IN CANCRO la casa della Luna, indica che tendi ad essere piuttosto mutevole nei tuoi sentimenti, e finché non ti sentirai veramente legato a qualcuno, tenderai ad avere molte storie d'amore. Sarai attratto da persone più anziane di te ed anche da persone che sono già state legate ad altri. Potrai incontrare il tuo futuro *partner* in viaggio, o potrai anche legarti molto a qualcuno che non appartiene alla tua stessa classe sociale. Dovrai evitare la mutevolezza e l'incostanza nelle questioni di cuore, o altrimenti incorrerai in delusioni e sofferenze nella sfera delle emozioni amorose. Sei più sensibile ai sentimenti altrui di quanto tu possa sospettare, ed anche facilmente influenzabile.

375. VENERE IN LEONE promette un matrimonio di successo e tanta felicità nella tua vita grazie al coniuge. Tramite il matrimonio raggiungerai una posizione sociale migliore di quella che avevi per nascita ed otterrai decoro e vantaggi sociali che aiuteranno considerevolmente il tuo benessere nel mondo. Questa influenza favorisce il matrimonio e sollecita la tua natura emozionale a tal punto che i tuoi sentimenti saranno facilmente coinvolti realizzando legami d'amore alla prima opportunità. Questa stessa influenza diminuisce le possibilità di errore nelle questioni di cuore dal momento che la percezione è acuta e attiva in questa direzione.

376. VENERE IN VERGINE indica che sarai in qualche modo contrario al matrimonio e darai la tua preferenza ad una vita libera piuttosto che ad un'unione legale con un'altra persona. Ci sarà allora o la tendenza a legami platonici, o a relazioni clandestine. Questa singolare posizione dona tuttavia un intimo amore per il celibato e non è per nulla favorevole ad unioni con esponenti del sesso opposto. Indica altresì legami con persone subordinate o che appartengono a livelli sociali inferiori al tuo, ed anche l'incapacità a farsi amare da quelle che appartengono per nascita a classi sociali superiori alla tua. Sarai inoltre attratto da persone più giovani di te, ma anche da persone di salute cagionevole, dal momento che la debolezza negli altri fa venir fuori il lato compassionevole della tua natura amorosa.

377. VENERE IN BILANCIA il segno della giustizia e dell'equilibrio ti promette un matrimonio di successo che ti donerà benessere e soddisfazioni sociali, ma è molto probabile che tu possa avere un rivale e ciò potrà creare odio e controversie, ma alla fine sarai tu a vincere la partita e ad essere felice in amore. Dovresti con molta probabilità essere attratto da persone che detengono posizioni di rilievo nella vita, e ciò potrà esser motivo di prestigio per te e potrà spronarti verso maggiori traguardi nel mondo materiale. Avrai emozioni molto forti, ma nonostante tutte le difficoltà che potranno accompagnare i tuoi sentimenti d'amore, alla fine otterrai ciò che vuoi.

378. VENERE IN SCORPIONE promette eccezionali intrighi o strane relazioni con il sesso opposto. Nelle questioni d'amore non sarai mai abbastanza prudente nei rapporti con gli altri, dal momento che sei molto attratto da persone che sono spinte da forti desideri passionali ed hai la tendenza a creare legami segreti con loro. Sarai anche portato a subire tradimenti o delusioni, cose che potranno causarti pene nella sfera delle emozioni. A prescindere da chi sposerai, sopravviverai sicuramente al coniuge in quanto sei destinato ad avere delle esperienze eccezionali riguardo alle questioni d'amore. Evita sempre le relazioni illecite e le unioni realizzate d'impeto. Hai molto autocontrollo, ma non sempre lo userai.

379. VENERE IN SAGITTARIO indica che ti sposerai più di una volta, infatti questa posizione causa una sicura tendenza a sopravvivere al coniuge, ed a contrarre un nuovo matrimonio. Ci saranno degli strani episodi in rapporto alle tue storie sentimentali e con molta probabilità incontrerai il tuo futuro coniuge durante un viaggio o una lunga crociera. Potresti essere coinvolto in una relazione sentimentale con un parente o con uno straniero e nel corso della tua vita ci saranno molte esperienze che coinvolgeranno il tuo cuore, ma il matrimonio sarà buono, promette infatti successo e prestigio causati da unioni con persone socialmente superiori a te.

380. VENERE IN CAPRICORNO indica ritardi ed ostacoli al matrimonio, ed anche la probabilità di storie d'amore molto pericolose ed inusuali, in quanto sei abbastanza mutevole ed allo stesso tempo portato ad esser coinvolto in legami molto strani, forse con persone più anziane di te. Potresti essere troppo ambizioso riguardo ai tuoi rapporti sentimentali, mettendoti così in situazioni critiche che potrebbero nuocere alla tua reputazione. Non sarà facile toccare le corde più profonde delle tue emozioni, in quanto o possiedi un forte autocontrollo sui sentimenti o sarà difficile sollecitarli al massimo. La gelosia potrà esser causa di grande sofferenza, in quanto sei portato a sentirti profondamente legato dal momento in cui i tuoi sentimenti siano completamente coinvolti.

381. VENERE IN AQUARIO segno di Saturno, ha la tendenza a ritardare il matrimonio e causerà probabilmente delle delusioni ecc. nelle tue questioni sentimentali, e ciò si verificherà a causa della tua intuizione così profonda da riuscire a proteggerti contro possibili errori in relazione al matrimonio. Questa posizione ha anche la tendenza ad intensificare il desiderio di celibato, giacché il tuo ideale sarebbe per un amore casto e libero da qualunque coinvolgimento sensuale. In alcuni casi questa posizione di Venere in Aquario causa unioni segrete con esponenti del sesso opposto, e sembra spingere più verso legami clandestini che verso unioni legali. In generale questa Venere produce un legame molto stabile e talvolta causa lunghi corteggiamenti o amicizie di tipo Platonico. Sposerai qualcuno che era prima un amico.

382. VENERE IN PESCI un segno doppio dove il pianeta è esaltato, dovrebbe essere favorevole per quanto concerne le tue questioni d'amore, a patto che tu abbia un solo legame alla volta. Questo è infatti un segno mutevole ed è atto a creare due relazioni concomitanti, cosa questa che potrebbe esser causa di calunnie o difficoltà a causa dei rivali. E' comunque solo possibile che tu possa sposarti più di una volta, ma se dovessi sopravvivere al primo coniuge, ciò avverrà di certo. Questa posizione favorisce tutti i legami che si realizzano in ambiti correlati alle malattie o alle istituzioni [mediche], e promette un felice matrimonio se realizzato in concomitanza a direzioni benefiche. Potresti incontrare la persona della tua vita in circostanze molto strane.

Capitolo 26
le eredità

CAPITOLO XXVI

LE EREDITA'

L'ottava Casa di un oroscopo governa le eredità ed il denaro che proviene da altri, come collaboratori, *partner* ecc. E' correlata anche alle cose occulte, attività misteriose e segrete. Indica inoltre le tendenze sessuali[49].

383. IL SOLE che governa l'Ottava casa del tuo oroscopo ti promette un'eredità, più probabilmente da parte di una persona che occupa nella vita una posizione superiore alla tua, o anche da parte di un parente. In generale il Sole in questa casa non ha molta dignità, ma è favorevole all'occultismo o a questioni correlate con le cose più profonde della vita. Dal punto di vista materiale il Sole in ottava casa promette guadagni grazie al matrimonio, o attraverso unioni ed associazioni con altre persone quali soci, collaboratori ecc., ed indica che faresti meglio a condividere le tue attività con altri piuttosto che assumere solo su te stesso tutte le responsabilità.

384. LA LUNA che governa l'Ottava casa del tuo oroscopo indica una debole possibilità di ricevere un'eredità e molto probabilmente da parte di qualcuno che non è direttamente un tuo parente, o indica altresì la possibilità di guadagnare qualcosa per una pubblica donazione, o per questioni in cui sia interessato il pubblico, desideroso di premiarti per qualche servigio o buona azione che potresti aver reso per il bene comune. Anche questa posizione agevola i guadagni tramite soci e collaboratori, o coloro che potrebbero aver interesse con te in imprese pubbliche.

385. MERCURIO che governa l'Ottava casa del tuo oroscopo è una debole indicazione di guadagno per eredità in qualche fase della tua vita. Questa posizione favorisce guadagni tramite collaboratori e soci, ma non si può mai predire nulla di preciso riguardo ai beni dei defunti in un oroscopo in cui Mercurio governi l'ottava casa, e ciò a causa della mutevolezza di questo pianeta.

---

[49] La casa ottava come si comprenderà dalla lettura soprattutto dei §386 e segg., è tradizionalmente correlata alla morte di cui l'eredità non è che una conseguenza. In effetti è poi la II casa a partire dalla VII, dunque il denaro (II) degli altri (VII). Ma nel suo significato di *morte* essa porta con sé anche quello di *rinascita* come il segno dello Scorpione a cui è correlata (VIII segno=VIII casa). Come morte/rinascita essa opera evidentemente *durante la vita*, si può dire ogni giorno della vita, ed in certi periodi, per grandi trasformazioni, in modo molto forte. Dal punto di vista di morte/rinascita l'VIII indica il modo in cui il soggetto è portato ad affrontare il processo di trasformazione che le esigenze di trasformazione connesse obbligatoriamente al vivere impongono. Essa dice come (volentieri, malvolentieri, facilmente, con difficoltà, coscientemente non coscientemente ecc.) avverrà e che esito avrà questo processo. (Nota del Curatore)

La tua mente potrebbe essere molto impegnata a pensare alla possibilità di denaro ricevuto in eredità, oppure potrà avvenire che in una certa fase della tua vita tu abbia occupazioni come amministratore, esecutore testamentario o fiduciario per conto di qualcuno, e queste attività saranno redditizie per te.

386. VENERE che governa l'Ottava casa del tuo oroscopo ti promette dei guadagni per testamento o eredità. Potrai in qualche modo avvantaggiarti economicamente in seguito alla morte di qualcuno, ma anche tramite il matrimonio, le associazioni ed i collaboratori. Quando questo pianeta ha una buona posizione o sia sottoposto a direzioni benefiche con molta probabilità avrai dei guadagni di denaro provenienti da altri. Si tratta di una posizione molto benefica se sei comunque collegato ad altre persone per questioni finanziarie. Dovresti assicurare tutto ciò che sia soggetto a qualunque tipo di rischio. Questa posizione, dal momento che produce un'influenza benefica, promette una fine serena ed in vecchiaia preserva dagli incidenti, oltre che in generale da una morte improvvisa.

387. MARTE che governa l'Ottava casa del tuo oroscopo, quella che concerne i lutti, i testamenti e le eredità, indica incertezza sulla possibilità o meno di ereditare beni; se ciò invece dovesse avvenire, sarebbe in modo improvviso ed inatteso, in quanto Marte non è un pianeta favorevole alle questioni legate al denaro. Potresti renderti conto di aver coltivato false speranze, e che il tuo guadagno sia di molto inferiore a quanto ti aspettavi. La tua stessa fine potrebbe avvenire all'improvviso anche se potresti vivere a lungo, ma dovresti stare attento agli incidenti, e cercare di correre meno rischi possibile. Potresti essere coinvolto in disastri collettivi ecc.

388. GIOVE che governa l'Ottava casa del tuo oroscopo, quella relativa ai lutti, ai testamenti, alle eredità ed alle cose che riguardano il *terminus vitae*, indica guadagni per eredità, o tramite il matrimonio, soci e collaboratori. Questa influenza è causa di fortuna economica tramite altre persone e, o tramite le assicurazioni o per altra via diretta o indiretta, potrai guadagnare grazie alla perdita economica di altre persone. Avrai una fine molto serena, facile e naturale. Quella di Giove è la migliore influenza possibile, e ciò che è da esso governato giunge ad una conclusione favorevole.

389. SATURNO che governa l'Ottava casa del tuo oroscopo non è affatto favorevole ai tuoi interessi in questo settore, che è quello correlato ai lutti ed al denaro lasciato da altri in eredità. Sarai deluso nelle tue aspettative riguardo al denaro che dovrebbe giungerti da altre persone, o per il matrimonio o tramite associazioni o collaboratori. Potrebbe anche esserci del denaro lasciato in eredità per te, ma le indicazioni riguardo a ciò nel tuo oroscopo sono piuttosto deboli. La tua fine sarà lenta ed avrai molto tempo per meditare prima che giunga a liberarti dal corpo fisico. Vivrai fino ad un'età avanzata e potrai essere pienamente cosciente al momento del trapasso.

390. URANO che governa l'Ottava casa del tuo oroscopo, quella dei lutti, dei testamenti e delle eredità, causa eventi improvvisi ed inattesi. Potresti non ottenere tutto quanto ti è stato lasciato, o nulla affatto, o ancora potresti ricevere il denaro in modo inaspettato. Non c'è nulla di sicuro dove opera Urano; sembra infatti che questo pianeta si occupi in qualche modo di quella zona del destino individuale sulla quale non abbiamo alcun controllo, e che attende determinate occasioni per premiarci o per punirci. La tua dipartita sarà abbastanza improvvisa, e non credo ci saranno delle lunghe malattie alla fine della tua vita. Evita le operazioni e la folla.

391. NETTUNO che governa l'Ottava casa del tuo oroscopo, quella parte del tuo oroscopo correlata con la morte ovvero con il rilascio del corpo fisico da parte delle persone che appartengono alla tua famiglia, ed anche da parte tua, non è favorevole per il denaro o le eredità che potrebbero esserti lasciati, dal momento che corri molto il rischio di esser vittima di inganni, o di non ottenere ciò che ti spetta. Dovresti prendere ogni precauzione a che non ti venga somministrato alcun medicamento, ed a non sottoporti mai ad alcun esperimento, dal momento che tutto ciò che è governato da Nettuno è avvolto dal mistero e possono avvenire strani fatti in relazione alle cose che lo riguardano. C'è una certa tendenza in te a cadere in un sonno molto profondo o addirittura in *trance*. Una morte in acqua non è improbabile.

Capitolo 27
la filosofia

CAPITOLO XXVII

LA FILOSOFIA

La Nona Casa di un oroscopo indica le tendenze scientifiche, filosofiche e religiose del nativo. E' la casa della "mente superiore". Essa indica anche i lunghi viaggi lontano da casa, viaggi che possono determinare l'allargamento della mente, l'espandersi delle idee e l'allontanamento di una persona da una mentalità ristretta e conformista. Questi viaggi potrebbero anche non essere così lunghi dal punto di vista del chilometraggio: dipenderà dalla situazione generale. Per qualcuno un viaggio da Slocombe a Londra potrebbe produrre un cambiamento sulle sua visione delle cose molto maggiore di quanto potrebbe accadere a qualcun altro in un viaggio fino a New York e ritorno.

392. IL SOLE che governa la Nona casa del tuo oroscopo promette successo in tutto quanto abbia a che fare con la filosofia. Hai dei sentimenti molto profondi per ciò che concerne religione e spiritualità, ed i tuoi pensieri sono nobili ed elevati. Sei portato ad avere una visione molto ampia della vita ed a non essere troppo legato a schemi conformistici. Questa posizione reca successo in tutte le questioni correlate alla nona casa come la legge e gli interessi con altri paesi, ma anche i lunghi viaggi all'estero e quelle questioni che coinvolgono la mente superiore. Dietro di te c'è una buona influenza spirituale e se la tua fede aumenterà imparerai ad entrare in contatto con la parte superiore del tuo vero sé.

393. LA LUNA che governa la Nona casa del tuo oroscopo indica che sarai attirato da una vita spirituale e, sebbene potrai avere idee particolari in fatto di religione, allo stesso tempo sarai onesto ed appassionato in tutto ciò che riguardi il pensiero superiore. Non sarà mai difficile per te cambiare idea riguardo ai tuoi punti di vista in ambito religioso, e ciò ti metterà al riparo da una stretta ortodossia o da una limitazione dei tuoi veri sentimenti religiosi. Puoi diventare molto filosofico nei tuoi pensieri dal momento che sei portato ad assumere un'ampia visione delle cose e per te la mente conta più dei sensi.

394. MERCURIO che governa la Nona casa del tuo oroscopo indica che la tua mente superiore è spesso più attiva di quella inferiore. Hai la capacità di approfondire come un filosofo un certo settore della conoscenza, ma non finché non possederai maggiore concentrazione e continuità. Sei molto veloce nelle percezioni e molto intuitivo, così che potrai raffinare molto la tua mente nel corso della presente vita, essendo inoltre rapido nell'imparare e nell'apprezzare le cose. Farai dei lunghi viaggi anche in paesi stranieri, infatti questa posizione

indica amore per i viaggi ed in special modo per quelli lunghi. Hai una mente portata alla metafisica ed ami le materie misteriose.

395. VENERE che governa la Nona casa del tuo oroscopo, quella della filosofia e della mente superiore, ti donerà la pace o attraverso la religione o tramite una più profonda conoscenza spirituale dell'anima e degli stati successivi alla morte, conoscenza che alla fine sarà ragione di felicità e di pace. Hai profonde tendenze filosofiche e possiedi un intuito che ti aiuterà a risolvere qualunque problema si presenti durante il tuo viaggio terreno. Hai lo spirito e l'atteggiamento giusti verso tutto ciò che concerne la mente superiore e potrai fare veri e stabili progressi in questa vita verso i raggiungimenti dell'anima. Acquisirai buoni affini[50] grazie al matrimonio, e potrai anche fare dei guadagni tramite loro, essendo questa di Venere in nona una buona influenza.

396. MARTE che governa la Nona casa del tuo oroscopo, quella che concerne tutto ciò che è compreso nel termine filosofia, non è molto favorevole alla pace ed alla serenità che ci si aspetterebbe invece qualora ci fosse un qualunque altro pianeta in questa sezione dell'oroscopo. Ma indica che tu puoi essere preso dall'entusiasmo per qualunque cosa infervori la tua mente o il tuo cuore e che combatterai contro qualunque sistema di pensiero che non incontrerà la tua piena approvazione. Nelle questioni che riguardano la religione o la filosofia sei molto indipendente nel pensiero e nei sentimenti. Evita le controversie legali e le liti, e non diventare mai troppo espansivo o franco in questioni religiose, o dovrai pentirtene.

397. GIOVE che governa la Nona casa del tuo oroscopo, quella della scienza, della filosofia e della religione, spinge alla filosofia ed alla saggezza nel senso più ampio. Non sarai particolarmente portato per la scienza, quanto piuttosto per la filosofia e per l'arte, giacché tendi di più ad accettare le grandi linee guida piuttosto che i dettagli limitati e precisi della mente superiore. Potrai aver successo all'estero, forse anche dal punto di vista degli affari. Questa influenza favorisce le questioni legali e quelle religiose. Essa ti dona una tendenza profetica e la capacità di sognare correttamente ed anche di immagazzinare i sogni nella tua mente fisica. Prendi nota dei tuoi sogni.

398. SATURNO il pianeta della stabilità e della concentrazione, che governa la Nona casa del tuo oroscopo, quella della religione e della filosofia, indica un profondo entusiastico interesse per tutte le questioni religiose che potranno occupare la tua mente. Avrai tendenze filosofiche e punti di vista molto avanzati riguardo a tutto ciò che sia collegato alla mente superiore, mentre in generale gli argomenti di tipo metafisico si riveleranno di grande interesse per te. Questa posizione di Saturno è però sfavorevole alle questioni legali ed ai viaggi,

---

[50] L'Autore intende sicuramente i fratelli o le sorelle del coniuge. Il perché in IX si trovino gli affini è semplice: se in VII c'è il coniuge, la IX è la III a partire dalla VII, e rappresenta dunque i fratelli (III/IX) del coniuge (VII). Il sistema cosiddetto delle casa derivate è molto utile per situare ambiti d'esperienza, persone ecc. nella struttura delle 12 case, ed è molto utilizzata da Alan Leo. (Nota del Curatore)

soprattutto a quelli lunghi, oltre che agli affari che si realizzano con l'estero. La verità è il mezzo migliore per ridestare le qualità della tua nona casa.

399. URANO il pianeta occulto e misterioso che governa la Nona casa del tuo oroscopo indica interesse da parte tua per l'Astrologia o per materie affini. Hai idee molto avanzate e non tenderai ad aggrapparti alle persone ortodosse e conformiste. Hai una mente geniale ed inventiva ed un carattere molto originale. Potrai esplorare le regioni sconosciute dello scibile e ricavare gioia e piacere da tutte quelle materie ed idee che oggigiorno sono considerate "anormali" o "superstiziose", ma a prescindere da quanto i tuoi critici potranno considerarti un eccentrico, il tuo pensiero è di tipo avanzato e pionieristico. Potrai coltivare vantaggiosamente una forma elevata di critica, ma assicurati che si tratti di una forma *molto elevata* e distaccata[51] di critica.

400. NETTUNO che governa la Nona casa del tuo oroscopo indica una peculiare ed abbastanza avanzata visione della vita, con un'attrazione intellettuale verso gli argomenti *psichici*, forse per i fenomeni spiritici e per tutte le materie simili. Avrai alcuni sogni veritieri ed eccezionali. A volte sognerai delle cose che non hanno correlazione o collegamento con la vita di tutti i giorni, ma altre volte avrai in sogno degli avvertimenti che potranno dimostrarsi utili, ma per riuscire a "sognare il vero" dovrai vivere una vita idealmente pura. I parenti del coniuge potranno avere delle strane storie e tu, per vivere una vita felice, farai bene ad evitare le cause e tutte le questioni legali.

---

[51] In originale "impersonal", dunque al di là degli interessi personali. Non la critica dunque che viene comunemente praticata dai critici di professione che hanno sempre più perso il ruolo di servizio alla verità, ma servono solo il loro tornaconto e la loro ingordigia di successo, tentando di superare con la loro presenza la presenza dell'opera d'arte che è oggi così debole, purtroppo. (Nota del Curatore)

Capitolo 28
la Professione

CAPITOLO XXVIII

LA PROFESSIONE

La Decima Casa di un oroscopo indica il prestigio, la professione ed in generale le ambizioni di un individuo. Ma l'attività lavorativa non si giudica *solo* dalla decima casa: anche il Sole, la Luna ed il pianeta più forte della carta dovrebbero entrare nella valutazione.

Anche le case seconda e sesta hanno una rilevanza nella questione dal momento che la seconda indica il successo finanziario del nativo e la sua facilità a guadagnare denaro ecc., e la sesta indica il grado di ciò che è considerato lavoro faticoso e ripetitivo. Ma la decima casa è in modo enfatico quella che implica la vocazione professionale, quell'attività cioè in cui sono coinvolti a livelli considerevoli i propri ideali, e verso cui tendono i maggiori sforzi di un individuo. E' la casa dell'ambizione.

Se non c'è alcun pianeta nella decima casa, la cosa migliore sarà di giudicare la situazione attraverso la qualità del segno sulla cuspide di questa casa ovvero sul Medio Cielo della carta (§410-412). I suggerimenti inseriti al secondo paragrafo del Cap. XIX potranno applicarsi *mutatis mutandis* anche in questo caso.

401. IL SOLE che governa la Decima casa del tuo oroscopo, quella che concerne la tua attività lavorativa, è assai favorevole ma molto dipenderà dalle opportunità che avrai di poterti innalzare all'altezza del Sole e di tutto ciò che esso indica. Queste circostanze le potrai giudicare dagli aspetti che coinvolgono il Sole e dal segno che il Luminare occupa alla nascita, come già descritto nella sezione delle Caratteristiche Individuali. Il tuo vero carattere individuale potrà coinvolgersi in tutte le attività nelle quali sarai comunque impegnato, ma in generale sei molto più adatto ad essere il padrone di te stesso e non ad essere impiegato presso altre persone, a meno che non si tratti di impieghi statali, che nel tuo caso sarebbero i migliori, in quanto sei in grado di esercitare l'autorità.

402. LA LUNA che governa la Decima casa del tuo oroscopo, quella delle tue attività lavorative, favorisce tutti gli impieghi di tipo ordinario e pubblico. Dovresti trovare occupazione in quelle attività che hanno a che fare con l'approvvigionamento in senso ampio della comunità, ed in quelle per le quali c'è una ben nota e generalizzata richiesta. Avrai molte fluttuazioni riguardo alle tue attività nella vita, perciò sarà bene che tu ti adatti a quasi tutti i lavori ed agli ambienti necessari ad ottenere il successo pur da cose piccole ed ordinarie. Non cercare attività o professioni che siano stabili e permanenti, ma quelli in cui fluttuazione e cambiamento siano all'ordine del giorno: il tuo motto sarà "piccolo profitto, vantaggio immediato"[52].

403. MERCURIO che governa la Decima casa del tuo oroscopo indica che tutte le professioni mercuriali saranno le migliori per te, come ad esempio il lavoro letterario, quello dello scrivere e le varie attività di segretario. Non è affatto un'influenza favorevole alla stabilità per ciò che concerne la professione e ti farà sperimentare alcuni cambiamenti nel corso della vita. Sei adatto ad impieghi non troppo faticosi e ti sentirai nel tuo elemento ogni qual volta ti sarà richiesto di viaggiare e spostarti. Ci sono molte professioni governate da Mercurio come: stampare, scrivere, vendere libri, articoli di cartoleria, ecc. ma tutte quelle in cui si dovrà utilizzare l'intelligenza saranno più adatte alle tue caratteristiche come: il rappresentante, l'interprete, l'insegnante ecc.

404. VENERE che governa la Decima casa del tuo oroscopo promette successo in tutte quelle attività che sono finalizzate al divertimento degli altri. Il tuo impiego nella vita dovrebbe avere dei collegamenti con il sesso femminile, in quanto Venere favorisce le donne ed i loro bisogni. Le occupazioni governate da Venere sono troppe per poterle nominare tutte, ma in generale hanno a che fare con soggetti o oggetti che recano piacere agli altri. Per quanto concerne impiego e guadagno saranno le più adatte quelle attività raffinate che non implicano troppa fatica fisica. Grazie a questa posizione potrai ottenere il successo ed avrai anche molti amici che ti aiuteranno.

405. MARTE che rappresenta la guerra e tutte le attività di tipo esterno, comprese quelle in cui si richieda molta forza, se governa la Decima casa del tuo oroscopo indica che dovresti possedere molta abilità manuale e che dunque avrai successo in tutte quelle attività in cui si richiedano talento manuale ed intraprendenza. Potrai anche realizzarti come farmacista o medico ed in tutte le attività nelle quali si usi il fuoco per finalità di lavoro. Sono moltissime le attività governate da Marte ed è dunque impossibile enumerarle tutte, ma potrai capire ciò per cui sei tagliato prendendo nota della posizione e degli aspetti di Marte.

406. GIOVE che governa la Decima casa del tuo oroscopo indica che eserciterai professioni di prestigio attraverso le quali potrai guadagnare sia economicamente che dal punto di vista sociale. Farai guadagni anche attraverso rapporti con il mondo religioso o grazie ad interessi con l'estero. Questo pianeta indica successo in tutto ciò su cui governa, così che le tue occupazioni saranno di tuo gradimento ed atte a causarti gioia e serenità. Sono molte le attività che potrai vantaggiosamente svolgere: da giudice a mercante, in rapporto alle tue capacità, ma dove si tratti di commercio potrai far bene negli affari finalizzati alla vendita di vestiario e di generi alimentari.

---

[52] In originale il motto citato è: "S.P.Q.R." una curiosa trasformazione della nota abbreviazione latina, che nell'uso inglese diventa "small profits, quick returns". (Nota del Curatore)

407. SATURNO che governa la Decima casa del tuo oroscopo indica potere o autorità di un qualche tipo, ma causa la maggior fortuna grazie all'industriosità ed alla tenacia. Occuperai una posizione di comando o avrai sulle spalle un qualche genere di responsabilità. L'influenza saturnina non è adatta agli affari dal momento che c'è sempre la minaccia di qualche pericolo o per l'azione ostile da parte di altri, o perché non riesci a portare a conclusione favorevole i progetti a cui stavi lavorando. Saturno favorisce più i guadagni sudati a fatica che quelli ottenuti con la fortuna. Le questioni che richiedano pazienza, tatto e prudenza si realizzano meglio con le qualità di Saturno che con qualunque altro modo di fare, dovresti allora cercare attività che richiedano queste qualità.

408. URANO che governa la Decima casa del tuo oroscopo indica che le attività a cui sei più portato sono quelle che richiedono ingegno ed originalità, come ad esempio la pubblicità, o quelle di tipo inventivo o ancora quelle che richiedono l'impiego della mente superiore. Questa influenza uraniana però turberà i tuoi progetti fino al momento in cui non avrai trovato la tua giusta direzione. Alla fine ti renderai conto che dovrai esser tu stesso a definire la tua professione, in quanto dopo molti tentativi di incerto risultato ti accorgerai di avere un talento originale e che la cosa migliore per te sarà o di impegnarti in una professione inusuale, o di inventarti o iniziare una nuova attività.

409. NETTUNO che governa in qualche misura la Decima casa del tuo oroscopo indica che dovresti occuparti in attività rare, uniche e fuori dal comune. In generale questo pianeta governa tutto ciò che nasce dall'ispirazione e dal piano *psichico*; ed infatti sotto l'influsso di Nettuno troviamo i *medium* e tutte le persone più particolari impegnate nel mondo professionale. Questo pianeta dona ad alcuni un genio letterario e ad altri uno strano talento artistico. E' molto difficile se non impossibile intuire una particolare e stabile professione da raccomandare con sicurezza, soprattutto perché così poco si conosce davvero di Nettuno, e tutto ciò che sappiamo oggi di lui è di tipo puramente speculativo.

410. SEGNI CARDINALI che governano le questioni collegate alla professione ed all'impiego a cui sei più portato, indicano la capacità di occupare posizioni importanti o di responsabilità nella vita. Ogniqualvolta si richieda energia o attività, le influenze che ti governano troveranno la migliore opportunità di portarti al successo. Dimostrerai ambizione riguardo alla tua attività lavorativa e sarà dunque preferibile per te occupare posti di lavoro che diano la possibilità di ottenere avanzamenti e maggiori responsabilità. Hai tutte le caratteristiche necessarie per innalzarti nella vita e per esercitare attività lucrative. Tutte le tue imprese dovrebbero essere di ampio respiro e dovresti evitare di prendere parte ad affari o professioni nei quali non ci sia sufficiente opportunità per le tue energie.

411. SEGNI FISSI che governano le questioni collegate alla professione ed all'impiego per cui sei più portato, se sono quelli più forti nel tuo oroscopo indicano che sarebbe meglio che tu non cambiassi troppo spesso la tua professione o impiego. Potrai avere i migliori risultati in posti statali o in quelle carriere in cui userai la tua energia in attività fisse e stabili. I segni fissi favoriscono le professioni mediche e quelle attività in cui siano necessari tatto ed abilità, ma anche occupazioni stabili che anche se non sono esattamente di tipo convenzionale, debbono essere però ben affermate e per nulla troppo innovative ed originali. Perciò sarà bene che tu operi in attività tradizionali e ben stabilite, che siano cioè riconosciute come modi legittimi di guadagnare il proprio denaro.

412. SEGNI MUTEVOLI che governano alla nascita le questioni collegate alla professione, indicano una tendenza ad occuparti in attività di carattere più o meno ordinario, ma non forniscono grandi opportunità di ottenere fama e successo nella carriera. Avrai forse più possibilità di realizzazione se sarai impiegato presso altre persone, piuttosto che lavorando per conto tuo. Ma se mai dovessi assumerti questa responsabilità la miglior cosa per te sarebbe quella di impegnarti in attività che hanno l'appoggio della gente e nelle quali sia interessato il pubblico in generale piuttosto che singoli individui. Forse due o più occupazione impegneranno la tua attenzione nello stesso tempo, infatti questa posizione indica un certo dualismo.

Capitolo 29
gli Amici

CAPITOLO XXIX

GLI AMICI

L'Undicesima Casa di un oroscopo governa le amicizie, le speranze ed i desideri di Unione del nativo. Essa è strettamente collegata alla Settima casa ed indirettamente alla Terza, e tutto ciò che indica è sintetizzato nel pianeta Urano.

Se non vi fosse alcun pianeta in Undicesima, giudicherai dalla triplicità di appartenenza del segno che la occupa[53]. (vedi §422-425)

413. IL SOLE che governa l'Undicesima casa del tuo oroscopo, quella degli amici e dei conoscenti, delle speranze e dei desideri, è per te in generale una posizione molto favorevole per quanto concerne le amicizie, che ti metterà anche nelle condizioni nel corso della vita di realizzare molti dei tuoi desideri e delle tue speranze. Potrai avere degli amici fidati in eccellenti posizioni, che saranno disposti ad aiutarti in molti modi. Ti farai numerosi amici nel corso della tua vita, del cui aiuto, consiglio o favore potrai in qualche modo beneficiare. Le associazioni e le unioni con gli altri sono alcuni dei modi in cui il successo potrà facilmente arriderti. Questa posizione ti aiuterà a coltivare la speranza ed una buona disposizione d'animo nei confronti di tutti.

414. LA LUNA che governa l'Undicesima casa del tuo oroscopo, quella degli amici e dei conoscenti, farà sì che tu abbia molti amici, alcuni scelti tra la gente comune, e molti che saranno disposti ad aiutarti. Le tue esperienze più importanti si realizzeranno tramite i tuoi rapporti personali con amici e colleghi, in quanto fraternizzi con facilità con le persone che ti sono congeniali. La tua carriera sarà profondamente influenzata dai tuoi amici, i quali giuocheranno un ruolo importante nella tua vita. Potrà accaderti di entrare in contatto con persone molto strane ed eccentriche. I tuoi amici migliori saranno quelli nati tra il 21 Giugno ed il 21 Luglio di qualunque anno[54].

---

[53] Le Case Undicesima, Terza e Settima appartengono alla *Triplicità d'aria*, essendo correlate rispettivamente ai segni: Aquario, Gemelli e Bilancia. Triplicità è il grande triangolo equilatero iscritto nel cerchio zodiacale i cui vertici uniscono i segni appartenenti allo stesso elemento. Gli elementi sono 4: Aria, Fuoco, Acqua e Terra. Le *Quadruplicità* o qualità invece realizzano 3 quadrati nel cerchio, ciascuno dei quali unisce ai 4 angoli segni appartenenti alla stessa qualità. I 3 quadrati danno luogo a 3 tipi di segni: Cardinali, Fissi e Mutevoli. Ciascun segno appartenente ad una certa Quadruplicità avrà segni appartenenti a ciascun Elemento. Ciascun segno appartenente ad un certo Elemento apparterrà anche ad una delle 3 Quadruplicità. (Nota del Curatore)

[54] Cioè nati con il Sole in Cancro, governato dalla Luna. Non escluderei in generale però i nativi dell'Aquario o con l'AS in quel segno, che essendo l'XI dello Zodiaco è correlato alla casa XI. Questa affinità vale però per tutte le posizioni planetarie in XI. (Nota del Curatore)

415. MERCURIO che governa l'Undicesima casa del tuo oroscopo, quella degli amici, indica che molto dipenderà dagli aspetti di Mercurio agli altri pianeti se questa sarà o meno una posizione favorevole. Probabilmente avrai molti conoscenti, ma solo pochi amici nel vero senso della parola. Alcuni dei tuoi conoscenti potranno dichiararsi tuoi amici, ma sarà bene stare in guardia contro l'insincerità o l'inganno, in quanto Mercurio, a meno che non sia molto bene aspettato, inclina sempre alla mutevolezza ed all'inaffidabilità. Potrai avere amicizie con persone geniali, e coloro che si occupano di letteratura saranno forse i tuoi amici migliori e più sinceri, ma sta attento nei rapporti con tutti i tuoi conoscenti finché tu non sia del tutto sicuro che essi appartengano al lato giusto del doppio pianeta Mercurio, solo allora potranno essere buoni amici, il cui consiglio prezioso ti sarà d'aiuto.

416. VENERE che governa l'Undicesima casa del tuo oroscopo, quella degli amici e dei conoscenti, ti promette un felice gruppo di amici e conoscenti ed unioni con persone fortunate. Grazie ai tuoi amici potrai progredire e avvantaggiarti socialmente o finanziariamente, ed essi faranno molto per aiutarti ogniqualvolta ne avrai bisogno. Potrai fidarti delle persone nate nei segni governati da Venere[55]. Le persone nate tra Il 20 aprile ed il 20 Maggio [Toro] saranno attratte da te, e quelle nate tra il 21 Settembre ed il 21 Ottobre [Bilancia] potranno aiutarti in molti modi. Si tratta di un'influenza molto benefica per quanto riguarda le amicizie, i rapporti camerateschi ecc., e promette il soddisfacimento dei tuoi desideri e delle tue speranze.

417. MARTE che governa l'Undicesima casa del tuo oroscopo, non è affatto favorevole per quanto concerne le amicizie, giacché indica liti e contrasti tra te ed i tuoi amici in una certa fase della tua vita. Farai la conoscenza di medici o militari, o di persone ambiziose ed intraprendenti, ma evita serie liti e cruente discussioni e poni sempre attenzione nella scelta che fai dei tuoi conoscenti. Questa posizione indica una forte natura passionale ed implica il fatto che hai potenti desideri e speranze, ma molti dei tuoi desideri saranno soddisfatti soltanto grazie alle tue energie, tanta fatica e sforzi tenaci. Non fare da fideiussore a nessuno, non prestare denaro ai tuoi amici ecc. oppure perderai amici e denaro.

418. GIOVE che governa l'Undicesima casa del tuo oroscopo, quella degli amici, è molto favorevole ed è indicazione molto felice del fatto che non ti mancheranno mai gli amici in tutta la tua vita, e questi amici non saranno solo disposti ad aiutarti, ma potranno effettivamente farlo ogni qual volta ne avrai bisogno. Avrai amici tra le persone religiose o portate alla filosofia, che sono molto ben disposte e desiderose di fare tutto il bene possibile per gli altri. Troverai i tuoi amici tra coloro che sono influenzati da Giove, o parlando in generale tra coloro che sono nati tra il 21 Novembre ed il 21 Dicembre di ogni anno[56]. Realizzerai molti dei tuoi desideri e speranze nel corso di questa vita, se sarai in grado di pensare con chiarezza.

---

[55] Ovvero i segni del Toro e della Bilancia, i due domicili di Venere. (Nota del Curatore)
[56] Ovvero appartenenti al segno del Sagittario. (Nota del Curatore)

419. SATURNO che governa l'Undicesima casa del tuo oroscopo, porterà alcune sincere e fedeli amicizie nella tua vita, ma si evidenzia anche la possibilità di alcuni problemi in rapporto ad amici e conoscenti. Avrai amici in genere tra le persone anziane, o tra coloro che sono molto più vecchi di te. Avrai alcune amare delusioni riguardo ad amici e conoscenti, e non sempre realizzerai i tuoi desideri e le tue speranze in riferimento a loro. Alcuni dei tuoi cosiddetti amici potrebbero abbandonarti proprio al momento in cui avresti più bisogno del loro aiuto, perciò non confidare troppo in tutti i tuoi amici, dal momento che quest'influenza può creare solo poche vere amicizie.

420. URANO che governa l'Undicesima casa del tuo oroscopo promette un'eccezionale rara amicizia ed indica che persone interessate al lato della vita collegato al mistero ed all'occulto ti aiuteranno in determinati periodi del tuo viaggio terreno. Questa influenza dona amici e conoscenti di tipo romantico ed anticonformista, e provoca alcune esperienze molto strane, affascinanti ed eccezionali in relazione al settore delle amicizie. Sei portato allo studio della natura umana e sarai attratto verso persone originali e verso coloro che pensano di più rispetto alla media degli individui. E' durante i tuoi viaggi che ti capiterà di incontrare coloro che sono destinati più degli altri a diventare i tuoi amici più cari.

421. NETTUNO che governa l'Undicesima casa del tuo oroscopo, quella degli amici, porterà nella tua vita numerosi conoscenti strani e particolari che saranno causa di esperienze misteriose ed eccezionali. Sarebbe bene che tu conoscessi bene le persone con le quali stringi rapporti o ti associ, dal momento che si riveleranno in qualche modo molto difficili da comprendere. Questa posizione di solito mette in contatto coloro che nascono sotto la sua influenza con persone fisicamente o mentalmente deformi. Sarai attirato dal lato *psichico* e spiritualistico della vita ed i tuoi amici e conoscenti ti influenzeranno in questa direzione. Evita ipnotisti, mesmeristi ecc. Questa posizione indica una mente molto misteriosa, e che il soddisfacimento delle tue speranze avverrà in un modo del tutto diverso dalle tue aspettative.

422. LA TRIPLICITÀ DI FUOCO che ha ruolo preminente sull'Undicesima casa del tuo oroscopo, porterà nella tua vita amici energici e generosi, la cui natura ambiziosa ed intraprendente ti porterà molti benefici. Quasi sicuramente in una determinata fase della tua vita riceverai vantaggi da parte di un amico o di un conoscente, specialmente quando buone direzioni favoriranno l'aiuto da parte di queste persone. Sei abbastanza intelligente per capire quanto siano importanti i buoni amici quando entrano a far parte della tua vita, e farai di tutto per ottenere il loro favore e il loro aiuto ogniqualvolta ne avrai bisogno. Si dice che non esistano migliori occhiali di un vecchio amico, dunque incoraggia queste persone ad aiutarti ad espandere il lato spirituale della tua natura. Teofrasto[57] disse: "Quando viviamo nel benessere i veri amici ci fanno visita solo se invitati, ma nell'avversità vengono senza invito". Ciò è favorevole nel tuo caso, in quanto

---

[57] Si tratta di Philippus Aureolus Theophrastus Bombast von Hohenheim, detto Paracelso, il medico ed alchimista svizzero (1493-1541). (Nota del Curatore)

hai un tipo di carattere che non può fare a meno di apprezzare la vera amicizia, e qualunque influenza i tuoi amici abbiano sulla tua vita sarà più verso il bene che verso il male.

423. LA TRIPLICITÀ DI TERRA che ha ruolo preminente sull'Undicesima casa del tuo oroscopo porterà nella tua vita amicizie molto solide e concrete. I tuoi amici saranno caratterizzati da un notevole buon senso e la loro mentalità basata sull'efficienza potrà di molto avvantaggiarti, in quanto sei portato talvolta ad essere abbastanza dipendente dall'aiuto degli altri. Le semplici conoscenze non ti saranno così favorevoli come invece lo saranno le solide amicizie, ma dovresti evitare le persone egoiste che pensano solo al loro tornaconto materiale, le quali avrebbero un effetto raggelante su di te e ti farebbero sentire un vuoto che non sarebbero in grado di riempire. Accetta il consiglio di Edward Young[58]: "Fai le tue considerazioni prima dell'amicizia, dopodiché mantieni la tua fiducia fino alla morte". Persone danarose o quelle che rivestono un ruolo importante, o ancora quelle che hanno raggiunto una posizione più elevata nella vita diventeranno i tuoi migliori e più stabili amici.

424. LA TRIPLICITÀ D'ARIA che ha ruolo preminente sull'Undicesima casa del tuo oroscopo porterà nella tua vita amicizie intellettuali e molto raffinate, attraverso le quali potrai avvantaggiarti e migliorare, dal momento che tenderanno a perfezionare la tua mente ed a stimolarti verso un pensiero più dinamico ridestando in te un interesse più profondo per la vita e ciò che la circonda. Non farai mai completo assegnamento sui tuoi amici, giacché potresti dire con Lord Bacon[59]: "Il miglior modo per descrivere con esattezza il molteplice uso dell'amicizia è quello di rendersi conto di quante cose non si è capaci di fare da soli." Hai una natura assai indipendente, che ti guadagnerà l'ammirazione di coloro che sono in grado di apprezzare il valore della vera amicizia, ed anche se attraverso gli amici potrai incorrere in esperienze sia negative che positive, nell'insieme queste persone svolgeranno nella tua vita un ruolo più rivolto al bene che al male.

425. LA TRIPLICITÀ D'ACQUA che ha ruolo preminente sull'Undicesima casa del tuo oroscopo porterà molti amici tra le persone di tipo emotivo, alcune delle quali avranno molti problemi e sofferenze. Non potrai mai fare completo assegnamento sui tuoi amici e conoscenti dal momento che saranno instabili come l'acqua e soggetti a molti ondeggiamenti nei sentimenti e negli affetti. Alcuni saranno dei sognatori ipersensibili, altri avranno facoltà *psichiche* e medianiche, mentre altri ancora non saranno stabili né avranno alcuna fiducia in sé stessi, così che ti renderai conto di potere esser sottoposto a pressioni da parte loro in certe fasi della tua vita. Non fare da fideiussore per nessuno e non prestare mai denaro a meno che non sia certo che non si farà cattivo uso del tuo aiuto e che esso non porti a cattive conseguenze. Per quanto riguarda amici e conoscenti puoi essere molto concreto, a patto che tu non sia troppo influenzato dai loro sentimenti.

---

[58] Poeta inglese (1683-1765).(Nota del Curatore)
[59] Filosofo inglese (1561-1626). (Nota del Curatore)

Capitolo 30
l'occultismo

CAPITOLO XXX

L'OCCULTISMO[60]

La Dodicesima Casa di un oroscopo è quella del mistero e dunque, data la sua natura cadente e mutevole[61], è collegata più alla mente che ad effettive manifestazioni materiali. La Dodicesima è detta la casa della "propria rovina". Per questi motivi rappresenta l'occultismo e tutto quanto sia sacro e segreto, e dal punto di vista occulto si può dire di questa casa che tutto ciò che deve *essere*, sia.

Se non c'è alcun pianeta in Dodicesima usa il §435, a meno che non sia il Leone ad occuparla, nel qual caso usa il §426.

426. IL SOLE che governa la Dodicesima casa del tuo oroscopo è indicazione favorevole a tutte le questioni di natura occulta e ti infonde un profondo interesse per tutte le cose *psichiche* o metafisiche. Allo stesso tempo però sarai in qualche modo come chiuso in te stesso ed impedito, e non riuscirai ad esprimerti in modo completo. Causa di ciò sono le condizioni che circondarono la tua

---

[60] L'inconscio è "quella parte dell'apparato psichico che normalmente non partecipa alla coscienza individuale e che si manifesta attraverso i lapsus, i gesti casuali ed i sogni." Evidentemente questa sezione dell'anima umana entra a pieno titolo nei contenuti della casa XII. La parola "unconscius" nasce nella lingua inglese nel 1919, circa due anni dopo la stesura di questo libro, ed Alan Leo sicuramente non aveva letto i primi libri di Freud o "Libido: Simboli e Trasformazioni" di Jung che è del 1912. Ma non possiamo limitare all'"occultismo" l'ambito della casa XII se non allarghiamo il significato di questo termine a ciò che oggi comunemente viene chiamato "inconscio". Voglio dire che all'Autore "mancava" la parola per esprimere lo stesso concetto: o "occulto" o "inconscio" si tratta sempre di qualcosa la cui cognizione è negata alla coscienza: qualcosa, una dimensione, un alveo di verità ecc. che *pur esistendo* non è conoscibile dalla nostra coscienza ordinaria.

Evidentemente però occulto/inconscio possiedono un ambito immenso che va dalla rimozione di un desiderio sessuale non accettabile, alla verità dell'influsso dei pianeti ecc, un ambito cioè che va dalla semplice banale cancellazione dalla coscienza di contenuti scomodi, alle più alte verità dello spirito attingibili a volte con i sogni (come ha dimostrato Jung, vedi Psicologia e Religione; Psicologia e Alchimia ecc) o attraverso concentrazione, meditazione o stati particolari della coscienza. Teoricamente occultismo e psicoanalisi sono simili: cercano entrambi di creare un ponte per arrivare dall'altra parte, quella che è negata, sigillata alla coscienza ordinaria.

Tutto il contenuto di questo capitolo va dunque interpretato tenendo conto che quelle che Alan Leo chiama "occult matters" possono significare anche progressi o difficoltà nella presa di coscienza di contenuti inconsci, presa di coscienza che porta a vari gradi di realizzazione del processo di individuazione. Infatti le indicazioni di casa XII possono denotare interagenze anche dolorose, forti pressioni cioè da parte dell'inconscio di contenuti che devono affiorare, liberando il soggetto da un carico energetico pericoloso se inutilizzato, fino alla sua integrazione, oppure una facilità di questa integrazione e liberazione dei contenuti inconsci. (Nota del Curatore)

[61] Le Case sono chiamate Cardinali, Succedenti e Cadenti in analogia con i segni: Cardinali, Fissi e Mutevoli. La XII in analogia con i Pesci è casa cadente e mutevole. (Nota del Curatore)

nascita o l'ambiente d'origine, che non erano affatto favorevoli o atte a promuovere il tuo benessere. Dunque fai che la tua vita sia più dedicata alla devozione allo spirituale che alle cose materiali, giacché così facendo entrerai in contatto con chi sarà pronto ad aiutarti nella giusta direzione. Il Sole in questa casa sta sorgendo, perciò ti promette molti miglioramenti andando avanti nella vita.

427. LA LUNA che governa la Dodicesima casa del tuo oroscopo mentre favorisce le tendenze occulte, non è molto positiva alla tua personalità, giacché nella vita potresti essere trascurato, tenuto in disparte, ed in certi periodi potresti essere rinchiuso in un ospedale o in altro luogo nel quale la tua libertà ed autonomia sarebbero impedite; la casa dodicesima ha a che fare infatti con tutto ciò che non si può vedere[62]. Perciò favorisce l'autodistruzione o cose che sono correlate all'occulto, più che cose materiali. Tu stesso non dovresti mai tentare di metterti troppo in luce ma dovresti accontentarti di vivere più o meno sconosciuto e non riconosciuto.

428. MERCURIO che governa la Dodicesima casa del tuo oroscopo fa sì che la tua mente sia molto interessata ai fenomeni occulti ed a tutti quegli studi che si occupano di altre dimensioni. In effetti hai una certa capacità ad indagare lo spiritismo e l'occultismo in generale, in quanto avrai attitudine ad impiegare la mente in questi campi. Contemporaneamente dovresti però stare attento a non lasciarti troppo assorbire dal lato di queste materie collegato ai fenomeni. Dovresti inoltre usare la massima prudenza nel parlare giacché corri il pericolo di essere vittima di inganni, a causa dei quali potresti perdere la tua libertà; infatti questa influenza è molto avversa agli affari materiali ma molto favorevole all'occultismo.

429. VENERE che governa la Dodicesima casa del tuo oroscopo è associata alla crescita o progresso che potrai fare nella vita occulta. Questa posizione ti promette gioia, vantaggi e soddisfazioni nelle questioni *psichiche* e occulte. Difatti nel momento in cui raggiungerai quel livello di crescita necessario perché questa influenza divenga attiva, potrai ottenere la tua più grande felicità e soddisfazione nelle materie occulte e misteriose e sarai portato ad interessarti, se non profondamente sicuramente non con superficialità, di tutte quelle cose che concernono altri piani, mondi o stati di coscienza. E' probabile che sarai introdotto al lato occulto della vita grazie all'influenza di altre persone, ma in questo settore sarai più intuitivo che studioso, e la strada dell'apprendimento dovrebbe risultarti semplice.

430. MARTE che governa la Dodicesima casa del tuo oroscopo non è affatto favorevole alle questioni di natura occulta. Questa posizione ti avverte di usare la massima prudenza negli ambiti che non conosci perfettamente, ed anzi sarebbe

---

[62] In originale "....the twelfth house having to do with all matters connected with the unseen" dove si svela l'intuizione di Alan Leo sulla natura della casa XII, ed il fatto che gli manca la parola *unconscious* da sostituire ad *unseen* ! Vedi la nota precedente sull'inconscio. (Nota del Curatore)

bene che tu non avessi mai troppo a che fare con fenomeni [psichici]o dimensioni invisibili. Questa posizione minaccia in una certa fase della tua vita un qualche tipo di confinamento, o a causa di incidenti, o per imprigionamento dovuto all'inganno, o per qualcosa che comunque potrà tendere a privarti della libertà. Dunque sii estremamente prudente in tutte le tue azioni e così eviterai i problemi. Evita lo spiritismo.

431. GIOVE che governa la Dodicesima casa del tuo oroscopo indica che sarai attratto verso l'occultismo e che farai grandi progressi nel corso di questa vita in tutto ciò che concerne il pensiero e lo studio dell'occulto. In qualche modo c'è un collegamento ereditario tra te e questo ambito, ed a prescindere da quanto possa lasciarti trascinare lontano da una vita soggettiva, i mondi spirituali avranno sempre per te un qualche fascino. Potrai altresì fare dei guadagni da attività collegate a cose *psichiche*, ed incorrerai in danni molto ridotti riguardo alla possibilità di rovinarti con le tue mani, anzi prenderai in mano il timone della tua vita e tenterai di approfondire la tua natura spirituale, perché avrai fede nel mistero.

432. SATURNO che governa la Dodicesima casa del tuo oroscopo indica che forse potrai essere tu stesso la causa della tua rovina, e che potrai penetrare nella vita occulta grazie alla perseveranza, alla pazienza ed all'avvedutezza. Ma riguardo alla vita occulta potrai anche incorrere in esperienze dolorose, difficili ed ostacolanti, ma qualunque cosa raggiungerai avrà un carattere di stabilità così che le tue difficoltà avranno il solo scopo di farti costruire un futuro su basi molto solide e durevoli. Da molti punti di vista sei attratto verso ciò che è occulto e misterioso, e potresti dedicarti allo studio dell'Astrologia e di materie affini, sempre usando però la prudenza in questo ambito.

433. URANO che governa la Dodicesima casa del tuo oroscopo fa sì che tutti gli argomenti che riguardano il mistero avranno su di te grande fascino ed interesse. Hai la capacità di intraprendere lo studio dell'Astrologia e di materie simili, mentre l'amore per la metafisica è profondamente connaturato in te: perciò sarebbe tuo dovere ridestare tutte queste potenzialità latenti e renderle attive. Potresti essere indotto alla comprensione delle verità superiori a causa di un qualche crollo eccezionale, o a causa di esperienze strane ed improvvise che potrebbero accaderti, ma nonostante tutto, tra le strane esperienze che coinvolgeranno la tua carriera, sarai condotto sempre più vicino alla verità e potrai fare rapidi progressi per lungo tempo.

434. NETTUNO che governa la Dodicesima casa del tuo oroscopo ti farà incorrere in esperienze strane e misteriose in collegamento con ciò che chiamiamo occultismo. Potrai venire a contatto con *medium*, o indagherai lo spiritismo, o forse incontrerai persone molto particolari che avranno strane concezioni in ambito occulto. Questa posizione però ti avverte di essere molto prudente in tutti i tuoi rapporti con queste dimensioni, in quanto, in diversi periodi della tua vita, potresti venire a contatto con vari livelli di fenomeni *psichici*, ma queste varie energie possono operare nelle condizioni più elevate solo quando si conduca una vita particolarmente pura, e quando si tenda verso un pensiero elevato ed una purezza di intenti.

435. La tua Casa Dodicesima, quella dell'occultismo e delle cose segrete NON ERA OCCUPATA da alcun pianeta alla nascita, dunque l'influenza di questa casa sulla tua vita non è così forte come sarebbe stata nel caso in cui un pianeta avesse stimolato le sue energie all'attività. Questa situazione potrebbe avere l'effetto di ritardare tutti i tuoi particolari sforzi di percorrere la via occulta, e qualunque tendenza tu possa avere in questo ambito dovrà venire da altre influenze del tuo tema natale. C'è un vantaggio però che quest'assenza di pianeti in Dodicesima può arrecarti: che non viene indicata nessuna grave pena a causa di inganni o di intenzioni deliberatamente cattive di nemici, e che tutti i problemi che ti saranno causati dall'inimicizia e dalla gelosia saranno più spontanei e risultanti dall'impulso che non dalla premeditazione.

Capitolo 31
sommari

CAPITOLO XXXI

I SOMMARI

Ogni oroscopo potrebbe esser riassunto annotando prima di tutto la posizione, poi la Triplicità ed infine la Qualità dei segni occupati alla nascita dalla *maggioranza* dei pianeti. Se ci fossero dei dubbi su quale Triplicità o Qualità abbia l'influenza più forte (a causa del fatto che ci sono 3 pianeti in ciascuna) allora si assegnerà un voto decisivo ai segni occupati dal Sole e dalla Luna, essendo però il Sole da preferirsi alla Luna in tutti i casi di incertezza. Il Sole e la Luna entrambi in segni della *stessa* natura contano come "maggioranza". I seguenti brevi sommari sono sufficientemente chiari da spiegarsi da soli.

POSIZIONI PLANETARIE

436. La maggioranza dei pianeti che al momento della tua nascita STAVA SORGENDO E DUNQUE SI TROVAVA VICINO ALL'ORIZZONTE ORIENTALE indica che farai progressi nella vita grazie alla tua energia, alla tua intraprendenza ed alla tua tenacia e che nell'ambito della tua attività raggiungerai una buona posizione in cui avrai potere e autorità. Avrai inoltre molte buone opportunità e la capacità di afferrarle, ecco perché potrai aver successo e progredire. La maggioranza dei pianeti natali alla levata indica abilità ed autocontrollo e permette a coloro che nascono in quel momento di avere, per così dire, nelle loro mani le vibrazioni dei pianeti: perciò potrai fare buon uso delle forze che operano intorno al tuo ascendente.

437. La maggioranza dei pianeti che al momento della tua nascita STAVA TRAMONTANDO E DUNQUE SI TROVAVA VICINO ALL'ORIZZONTE OCCIDENTALE indica che avrai minori opportunità di gestire le circostanze della tua vita e che sarai maggiormente sottoposto all'influenza del destino di quanto saresti stato se la maggioranza dei pianeti del tuo oroscopo fosse stata alla levata invece che al tramonto. L'influenza degli altri avrà un notevole peso sulla tua vita e non potrai farcela con le tue sole forze né potrai plasmare la tua esistenza, in quanto sei destinato ad avere sempre qualcuno che ti aiuti o ti consigli. Potrebbe sembrare che tu abbia meno libero arbitrio di coloro che nel loro oroscopo hanno i pianeti alla levata, ma in realtà questa posizione ha ben altri significati oltre a questo, giacché indica il fondersi della Personalità nell'Individualità, ogni qual volta tu sia in grado di comprendere il valore di questa resa.

438. La maggioranza dei pianeti che al momento della tua nascita si trovava SOPRA L'ORIZZONTE fa sì che possano venir fuori tutte le possibilità latenti indicate da quei pianeti, e che tu sia messo nelle condizioni di esprimere con facilità la loro energia: dunque otterrai un certo successo nella vita e progredirai in molti modi oltre il livello del tuo ambiente natale. L'elevazione dei pianeti indica anche un certo grado di ambizione e la capacità di affrontare da solo le difficoltà: ti rende infatti fiducioso nelle tue possibilità, pieno di aspirazioni, energico e tenace. Avrai dei periodi molto fortunati ed avrai successo ogniqualvolta farai sforzi per realizzarti e sarai determinato a sfruttare al massimo le opportunità che ti si presenteranno.

439. La maggioranza dei pianeti che al momento della nascita si trovava SOTTO L'ORIZZONTE indica che gli ultimi anni della tua vita saranno quelli di maggior successo. C'è una gran parte di te latente e che non puoi esprimere bene e nella tua vita non avrai moltissime possibilità di migliorare la tua posizione: dunque cerca di afferrare qualunque opportunità ti si presenti. Ti realizzerai meglio lavorando con altre persone e grazie ad una forte perseveranza piuttosto che grazie ad una grande ostentazione ed intraprendenza, e credo che faresti molto meglio a lasciare che altri si assumano le responsabilità piuttosto che sia tu a tentare di affermarti: lavori meglio senza riconoscimenti e nell'ombra. Non sei pienamente cosciente di tutto quello che c'è in te.

LE TRIPLICITÀ

440. La maggioranza dei pianeti che al momento della nascita si trovava nei SEGNI DI FUOCO è indicazione di una natura molto ardente ed idealista. Possiedi una notevole dose di energia e di vitalità, una natura piena, ricca e generosa, abbondanza di entusiasmo e di gioia di vivere ed anche molta speranza e dinamismo. Hai emozioni profonde, puoi amare con ardore e dimostrare molta passione, e non ti manca mai il coraggio. L'amore per l'eroismo e l'intensità degli scopi sono caratteristiche molto forti della tua natura e della tua indole. Metterai sempre tanto di te stesso in tutto ciò che farai e nei tuoi sentimenti, ma dovrai evitare di agire con impulsività ed imprudenza: rifletti sempre bene prima di parlare o di agire.

441. La maggioranza dei pianeti che al momento della nascita si trovava nei SEGNI D'ARIA è indicazione di una natura piena d'ispirazione e di talento artistico. Sei essenzialmente raffinato e sei in grado di vivere molto di più nella dimensione della mente che in quella dei sensi. Sei affascinato dalla bellezza estetica, ma avrai orrore per i piaceri sensuali. La tua anima è viva ed hai la rara qualità di sentire le cose attraverso la mente. Hai ottime capacità intellettuali e puoi dedicarti allo studio senza difficoltà, ma sarà la dimensione artistica della vita ad aver più presa su di te di quella scientifica, a meno che non si tratti del lato filosofico della scienza. Hai meravigliosi ideali, e potrai coltivare talenti eccelsi.

442. La maggioranza dei pianeti che al momento della nascita si trovava nei SEGNI D'ACQUA è indicazione di una natura piuttosto emotiva e *psichica*. In te è molto accentuata la tendenza ad essere istintivo ed emotivo: sei dunque ricettivo ed in una certa misura facilmente influenzabile. Quanto potrai godere ed apprezzare la vita dipenderà molto dalle tue condizioni, dall'ambiente e dal tuo circondario, in quanto hai percezioni vive ed intense e senti le cose in un particolare modo legato alle emozioni. Sei medianico e molto spesso influenzato da sentimenti e pensieri che provengono sia dai vivi che dai morti. Per esser felice, vivi in modo puro.

443. La maggioranza dei pianeti che al momento della nascita si trovava nei SEGNI DI TERRA è indicazione sicura del fatto che diverrai molto concreto, meticoloso e realistico e che guarderai sempre al lato pratico e materiale della vita. Hai capacità scientifiche e potresti avere un certo successo in tutte le questioni collegate alla terra o in tutti gli affari solidi e tangibili. Amerai la giustizia e desidererai che tutti i traguardi da raggiungere siano concreti ed evidenti. Sebbene tu possa non essere brillante, acuto ed ingegnoso, sarai sempre industrioso, laborioso e tenace, e così facendo potrai ottenere molto più successo di quanto ne otterresti con la fretta e l'agitazione. Confida dunque nella tua affidabilità e non nell'ostentazione.

LE QUADRUPLICITÀ O "QUALITÀ"

444. La maggioranza dei pianeti che al momento della nascita si trovava in SEGNI CARDINALI indica che sei molto ambizioso, e che hai uno spirito energico ed intraprendente. Sei pieno d'entusiasmo e per sentirti davvero felice devi trovarti in posizione di comando. Sei un "pioniere" in tutti i sensi e aspirerai sempre ad assumere la guida di qualunque questione in cui tu abbia un minimo interesse. Sei per molti versi determinato, indipendente e molto attivo. Raggiungerai una certa fama durante la tua vita e sei o sarai una persona nota nel tuo ambiente. In te c'è un certo amore per i cambiamenti il che ti renderà talvolta capriccioso ed indeciso, ma ciò nonostante i cambiamenti ti sono favorevoli.

445. La maggioranza dei pianeti che al momento della nascita si trovava in SEGNI FISSI è indicazione favorevole di solidità, affidabilità e pazienza. Talvolta sarai molto rigido e risoluto e se porterai all'eccesso questa tua tendenza, potrai divenire dogmatico e persino ostinato. Ma in generale questa posizione ti dona fiducia in te stesso ed una certa dose di indipendenza, giacché alla radice del tuo carattere c'è orgoglio e dignità: infatti, sebbene tu non sia capace di ammetterlo, puoi diventare severo ed in una certa misura tirannico. Sarai comunque gentile grazie ai sentimenti di cui sei ricco. Sei tenace, sicuro ed affidabile.

446. La maggioranza dei pianeti che al momento della nascita si trovava in SEGNI MUTEVOLI indica che sei versatile, sebbene allo stesso tempo troppo indeciso e non sufficientemente stabile e determinato. Tuttavia sei benevolo ed in certa misura incline ad esser sensibile, ma se volessi rendere la tua vita più produttiva di risultati, dovresti imparare ad essere più coscienzioso altrimenti potresti diventare incostante e provare dentro di te sentimenti di insoddisfazione e carenza. Hai una natura piuttosto mutevole e dovresti tentare di innalzare la tua attitudine al livello di una stabile fiducia in te stesso, il che renderebbe la tua vita molto più felice e vincente. Talvolta sei molto irrequieto ed insicuro ma l'intelligenza e le attività intellettuali ti appassionano sempre.

LE POSIZIONI DEL SOLE E DELLA LUNA NEI SEGNI

447. IL SOLE IN UN SEGNO CARDINALE E LA LUNA IN UNO FISSO costituiscono una combinazione natale che fa sì che tu sia interiormente ambizioso e desideroso di raggiungere grandi cose, ma che esternamente sia incapace di rispondere velocemente alle vibrazioni interne. Ciò può causare nella personalità una certa tendenza all'ostinazione. Questa posizione ti rende serio e molto capace, ma sebbene tu abbia l'energia necessaria non sarai sempre pronto a consentirle di spingerti avanti. In effetti spesso sei tu stesso ad impedire il tuo successo a causa della tua incapacità a rispondere agli effettivi incitamenti interni che provengono dalla parte più alta di te. E' come se tu possedessi intelligenza interiore e percezione rapida, ma non la capacità di comprendere le opportunità se non quando siano ormai passate.

448. IL SOLE IN UN SEGNO CARDINALE E LA LUNA IN UNO MUTEVOLE costituiscono una combinazione natale che ti dona interiormente ambizioni ed aspirazioni, ma che non ti offre le opportunità necessarie per portarle ad attiva realizzazione, e ciò può esser causato da un'indifferenza da parte tua nei confronti dei desideri interni, in quanto la combinazione di queste differenti qualità non è affatto armoniosa: l'una infatti mostra una tendenza dinamica, mentre l'altra spinge in direzione del tutto contraria. Ma c'è un vantaggio importante riguardo a questa mescolanza: farà sì che tu possa stabilizzare la natura individuale e calmare l'entusiasmo interno. Ciò potrebbe non essere così vantaggioso da un punto di vista materiale, ma da quello della vita superiore e dell'Anima, c'è saggezza in questa combinazione. Nelle questioni di principio sii risoluto e non sacrificare mai l'ideale per il dettaglio.

449. IL SOLE IN UN SEGNO FISSO E LA LUNA IN UNO CARDINALE costituiscono una combinazione natale che ti donerà più fermezza individuale di quanta sarai in grado di esprimere nella tua vita, in quanto l'elemento personale è mutevole e possiede minore stabilità. Potresti essere ironico interiormente ed intelligente all'esterno, combinazione questa che dovrebbe rendere notevolmente più veloci le tue capacità mentali e darti un certo grado di dominio sulle condizioni esterne. Sei abbastanza ambizioso da essere in grado di farti la tua strada nella vita e

cercherai sempre di comandare o in generale di essere in posizione dominante. Sarai indipendente e sicuro di te e possederai una capacità di autocontrollo che ti consentirà di perseguire con ferma intenzione qualunque cosa desideri, essendo forte e tenace la tua volontà realizzativa. Hai forti caratteristiche.

450. IL SOLE IN UN SEGNO FISSO E LA LUNA IN UNO MUTEVOLE costituiscono una combinazione natale che indica una mescolanza di tendenze satiriche ed umoristiche, sebbene l'una possa confliggere in qualche misura con l'altra. Interiormente sarai molto più capace di quanto non potrai effettivamente concretizzare sul piano esterno, forse a causa di mancanza di opportunità. Internamente sei fermo, stabile e determinato, ma gli stati d'animo esterni sono in una certa misura segnati da irrequietezza ed indecisione. Questa potrebbe esser la causa di una certa mancanza di ambizioni e di una tendenza a lasciare che le cose vadano così senza timone, senza cioè che venga utilizzata sufficiente energia per mutare le condizioni esistenti. Perciò non raggiungerai la fama o grandi cose in questa vita, a meno che non ti unisca a qualcuno più ambizioso di te. I tuoi pericoli sono la determinazione interna e l'ondeggiamento esterno, mentre la decisione e l'intelligenza sono la tua salvezza.

451. IL SOLE IN UN SEGNO MUTEVOLE E LA LUNA IN UNO CARDINALE costituiscono una combinazione natale che renderà la tua personalità desiderosa di fama e di riconoscimenti, ma a te mancheranno spesso i necessari incentivi interni che potrebbero metterti nelle condizioni di realizzare i tuoi vari progetti ed aspirazioni. Non dovresti permettere a te stesso di essere troppo mutevole o incerto dal punto di vista individuale. Prova a comprendere che nella presente vita stai tessendo la tela del tuo destino futuro e che anche se non riuscirai a realizzare tutto ciò che progetti in questa vita, avrai nel futuro l'opportunità di raccogliere i frutti di tutto ciò che hai fino ad ora seminato. La tua natura sembra interiormente tranquilla, mentre in superficie sei superattivo e troppo precipitoso. Ciò nondimeno avrai occasione di imparare molto più dalle tue attività esterne che non dalle tue condizioni interne, che sono inclini ad eccessiva incertezza per potervi fare affidamento.

452. IL SOLE IN UN SEGNO MUTEVOLE E LA LUNA IN UNO FISSO è una combinazione natale che ti darà indecisione interna e determinazione esterna, così che potresti essere stabile e risoluto dal punto di vista personale riguardo a qualunque linea di azione, per poi, quando arrivi al punto, essere così tanto indeciso da ondeggiare, perdendo così molte opportunità. Sarà molto vantaggioso per te pensare attentamente prima di decidere qualcosa in modo definitivo, ma una volta che tu abbia preso la tua decisione, sarà bene che tu porti a termine il tuo progetto iniziale, altrimenti dovrai eseguire l'azione quando questa ha perso la sua utilità. Sembra che la lezione che devi imparare sia di essere fermo, ma non ostinato. Non raggiungerai molto successo in questa vita e farai bene ad esser sempre paziente.

453. IL SOLE IN UN SEGNO DI FUOCO E LA LUNA IN UNO D'ARIA costituiscono una delle migliori combinazioni natali, armoniosa da ogni punto di vista. Essa ti darà la possibilità di controllare le tue emozioni e di guardare le cose da un punto di vista intellettuale, oltre che di avere alle spalle una forte determinazione che potrà innalzare i tuoi ideali al livello più alto. Puoi essere filosofico e molto sincero, ma potrebbe accadere che tu viva un po' troppo in una dimensione soggettiva. Penserai e sentirai in anticipo rispetto al tuo circondario e se saprai armonizzare le tue azioni con i tuoi ideali, farai dei grandissimi progressi nella presente vita terrena. La natura della tua intelligenza è tale da consentirti di espanderti in ogni direzione, ma dovresti tentare di comprendere che molte delle tue attuali limitazioni potranno esser superate dai tuoi sforzi individuali.

454. IL SOLE IN UN SEGNO DI FUOCO E LA LUNA IN UNO D'ACQUA costituiscono una combinazione natale che indica il dominio delle emozioni superiori su quelle inferiori, il che significa realmente che ogni tua tendenza ad incoraggiare l'elemento collegato ai sensi ed alle sensazioni è destinata a vivere nella metà inferiore del tuo essere. Sarai molto sensibile al tuo circondario e spesso assumerai gli stati d'animo di altre persone pensando che siano i tuoi. Hai certezza di una vita superiore e dovresti ricordare che lo spirito veramente medianico deve dare la sua fedeltà al Sé superiore e non lasciare che le abitudini della mente e del corpo dominino interamente l'anima. Sei incline ad essere influenzabile sul piano personale, ma quando sei sospinto al centro di te stesso sei fermo e deciso.

455. IL SOLE IN UN SEGNO DI FUOCO E LA LUNA IN UNO DI TERRA costituiscono una combinazione di elementi contrari. Ti renderai conto che dal punto di vista individuale sarai molto più evoluto rispetto ai tuoi stati d'animo personali ed al circondario, e scopo di ciò sembrerebbe essere quello di insegnarti ad essere coscienzioso e molto meno preda di entusiasmi ed emozioni, ma anche quello di aiutarti a concretizzare i tuoi splendidi ideali. Avrai moltissime opportunità di imparare la pazienza e di evitare l'impulsività e l'eccessiva generosità. Interiormente sei completamente diverso rispetto a ciò che sei esteriormente e ciò dipende dal fatto che devi acquisire il tanto necessario equilibrio tra questi due stati dell'essere. Dovresti tentare di comprendere questa grande disparità che c'è in te ed apprendere la lezione di entrambe queste parti, delle quali una tende all'espansione e l'altra alla contrazione: si tratta dunque di estremi opposti.

456. IL SOLE IN UN SEGNO D'ARIA E LA LUNA IN UNO DI FUOCO costituiscono una combinazione che indica che sei troppo impulsivo sul piano della personalità rispetto alle tue condizioni interiori o individuali. Ciò può causare una tendenza a precipitare le cose quando sarebbe forse meglio attendere un momento più favorevole. Guarderai il mondo da un punto di vista raffinato ed idealistico e farai grandi progressi nel corso della vita che ancora ti attende in futuro. Hai poco da temere per la tua realizzazione, in quanto hai la capacità di farti la tua strada nella vita, ma dovresti ricordare che la fretta e la precipitazione non sono i migliori mezzi per raggiungere il successo. Sei molto intuitivo, sai cioè percepire internamente la parte migliore di ogni cosa, e sei fortunato dal momento che possiedi una personalità che è in armonia con le tendenze individuali.

---

457. IL SOLE IN UN SEGNO D'ARIA E LA LUNA IN UNO D'ACQUA, laddove come sempre il primo rappresenta la parte Individuale del tuo essere mentre la seconda le condizioni Personali, costituiscono una combinazione che indica una certa disarmonia. Con molta probabilità lascerai che l'elemento Personale ti domini quasi interamente, nel qual caso diverrai molto ricettivo, facilmente influenzabile e condizionabile dal tuo circondario e dai tuoi stati d'animo. La parte superiore del tuo essere si potrà manifestare solo raramente, a meno che tu non superi i tuoi stati d'animo. Tieni sotto controllo tutte le tue tendenze ad esser troppo assorbito dalle sensazioni e dai sentimenti emozionalmente più bassi. Avrai dei periodi di ispirazione e di ascesa spirituale che ti terranno del tutto fuori dall'influenza del circondario e dell'ambiente e che ti daranno l'opportunità di crescere spiritualmente.

458. IL SOLE IN UN SEGNO D'ARIA E LA LUNA IN UNO DI TERRA, costituiscono una combinazione che indica che tenderai ad essere interiormente mutevole ed esternamente pratico, così che da questa combinazione si delinea una condizione piuttosto disarmonica. Ma è del tutto possibile che tu possa far buon uso della tua vita permettendo al lato pratico della tua natura di realizzare i comandi del Sé Superiore o Interiore. Tu realizzerai attraverso il mondo oggettivo, con precisione e studio accurato, alcuni degli ideali e stati soggettivi della tua anima. Non consentire a te stesso di essere troppo concreto o troppo critico in quanto hai immagazzinato nella profondità della tua natura molte gemme di artistica bellezza. Sebbene le tue esperienze in questa vita siano intese a "solidificare", hai interiormente delle ispirazioni di cui non dovresti mai dimenticarti.

459. IL SOLE IN UN SEGNO D'ACQUA E LA LUNA IN UNO DI FUOCO, costituiscono una combinazione di elementi non molto adatti ad unirsi ed indica che dal punto di vista personale sarai più avanti rispetto alle tue condizioni individuali e che tramite l'esperienza generale di questa vita tenderai ad innalzare emozioni e sentimenti ad un livello superiore. Le emozioni spesso ti domineranno ed i tuoi pericoli saranno determinati da impulsi non controllati che spesso, per quanto riguarda i sentimenti, potranno condurti molto oltre il livello di sicurezza. Sei interiormente medianico ed esternamente sicuro: il contrario di ciò che vorresti essere, e ciò provocherà in te profonde riflessioni sul tuo comportamento così contrario ai tuoi più profondi desideri, cosa questa che genera la scontentezza.

460. IL SOLE IN UN SEGNO D'ACQUA E LA LUNA IN UNO D'ARIA costituiscono una combinazione che indica che dal punto di vista interiore ed individuale sei più emotivo di quanto non lo sia da quello personale, ma anche che nel corso della presente vita avrai la capacità e l'opportunità di riflettere sulle tue sensazioni e di raggiungere un sufficiente controllo su di loro, evolvendoti così più rapidamente di quanto non avresti potuto fare con una personalità meno raffinata. Potresti esprimere la tua anima attraverso la pittura o tramite qualunque lavoro professionale in cui i sentimenti e le emozioni possano guidare la mente. La tua attitudine ad evolverti è coadiuvata dal tuo ambiente e dal tuo circondario, ma in profondità dentro di te c'è una ricettività che ti mette in contatto con forze invisibili e questa è la vera forza motivante di tutte le tue azioni. Sei ispirato e puoi diventare medianico, soprattutto se vivi nella purezza.

461. IL SOLE IN UN SEGNO D'ACQUA E LA LUNA IN UNO DI TERRA: l'armonia tra la condizione Individuale e quella Personale potrà essere raggiunta attraverso l'unione di questi elementi[63]. Questa è una combinazione che indica che dal punto di vista personale sarai obiettivo, pratico, tenace ed appassionato della scienza, ma che interiormente sarai incline al sogno o ad essere irrequieto e per nulla pratico: perciò in questa vita ti sarà data l'opportunità di rendere più solide molte delle tue condizioni interne. Sarai sempre ricettivo e mai troppo sicuro, ma potresti tendere verso l'esterno assolutamente più di quanto sia giusto per il tuo progresso. Imparerai molte cose studiando le leggi dell'igiene e le materie scientifiche. C'è una certa complessità in te e ciò fa di te un soggetto difficile da conoscere.

462. IL SOLE IN UN SEGNO DI TERRA E LA LUNA IN UNO DI FUOCO costituiscono una combinazione che indica che una natura interiore pratica, solida e determinata governa le caratteristiche personali, ma con una personalità di fuoco andrai spesso al di là dei tuoi desideri individuali, trovando così dinanzi a te un sentiero difficile da percorrere, in quanto gli ideali che persegui sono molto più avanzati rispetto al livello della tua effettiva crescita spirituale. Questa situazione tenderà a fornirti molte opportunità di rompere con le idee cristallizzate del passato, per poter progredire nel futuro. Spesso avverrà che tu agisca d'impulso e che dopo ti penta dell'azione compiuta. Questi due estremi opposti della tua natura saranno un grosso problema per te fino al momento in cui ti renderai conto che stai ora seminando per il raccolto futuro. Per riassumere in poche parole gran parte della tua vita si può dire che sei interiormente lento ed esteriormente rapido.

463. IL SOLE IN UN SEGNO DI TERRA E LA LUNA IN UNO D'ARIA costituiscono una combinazione che indica che la tua natura interiore sarà molto più pratica di quella esterna, essendo quest'ultima più mutevole ed atta a renderti molto più raffinato esternamente di quanto tu non lo sia interiormente. A causa di ciò ti ritroverai in un ambiente che non armonizzerà affatto con i tuoi bisogni[64]. Tutto lo scopo della tua vita sarà di raffinare la natura interiore e di eliminare tutte le condizioni cristallizzate nel passato. Le virtù della Verità e della Giustizia diverranno molto affascinanti per te nel momento in cui avrai compreso maggiormente la complessità della tua natura, giacché sei tanto più complesso quanto più sei internamente negativo ed esternamente positivo, dando così luogo ad opposti estremi.

---

[63] Questa frase dell'Autore vale evidentemente per tutte le combinazioni di segni. (Nota del Curatore)

[64] Come sempre ma qui con molta evidenza si può rilevare come una parte interna che confligge con un'altra dentro l'Unità Uomo, da corpo a situazioni reali che si vengono a materializzare intorno all'individuo e che semplicemente rispecchiano la sua interiorità. Ecco cosa significa l'assioma astrologico di base "il carattere è il destino"! (Nota del Curatore)

464. IL SOLE IN UN SEGNO DI TERRA E LA LUNA IN UNO D'ACQUA costituiscono una combinazione che ti donerà un carattere sensibile mettendoti nelle condizioni di ricevere delle forti impressioni dall'esterno e facendoti propendere per il lato della vita che può essere facilmente influenzato confondendo il circondario e i suoi umori con te stesso, così che finisci per identificarti con i tuoi sentimenti e con le tue emozioni[65]. Non consentire mai di essere troppo affascinato da altre persone altrimenti assorbirai tutte le loro emozioni e perderai gran parte della tua forza di volontà. Tenderai a divenire concreto interiormente, ma irrequieto all'esterno. Sarà bene che tu ti astenga dalla ricerca di sensazioni o altrimenti potresti diventare schiavo di abitudini e comportamenti che saranno dannosi alla tua anima ed al tuo progresso. Dovresti cercare di imparare la fermezza ed anche sforzarti di trovare la differenza tra fluidità e rigidità.

---

[65] Bisogna riconoscere che tra i paragrafi oscuri di cui parla anche l'Autore stesso nell'Introduzione, questo ne è un esempio abbastanza eclatante. L'originale dice "...and inclining you to the side of life which is easily influenced by mixing the surroundings and their conditions, to yourself,..." Il problema è "side of life" perché lascia incerti se si tratti di una dimensione esterna o interna. (Nota del Curatore)

Capitolo 32
paragrafi supplementari

CAPITOLO XXXII

PARAGRAFI SUPPLEMENTARI

Questi paragrafi supplementari o aggiuntivi dovranno essere usati con giudizio nei casi in cui particolari oroscopi lo richiedano, allo scopo sia di rafforzarne il senso che di riempire delle lacune, dopo aver considerato però con attenzione l'effetto che queste parti aggiuntive potrebbero avere sull'intera interpretazione. Andrebbero comunque usati con moderazione e non indiscriminatamente.

Il "pianeta sorgente"[66] sarà naturalmente quello che si troverà sul lato Est della carta ed il più vicino possibile alla cuspide dell'ascendente, perché quanto più sarà vicino all'ascendente tanto maggiormente la sua forza tenderà ad essere immessa nel piano della coscienza e ad esser sottoposta al dominio della volontà. Non è consigliabile accludere questa pagina all'interpretazione se non vi sia un pianeta nella prima o nella dodicesima casa oppure nella prima metà della seconda o nell'ultima metà dell'undicesima. L'influenza del *pianeta sorgente* sarà molto condizionata dal segno in cui sorge, dalla sua distanza dall'ascendente e dagli aspetti che riceve da altri pianeti in altre case ecc.

I paragrafi intitolati "coloritura personale" sono destinati a quelle persone che hanno uno speciale interesse per le questioni *psichiche* e che sono desiderose di informazioni che riguardino l'aura[67] e di sapere quali siano i colori giusti ed armonici da indossare, ecc. ecc., ed in definitiva a tutti coloro che abbiano un particolare interesse per i colori. Nella maggioranza dei casi questi paragrafi sono superflui, ma nei casi in cui non ci siano aspetti lunari, essi sono utili per arricchire la parte dedicata alla Personalità che altrimenti agli occhi del lettore potrebbe apparire un po' misera.

I principianti sono invitati ad omettere del tutto questi paragrafi.

---

[66] In originale "rising planet". (Nota del Curatore)

[67] Questa invisibile "sfera nebulosa" che circonda l'essere umano è trattata in varie parti dell'opera di Alan Leo. Il lettore interessato può leggere il Cap. X di *Astrologia Esoterica* ed. cit. pagg. 157 e segg., o anche *The Art of Synthesis*, Destiny Books, Cap. XIV pagg. 136 e segg. In generale si può dire che l'aura umana che a questo livello (personale) è governata dalla Luna (come sottoinfluenza di Giove) e visibile solo all'occhio chiaroveggente, si tinge di colori diversi a seconda del livello evolutivo di ciascuno di noi. Essa peraltro si distingue in strati a seconda delle varie funzioni che va ad assolvere e quindi dei corpi con i quali va ad interferire: *Aura della Salute* (corpo fisico), *Aura Eterica* (corpo eterico), *Aura Kamica* (corpo astrale o del desiderio) e *Aura della Mente Inferiore* che è dunque la più elevata e che è un miscuglio di quella kamica e di quella mentale. L'influenza della Luna sull'aura si ferma qui, in quanto ai livelli superiori secondo Leo agiscono altri pianeti fino ad Urano che governa il livello più eccelso e luminoso dell'aura umana. (Nota del Curatore)

IL PIANETA SORGENTE

465. IL SOLE sorgente al momento della tua nascita è una posizione molto favorevole che ti dona prestigio e reputazione e che ti sostiene ogniqualvolta tu sia sottoposto a *stress* o forti pressioni. Otterrai rispetto e buoni sentimenti dalle persone che ti circondano, così che potrai occupare posizioni di responsabilità e potrai esercitare una qualche autorità sugli altri. Questa non è soltanto una posizione favorevole alle questioni materiali ma anche molto propizia alla tua crescita morale. Disprezzerai qualunque azione meschina o vile, ma ti sforzerai sempre di fare le cose giuste per amore della Giustizia così che nel tempo meriterai la stima degli altri.

466. LA LUNA sorgente al momento della tua nascita ti darà un carattere mutevole e ti farà amare cambiamenti e novità. Questa posizione ti renderà molto sensibile non solo alla sfera di pensiero delle altre persone ma anche al tuo intero circondario: i sentimenti giuocheranno una parte molto importante nella tua vita. Sarà bene che tu usi una gran cautela per quanto riguarda amicizie e conoscenze, in quanto c'è in te la tendenza ad essere facilmente sottoposto ad influsso *psichico* da parte degli altri e ad essere altrettanto facilmente influenzato da loro. Amerai i viaggi e talvolta potrai essere un po' irrequieto, molto dipenderà comunque dal tuo ambiente e dalla tua vita familiare. Sei molto sensibile ed alquanto influenzabile.

467. MERCURIO sorgente al momento della tua nascita è favorevole alla tua intelligenza: sarai molto acuto e perspicace, ma altrettanto attivo e rapido nel pensiero e nell'azione. Questa posizione da molti punti di vista farà di te un personaggio unico, in quanto non avrai soltanto magnifiche capacità emulative ma anche la possibilità di essere "qualunque cosa per chiunque". Sarai perspicace e diplomatico e perfettamente in grado di discutere a favore o contro qualunque cosa, a seconda delle tue inclinazioni; possiedi inoltre abilità letteraria, così che la tua mente troverà sempre il modo per tenerti occupato. Come il mercurio, che il pianeta Mercurio rappresenta, andrai su o giù come il barometro, a seconda dell'ambiente nel quale verrai a trovarti.

468. VENERE sorgente al momento della tua nascita è molto favorevole e ti dona un carattere piacevole, sereno ed allegro. Porterà fortuna nella tua vita e sarai amato e rispettato da tutti coloro con i quali entrerai in contatto. Hai talento musicale, per il canto, e amerai l'arte e tutto ciò che è bello e raffinato. Potrai aver successo in attività che donano piacere agli altri, mentre dovresti cercare sempre impieghi di tipo molto raffinato ed occuparti in attività che abbiano come scopo la felicità degli altri, non solo per raggiungere il successo nella vita, ma anche perché la tua solare influenza sarà per loro benefica. Il sorgere di Venere dona una delle migliori disposizioni possibili.

469. MARTE sorgente al momento della tua nascita ti darà abbondante energia e sicurezza di te, in modo tale che non ti mancherà mai il "fegato". Sarai infatti coraggioso, energico e talvolta piuttosto egocentrico ed incline ad importi senza

---

necessità, così che dovrai evitare di affidarti agli impulsi e di fare le cose precipitosamente, come anche di arrivare di colpo alle conclusioni. Raggiungerai posizioni migliori nella vita grazie ad i tuoi sforzi e potrai spingerti parecchio in avanti quando l'occasione lo richiederà, anche se sarebbe bene che tu serbassi un po' delle tue energie per quando ti saranno davvero necessarie. In altre parole *pensa* prima di agire.

470. GIOVE sorgente al momento della tua nascita è molto favorevole al tuo successo nella vita e ti promette prosperità e fortuna. Ciò avverrà comunque soprattutto a causa del tuo carattere nobile e generoso e del fatto che possiedi altruismo e simpatia. La tua natura allegra, ottimista ed entusiasmante conquisterà rapidamente la fiducia degli altri, e tutti ti augureranno sempre il bene. Avrai successo e non dovrai temere nessun impegno sociale a patto che non ti manchi la speranza: più sarai ottimista, più potrai beneficiare di questa influenza benefica. Puoi crearti uno splendido futuro.

471. SATURNO sorgente al momento della tua nascita non è favorevole per quanto concerne la prosperità materiale, giacché indica che l'ambiente nel quale sei nato non era il più adatto al progresso ed al benessere: avrai molti ostacoli da affrontare ed il tuo successo dipenderà più dai tuoi sforzi che dagli aiuti che potrai ottenere dall'esterno. Sei industrioso e tenace e puoi essere molto perseverante e parsimonioso, ma anche prudente e riservato. Alla fine i tuoi traguardi saranno la Purezza e la Giustizia: più coltiverai in te le virtù morali, più ti potrai avvicinare alle vere qualità saturnine: la Meditazione, la Contemplazione e la Verità.

472. URANO sorgente al momento della tua nascita (specialmente se in casa prima) segna di originalità la tua nascita in quanto Urano è il pianeta di tutto ciò che è fuori dal comune, delle invenzioni e spesso anche della genialità. Questa posizione potrà talvolta far sì che tu possa esser giudicato un tipo singolare, un eccentrico, un tipo strano, dal momento che ti spinge ad essere brusco e molto anticonformista. Questa posizione ha anche molto a che fare con il tuo amore per il mistero e ti dona altresì la capacità di studiare l'astrologia e materie affini. Ami tutto ciò che è meraviglioso e profondo. Ci saranno delle storie d'amore romantiche nella tua vita o dei cambiamenti molto improvvisi e che ti troveranno impreparato, i quali potranno portare o rovesci di fortuna o guadagni e vantaggi inaspettati.

473. NETTUNO sorgente al momento della tua nascita influenzerà la tua vita in modo insolito. Sarai romantico e medianico, o incline allo *psichismo*. Vivrai nella tua vita stranissime esperienze ed anche alcuni episodi eccezionali. Soltanto pochissimi possono rispondere in qualche modo alle sottili vibrazioni spirituali del pianeta Nettuno, ed essi sono le anime che vivono le vite più pure. Devi stare in guardia contro la suggestione ipnotica e dovresti essere molto selettivo per quanto concerne amici e conoscenti. Avrai molto probabilmente dei sogni eccezionali, che dovresti sforzarti di ricordare. Non potrai sfuggire al destino di essere talvolta molto medianico ed ipersensibile.

COLORITURE PERSONALI[68]

474. LA LUNA NEL SEGNO DELL'ARIETE alla nascita tingerà la tua aura personale di un rosso lucente, o di rosso scarlatto e rosa. Questa posizione ti farà guardare il mondo attraverso lenti rosate, rendendo le tue opinioni personali più telescopiche che microscopiche. Perciò dovrai rendere alcuni dei tuoi ideali più concreti e solidi di quanto sia nelle tue abitudini, perché questa posizione ti spingerà ad essere avventuroso, amante delle speculazioni e a volte un po' troppo entusiasta e fantasioso. Essa tenderà a renderti intraprendente, felice e sicuramente capace di organizzare, programmare e progettare così che non ti sentirai mai confuso per aver mancato di afferrare tutte le opportunità che ti possono capitare nel corso della presente vita. Tu infatti colorerai sempre tutto più o meno di rosso e ciò ti donerà speranza ed energia, che sono necessarie per realizzare tutti i tuoi progetti.

475. LA LUNA NEL SEGNO DEL TORO alla nascita tingerà la tua aura personale di un blu pallido che ti farà guardare il mondo attraverso lenti blu, e ciò tenderà ad accentuare la parte affettuosa della tua natura ed a donarti quella stabilità e quei sentimenti che ti faranno guardare al mondo con uno sguardo più ottimista ed elevato di quanto sarebbe stato nel caso fosse mancata alla tua aura questa coloritura blu. Questa posizione ti renderà socievole, simpatico e pronto a far felici gli altri, stimolando i tuoi sentimenti e rendendoti così più espansivo, più benevolo, più delicato e sensibile di quanto non avvenga alle persone che non hanno altrettanto blu nella loro aura. Naturalmente tutte le altre influenze presenti nel tuo oroscopo potranno modificare queste indicazioni, mentre gli aspetti di Venere potranno accentuarle: dunque cerca di scoprire le caratteristiche di Venere nel tuo oroscopo e come agisca su di te da questo punto di vista.

476. LA LUNA NEL SEGNO DEI GEMELLI alla nascita tingerà di un raggio giallo pallido la tua aura, ma dal momento che si tratta di un segno doppio, la coloritura dipenderà moltissimo dalla forza del tuo intelletto e dalla direzione verso la quale lo dirigerai, giacché mentre questo raggio giallo fornisce le qualità della saggezza, allo stesso tempo la mente potrebbe essere usata per finalità più o meno egoistiche, e tutte le volte in cui ci sia una tendenza all'indecisione e ad un'insufficiente concentrazione, ci sarà il pericolo che si formino nell'aura come delle chiazze di color arancio, al posto del giallo chiaro e brillante che il segno dei Gemelli dovrebbe offrire. Dunque la forza che questo raggio giallo potrà avere su di te dipenderà molto da Mercurio e dai suoi aspetti nel tuo oroscopo, ed io ti consiglio vivamente di essere più costante e di liberare la mente dalle sensazioni che ti potranno giungere dalla parte animale della tua natura, perché più

---

[68] I paragrafi seguenti che riguardano l'aura sono scritti in modo molto poco attento rispetto alle necessità di una costruzione sintattica corretta (periodi lunghissimi, ripetizioni ecc). Ciò nonostante ho lasciato questa sorta di "stream of consciousness" per quanto possibile, perché è comunque molto interessante. Il lettore attento noterà che tutte le diverse sezioni che raccolgono i vari paragrafi sono scritte in modi diversi, come se l'Autore cambiasse il modo del pensiero rispetto all'argomento trattato. (Nota del Curatore)

purificherai questo giallo, più profondo sarà il tuo intelletto, specialmente riguardo a questioni sottili e raffinate.

477. LA LUNA NEL SEGNO DEL CANCRO alla nascita tingerà di un raggio di pallido violetto la tua aura personale e dal momento che questo colore si espanderà sull'intera tua vita, guarderai il mondo attraverso questa vibrazione dello spettro che accentuerà la tua sensibilità e ti renderà molto più profondamente ricettivo nei confronti dell'ambiente circostante, influenzandoti notevolmente nel momento in cui vieni a contatto con altre persone, nella misura in cui il raggio violetto tende ad assorbire i colori provenienti dagli altri pianeti ed è generalmente molto influenzato dai vari pianeti dell'oroscopo. Questa combinazione ti renderà molto sensibile e percettivo a tutte le impressioni ed alle condizioni psicologiche dell'ambiente intorno a te, specialmente se studierai materie occulte e ti dedicherai a questioni correlate al mondo *psichico*; dovresti tentare di vivere nel modo più puro possibile se vuoi purificare questo colore, giacché molto dipenderà dalle tue abitudini di vita quanto quest'influenza potrà permeare l'intera tua aura.

478. LA LUNA NEL SEGNO DEL LEONE alla nascita tingerà la tua aura personale di un raggio color arancio. Questa posizione ti donerà molta energia vitale e fortificherà notevolmente l'aura della salute, in quanto ti consentirà di liberarti rapidamente delle malattie e ti donerà luminosità, ottimismo e gioia di vivere che ti faranno guardare alla vita con una visuale di gran lunga più allegra di quanto possa fare la maggior parte dell'umanità. Ma dovresti sempre ricordare che ciò potrà avvenire grazie al fatto che la tua energia vitale sarà notevolmente fortificata da questo raggio color arancio, dunque non abusare della sua forza dandoti ai piaceri che il Leone sempre tende a ricercare. Questo colore ti darà la capacità di studiare l'arte o la musica e potrà ispirare un talento poetico ogniqualvolta il raggio color arancio sia sufficientemente purificato da poter esser mischiato armoniosamente con gli altri colori dell'aura, nel modo in cui si potrà desumere dalle posizioni planetarie dell'oroscopo.

479. LA LUNA NEL SEGNO DELLA VERGINE alla nascita tingerà la tua aura personale di un raggio color arancio pallido e farà sì che tu divenga tanto più saggio quanto più assorbirai la sua coloritura, giacché tenderai ad osservare il mondo principalmente dal punto di vista della conoscenza e per questo diventerai piuttosto critico ed analitico, ma il raggio giallo ti inciterà sempre al discernimento, e quanto più userai questa facoltà che esso ti dona, tanto più potrai superare le tendenze più o meno animali dalle quali siamo tutti caratterizzati. Questa è una coloritura puramente umana che tende a perfezionarti e che ti ispira il desiderio di vivere più il lato mentale che quello sensuale della natura, in quanto il raggio che passa attraverso la Vergine, il segno della Vergine[69], è quello della purezza, e coloro che sono pronti ad indossare il manto giallo sono sempre quelli che hanno esercitato il discernimento a

---

[69] La Vergine che intende qui l'Autore è la Vergine Maria. (Nota del Curatore)

sufficienza in modo tale da essere in grado di guardare le cose con equanimità senza usare un livello più basso di critica.

480. LA LUNA NEL SEGNO DELLA BILANCIA alla nascita tingerà la tua aura personale di azzurro, rendendoti compassionevole, affettuoso, benevolo e d'animo gentile. Nel contempo però dovrai stare attento a non lasciarti condizionare troppo dal pensiero e dagli stati d'animo degli altri, perché avendo questo colore nella propria aura c'è la tendenza ad esser dominati dall'ambiente e dalle emanazioni *psichiche*. Esso ti renderà molto colto ed incline alla religiosità, e tenderà a rendere manifeste tutte le più delicate qualità che appartengono al pianeta Venere, che governa direttamente questo colore; perciò le attività artistiche potranno accentuare questa parte della tua aura ed in genere guarderai il mondo da un punto di vista più equilibrato rispetto alla maggioranza delle persone. Questo raggio potrà rafforzare la tua capacità di confrontare, e quanto più diverrai equilibrato tanto più tenderai verso la giustizia e vorrai armonizzarti all'ideale di Venere. Perciò cerca di scoprire per quanto è possibile la forza e l'influenza di Venere nel tuo oroscopo.

481. LA LUNA NEL SEGNO DELLO SCORPIONE alla nascita tingerà la tua aura personale di rosso cupo; a causa di questo colore la tua aura sarà molto forte e potrà facilmente esser spinta alla passione, all'orgoglio o alla gelosia, ma sapendo che queste debolezze provengono in te da questo raggio rosso, dovresti cercare di modificare il colore della tua aura dal pesante rosso cupo verso gradazioni più delicate e rosate che alla fine portano allo spirituale rosso cremisi. Ora per far ciò dovrai studiare accuratamente la tua natura ed usare tutto l'autocontrollo che lo Scorpione in genere dona. Avrai sempre fede nel lato misterioso delle cose, ma tenderai anche a curare molto bene i tuoi interessi, e se gli altri colori della tua aura non trasformeranno il rosso cupo in una gradazione più luminosa, ci sarà il pericolo che tu divenga eccessivamente personale, giacché questo colore accentua tutto ciò che è connesso con la personalità.

482. LA LUNA NEL SEGNO DEL SAGITTARIO alla nascita tingerà la tua aura personale di un raggio indaco, e quanto questo colore potrà essere trasformato dipenderà molto dall'energia proveniente dagli altri pianeti, giacché esso è costituito da un colore più intenso e forte di quanto possa essere prodotto da qualunque altra posizione lunare, perciò dipenderà dalla posizione di Giove la forza che quest'influenza potrà avere su di te, ma quanto più supererai ogni tendenza a ribellarti alla legge ed all'ordine del tuo essere, tanto più sarai in grado di purificare questo colore e comprenderne l'influenza spirituale. Esso farà sì che tu senta più o meno intensamente tutte le vibrazioni mistiche e ti metterà in consonanza con tutto ciò che riguarda l'aspetto religioso della vita, e se non sarà così è bene che tu sappia che non sei ancora arrivato a sottoporti all'influsso del vero raggio indaco, che è principalmente governato da Giove. Le tue vite passate hanno molto a che fare con le tue condizioni presenti, perciò non cercare mai di ribellarti alle circostanze, ma sforzati invece di armonizzarle.

483. LA LUNA NEL SEGNO DEL CAPRICORNO alla nascita tingerà la tua aura personale di verde chiaro e tenderà ad accentuare notevolmente gli altri colori della tua aura. Attraverso questo colore percepirai con chiarezza le condizioni dell'ambiente circostante, giacché esso assorbirà in una certa misura il rosso emanato da Marte, tendendo così a purificarti ed a far sì che tu possa essere maggiormente attratto da una vita austera, e se riuscirai a purificare questo verde finché non diventerà come il verde fresco degli alberi giovani, potrai coltivare tutte quelle qualità di resistenza e raffinamento che sono significate da questo colore. Esso tenderà a renderti amante della cultura e ti farà raggiungere una posizione migliore rispetto a quella dell'ambiente in cui sei nato, in quanto di solito rende pieni di tatto, prudenti e coscienziosi.

484. LA LUNA NEL SEGNO DELL'AQUARIO alla nascita tingerà la tua aura personale di tanti colori, difatti questo è l'unico segno dello zodiaco che può dirsi rappresenti il variopinto tessuto scozzese o la "veste variopinta"[70]. Ciò è dovuto al fatto che il colore di questo segno va dal verde a disperdersi in tanti colori variegati nei quali tutto sembra mischiato, e coloro che possono rispondere a questa splendida combinazione di colori potranno rendere la loro vita eccezionalmente utile e vantaggiosa. Questa combinazione dona quella sottile capacità di analisi della natura umana che rende possibile vedere il mondo da molti diversi punti di vista, e se imparerai ad essere tollerante e ti sforzerai di realizzare il principio della sesta razza[71], che è quello dell'armonia e dell'unione, avrai di sicuro fatto molto nella presente vita, dell'aura che ti circonda. Ma pochissimi possono rispondere a questa eccezionale coloritura e solo coloro che vivono il lato umano della loro natura possono realmente rispondere a questa vibrazione.

485. LA LUNA NEL SEGNO DEI PESCI alla nascita tingerà la tua aura personale di un colore grigio argento che ha più a che fare con il mondo *psichico* che con quello fisico. Questo colore ti renderà perciò molto ricettivo e potrà farti diventare medianico o così ipersensibile da ricevere pensieri e sentimenti dal piano astrale, il che avrà un effetto notevole sull'intera tua vita. Dunque, più vivrai in modo puro, più puro diverrà questo colore, e dal momento che esso è in una qualche relazione con il pianeta Nettuno, molto dipenderà dalle amicizie che formerai e dalle compagnie che frequenterai. Sforzati per quanto è possibile di vivere il lato più elevato della tua natura, perché hai dei sentimenti molto positivi e benevoli e la tua natura è in genere sensibile e facilmente influenzabile in senso positivo da un buon ambiente esterno. Questa coloritura ti renderà particolarmente buono con gli animali o con coloro che sono in disgrazia e soffrono, perché questo raggio ridesta il lato caritatevole della tua natura.

---

[70] In originale "..the tartan, or the 'coat of many colours'..".(Nota del Curatore)

[71] La sesta razza nella cosmogonia teosofica è quella della fratellanza universale che scaturirà nel nuovo ciclo uraniano (età dell'Aquario). Vedi Alice Bailey: *Astrologia Esoterica*, pagg. 382 e segg. (Nota del Curatore)

GLI ASPETTI IN GENERALE

Sotto questa stessa intestazione dei "Paragrafi Supplementari" può essere considerata una questione che altrimenti potrebbe facilmente essere trascurata e cioè quella della rilevanza da dare agli aspetti planetari che non coinvolgano il *Ruler* o Signore dell'oroscopo. Un momento di riflessione potrebbe infatti bastare a dimostrare che se si applicasse in modo cieco il metodo spiegato in questo libro, si potrebbero omettere del tutto delle influenze molto importanti.

Supponiamo per esempio un oroscopo nel quale Mercurio sia il *Ruler* ovvero governi il segno all'ascendente. Nel compilare la carta nel modo descritto altrove nel libro potremmo osservare che non sarebbe assegnato alcun paragrafo ad un aspetto quale la quadratura di Marte a Saturno, in quanto né Marte né Saturno governano l'oroscopo e non sono previsti ulteriori paragrafi per trattare altri aspetti.

E' assolutamente vero che in un oroscopo quale quello che stiamo considerando con Mercurio come *Ruler*, l'influenza della quadratura di Marte a Saturno sarebbe molto indebolita: essa sarebbe quasi trascurabile in confronto a quella che si determinerebbe se uno dei due pianeti fosse *Ruler* dell'oroscopo. Nonostante ciò questa quadratura si farebbe comunque sentire in una certa misura.

E' proprio in questa parte dell'interpretazione che un aspetto del genere andrebbe considerato. Qualunque aspetto potente: un quadrato, un'opposizione o una congiunzione, ecc. tra pianeti davvero significativi andrebbe inserito in questa sezione, comunque non più di due o tre al massimo, perché altrimenti il lettore finirebbe per confondersi con un numero eccessivo di aspetti. Andrebbe selezionato il più "audace" aggiungendovi quelli che tendono a confermarne o (nel caso avvenga) a neutralizzarne l'influsso[72].

Non è detto che questi aspetti debbano essere lasciati in questa particolare sezione dell'interpretazione, difatti ciascuno di questi Paragrafi Supplementari potrà essere inserito in qualunque punto si desideri, il che dipenderà naturalmente dalle circostanze.

I PIANETI NEI SEGNI

Allo stesso modo qualunque pianeta che abbia una forte posizione o per casa o per segno potrebbe essere inserito nei Paragrafi Supplementari.

Così, si supponga che in un certo oroscopo Marte sia in Ariete e dunque *essenzialmente dignificato*. Allora, sebbene Marte non sia il *Ruler* dell'oroscopo e non riceva aspetti dovrebbe comunque trovare un posto nell'interpretazione, in

---

[72] Nella maggioranza dei casi sarebbe assurdo prendere un aspetto come ad esempio il trigone di Urano a Nettuno, in quanto questo aspetto rimane in forza così a lungo da potersi ritrovare negli oroscopi di quasi tutte le persone nate in un certo anno. Solo nel caso in cui uno dei due pianeti sia angolare, o in un qualche altro modo sia portato a rilevanza, un aspetto del genere andrebbe inserito nell'interpretazione. Considerazioni del genere si applicano anche ad aspetti tra Saturno e Urano, o tra Giove e Saturno.

quanto quella di Marte in Ariete non è un'influenza che tende a nascondersi per troppa modestia! La stessa cosa varrà per qualunque pianeta nel segno della sua esaltazione, per esempio Marte in Capricorno, Giove nel Cancro e Venere nei Pesci. Ugualmente un pianeta angolare, per esempio Marte in Pesci o in Cancro in casa decima o quarta, mostrerà un influsso molto potente nella vita di un individuo.

Comunque qui come altrove non potrà sempre esserci una regola precisa. Lo studioso dovrà sempre affidarsi allo sviluppo della sua capacità di giudizio.

Capitolo 33
le polarità

CAPITOLO XXXIII

LE "POLARITÀ"

Come ho indicato altrove, le cosiddette "Polarità" o in altre parole le combinazioni delle posizioni per segno del Sole e della Luna, sono già state inserite in un altro volume della serie, testo al quale avevo rinviato il lettore. Ma quando la prima parte di questo libro fu pronta per la stampa decisi di includerle in forma condensata anche nel presente volume, e ciò per due ragioni: la prima perché ho pensato che sarebbe stato bene che questo libro fosse completo, e la seconda perché i testi delle polarità forniti nel precedente volume erano espressi in terza persona invece che come in questo, nella seconda, il che avrebbe potuto causare dei problemi a coloro che desiderassero compilare un'interpretazione astrologica per gli amici.

La scelta della parola "polarità" potrebbe sembrare strana a prima vista, ma ho inteso con essa comunicare l'idea di due "poli" della natura dell'uomo rappresentati dai termini Individualità e Personalità, e ciò che una frase come: "la polarità del Sole in Ariete e della Luna in Toro" vuole esprimere, è il modo particolare in cui l'uomo è dunque "polarizzato".

Il posto giusto per inserire le Polarità nell'interpretazione di un oroscopo è subito dopo gli Aspetti Lunari. Le posizioni e gli aspetti del Sole indicano le possibilità e le limitazioni individuali, mentre le posizioni e gli aspetti della Luna indicano le possibilità e le limitazioni personali: le Polarità, allora, descrivono in modo del tutto generale il mescolarsi dell'individuale con il personale, cioè quella combinazione di carattere [interiore] e di disposizione [esteriore] che concretamente potrebbe essere chiamata "l'uomo di tutti i giorni". Questa è una parte molto importante dell'interpretazione ed andrebbe considerata come il "fuoco minore" dell'insieme, laddove invece i Sommari sono il "fuoco maggiore". Andrebbe naturalmente ricordato che le note interpretative che ho inserito in questo capitolo sono molto stringate e non pretendono di far più che fornire dei suggerimenti sui veri poteri di ciascuna combinazione o polarità. Lo studioso dovrebbe sempre sforzarsi di sviluppare la sua capacità di unire insieme due o più differenti influenze, non c'è un altro modo per diventare astrologo[73].

---

[73] Questa sorta di compenetrazione dei contenuti simbolici di due o più caratteristiche è attuata da Alan Leo nel presente capitolo considerando prima di tutto la natura dei segni che debbono essere "uniti", le loro qualità (Cardinale/Fissa/Mutevole), i loro Elementi (Aria, Fuoco, Acqua e Aria), la relazione angolare tra loro, e la casa rappresentata da quello che ospita la Luna nei confronti di quello che ospita il Sole, che è sempre considerato simbolicamente come una prima

POLARITÀ DEL SOLE IN ARIETE

486. Se si unisce l'influenza del Sole in ARIETE con quella della Luna in ARIETE, che rappresentano rispettivamente la natura individuale e quella personale, si crea una combinazione atta a renderti un individuo molto indipendente e sicuro di sé. Sei dotato di molta intelligenza e di una mente brillante ma sei incline a guardare alla vita più da un punto di vista intellettuale ed idealistico, che pratico o emotivo. C'è sempre il pericolo che tu divenga egocentrico, rischiando così di diventare intollerante e limitato. Non devi temere un'espansione dei tuoi sentimenti in quanto sei atto a vivere anche troppo su di un piano mentale, e proprio per questo puoi incorrere in disturbi quali l'insonnia, le nevralgie ed il mal di testa. Non lasciarti mai prendere dalle preoccupazioni, e non essere troppo ansioso altrimenti la tua mente ne risentirà. Puoi essere molto bravo ma tendi ad esagerare nell'essere troppo indipendente ed impulsivo. Dolori e preoccupazioni possono causare rischi di problemi mentali e di esaurimenti nervosi. Disordini sanguigni si riveleranno da eruzioni sul viso e sulla testa.

487. Se si unisce l'influenza del Sole in ARIETE con quella della Luna in TORO, che rappresentano rispettivamente la natura individuale e quella personale, si crea una combinazione atta a donarti un'ottima capacità di discernimento e valutazione della qualità e delle condizioni delle cose in genere. Potrai studiare la medicina e saprai scoprire le cause delle malattie in te stesso e negli altri. Hai una notevole determinazione quando vuoi, ma possiedi anche una tendenza alla ricettività o alla medianità. Sei appassionato di scienze pratiche, perché in te ideali e concretezza sono molto ben mescolati. Ma la cosa che ami di più è l'armonia, ed io ritengo che tu sia sensibile alla minima disarmonia nel tuo ambiente. Con l'avanzare degli anni diventerai più concentrato, stabile e determinato.

488. Se si unisce l'influenza del Sole in ARIETE con quella della Luna in GEMELLI, che rappresentano rispettivamente la natura individuale e quella personale, si crea una combinazione atta a donarti un temperamento molto intenso ed attivo. Sei desideroso ma anche capace di esprimere bene e con chiarezza ciò che pensi, ma sei portato ad esagerare a causa dell'intensità della tua natura. Dunque si potrebbe dedurre che talvolta potrai diventare piuttosto irrequieto ed esigente, forse perché tendi a prenderti sulle spalle troppe cose nello stesso tempo. Hai talento per l'arte ed una certa genialità nelle cose meccaniche, ma non dovrai mai affaticare o sovraccaricare troppo la tua mente altrimenti potrai incorrere in

---

casa. Ad esempio nella combinazione Ariete/Cancro, si tratta di una combinazione Cardinale/Cardinale, Fuoco/Acqua, in rapporto di quadratura, ed il Cancro è la quarta casa dell'Ariete, essendo l'Ariete in questo caso considerato prima casa, perché ospita il Sole. A queste cognizioni "blended" come dice Leo, cioè unite/mescolate, si aggiunge la capacità del pensiero volatile che raggiunge una *sintesi* che esprime caratteristiche e tendenze oltre i dati noti di partenza. Dunque per stilare un'interpretazione occorre una prima parte di competenza della mente raziocinante che organizza e pone in evidenza le varie connotazioni; la seconda parte è invece affidata ad una attitudine più alta della mente che deve oltrepassare i dati di conoscenza per "immaginare" come la realtà si configurerà. (Nota del Curatore)

disturbi nervosi o mentali che deriveranno di solito da esaurimento nervoso. Impara a concentrarti e finisci una cosa prima di iniziarne un'altra; non disperdere troppo le tue forze. Non sarai mai abbastanza concreto e sarebbe bene che praticassi le virtù del vivere quotidiano, perché questa è un combinazione molto idealista.

489. Se si unisce l'influenza del Sole in ARIETE con quella della Luna in CANCRO, che rappresentano rispettivamente la natura individuale e quella personale, si crea una combinazione atta a donarti una natura molto sensibile alle condizioni disarmoniche, specialmente a quelle causate da altre persone. Sebbene tu abbia un'ottima attitudine al ragionamento, tendi alle preoccupazioni ed a diventare ansioso, soprattutto se le tue condizioni economiche non sono giudicate soddisfacenti. Ami la scienza e tutto ciò che abbia a che fare con il pensiero. Potresti meritare il successo come scrittore perché hai una magnifica capacità di creare immagini, una memoria profonda e abilità logica. Non ti sentirai mai felice se non sarai tu a decidere di tutto nelle cose che intraprendi, e desideri eccellere in ogni cosa che fai. Farai esperienze dolorose a causa delle condizioni magnetiche degli altri, dunque sii molto selettivo nel campo delle tue conoscenze.

490. Se si unisce l'influenza del Sole in ARIETE con quella della Luna in LEONE, che rappresentano rispettivamente la natura individuale e quella personale, si crea una combinazione atta a donarti una mente profonda ed intuitiva, infatti la ragione e l'intuizione tenderanno ad unirsi dentro di te e talvolta il tuo pensiero sarà più avanzato di quello delle persone appartenenti all'ambiente nel quale vivi. La combinazione delle tue caratteristiche individuali e personali indica che negli affetti sei espansivo e benevolo, ma che sei anche assai sensibile ai sentimenti degli altri e che non puoi sopportare la disapprovazione. Se solo potessi realizzare tutto quanto è indicato nel tuo oroscopo avresti una meravigliosa capacità di creare immagini, a tal punto che con la pratica potresti visualizzare con chiarezza e trattenere in te un'immagine mentale di tutto quello che hai visto anche una sola volta. Hai profonde inclinazioni spirituali e puoi avere idee molto originali, ma probabilmente non hai ancora compreso tutto quello di cui la tua natura è capace. Vivi sempre al livello più alto e fai che l'intelligenza ti sottragga alla schiavitù dei sensi.

491. Se si unisce l'influenza del Sole in ARIETE con quella della Luna in VERGINE, che rappresentano rispettivamente la natura individuale e quella personale, si crea una combinazione atta a donarti una mente selettiva e critica. Sei in grado di impegnarti nel pensiero scientifico e di studiare vantaggiosamente le scienze esatte. Ami l'ordine, la precisione, il metodo: ciò in realtà scaturisce dalla tua mente chiara, logica ed atta al ragionamento. Puoi diventare però molto scettico ed hai sempre bisogno di prove prima di essere convinto di qualcosa senza riserve, soprattutto se si tratta di questioni correlate in qualche modo alla religione. Sei adatto all'insegnamento, ma anche alle attività letterarie, ma sarebbe meglio che non ti impegnassi in lavori fisici in quanto sei molto più adatto a quelli intellettuali, tramite i quali puoi raggiungere ottimi risultati grazie alla tenacia che applichi a tutto ciò che intraprendi.

492. Se si unisce l'influenza del Sole in ARIETE con quella della Luna in BILANCIA, che rappresentano rispettivamente la natura individuale e quella personale, si crea una combinazione atta a renderti giusto ed onesto. Cerchi di essere corretto in tutti i tuoi impegni e potresti aiutare e consigliare gli altri, non tanto da un punto di vista intellettuale ma con la tua intuizione ed il tuo ragionamento. Non sei sempre rapido a comprendere nuove idee appena te le presentano ma attraverso la riflessione esse divengono molto chiare ed assumono la loro giusta forma. Possiedi una certa originalità di pensiero ma tendi ad essere conformista nei casi che implicano azione. Ami la casa e sei particolarmente attaccato alla vita coniugale e domestica. E' bene che eviti gli stimolanti per preservare la tua intuizione, e che metta in moto le tue capacità di ragionare e confrontare.

493. Se si unisce l'influenza del Sole in ARIETE con quella della Luna in SCORPIONE, che rappresentano rispettivamente la natura individuale e quella personale, si crea una combinazione in cui l'elemento positivo e quello negativo (entrambi marziali) sono ben armonizzati, e che è atta a donarti un carattere molto passionale, combattivo e determinato. Sarà tuo interesse non lasciarti trascinare dai sentimenti, altrimenti sarai preda di forti passioni e correrai il rischio di attacchi di gelosia. Perciò non agire mai d'impulso, ma cerca sempre di pensare prima di agire. Puoi vantaggiosamente coltivare un atteggiamento benevolo nei confronti degli altri e far sì che la gentilezza prenda in te il posto dell'irritazione e del risentimento. Gli eccessi sono pericolosi nel tuo caso ed alla fine sono atti a portarti al disastro. Coltiva la temperanza ed evita tutto ciò che possa eccitare e stimolare il lato aggressivo della tua natura.

494. Se si unisce l'influenza del Sole in ARIETE con quella della Luna in SAGITTARIO, che rappresentano rispettivamente la natura individuale e quella personale, si crea una combinazione atta a donarti molto dinamismo sia fisico che mentale, che può così spingerti agli eccessi, a troppi aneliti ed all'irrequietezza, cose che potranno alla fine danneggiare la tua salute, a meno che non ti imporrai dei limiti. Tenderai ad essere precipitoso nelle azioni e nelle parole e dovresti sempre sforzarti di pensare bene prima di parlare o di agire. Evita la fretta e l'eccitazione. Hai un certo talento musicale ed anche attitudine a parlare in pubblico, ma ci sarà sempre il pericolo di eccessi in tutto ciò che farai. Dunque cerca di essere tranquillo, calmo e riflessivo, così che il tuo innato spirito ribelle ed indipendente possa esser guidato da te invece di esser questo a guidare te.

495. Se si unisce l'influenza del Sole in ARIETE con quella della Luna in CAPRICORNO, che rappresentano rispettivamente la natura individuale e quella personale, si crea una combinazione atta a donarti un carattere sicuro, attivo e determinato. Sai economizzare e sfruttare al massimo il tuo ambiente, e se necessario per vivere sai afferrare tutte le opportunità che ti capitano, in quanto hai un'immaginazione ricca di progetti ed idee di successo. Ami essere apprezzato e ammirato e ti sforzerai sempre di ottenere la fama, o in ogni caso una buona posizione nella società. Hai un forte interesse per la politica, quando attivato, ed ammiri le persone intellettualmente abili e colte. Evita gli eccessi e non diventare troppo esigente, altrimenti finirai per distorcere la tua natura. Avrai amore e talento per la musica, ma potrebbe mancarti la pazienza necessaria per diventare abile o tecnicamente dotato. Rischi dei disturbi nervosi se affatichi la mente o ti applichi troppo dal punto di vista intellettuale.

496. Se si unisce l'influenza del Sole in ARIETE con quella della Luna in AQUARIO, che rappresentano rispettivamente la natura individuale e quella personale, si crea una combinazione atta a renderti ottimo interprete della natura umana e facilmente interessato a comunicare con chiunque. Sarai un magnifico intrattenitore in quanto non hai difficoltà a compiacere gli altri. Non sei solo in grado di adattarti alle altre persone, ma puoi anche facilmente aprirti a loro, comprendendoli come pochi sanno fare. Potrai stringere nella tua vita molte amicizie e conoscenze e ritengo che potresti realizzarti bene in collegamento ad associazioni e grandi società. Sarai interessato a tutti quei lavori che si occupano direttamente di aiutare o migliorare le condizioni dei popoli e potresti anche scoprire o inventare sistemi che potrebbero in generale portare benessere agli altri. Possiedi una reale intuizione che potrà essere tanto più attiva se saprai evitare gli impulsi.

497. Se si unisce l'influenza del Sole in ARIETE con quella della Luna in PESCI, che rappresentano rispettivamente la natura individuale e quella personale, si crea una combinazione atta a spingerti a studiare e ad accumulare conoscenza su argomenti misteriosi. Ti interesserai di spiritismo o di cose *psichiche*, ma c'è un'irrequietezza in te che in questa vita potrebbe impedirti di raggiungere la verità delle cose. Ami i dettagli e le cose meccaniche, sei filantropico e sai essere gentile e benevolo, ma tendi ad essere insoddisfatto della tua vita, in quanto ritengo che incontrerai molti ostacoli e che tenderai a preoccuparti più di quanto sia giusto fare. Tendi a farti troppo influenzare dagli stati d'animo delle altre persone e dunque dovresti cercare di avere più fiducia in te stesso, in quanto se ami l'armonia devi ricordare che tutti noi possiamo più o meno realizzarla per noi stessi.

POLARITÀ DEL SOLE IN TORO

498. Se si unisce l'influenza del Sole in TORO con quella della Luna in ARIETE, che rappresentano rispettivamente la natura individuale e quella personale, si crea una combinazione atta a spingerti a dare inizio ed a realizzare grandi imprese, a patto che tu possa adattarti un po' alla meccanica, alla matematica ed a cose di tipo costruttivo in genere. Devi tentare di non essere troppo esigente e di non richiedere troppo dagli altri, e se ti fai delle regole di vita prova a vedere se siano giuste. Sei portato agli eccessi e sei un po' testardo. Possiedi una certa rispettabilità ed apprezzi l'istruzione e la conoscenza di ordine pratico. I tuoi rischi peggiori sono la tua tendenza all'ostinazione e quella a dettare legge. Sei però esageratamente coscienzioso e molto sicuro, e, il che è ancora più utile, aperto alla riflessione ed al ragionamento. La tua natura personale sarà sempre tenuta sotto controllo dall'interno.

499. Se si unisce l'influenza del Sole in TORO con quella della Luna in TORO, che rappresentano rispettivamente la natura individuale e quella personale, si crea una combinazione atta a renderti estremamente indipendente, allegro ed ottimista, dotato di una vivacità di pensiero, brillantezza e gaiezza. Hai un eccellente autocontrollo in ogni cosa, ma ti piace stare nel tuo ambiente e non sei portato ai viaggi o ad intraprendere nuove attività. Hai una natura molto determinata ed un carattere forte da molti punti di vista e, se nulla si opporrà a ciò, potrai realizzare grandi cose nella vita nel mondo finanziario, ma anche in altre direzioni, e potrai diventare un utilissimo membro della società. Non sei molto influenzabile da parte degli altri, ma desideri vivere a modo tuo, in maniera indipendente.

500. Se si unisce l'influenza del Sole in TORO con quella della Luna in GEMELLI, che rappresentano rispettivamente la natura individuale e quella personale, si crea una combinazione atta a dotarti di talento artistico e di un'inclinazione per la conoscenza scientifica. Hai inoltre anche abilità con la meccanica. Ami l'ordine e la bellezza, ma hai una natura alquanto irrequieta; ti piace comandare e dirigere. Hai una gran resistenza fisica e puoi realizzare più degli altri ma devi evitare l'ostinazione, la caparbietà e la tendenza a dominare gli altri. Sei in grado di impegnarti in quasi qualunque professione o settore legato al mondo degli affari. Hai anche attitudine a parlare in pubblico, e se il resto del tuo oroscopo concorderà, potrai aver successo come oratore, data la tua grande abilità linguistica.

501. Se si unisce l'influenza del Sole in TORO con quella della Luna in CANCRO, che rappresentano rispettivamente la natura individuale e quella personale, si crea una combinazione atta a renderti estremamente sensibile, parsimonioso, molto tenace ed attivo sia nei tuoi impegni di lavoro che di altra natura, ma alquanto ansioso riguardo alle questioni economiche. I tuoi pensieri sono concentrati intorno alla tua casa e sono in genere del tutto assorbiti dalla sfera domestica. Dovresti sempre cercare di agire usando più la ragione che le sensazioni e le emozioni, in quanto sei dotato di un'intelligenza lucida ed abile nel ragionamento, a patto che non ti lasci dominare dal lato emotivo della tua natura. Hai un'immaginazione molto attiva e dovresti stare attento a quali energie mentali tu metti in moto, ai romanzi che leggi ed agli spettacoli teatrali cui assisti. Sei molto legato alla famiglia ed alla vita domestica.

502. Se si unisce l'influenza del Sole in TORO con quella della Luna in LEONE, che rappresentano rispettivamente la natura individuale e quella personale, si crea una combinazione atta a produrre grandi contrasti nella tua natura, ed una notevole influenzabilità da parte dei tuoi amici. Riponendo la tua fiducia in persone che non la meritano puoi spesso essere ingannato e sviato: sei infatti un po' troppo fiducioso quando sono in ballo i sentimenti. Dovrai sottomettere sensazioni ed emozioni alla guida della ragione e dell'autocontrollo, altrimenti la tua vita sarà in pericolo o sarà molto infelice. Dovresti tentare di renderti conto che l'amore consiste nell'azione più che nell'espressione, e che in realtà l'amore più forte e profondo è del tutto distinto dalle sensazioni e dalle emozioni. Hai una fervida immaginazione e talvolta farai dei sogni strani e vividi.

503. Se si unisce l'influenza del Sole in TORO con quella della Luna in VERGINE, che rappresentano rispettivamente la natura individuale e quella personale, si crea una combinazione atta a donarti un'ottima intuizione e discernimento. Sarai appassionato allo studio ed amante della letteratura, ma nel contempo avrai anche una buona mente affaristica. Sarai capace di giudizi assai acuti e sarai preciso ed accurato in ogni cosa. Tendi a diventare impaziente se non puoi ottenere la precisione in tutto ciò che fai. Sei estremamente critico e sei portato a disapprovare le persone le cui capacità non stanno al pari con le tue. Generalmente hai successo nella maggior parte delle cose che intraprendi, ma devi tentare di essere giusto e mai troppo intollerante nei confronti delle altre persone. Per te è altrettanto naturale trovare difetti ed imperfezioni negli altri, quanto per alcuni è naturale vedere ciò che c'è di buono negli altri.

504. Se si unisce l'influenza del Sole in TORO con quella della Luna in BILANCIA, che rappresentano rispettivamente la natura individuale e quella personale, si crea una combinazione atta a donarti un carattere molto sincero, sicuro e deciso, veloce nelle decisioni, ed estremamente determinato una volta che una decisione sia stata presa. Tu non operi solo attraverso la logica ma anche con l'intuizione. Questa combinazione può talvolta spingere un po' alla presunzione ed alla severità, con la conseguenza di un certo grado di isolamento, sebbene tu abbia tenerezza ed affetto per le persone che ti interessano, il che alla fine porterà all'unione. Talvolta prendi delle strane decisioni a cui ti aspetti che gli altri si conformino. Sei alquanto geloso ed hai la capacità di forti amori ed altrettanto forti odi, e non dimentichi facilmente un'offesa, ma sei molto coscienzioso e fai ciò che ritieni giusto. Sarai in grado di correggere molti dei difetti del tuo carattere attraverso la combinazione degli elementi positivi e negativi di Venere.

505. Se si unisce l'influenza del Sole in TORO con quella della Luna in SCORPIONE, che rappresentano rispettivamente la natura individuale e quella personale, si crea una combinazione atta a fornirti una natura molto passionale che necessita di esser tenuta sotto controllo in molte direzioni. Sei sicuro e determinato e talvolta manchi di indulgenza. Dai grande importanza alla qualificazione scolastica delle persone ed hai un'innata propensione per ciò che è misterioso o *psichico*, oltre che il desiderio di comprendere qualcosa in più dei misteriosi segreti della vita. Devi tentare di evitare l'orgoglio, il conformismo e l'egoismo, giacché queste sono le tre debolezze di questa combinazione. Puoi diventare estremamente deciso e puoi avere una forte volontà, e se deciderai di esercitarla potrai, per così dire, sradicare l'erba cattiva dal giardino del tuo carattere personale. L'influenza di Venere e quella di Marte sono mescolate nel tuo oroscopo e rappresentano rispettivamente la natura superiore e quella inferiore.

506. Se si unisce l'influenza del Sole in TORO con quella della Luna in SAGITTARIO, che rappresentano rispettivamente la natura individuale e quella personale, si crea una combinazione atta a spingerti a grandi eccessi in ogni cosa che intraprendi e a renderti molto sicuro e deciso in tutto ciò che fai. Tendi ad essere precipitoso nel parlare e troppo incline ad agire impulsivamente, o al primo pensiero che ti viene in mente. Insomma cedi con troppa facilità agli impulsi e se ti lasci prendere dalla collera puoi diventare molto intollerante. La tua è una combinazione che richiede tanto autocontrollo. Dovresti imparare ad avere stile ed equilibrio. Hai una buona capacità d'esecuzione e sei molto capace, ma anche troppo portato ad esser trascinato dalle emozioni, dai sentimenti e dagli impulsi.

507. Se si unisce l'influenza del Sole in TORO con quella della Luna in CAPRICORNO, che rappresentano rispettivamente la natura individuale e quella personale, si crea una combinazione atta a donarti un carattere molto sicuro, determinato ed indipendente, con annessa la capacità di indirizzare la mente ai principi generali, agli affari, alla musica, all'arte ecc. Avrai un notevole amore per il benessere e per la magnificenza e desidererai raggiungere fama e prestigio nella vita pubblica; hai anche inclinazione per il ragionamento e per una precisa pianificazione, e tendi ad essere cauto prima di agire. Allo stesso tempo sei molto indipendente, sebbene tu sia anche stranamente conformista. Hai eccellenti doti di organizzatore, una forte volontà, notevole autocontrollo e doti di comando. Puoi rimanere del tutto distaccato anche nella generale agitazione. Dunque questa combinazione ti rende più idoneo alla vita pubblica che a quella privata.

508. Se si unisce l'influenza del Sole in TORO con quella della Luna in AQUARIO, che rappresentano rispettivamente la natura individuale e quella personale, si crea una combinazione che dona un carattere incline a rendere felici gli altri. Puoi facilmente fare amicizia con chiunque in quanto hai una notevole dose di tatto e di fiducia, e ciò ti darà molto piacere. Se tutto sarà conforme a queste tendenze, ovvero la tua capacità di rispondere alle vibrazioni, sarai molto adatto a lavori letterari, con una forte inclinazione in questa direzione. Ti piace venire a contatto con la gente e preferisci un lavoro pubblico ad uno privato, ed avrai idee particolarmente felici per quanto concerne ciò che può esser gradito o sgradito alla gente. Farai molte amicizie e conoscenze e desidererai formare aggregazioni. La motivazione che ti muove è un sentimento profondo, e la capacità di esprimere questa motivazione dipenderà dal modo in cui i tuoi sentimenti potranno influenzare la tua determinazione.

509. Se si unisce l'influenza del Sole in TORO con quella della Luna in PESCI, che rappresentano rispettivamente la natura individuale e quella personale, si crea una combinazione atta a donarti una mente molto pratica, tecnica ed ingegnosa, ed un carattere che ti spinge ad essere sempre occupato in qualcosa. La tua natura più profonda è tranquilla, ma quella esterna è spesso più attiva e ti rende talvolta insoddisfatto, perciò se non controllerai questa tendenza potrai divenire aggressivo ed assai irritabile. Hai inclinazione allo studio ed al ragionamento, ma anche la capacità di guadagnare e risparmiare denaro. Hai un desiderio latente di investigare i fenomeni non correlati a questo piano materiale ed avendo una natura ricettiva ti piace essere ordinato ed avere, per così dire, una regola di vita, ma talvolta avrai la percezione che molti ostacoli intralciano la tua strada e che tutto è contro di te. Cerca di essere ottimista e non ti arrendere mai alla depressione o alla disperazione.

POLARITÀ DEL SOLE IN GEMELLI

510. Se si unisce l'influenza del Sole in GEMELLI con quella della Luna in ARIETE, che rappresentano rispettivamente la natura individuale e quella personale, si crea una combinazione atta a donarti una forte volontà ed una mente ambiziosa, amore della conoscenza ed un'ottima intelligenza. Sei appassionato di libri e sei in grado di esprimere i pensieri in essi contenuti. Sei alquanto ambizioso e materialista, ma anche capace di grandi realizzazioni. C'è un pericolo da evitare: quello di spingerti agli eccessi. Non devi cedere alla tentazione di diventare troppo indipendente e sarebbe altrettanto giusto se tentassi di comprendere che talvolta è necessario piegarsi alle circostanze. Non sei molto portato al conformismo e non ti piacciono regole e abitudini sociali. Hai comunque la capacità di realizzare la maggior parte delle cose che desideri ed hai un buon autocontrollo, quando vuoi.

511. Se si unisce l'influenza del Sole in GEMELLI con quella della Luna in TORO, che rappresentano rispettivamente la natura individuale e quella personale, si crea una combinazione atta a renderti intelligente, lungimirante e ricco di buon senso, con un carattere determinato e tenace. Sei piuttosto portato a farti guidare dalle emozioni e dai sentimenti, e dunque dovresti tentare di vincere la parte emotiva di te che potrebbe tendere a farti allontanare dalla ragione. Hai una natura energica, attiva, e desideri avere una posizione di comando. Ami molto anche la Natura e desideri studiarne le leggi. Dovresti avere con questa combinazione una buona dose di vitalità e vigore. Hai capacità per lo studio della medicina ed in un certo senso sei un medico naturale, in quanto i metodi per vivere sani e le regole della salute hanno un grande fascino su di te. Quanto più potrai razionalizzare le tue emozioni, tanto più comprenderai la tua più vera natura interiore.

512. Se si unisce l'influenza del Sole in GEMELLI con quella della Luna in GEMELLI, che rappresentano rispettivamente la natura individuale e quella personale, si crea una combinazione atta a donarti un carattere indipendente, grande chiarezza di pensiero, ed una natura molto ben armonizzata. Devi evitare qualunque tendenza alla presunzione ed a mancare di benevolenza nei confronti degli altri, in quanto sei determinato a mettere in atto le inclinazioni della tua mente, a volte a prescindere dall'effetto che ciò può avere sugli altri. Non ti si può facilmente distogliere dalle tue decisioni, ma in te c'è una certa doppiezza che promana dalla combinazione Gemelli/Gemelli, la quale può farti talvolta desiderare di fare due cose allo stesso tempo. Ti attirerà tutto ciò che avrà a che fare con il mondo della letteratura. Hai una mente molto lucida e a volte puoi avere delle vere illuminazioni; possiedi inoltre una veloce percezione ed un'acuta capacità di osservazione. Sforzati di mantenere l'equilibrio tra oggettivo e soggettivo, materiale e spirituale, tra il transitorio e l'eterno.

513. Se si unisce l'influenza del Sole in GEMELLI con quella della Luna in CANCRO, che rappresentano rispettivamente la natura individuale e quella personale, si crea una combinazione atta a renderti attivo, intelligente, parsimonioso, e preoccupato in genere per gli affari e per le questioni familiari e domestiche. Sei un po' irrequieto ed incline a ricercare la comprensione degli altri, con un curioso anelare ad un qualcosa di sconosciuto, mentre i sentimenti di solidarietà provenienti dagli altri non sembrano incontrare o soddisfare questo tuo intenso desiderio. Hai una fortissima sensibilità per gli stati d'animo degli altri, cosa che ti mette nelle condizioni di percepire i loro sentimenti. Potresti aver successo se rivolgessi la tua attenzione al mondo degli affari, o a questioni inerenti la casa e la sfera domestica. Sarai sempre ricettivo alle condizioni psicologiche altrui, ma dovresti sforzarti di tenere sotto controllo sentimenti ed emozioni, oppure potresti diventare troppo incline a mutare stati d'animo ed opinioni.

514. Se si unisce l'influenza del Sole in GEMELLI con quella della Luna in LEONE, che rappresentano rispettivamente la natura individuale e quella personale, si crea una combinazione che potrebbe renderti carente di energia e di determinazione, specialmente per quanto riguarda la sfera lavorativa. Dunque non sarai così vincente come potresti essere, forse a causa della depressione e di un sentimento di inadeguatezza; per combattere questa tendenza dovrai diventare quanto più pratico possibile. Avrai inclinazione per la poesia e per la musica, amore per le attività collegate al pensiero filosofico e desiderio di studiare argomenti religiosi. Hai anche le caratteristiche adatte a far crescere la tua fede e credi nel soprannaturale, ma talvolta avrai la percezione che qualche particolare destino o forza invisibile ti stanno impedendo la realizzazione nella vita. Desidererai riuscire ad ottenere l'amore da parte del sesso opposto e ciò sarà pericoloso a meno che non sarai molto prudente. Sei buono e gentile ed in certi periodi avrai inclinazioni e aspirazioni spirituali, ed ideali molto elevati.

515. Se si unisce l'influenza del Sole in GEMELLI con quella della Luna in VERGINE, che rappresentano rispettivamente la natura individuale e quella personale, si crea una combinazione atta a renderti critico ed analitico ed a fornirti una mente precisa e diligente, e queste caratteristiche ti spingeranno molto probabilmente a studiare la Natura, l'anatomia, la fisiologia e le regole dell'igiene, o anche la chimica e la medicina. Hai un profondo amore per la bellezza nella forma e nella natura, ma ami anche il prestigio. Sei ordinato e preciso, ed il nitore dell'ambiente nel quale vivi è essenziale per il tuo *comfort*; sei inoltre molto esigente per quanto concerne il tenere le cose al loro posto, una volta che tu ce le abbia messe. Hai una volontà molto forte e sei abbastanza difficile da accontentare dal momento che sei estremamente critico, ma dovrai cercare di non essere così tanto critico ed irritabile. Desideri inoltre investigare i fenomeni di tipo *psichico*.

516. Se si unisce l'influenza del Sole in GEMELLI con quella della Luna in BILANCIA, che rappresentano rispettivamente la natura individuale e quella personale, si crea una combinazione atta a fornirti una particolare tendenza spirituale, con amore per l'occulto e per l'invisibile, ed una mente intuitiva e lungimirante. Possiedi grande precisione e rapidità nelle decisioni e ti piacerà lo studio della natura e della filosofia. Hai buone capacità emulative che ti renderanno capace di farcela in tutti i settori della vita, ma sei particolarmente portato alle attività letterarie. Spesso arrivi alle tue decisioni velocemente tramite l'intuizione piuttosto che usando la ragione, ed hai uno splendido apprezzamento della bellezza, dell'arte, e di qualunque cosa elevata. Sei incline a farti influenzare dagli altri ed è essenziale che tu frequenti persone pure, perché altrimenti assorbirai gran parte della loro influenza, finendo forse per credere che sia tua. Impara a distinguere tra le opinioni ed i giudizi tuoi e quelli degli altri.

517. Se si unisce l'influenza del Sole in GEMELLI con quella della Luna in SCORPIONE, che rappresentano rispettivamente la natura individuale e quella personale, si crea una combinazione atta a renderti sicuro, determinato e capace di imitare, ma anche portato a dissimulare il tuo carattere ed a nasconderlo così che se volessi potresti apparire molto diverso da quello che realmente sei. Non sei molto sensibile e se infastidito puoi diventare piuttosto crudele. Potresti comunque occupare una qualche autorevole posizione pubblica. Sei molto determinato e se necessario sai usare tatto e sottigliezza per ottenere ciò che desideri. Sei portato alle discussioni ed hai una natura molto passionale, ma se vuoi sai esercitare l'autocontrollo. Sei capace di esprimere critiche molto acute e sai percepire la debolezza altrui.

518. Se si unisce l'influenza del Sole in GEMELLI con quella della Luna in SAGITTARIO, che rappresentano rispettivamente la natura individuale e quella personale, si crea una combinazione atta a renderti troppo attivo sia dal punto di vista mentale che da quello fisico, ma anche troppo espansivo e portato ad esagerare in tutto: in effetti se non ci si impone ogni tanto un po' di tranquillità, di calma e quiete vi saranno seri pericoli per la vita. Tendi ad essere aggressivo dal punto di vista mentale ma non da quello fisico ed in generale con questa combinazione vi sono rischi di disturbi mentali e nervosi. Hai una qualche capacità profetica, ed a volte "sogni il vero" ed hai intuizioni di eventi che si verificheranno in futuro. Sei piuttosto incline al pensiero religioso, con aspirazioni innate ed una certa devozione. E' bene che tu tenga a mente la necessità di doverti sempre concedere periodi di calma e riposo.

519. Se si unisce l'influenza del Sole in GEMELLI con quella della Luna in CAPRICORNO, che rappresentano rispettivamente la natura individuale e quella personale, si crea una combinazione atta a donarti una mente cauta, pratica ed attiva, con notevole abilità per gli affari. Sei assai sospettoso e diffidente, e potrai incorrere in molte delusioni a meno che tu non coltivi con assiduità le tue facoltà intuitive. Ami la bellezza, la magnificenza e l'eloquenza, ma anche l'eleganza, e saresti disposto a lavorare sodo per raggiungere una posizione di prestigio ed autorità. Sei molto più portato agli affari che alla vita domestica. Il prestigio ti è molto caro ed in un certo senso sei molto conformista. Sei industrioso, tenace e molto laborioso.

520. Se si unisce l'influenza del Sole in GEMELLI con quella della Luna in AQUARIO, che rappresentano rispettivamente la natura individuale e quella personale, si crea una combinazione atta a farti avere successo in tutti gli ambienti in quanto hai doti naturali per avere contatti con il pubblico. Sentirai di essere soddisfatto solo nel caso in cui ti possa esprimere in un lavoro in cui ci sia molta attività, eccitazione e cambiamento. Sei adatto a gestire tutto in prima persona ed a comandare sugli altri, e potrai avere successo partecipando a società ed associazioni. Se il resto dell'oroscopo lo confermerà potresti riuscire in politica, ma anche come oratore o come medico. Vai d'accordo con chiunque e fai facilmente amicizia.

521. Se si unisce l'influenza del Sole in GEMELLI con quella della Luna in PESCI, che rappresentano rispettivamente la natura individuale e quella personale, si crea una combinazione atta a donarti una mente perseverante, ma anche a renderti troppo irrequieto ed ansioso, il che potrà creare dell'insoddisfazione. C'è la tendenza talvolta a pensare di essere stato impedito in ciò che volevi fare, e ciò crea uno stato mentale di insoddisfazione. E' necessario che tu viva in un ambiente armonico e quando avrai sottoposto la tua natura inferiore al controllo della volontà potrai tendere allo studio ed alla ricerca, il che ti farà realizzare grandi cose. Sarai piuttosto portato alla medianità, allo spiritualismo ed ai fenomeni *psichici*. Dovresti tentare di comprendere la differenza tra la tua Individualità e la tua Personalità.

POLARITÀ DEL SOLE IN CANCRO

522. Se si unisce l'influenza del Sole in CANCRO con quella della Luna in ARIETE, che rappresentano rispettivamente la natura individuale e quella personale, si crea una combinazione atta a donarti una grande determinazione ed una tenacia indomabile in tutte le cose che intraprendi, con un desiderio naturale di supremazia e capacità di comando e direzione intellettuale. C'è talvolta in te il rischio di tendere agli eccessi, con una difficoltà a cambiare persino di fronte ai comandi della ragione. Non tollererai di essere diretto o persino influenzato dal pensiero o dalla mente di un'altra persona, e ciò potrà provocare molti errori e perdite nella tua vita. Preferirai avere a che fare con i grandi principi piuttosto che con le minuzie della vita di tutti i giorni. Il pericolo di questa combinazione è che fornisce una silenziosa ed ostinata caparbietà. Stai attento ad evitare gli eccessi nel lavoro.

523. Se si unisce l'influenza del Sole in CANCRO con quella della Luna in TORO, che rappresentano rispettivamente la natura individuale e quella personale, si crea una combinazione atta a renderti troppo influenzabile per quel che riguarda il lato emotivo della tua natura. Hai un grande amore per il sublime ed il grandioso in natura, ma questa combinazione ti rende troppo incline ad essere sottoposto all'influsso *psichico*[74] da parte delle condizioni mentali e fisiche degli altri, il che può arrecarti grave danno. Dovrai sempre coltivare in te stesso un sicuro autocontrollo e dovrai resistere all'influenza delle altre persone, cercando di comprendere che attraverso la ragione potrai affrontare le più spiacevoli condizioni, con la determinazione di superarle. Dal momento che tendi così tanto a caricarti delle energie degli altri dovresti tentare di studiare te stesso e di laurearti alla scuola dell'autoconoscenza.

524. Se si unisce l'influenza del Sole in CANCRO con quella della Luna in GEMELLI, che rappresentano rispettivamente la natura individuale e quella personale, si crea una combinazione atta a donarti una grande sete di conoscenza in tutte le direzioni, assieme a tanta energia e vitalità. Potrai desiderare di entrare a far parte del mondo dell'arte o di intraprendere attività d'insegnamento ed avrai una certa inclinazione per la vita pubblica, come oratore o scrittore. C'è comunque troppo dualismo in questa combinazione, che spinge a preoccuparsi di dettagli, ma nonostante ciò la mente potrà ricevere comunque delle illuminazioni o indirettamente o tramite l'istruzione. Comunque dovresti tentare di comprendere anche il lato sentimentale-emotivo della tua natura, oltre che quello intellettuale, in quanto una reale conoscenza di te stesso ti sarà di grande aiuto. Forse hai un desiderio troppo intenso di una conoscenza di tipo intellettuale.

525. Se si unisce l'influenza del Sole in CANCRO con quella della Luna in CANCRO, che rappresentano rispettivamente la natura individuale e quella personale, si crea una combinazione atta a donarti un'intelligenza lucida ed acuta, oltre che intenzioni affidabili. Preferirai i principi generali ai dettagli. Questa combinazione rende necessario quanto più aiuto didattico possibile, in quanto grazie all'istruzione potrai intraprendere quasi tutte le attività che ti interessano. Ti rifiuti di esser sottomesso alle regole ed ai punti di vista degli altri e puoi dimostrarti molto indipendente ed autosufficiente. Ma sei anche molto sensibile agli stati d'animo ed ai sentimenti delle altre persone ed a volte tendi alla depressione. Avrai bisogno di capire le leggi della vita, e dovresti provare a disciplinare il lato emotivo della tua natura.

526. Se si unisce l'influenza del Sole in CANCRO con quella della Luna in LEONE, che rappresentano rispettivamente la natura individuale e quella personale, si crea una combinazione atta a renderti eccessivamente ricettivo e sensibile alle condizioni mentali ed emotive delle altre persone, così tanto che esse possono notevolmente influenzarti. Hai forti sentimenti e se sei considerato inaffidabile è

---

[74] In originale "psychologised", ma a mio giudizio il significato che intende l'Autore non è quello di "speculare o interpretare psicologicamente", bensì quello di intervenire *psichicamente* sugli altri. Ugualmente al §466. (Nota del Curatore)

solo perché sei così sensibile nei confronti degli altri, che essi possono condizionare la tua volontà. Con questa combinazione c'è in te veramente più desiderio di amicizia, amore, compagnia, affetto, divertimenti e piacevolezze, che di duro lavoro mentale. Hai una gran dose di calma energia ed una comprensione intuitiva che non ti arriva attraverso i centri cerebrali. Hai un cuore generoso e sei capace di grande devozione nei confronti di coloro che ami, ma dal momento in cui sarai riuscito a rivolgere verso l'interno la direzione della tua sensibilità, farai grandi progressi dal punto di vista individuale.

527. Se si unisce l'influenza del Sole in CANCRO con quella della Luna in VERGINE, che rappresentano rispettivamente la natura individuale e quella personale, si crea una combinazione atta a renderti perspicace, critico e selettivo in tutto ciò che abbia a che fare con le emozioni. Sei piuttosto mutevole ed anche curiosamente *psichico*. Sei portato allo studio dell'anatomia e della fisiologia, ma potresti anche intraprendere un lavoro letterario e diventare scrittore. Hai una forte natura passionale e dovresti stare attento a condurre una vita assolutamente pura, altrimenti corri il rischio di rovinarti la carriera. Dovresti cercare di comprendere la legge dell'uso e dell'abuso e che il massimo bene si trova in equilibrio tra i due opposti, perché sebbene tu abbia una buona intelligenza, c'è in te un forte desiderio di piaceri. Hai un acuto senso critico, ma non lasciare che esso ti renda spietato e drastico.

528. Se si unisce l'influenza del Sole in CANCRO con quella della Luna in BILANCIA, che rappresentano rispettivamente la natura individuale e quella personale, si crea una combinazione atta a donarti un'intuizione molto sottile ed un'acuta percezione. Ami la vita sociale ma anche quella familiare. Se vivrai una vita pura la tua mente sarà molto equilibrata, avrai lucide intuizioni e visioni profetiche, e sarai capace non solo di percepire condizioni presenti ma anche eventi che debbono ancora realizzarsi. Potresti diventare uno scrittore molto idealista e raffinato, con un'acuta percezione di tutto ciò che abbia a che fare sia con la vita familiare che con quella sociale, ma dovrai disciplinare la tua natura passionale in modo tale che l'energia, altrimenti sprecata, possa essere indirizzata ad un uso mentale. Dovresti cercare di educare la tua volontà e di praticare l'autocontrollo.

529. Se si unisce l'influenza del Sole in CANCRO con quella della Luna in SCORPIONE, che rappresentano rispettivamente la natura individuale e quella personale, si crea una combinazione atta a renderti piuttosto conformista, ma con una grande attitudine per attività pubbliche ed un'ottima capacità di guadagnare denaro. In molte occasioni potresti essere molto severo nei confronti di coloro che ti contrastano, e non sei portato a dimenticare facilmente un'offesa. Avrai un grande autocontrollo sulla tua natura passionale, molta determinazione, modi di fare assai persuasivi e la capacità di raggiungere ciò che desideri. Devi evitare di essere severo e vendicativo, e devi cercare di vincere l'orgoglio e la gelosia. Sei soprattutto portato per una vita pubblica e proiettata all'esterno, sebbene tu sia anche interessato a materie *psichiche* e particolari, ed in genere ti piaccia guardare il lato interiore delle cose.

530. Se si unisce l'influenza del Sole in CANCRO con quella della Luna in SAGITTARIO, che rappresentano rispettivamente la natura individuale e quella personale, si crea una combinazione atta a fornirti una natura personale troppo energica ed attiva, buona capacità tecnica, molta operosità ed energia, ma troppa attività rispetto alla tua forza vitale individuale. Dovresti accontentarti di fare anche la metà di ciò che vorresti fare, altrimenti potresti arrecare danni al tuo organismo, incluse malattie agli organi digestivi ed affezioni allo stomaco in generale. Hai un'ottima capacità intuitiva e spesso puoi prevedere eventi futuri, mentre talvolta farai dei sogni molto strani ed insoliti. Sarai attratto dalla scienza e dalla religione, ed una di queste due tendenze troverà un'espressione nella tua vita, ma se non terrai sotto controllo il tuo desiderio di attività e non cercherai di riposarti a sufficienza, rischi di accorciare di molto la tua vita. In te le condizioni personali sono tali da spingere le caratteristiche individuali verso la realizzazione interiore.

531. Se si unisce l'influenza del Sole in CANCRO con quella della Luna in CAPRICORNO, che rappresentano rispettivamente la natura individuale e quella personale, si crea una combinazione atta a donarti una natura idealista, ma anche pratica ed adatta agli affari. Ci sarà una certa opposizione tra la tua natura interiore e il suo funzionamento esterno, che determinerà un particolare sentimento di insicurezza. Cercherai di rendere manifeste attorno a te le condizioni ideali che percepisci internamente, così da trovarti situato per così dire tra l'esterno e l'interno. Potresti essere giudicato un po' strano perché sei talvolta incerto su ciò che devi fare, ma se anche non puoi sempre esprimere i tuoi pensieri in modo soddisfacente, potresti riuscire molto bene in qualunque attività o impresa nella quale ti fossi impegnato. Questa combinazione dona talento musicale, in quanto in te il senso dell'udito è molto evoluto o può essere facilmente sviluppato.

532. Se si unisce l'influenza del Sole in CANCRO con quella della Luna in AQUARIO, che rappresentano rispettivamente la natura individuale e quella personale, si crea una combinazione atta a renderti molto sincero e contrario alle tergiversazioni, ma anche non disposto ad essere biasimato o disapprovato. Sei adatto ad un lavoro pubblico, specialmente in associazioni, società e cooperazioni. Sei molto cauto e non dici con immediatezza un deciso sì o un no, ma di solito prendi tempo per riflettere. Non ti impegneresti d'altronde neanche con una promessa se non fossi sicuro di poterla soddisfare. Sei portato a farti molti amici e potresti aver successo in qualunque attività che ti mettesse in contatto con grandi gruppi di persone. Sei pronto ad autogiustificarti, e desideri sempre dare soddisfazione in qualunque posizione lavorativa tu ti venga a trovare. Sei determinato, anche se cauto e prudente nelle cose che dici o fai.

533. Se si unisce l'influenza del Sole in CANCRO con quella della Luna in PESCI, che rappresentano rispettivamente la natura individuale e quella personale, si crea una combinazione atta a donarti una mente lucida e dinamica, un profondo senso dell'intimo significato delle parole, ed una facile comprensione della mente e dei pensieri altrui. Hai un preciso senso di ciò che è giusto. Dovresti sempre tenere attiva la tua mente e mai lasciarti trasportare da sogni ad occhi aperti, o dalla tua tendenza a diventare medianico, ipocondriaco o fantasioso. Sarai diligente e studioso perché hai tanto desiderio di conoscenza. Dovresti sempre unire all'attività mentale opportuni divertimenti e svaghi, in modo tale da mantenere l'organismo in buone condizioni. Desidererai concretizzare i tuoi ideali e sarai molto attento ai dettagli. Sei in grado di percepire le condizioni mentali degli altri, ma non dovrai far sì che questo lato empatico e ricettivo della tua natura divenga eccessivo.

POLARITÀ DEL SOLE IN LEONE

534. Se si unisce l'influenza del Sole in LEONE con quella della Luna in ARIETE, che rappresentano rispettivamente la natura individuale e quella personale, si crea una combinazione atta a renderti incline a spingerti agli eccessi in tutto. Se credi che una cosa sia giusta o sbagliata, diverrai assolutamente irremovibile: gentile e non aggressivo, rimarrai saldo, e se ti impegnerai nello studio, nella filosofia o negli affari, andrai avanti comunque fino alle estreme conseguenze. Se sarai religioso, il tuo zelo sarà senza limiti, sarà dunque necessario che tu mantenga sempre il giusto equilibrio tra la mente ed il cuore, altrimenti potresti incorrere in disturbi mentali. Sarà bene che tu ascolti la ragione e che riesca a sottomettere ad essa la tua volontà, in quanto sei troppo ostinato e questa estrema ostinazione ti potrebbe far ritrovare in situazioni o condizioni che avresti preferito non creare, ma che porterai avanti fino in fondo dal momento che hai deciso di agire in un certo modo.

535. Se si unisce l'influenza del Sole in LEONE con quella della Luna in TORO, che rappresentano rispettivamente la natura individuale e quella personale, si crea una combinazione atta a renderti molto intuitivo per quanto concerne gli affari, ma con una spiccata preferenza per i domini del pensiero, così che sarà la filosofia astratta ciò che forse maggiormente attrarrà la tua attenzione. Amerai studiare la natura in tutte le sue diramazioni: specialmente la natura umana, sia dal punto di vista mentale che fisico. Potrai aver successo nella professione medica, se il resto del tema lo confermerà, ma in ogni caso ti appassionerà lo studio delle regole dell'igiene e delle norme che tutelano il benessere fisico. Hai una forte natura amorosa e sei estremamente determinato. Sarai piuttosto ansioso di riuscire nella vita e se terrai saggiamente sotto controllo le sensazioni e le emozioni, avrai successo. Questa combinazione dona buona salute.

536. Se si unisce l'influenza del Sole in LEONE con quella della Luna in GEMELLI, che rappresentano rispettivamente la natura individuale e quella personale, si crea una combinazione atta a renderti molto attivo e quasi incline ad esagerare con la tue forze siano esse fisiche, mentali o emotive. Tutte le branche dell'istruzione avranno fascino su di te e sarai in grado di affrontare quasi qualunque disciplina; sarai anche appassionato di arte ed avrai una certa capacità creativa. Ti piace avere una legge attraverso la quale agire, e tale legge dovrà

--- ---

essere assoluta e senza deviazioni. Dovresti cercare di controllare e guidare la tua natura, avendo sempre in vista l'utilità di tutto ciò che fai, e ricorda che avendo cura di non esaurire alcuna parte del tuo organismo userai le tue energie con saggezza e con vantaggio.

537. Se si unisce l'influenza del Sole in LEONE con quella della Luna in CANCRO, che rappresentano rispettivamente la natura individuale e quella personale, si crea una combinazione atta a renderti molto comprensivo e sensibile ai pensieri delle persone che ami, pur se con una tendenza ad eccedere. Talvolta sei mutevole nei tuoi stati d'animo, una volta sei felice e contento, altre triste e depresso. Sei quasi troppo sensibile e potresti essere ferito da una parola irriguardosa o da uno sguardo. Hai molta energia da dedicare agli affari e la tua mente è tendenzialmente lucida, logica e scientifica, con attitudini anche per le attività letterarie, ma tu avrai soprattutto grande amore e sollecitudine nei riguardi della casa e della famiglia, hai infatti una forte capacità di amare.

538. Se si unisce l'influenza del Sole in LEONE con quella della Luna in LEONE, che rappresentano rispettivamente la natura individuale e quella personale, si crea una combinazione atta a donarti una natura molto indipendente, mentalmente lucida ed intuitiva, e non facilmente influenzabile dai gusti delle altre persone. Sei in grado di farcela da solo, perché vai per la tua strada e sei perseverante nell'operare per i tuoi scopi e desideri: così facendo realizzerai grandi cose nella vita. Sei sempre capace di comprendere, per così dire, i tuoi sentimenti e le tue idee a prescindere dagli altri. C'è solo un pericolo ed è che puoi diventare davvero troppo egoista ed egocentrico, come chiuso in te stesso. Sarai molto intuitivo ed avrai una forte natura del desiderio, ma dovresti tentare di educare tale natura a ricercare le cose più nobili della vita. Più riuscirai ad espanderti più comprenderai cosa significa questa combinazione.

539. Se si unisce l'influenza del Sole in LEONE con quella della Luna in VERGINE, che rappresentano rispettivamente la natura individuale e quella personale, si crea una combinazione atta a donarti un forte desiderio di purezza interiore e di armonia nel tuo ambiente circostante, cose non sempre facili da ottenere; così talvolta essa ti spingerà verso stati d'animo irrequieti, ansiosi ed insoddisfatti, e fomenterà in te tendenze critiche. A volte sei impetuoso, ma sei di buon carattere, sebbene con le tue idiosincrasie tu sia particolarmente suscettibile per quanto concerne piccoli dettagli. La tua natura interiore ti rende critico sul piano del *pensiero*, ma nella combinazione con la Vergine essa fornirà una tendenza critica verso le parole - sia cose esterne che interne. E' difficile per te comprendere che dovresti tenere sotto controllo le tue naturali inclinazioni ed usare la ragione.

540. Se si unisce l'influenza del Sole in LEONE con quella della Luna in BILANCIA, che rappresentano rispettivamente la natura individuale e quella personale, si crea una combinazione atta a donarti una propensione per le attività letterarie e per l'istruzione. Hai una grande intuizione e se condurrai una vita veramente pura potrai raggiungere doti di vera profezia. Le tue percezioni ed i tuoi

sentimenti sulle cose equivalgono quasi a ciò che potrebbe essere definita una "seconda vista", ma ci vuole una grande purezza di vita per guidare le tue percezioni spirituali verso il giusto canale attraverso il quale possano agire. Spesso arrivi rapidamente alle decisioni, ma queste sono in genere giuste. Hai forti sentimenti ed una profonda capacità d'amare, e sei stranamente sensibile agli stati d'animo altrui. Stai attento nella scelta degli amici e dei conoscenti, ed in special modo nel matrimonio.

541. Se si unisce l'influenza del Sole in LEONE con quella della Luna in SCORPIONE, che rappresentano rispettivamente la natura individuale e quella personale, si crea una combinazione atta a fornirti un carattere molto sicuro, ma sebbene tu abbia notevole sensibilità nei confronti degli altri grazie alla tua natura Leone, il tuo sé personale sarà piuttosto orgoglioso, egocentrico ed a causa di ciò amerai molto l'apparenza: desidererai infatti mostrarti molto agli occhi del mondo. In questa combinazione la natura interiore Leone non può esprimersi molto bene. Molto dipenderà dal tuo atteggiamento nei confronti del mondo in generale e del tuo ambiente in particolare, per come esso si configura attraverso le altre condizioni planetarie. Avrai molto tatto, e sarai in certa misura critico e scettico.

542. Se si unisce l'influenza del Sole in LEONE con quella della Luna in SAGITTARIO, che rappresentano rispettivamente la natura individuale e quella personale, si crea una combinazione atta a fornirti una mente molto irrequieta, attiva e sicura, con una sotterranea corrente di insoddisfazione. Tenderai a desiderare qualcosa di sconosciuto, che tu stesso non sapresti definire. Avrai amore o inclinazione per lo studio delle scienze e della religione, ma questa combinazione non potrà che intensificare tutta l'attività della tua natura Leone, facendo di te un estremista in tutto. Avrai amore per la legge, l'ordine e le regole e sarai del tutto intollerante nei confronti di qualunque deviazione da ciò che tu consideri giusto. Cerca di stabilire un tempo per il lavoro, uno per il riposo ed uno per il divertimento, altrimenti incorrerai in gravi esaurimenti fisici per eccessiva attività.

543. Se si unisce l'influenza del Sole in LEONE con quella della Luna in CAPRICORNO, che rappresentano rispettivamente la natura individuale e quella personale, si crea una combinazione atta a renderti abile negli affari e nel commercio, ed a spingerti ad iniziare una qualche grande impresa, se il resto del tema lo confermerà. Avrai una notevole attitudine a far soldi e se non fosse per la natura del Leone che sta dietro, diventeresti piuttosto egoista. Sei incline a giudicare gli altri da solo, e talvolta puoi diventare un po' duro ed esigente. Sei un grande appassionato di musica e di armonia ed una nota stonata può causarti dolore. Devi però cercare di non essere così difficile da accontentare in un mondo fisico che non è un mondo ideale. Avrai tanta ambizione e desiderio di comando e potrai diventare un eccellente *manager* su vasta scala.

544. Se si unisce l'influenza del Sole in LEONE con quella della Luna in AQUARIO, che rappresentano rispettivamente la natura individuale e quella personale, si crea una combinazione atta a donarti un grande desiderio di unirti alla gente, attitudine a compiacere gli altri senza sforzo, a fare amicizia facilmente, ed in una certa misura a viaggiare. Se il resto dell'oroscopo lo confermerà sei adatto ad una vita pubblica o ad una carriera che ti consenta di viaggiare. Dovrai stare in grandi città dove vive una moltitudine di persone. Potresti riuscire anche nel formare associazioni, società, istituzioni ed organizzazioni in generale. La tua sensibilità verso gli altri è notevole e si espanderà verso tante persone. Ti piace molto la vita sociale e saresti incapace di vivere volentieri in una tranquilla città di provincia o in un paesino.

545. Se si unisce l'influenza del Sole in LEONE con quella della Luna in PESCI, che rappresentano rispettivamente la natura individuale e quella personale, si crea una combinazione atta a donarti un'inclinazione per lo studio e la ricerca, ma il risultato dipenderà molto dal tuo atteggiamento ed a meno che altre condizioni planetarie non armonizzino il tutto, questa polarità ti renderà molto irrequieto spingendoti sempre a muoverti, a spostarti o a viaggiare. Potresti incorrere in delusioni nelle tue relazioni familiari e sei incline a preoccuparti dei dettagli e di minuzie, cose che sono del tutto estranee alla tua natura interiore che è armoniosa, idealista ed espansiva. Hai comunque una profonda passione per la cultura e se intraprendi un lavoro di tipo tecnico sarai diligente, accurato e pratico. Ami il dettaglio, e se sarai capace di vincere lo spirito irrequieto che talvolta alberga in te, potrai raggiungere grandi cose nella sfera intellettuale.

POLARITÀ DEL SOLE IN VERGINE

546. Se si unisce l'influenza del Sole in VERGINE con quella della Luna in ARIETE, che rappresentano rispettivamente la natura individuale e quella personale, si crea una combinazione atta a donarti molta energia mentale, fermezza e stabilità, con un profondo senso dell'ordine e dell'armonia, che potrebbe però essere molto disturbato da un ambiente esterno caotico. C'è in effetti la tendenza in te ad essere troppo intenso e talvolta troppo ostinato, e con il tuo desiderio di essere sempre a capo di qualunque cosa ti metti a fare, sarai portato ad esagerare con le tue forze, a vivere in modo troppo cerebrale, ed in quel caso potranno risentirne parecchio gli occhi che si indeboliranno a causa di eccessiva applicazione. Hai una gran capacità intellettuale ma sei un po' troppo determinato rispetto a quel che dovresti. Hai un forte senso del ridicolo e sai essere molto allegro.

547. Se si unisce l'influenza del Sole in VERGINE con quella della Luna in TORO, che rappresentano rispettivamente la natura individuale e quella personale, si crea una combinazione atta a donarti una mente molto intuitiva ed una capacità di aver cura sia della tua mente che del tuo corpo. Agisci generalmente attraverso le più elevate facoltà intuitive che hai dentro di te, facoltà che ti guidano nelle questioni della vita. Sei profondamente sensibile ai pensieri reconditi ed alle intenzioni degli altri, hai una notevole percezione del futuro di affari e transazioni, e non sarai quasi mai sorpreso dai risultati. Sei troppo attivo rispetto a quel che dovresti, dal momento che l'energia che metti nelle cose supera un po' le tue forze, ma la tua notevole consapevolezza delle regole igieniche tenderà a contrastare fortemente questa tendenza. Hai un'ottima capacità per gli affari e potresti aver successo in quel campo, essendo questa una combinazione molto pratica che fornisce notevole buon senso.

548. Se si unisce l'influenza del Sole in VERGINE con quella della Luna in GEMELLI, che rappresentano rispettivamente la natura individuale e quella personale, si crea una combinazione atta a donarti una mente molto attiva e grande prontezza di parola, anche se ci sarà in te una tendenza ad essere troppo veloce nel parlare, cosa che potrà crearti difficoltà nell'espressione. Hai forti tendenze artistiche, con amore per il bello, notevole attitudine per l'istruzione e desiderio di una vita pubblica. Hai ottime capacità tecniche e creative. La difficoltà di questa combinazione è che ti rende troppo dinamico e che di conseguenza può provocarti difficoltà nervose. Hai una certa dualità in te anche se hai una volontà molto forte. Questa è una combinazione alquanto singolare, e che spinge ad eccessiva attenzione ai dettagli: sforzati di estendere la tua attenzione ai principi che sono alla base dei vari metodi.

549. Se si unisce l'influenza del Sole in VERGINE con quella della Luna in CANCRO, che rappresentano rispettivamente la natura individuale e quella personale, si crea una combinazione atta a donarti un grande amore per la bellezza, per l'armonia e per un ambiente sereno: in effetti queste cose sono assolutamente essenziali per il tuo benessere. Sei talmente sensibile a condizioni ambientali disarmoniche che trovarti a vivere potrebbe rifletterssi negativamente sulla tua salute. Hai nella mente l'ideale di un mondo molto diverso da questo e spesso trovi difficile sopportare l'ambiente intorno a te. Sei incline ad essere parsimonioso ed operoso, ansioso nei confronti di coloro che dipendono da te e preoccupato di mettere da parte per il futuro. Sei molto gentile nei confronti delle persone appartenenti alla tua cerchia, in effetti sei abbastanza esclusivo nei sentimenti, ma il tuo amore per la famiglia potrebbe espandersi verso spazi più ampi.

550. Se si unisce l'influenza del Sole in VERGINE con quella della Luna in LEONE, che rappresentano rispettivamente la natura individuale e quella personale, si crea una combinazione atta a donarti una grande e profonda capacità d'amare, che può dominare completamente i tuoi pensieri e le tue azioni. Il tuo amore però può essere indirizzato da un oggetto all'altro, perché hai immaginato nella tua mente una passione ideale e dunque aspiri ad una condizione che è irrealizzabile. Con questa polarità dovresti cercare di capire che la tua natura emozionale è piuttosto sbilanciata, e che se non starai attento per quel che concerne le tue faccende di cuore potrai finire dalla padella alla brace. Sarebbe bene che tu cercassi di essere quanto più costruttivo possibile e che sviluppassi, per quanto la tua natura ti consentirà, la capacità di un legame ufficiale, in modo tale da non essere seriamente sbilanciato a causa dei tuoi impetuosi sentimenti.

--- ⁓

551. Se si unisce l'influenza del Sole in VERGINE con quella della Luna in VERGINE, che rappresentano rispettivamente la natura individuale e quella personale, si crea una combinazione atta a donarti un grande amore per la natura e per l'armonia ed un'istintiva purezza e fedeltà. Sei capace di essere molto devoto ad un'altra persona, pur essendo assai indipendente e sicuro di te. Hai un intuito quasi equiparabile al dono della preveggenza, ed i pensieri possono giungerti come parole udibili che riferiscono la cognizione di ciò che dovrà accadere. Le tue caratteristiche nell'insieme sono molto raffinate e tu dovresti maturare in ambienti ricchi di bellezza, di armonia e di amore, giacché per te il perfezionamento è il vero respiro della vita, hai infatti terrore di ciò che è volgare o comune e di ciò che non è puro e raffinato. Tolleranza e solidarietà nei confronti degli altri dovrebbero essere le tue parole d'ordine, altrimenti potresti finire per diventare troppo isolato e distaccato.

552. Se si unisce l'influenza del Sole in VERGINE con quella della Luna in BILANCIA, che rappresentano rispettivamente la natura individuale e quella personale, si crea una combinazione atta a renderti profondamente percettivo, ma anche portato al ragionamento filosofico, indipendente nel pensiero, e nel caso in cui anche altre indicazioni planetarie lo confermino, capace di scrivere di argomenti filosofici, scientifici ed occulti. Devi stare attento ad evitare troppi sforzi o attività mentali altrimenti i tuoi occhi potrebbero risentirne. Sei appassionato di letture e sei veloce ed intuitivo nell'apprendimento. Hai la capacità di afferrare idee generali riguardo la filosofia e la scienza e di riformularle ed utilizzarle come tue. Tutto nel tuo caso dipenderà dal dominio che potrai esercitare sulle tue sensazioni ed emozioni. Questa combinazione da luogo a condizioni estreme tra la natura interiore e quella esteriore.

553. Se si unisce l'influenza del Sole in VERGINE con quella della Luna in SCORPIONE, che rappresentano rispettivamente la natura individuale e quella personale, si crea una combinazione atta a renderti incline ad essere conformista, imitativo, ecc., ma anche fermo nella scelta di vita che hai fatto. Devi guardarti dall'egoismo e dalla tendenza a non considerare i sentimenti delle persone che ti circondano. Sei portato alla vita sociale, ma in realtà preferisci la compagnia della gente del tuo stesso sesso. Vai in collera con facilità e non sei disposto a perdonare facilmente. Questa combinazione comunque ti fornisce quel carattere sicuro atto a farti raggiungere il successo nel mondo esterno. E' di capitale importanza nel tuo caso un'istruzione completa ed una mente bene esercitata e disciplinata. Dal momento che tendi così tanto ad imitare gli altri dovrai stare attento nella scelta dei tuoi amici. Nella tua combinazione c'è un forte elemento *psichico* che potrà essere sviluppato vantaggiosamente solo se coltiverai la tua mente.

554. Se si unisce l'influenza del Sole in VERGINE con quella della Luna in SAGITTARIO, che rappresentano rispettivamente la natura individuale e quella personale, si crea una combinazione atta a fornirti una natura estremamente attiva sia dal punto di vista fisico che da quello mentale: in realtà sei un po' troppo intenso. Tu concentri tutte le tue forze fisiche e mentali su qualunque cosa desideri fare, e spesso spingi questa tendenza agli eccessi molto al di là del ragionevole. Hai grande amore per il lavoro e sei estremamente efficiente: l'inazione sarebbe la morte per te. Saresti un buon insegnante specialmente se tenessi i tuoi impulsi sotto controllo e non saltassi subito alle conclusioni. Hai anelito per il pensiero religioso e scientifico, ed un'inclinazione per lo studio delle regole dell'igiene e della filosofia astratta e morale. Dovresti stare attento a non parlare in modo troppo imprudente e duro, giacché diventi eccessivo quando ti lasci andare agli impulsi.

555. Se si unisce l'influenza del Sole in VERGINE con quella della Luna in CAPRICORNO, che rappresentano rispettivamente la natura individuale e quella personale, si crea una combinazione atta a donarti notevole abilità negli affari, e forte inclinazione musicale. Hai una mente pratica, ti piace l'attività, il lavoro, la compagnia, la musica, e gli intrattenimenti pubblici in genere. Sei alquanto indipendente e contrario ad essere controllato o diretto. Sei più portato alla vita pubblica che a quella privata, ma saresti orgoglioso di possedere una grande casa antica. Prestigio e pubblici riconoscimenti significano molto per te. Ti piace essere molto bravo in ciò che fai, ma sei forse più incline alle generalizzazioni piuttosto che ad occuparti dei dettagli. In generale vorrai sempre essere in posizione di comando.

556. Se si unisce l'influenza del Sole in VERGINE con quella della Luna in AQUARIO, che rappresentano rispettivamente la natura individuale e quella personale, si crea una combinazione atta a donarti un grande amore per la compagnia delle persone, dell'ordine, dell'armonia sia fisica che mentale ecc. Hai un modo di fare eccellente e la capacità di adattarti agli altri: dunque non avrai difficoltà a compiacere la gente. In lavori di tipo creativo ed in attività musicali o artistiche sarai molto efficiente e quasi sicuramente avrai successo. Sei molto attivo sia dal punto di vista mentale che da quello fisico. La tua intelligenza è lucida e brillante ed hai la capacità di dirigere le persone con le quali sei in rapporti. Hai grande amore per la casa, capacità negli affari ad ampio raggio, e sei più adatto alla vita cittadina che a quella di campagna.

557. Se si unisce l'influenza del Sole in VERGINE con quella della Luna in PESCI, che rappresentano rispettivamente la natura individuale e quella personale, si crea una combinazione atta a donarti una mente pratica e concreta, buona capacità creativa, molta operosità e propensione per le attività letterarie. Aspiri ad ottenere ed a utilizzare la conoscenza in molti modi. Sei comunque alquanto irrequieto e ti piace la varietà, dunque si può desumere che hai un certo desiderio di viaggiare. Amerai il potere ed il prestigio personale e sarai assai suscettibile alle critiche. Hai un alto ideale della vita amorosa, e dovrai stare molto attento nella scelta di un *partner*. Sei in qualche modo attratto da fenomeni singolari e *psichici*, e vorresti investigare l'occulto.

La Chiave dell'oroscopo

POLARITÀ DEL SOLE IN BILANCIA

558. Se si unisce l'influenza del Sole in BILANCIA con quella della Luna in ARIETE, che rappresentano rispettivamente la natura individuale e quella personale, si crea una combinazione atta a donarti una forte volontà e grande potere di autocontrollo in qualunque circostanza, con la capacità di tener nascosti i sentimenti e le emozioni. Sai comandare gli altri e parlare con grande veemenza. Saresti in grado di rimanere saldo ed affidabile in tutte le condizioni e posizioni in cui potresti venire a trovarti. Questa combinazione accentua le capacità mentali ed in una certa misura le illumina. Possiedi una notevole capacità percettiva, assieme ad un'attitudine al ragionamento, e non sai solo riflettere ma anche osservare. Dal momento che hai una tale influenza sugli altri da poterli persino coinvolgere *psichicamente*, devi coltivare la tua natura morale, la gentilezza d'animo e la benevolenza.

559. Se si unisce l'influenza del Sole in BILANCIA con quella della Luna in TORO, che rappresentano rispettivamente la natura individuale e quella personale, si crea una combinazione atta a renderti tranquillo ed armonico, ma anche costante nel lavoro, con doti di notevole continuità, accuratezza, pazienza e perseveranza. In generale sei tenace in tutte le tue iniziative, in particolare con quelle che ritieni giuste. Sei molto sensibile e suscettibile all'influenza degli altri, interiormente molto intuitivo, ma con questa combinazione mostrerai notevole talento per la filosofia e per la scienza. Devi riuscire a distinguere te stesso dagli altri ed a controllare la tua eccessiva sensibilità. Hai un grande interesse per le regole dell'igiene e per la loro osservanza, e questo potrà essere un utile campo di studio per te. Hai una volontà molto forte e qualche attitudine per la professione medica.

560. Se si unisce l'influenza del Sole in BILANCIA con quella della Luna in GEMELLI, che rappresentano rispettivamente la natura individuale e quella personale, si crea una combinazione atta a donarti una mente attiva, irrequieta e portata a brillare nel campo intellettuale e nell'insegnamento. Hai grandi aspirazioni, con un certo talento per le belle arti, ma anche capacità creative e matematiche. In qualche misura sei una specie di enciclopedia del sapere ma stai attento agli eccessi dal momento che sei così irrequieto ed incline a pretendere troppo da te stesso. Hai grandi ideali ed aspirazioni, capacità di presentarti in pubblico come insegnante, e potresti anche aver successo come scrittore, se il resto dell'oroscopo lo conferma. Hai una certa dualità ed indecisione nella tua natura che dovresti tentare di superare.

561. Se si unisce l'influenza del Sole in BILANCIA con quella della Luna in CANCRO, che rappresentano rispettivamente la natura individuale e quella personale, si crea una combinazione atta a donarti una natura molto ambiziosa e sensibile, ed a spingerti talvolta a preoccuparti senza motivo. Hai molta costanza e non sarai in ansia di cambiare spesso lavoro. Sarai portato ad imbarcarti in attività commerciali e potrai ottenere da esse un certo successo. Sarai sempre preoccupato del benessere delle persone che ami ed avrai ottime intuizioni e percezioni riferite alle questioni familiari. Sarai desideroso di comparire in pubblico e ci sono prospettive di successo in questa direzione, ma evita le preoccupazioni e la suscettibilità sui dettagli. Devi vivere una vita pura se non vuoi soffrire dal punto di vista fisico, soprattutto a livello polmonare.

562. Se si unisce l'influenza del Sole in BILANCIA con quella della Luna in LEONE, che rappresentano rispettivamente la natura individuale e quella personale, si crea una combinazione atta a donarti forti sentimenti ed una natura sentimentale molto attiva. Hai grande amore per le cose spirituali e talvolta vivide rappresentazioni della verità che quasi equivalgono ad una visione interiore. Sei guidato dall'influenza dell'invisibile e dalla tua intuizione. E' difficile per te comprendere questo mondo un po' prosaico, in quanto la tua natura interiore si apre ad un mondo ideale dove l'Amore è sovrano. Ma devi anche mantenere attive le tue facoltà intellettuali, rendendoti in tal modo più utile e di effettivo aiuto agli altri, perché ci vuole l'intelligenza per spiegare e diffondere queste realtà spirituali agli altri. Cerca di disciplinare le tue emozioni, e non sentirai di meno per il fatto di controllarle.

563. Se si unisce l'influenza del Sole in BILANCIA con quella della Luna in VERGINE, che rappresentano rispettivamente la natura individuale e quella personale, si crea una combinazione atta a donarti una mente molto attiva e critica, veloce nella percezione e amante della musica e dell'arte in generale. Hai forti sentimenti ed emozioni e devi cercare di disciplinare attraverso la ragione questa parte della tua natura. Sei intuitivo ma necessiti del controbilanciamento della ragione. Avrai molto successo negli affari, specialmente nel caso di operazioni di acquisto e vendita che si realizzino velocemente. Hai bisogno di vivere una vita molto pura per ottenere il successo maggiore, giacché dominando il lato sensoriale e la tua natura inferiore raggiungerai splendide intuizioni ed una guida interiore.

564. Se si unisce l'influenza del Sole in BILANCIA con quella della Luna in BILANCIA, che rappresentano rispettivamente la natura individuale e quella personale, si crea una combinazione atta a renderti eccezionalmente percettivo e a donarti una natura molto equilibrata ed armoniosa, così che c'è poca probabilità che tu possa essere influenzato o dominato dagli altri. Avrai un'intelligenza brillante e lucida ma anche capacità pratiche per gli affari. Non sei tuttavia incline a ricercare la compagnia degli altri in quanto sei portato a svilupparti all'interno della tua interiorità, essendo un po' egocentrico. Sei molto sensibile agli stati d'animo di chi ti circonda e sei particolarmente dotato dal punto di vista mentale, specialmente per quanto concerne i livelli superiori dell'attività intellettuale. Dovresti aver successo nella maggior parte delle cose che intraprendi, essendo persona molto cortese, affabile, educata e piacevole.

565. Se si unisce l'influenza del Sole in BILANCIA con quella della Luna in SCORPIONE, che rappresentano rispettivamente la natura individuale e quella personale, si crea una combinazione atta a renderti alquanto ambizioso ma anche desideroso di compiacere gli altri, e ciò forse soprattutto per amore di approvazione. Sarai portato per le scienze materialistiche e sarai piuttosto aggressivo, egoista, litigioso ma anche abbastanza rapido nel superare la collera. Ami le materie occulte e misteriose ed hai un'intensa curiosità intellettuale che raramente trova la sua completa soddisfazione. C'è un certo conflitto tra la tua natura interiore e quella esteriore, e talvolta un senso di insoddisfazione nei confronti di te stesso e dell'ambiente intorno a te. Sei particolarmente sensibile all'atmosfera emotiva ed alle condizioni *psichiche* che ti circondano. Non ti piace essere sottoposto alla volontà degli altri

566. Se si unisce l'influenza del Sole in BILANCIA con quella della Luna in SAGITTARIO, che rappresentano rispettivamente la natura individuale e quella personale, si crea una combinazione atta a fornirti una natura un po' particolare in quanto molto dinamica ed eccitabile, e la troppa eccitazione è disastrosa per questa polarità. Moralità ed istruzione saranno necessarie per vincere i difetti di questa influenza, ed il tuo eventuale successo nella vita dipenderà in modo considerevole dalla possibilità che tu faccia sì che la natura calma ed equilibrata della Bilancia, domini l'impetuosità e l'eccitabilità del Sagittario. Sarà assolutamente necessario che tu ogni giorno dedichi un po' di tempo alla tranquillità, per poterti concentrare e ridurre le tue attività esterne, in modo da essere utile a te stesso ed agli altri.

567. Se si unisce l'influenza del Sole in BILANCIA con quella della Luna in CAPRICORNO, che rappresentano rispettivamente la natura individuale e quella personale, si crea una combinazione atta a darti chiare idee generali in molte direzioni, a far sì che sia soprattutto l'intuizione a guidarti, ed a darti la capacità di aver successo in quasi tutte le attività. Hai forti sentimenti di benevolenza e affetto e potresti sviluppare un grande talento musicale. L'intera tendenza della tua natura sarà verso piaceri intellettuali piuttosto che fisici, e mentre sei molto adatto al commercio non c'è un lavoro o una professione per i quali tu abbia una particolare propensione. Ami la purezza e la castità ed hai un forte senso di ciò che è giusto ed opportuno, infatti l'idealità della Bilancia in te è ben equilibrata dalla concretezza del Capricorno. Avrai un ottimo intuito negli affari, dal momento che percezioni e riflessioni sono ben armonizzate.

568. Se si unisce l'influenza del Sole in BILANCIA con quella della Luna in AQUARIO, che rappresentano rispettivamente la natura individuale e quella personale, si crea una combinazione atta a donarti una grande capacità di interpretare a prima vista il carattere delle persone, e se altre condizioni planetarie lo permetteranno, farai grandi progressi in questa direzione. Potresti scoprire esattamente, se lo volessi, i pensieri degli altri e talvolta persino le parole che stanno per dire. Hai un'ottima capacità creativa, ma allo stesso tempo tendi ad approvare molto gli altri. Tutte le attività intellettuali andranno bene nel tuo caso, e con una buona istruzione, potresti diventare un ottimo insegnante e raggiungere grandi cose. Cercherai di compiacere gli altri e di renderti utile a loro in tutti i modi possibili, e potresti, se volessi, fare facilmente amicizia con chiunque. Sei molto portato ad avere contatti con tante persone, perché questa combinazione ti da la necessaria capacità mentale di percepire i pensieri degli altri.

569. Se si unisce l'influenza del Sole in BILANCIA con quella della Luna in PESCI, che rappresentano rispettivamente la natura individuale e quella personale, si crea una combinazione atta a spingerti molto ad acquisire conoscenza ed a renderti operoso in tutte le direzioni, anche se talvolta sei di carattere alquanto irrequieto. Devi stare attento a non cedere alla depressione, rischio che comunque corri quando le tue energie sono esaurite, e dovresti cercare di ricordare che occorre dare il giusto valore a questa vita fisica - e persino alle cose buone del mondo. Cerca di comprendere che il mondo è sempre pieno di opportunità luminose e felici e che c'è sempre del bene in ogni male apparente[75]. Coltiva l'ottimismo e cerca di capire che la conoscenza deve essere utilizzata e diffusa e che questi sono gli unici motivi che rendono valida la sua acquisizione. Coltiva un giusto livello di positività mentale.

POLARITÀ DEL SOLE IN SCORPIONE

570. Se si unisce l'influenza del Sole in SCORPIONE con quella della Luna in ARIETE, che rappresentano rispettivamente la natura individuale e quella personale, si crea una combinazione atta a renderti incline ad essere troppo duro e sicuro di te ed a spingerti agli eccessi nella collera, dal momento che hai troppa aggressività fisica e mentale. Sei piuttosto geloso e nel lavoro senti il bisogno di avere una posizione dalla quale possa dominare gli altri con la tua volontà. Comunque, a patto che tu riesca a tenere la tua volontà sotto il controllo della ragione, potresti occupare posti di responsabilità nella vita. Sarai disposto talvolta a gratificare i tuoi sentimenti del tutto a prescindere dalle conseguenze. Sentimenti e passioni sono molto forti in te e tu dovrai coltivare al massimo la ragione per poter dominare la tua personalità. Per questa combinazione è assolutamente adatta la regola d'oro di fare agli altri esattamente ciò che vorresti fosse fatto a te.

571. Se si unisce l'influenza del Sole in SCORPIONE con quella della Luna in TORO, che rappresentano rispettivamente la natura individuale e quella personale, si crea una combinazione atta ad appassionarti allo studio della natura, ed a farti amare l'ordine, il ritmo, la danza, la musica e tutto ciò che contribuisca all'armonia. Se il resto del tema lo confermerà questa posizione dona la capacità e l'intuizione che ti rendono adatto allo studio della medicina. Hai una mente precisa e piuttosto intellettuale. Questa polarità tende a sottomettere la natura dello Scorpione alla legge ed alle regole. Non ti piace essere accusato e desideri ardentemente che coloro che ami ti approvino. Sei molto adatto alla vita coniugale ed hai un'assai forte e profonda capacità di amare. Sei molto fermo e

---

[75] Riferisco in questo caso l'originale proverbio inglese citato da Alan Leo perché molto poetico: "Every dark cloud has its silver lining", ovvero: ogni nuvola scura ha la sua fodera d'argento. (Nota del Curatore)

determinato una volta che hai preso le tue decisioni. Tenderai ad essere preoccupato di poter fornire benessere alle persone a cui sei legato, e sarai sempre attento ed accorto nei confronti dei sentimenti degli altri.

572. Se si unisce l'influenza del Sole in SCORPIONE con quella della Luna in GEMELLI, che rappresentano rispettivamente la natura individuale e quella personale, si crea una combinazione atta a donarti un grande amore per l'arte e per la scienza, ed ammirazione per le altrui capacità mentali ed oratorie. Ti piace l'insegnamento ed aspiri a grandi traguardi nell'istruzione. Saresti inadatto a seguire un sistema di pensiero che fosse inviso ai più, e sei molto cauto nella tua vita esterna e nelle tue abitudini. Sei piuttosto orgoglioso ed altero e non ti piacerebbe un lavoro duro dal punto di vista fisico o una condizione di vita in cui non vi fossero anche comodità e buona posizione sociale. Ti piace l'eleganza e la magnificenza e desideri elevarti nella vita, per cui probabilmente userai energia ed operosità in modo tale da realizzare condizioni migliori.

573. Se si unisce l'influenza del Sole in SCORPIONE con quella della Luna in CANCRO, che rappresentano rispettivamente la natura individuale e quella personale, si crea una combinazione atta a donarti una mente chiara e logica ed un grande desiderio di armonia, specialmente nella vita familiare. Hai una grande aspirazione ad essere compreso ed amato da persone del sesso opposto, ma sarà necessario che tu tenga sotto controllo la tua tendenza ad essere guidato dalle sensazioni e faccia sì che la ragione abbia pieno dominio sulle passioni e sulle emozioni. Dovrai stare in guardia contro la gelosia ed il pericolo di essere sviato dagli altri. Sei estremamente sensibile e nel campo dei sentimenti e delle emozioni non attui sufficiente discriminazione. Hai in qualche misura un sentimento di dipendenza dagli altri, specialmente per quanto concerne la loro solidarietà, e devi studiare il carattere delle persone che incontri, per non soffrire le conseguenze di una fiducia mal riposta.

574. Se si unisce l'influenza del Sole in SCORPIONE con quella della Luna in LEONE, che rappresentano rispettivamente la natura individuale e quella personale, si crea una combinazione atta a donarti una natura molto ardente ed intensa ed a renderti quasi del tutto dominato e mosso dai sentimenti e dalle emozioni, che in te sono molto intensi. E' assolutamente necessario che chiunque presenti questa polarità alla nascita comprenda perfettamente la legge del suo essere: devi dunque tentare di vivere nel modo più puro possibile, per non mettere un domani in pericolo la tua salute e la tua felicità. Hai la capacità di guarire gli altri e potresti studiare medicina, ma per riuscire nella vita devi stare attento alla tua dieta, stai alla larga da stimolanti e narcotici, ed evita eccitazioni e passioni, o altrimenti le tue funzioni cardiache potrebbero risentirne. Questa combinazione dona quell'intenso sentimento interiore che contribuisce sempre alla creazione di una forte personalità.

575. Se si unisce l'influenza del Sole in SCORPIONE con quella della Luna in VERGINE, che rappresentano rispettivamente la natura individuale e quella personale, si crea una combinazione atta a dotarti di molto dinamismo, sicurezza ed attitudine critica. Ami molto la lettura e sei portato alle attività letterarie. Non ti piacerà mai stare in posizione subordinata ma vorrai sempre trovarti nella possibilità di esercitare un potere direttivo. Dovrai stare attento a non cercare troppo i difetti degli altri ed a non essere talvolta insensibile e duro. Diventi furioso se provocato, ma dovresti stare attento a controllare la tua collera, in quanto se ti ci abbandoni rischi di incorrere in disturbi asmatici. Sei sicuro di te, hai una mente lucida e concreta e puoi fare un ottimo uso delle capacità critiche che hai a patto che ti eserciti a riconoscere sia i pregi che i difetti in cose e persone.

576. Se si unisce l'influenza del Sole in SCORPIONE con quella della Luna in BILANCIA, che rappresentano rispettivamente la natura individuale e quella personale, si crea una combinazione atta a dotarti di penetrazione spirituale, con un'inclinazione a temere, scrutare ed interrogare il futuro, che potrà sviluppare la tua intuizione e che in alcuni casi, quando anche le altre condizioni oroscopiche lo confermino, favorisce la visione chiaroveggente. Hai la tendenza a mescolare la ragione con l'intuizione, il che promuove una dignità del carattere, sentimenti elevati e nobili inclinazioni. Hai intuizione negli affari e predisposizione ad aver successo in quel campo. Hai inoltre talento letterario ed amore per la scienza oltre che una buona capacità di giudizio. La tua percezione è molto profonda e puoi adottare sia il pensiero concreto che quello astratto, il che ti predispone al successo nella vita. Dunque si tratta di una combinazione del tutto favorevole.

577. Se si unisce l'influenza del Sole in SCORPIONE con quella della Luna in SCORPIONE, che rappresentano rispettivamente la natura individuale e quella personale, si crea una combinazione atta a renderti molto fermo, incline all'indipendenza ed alla fiducia in te stesso, disposto a farcela da solo nella vita ed a cercare solo pochi amici intimi. Il tuo pensiero ed i tuoi sentimenti sono abbastanza materialistici, e raramente riesci ad andare oltre il regno dei cinque sensi, ma sei molto lucido e logico nelle cose pratiche. Ti interessa il campo degli affari, del governo e le questioni che concernono l'istruzione. Sei alquanto conformista, incline a venerare e sostenere le istituzioni costituite ed hai poca attitudine a farti consigliare o guidare dagli altri. Hai una certa dose di orgoglio e dignità, notevole autosufficienza, grande capacità critica ed analitica, assieme ad una forte volontà. Coltiva la benevolenza.

578. Se si unisce l'influenza del Sole in SCORPIONE con quella della Luna in SAGITTARIO, che rappresentano rispettivamente la natura individuale e quella personale, si crea una combinazione atta a farti amare la legge e l'ordine, ma a renderti talvolta sarcastico e tagliente nel parlare, perché tendi ad esprimere la prima cosa che ti viene in mente, senza considerare le conseguenze. Ti piacerà la vita pubblica, ma dovrai stare attento a non essere troppo precipitoso ed imprudente. Per dominare la tua natura così intensa sono necessari tanto autocontrollo e tanto esercizio. Uno dei problemi più grossi che sorge da questa combinazione è la gelosia, infatti soffrirai molto se ti lascerai dominare da pensieri ispirati da questo sentimento. Non consentirti mai di essere avventato, ma cerca sempre di pensare prima di agire o altrimenti agendo sotto la spinta di un impulso potresti fare qualcosa di cui ti potresti pentire per tutta la vita.

579. Se si unisce l'influenza del Sole in SCORPIONE con quella della Luna in CAPRICORNO, che rappresentano rispettivamente la natura individuale e quella personale, si crea una combinazione atta a donarti una natura adatta a dirigere e ad organizzare, a progettare ed a decidere. Hai una vera passione per la magnificenza, l'ostentazione, ecc.: ti piace avere sempre le cose più lussuose e migliori, e preferisci esser cliente solo dei posti più cari ed aristocratici, ogniqualvolta le circostanze te lo consentano. Sei portato ad essere piuttosto conformista e desideri seguire regole e norme di comportamento rigidamente stabilite. Sei molto ambizioso e desideri ottenere prestigio e fama nel mondo; preferisci muoverti nella sfera pubblica piuttosto che in quella privata e sei portato a studiare accanitamente per diventare esperto di qualunque cosa tu intraprenda, mettendoti così nelle condizioni di raggiungere il successo nel lavoro o nelle imprese.

580. Se si unisce l'influenza del Sole in SCORPIONE con quella della Luna in AQUARIO, che rappresentano rispettivamente la natura individuale e quella personale, si crea una combinazione atta a renderti molto conservatore, appassionato di riunioni pubbliche e di teatri, specialmente quelli frequentati dalle classi ricche ed aristocratiche. Sei buon giudice della natura umana e sei adatto a trattare con il pubblico in una forma o nell'altra. Hai grande considerazione della pubblica opinione, in effetti dai quasi troppo valore alle apparenze esterne. Hai una mente attiva e sei generalmente pratico. Sei fedele nell'impiego e sai adattarti alla vita lavorativa, ma corri il rischio di esagerare nelle cose che fai a causa del tuo estremo desiderio di esibirti. Hai la capacità di interpretare il carattere delle persone, ed hai un'istintiva singolare conoscenza della natura umana.

581. Se si unisce l'influenza del Sole in SCORPIONE con quella della Luna in PESCI, che rappresentano rispettivamente la natura individuale e quella personale, si crea una combinazione atta a donarti una natura diligente, anche se sei alquanto irrequieto ed incline ad essere ansioso e preoccupato circa la tua realizzazione nella vita. Avrai con molta probabilità una vera venerazione per le persone che hanno raggiunto grandi traguardi nell'istruzione e nella cultura, in quanto tu stesso hai desiderio e capacità di raggiungere tali cose. Sarai molto attratto dai fenomeni medianici e *psichici* ed avrai un grande desiderio di sapere qualcosa del lato invisibile della vita. C'è una qualche dualità in te e dovresti tenere sotto controllo la depressione, l'ipocondria, le preoccupazioni e l'ansia, cercando di coltivare uno stato mentale ottimistico e felice. La tendenza personale è verso l'indecisione e la depressione, mentre quella individuale è verso l'orgoglio ed il prestigio, e quest'ultima potrà sollevare la tendenza inferiore. L'intera combinazione è comunque *psichica*.

POLARITÀ DEL SOLE IN SAGITTARIO

582. Se si unisce l'influenza del Sole in SAGITTARIO con quella della Luna in ARIETE, che rappresentano rispettivamente la natura individuale e quella personale, si crea una combinazione atta a donarti grande forza di volontà ed energia mentale, ed a renderti molto determinato. Non dovrai mai lasciarti prendere dall'eccessiva fretta, ma dovrai darti tempo per fare le cose. Cerca di essere più riflessivo e assai meno attivo. Dovrai imparare a vincere il tuo attivismo e la tua eccitabilità. Il lavoro ti è favorevole nella moderazione, ma c'è un limite alla resistenza fisica e questa combinazione chiede che tu ti prenda cura del tuo sé personale; se non lo farai potrai incorrere in gravi problemi nervosi ed in mal di testa. Hai una buona intelligenza e se ti asterrai da sforzi eccessivi raggiungerai il successo nella vita.

583. Se si unisce l'influenza del Sole in SAGITTARIO con quella della Luna in TORO, che rappresentano rispettivamente la natura individuale e quella personale, si crea una combinazione atta a renderti molto riflessivo, gentile e sensibile, desideroso di aiutare le persone che soffrono. Hai una naturale inclinazione a seguire regole igieniche, e sarai portato a studiare ed a praticare le leggi che regolano la salute, o come infermiere o come dottore. Sei quasi spinto agli eccessi quando venga fortemente esaltata la tua sensibile affettività. Sarai molto sensibile, in modo singolare, e preferirai non incontrare persone che non conosci o comunque tante persone. Non hai interesse per la gente e per i luoghi pubblici, e dunque non sarai ansioso di fare nuove conoscenze. Ami la Natura ed hai talento per le scienze naturali. Sei profetico da molti punti di vista, ed hai una natura generosa.

584. Se si unisce l'influenza del Sole in SAGITTARIO con quella della Luna in GEMELLI, che rappresentano rispettivamente la natura individuale e quella personale, si crea una combinazione atta a donarti un grande amore per l'ordine e per la bellezza, ma anche molta capacità per lo studio e per l'arte. Hai talento musicale: se ti applicherai potrai diventare molto bravo in questo campo. C'è un punto riguardo al quale occorrerebbe ammonirti: la tua attività intensa ed eccessiva; se questa tendenza non sarà tenuta sotto controllo potrà provocarti degli esaurienti nervosi. Sei più portato ad attività intellettuali piuttosto che a quelle fisiche, e riuscirai bene in qualunque lavoro di tipo intellettuale o correlato alla letteratura. C'è molta dualità nella tua natura e sentirai sempre di desiderare di fare due cose nello stesso tempo. Cerca di riposare e di recuperare le forze, altrimenti incorrerai in disturbi nervosi e nevralgie.

585. Se si unisce l'influenza del Sole in SAGITTARIO con quella della Luna in CANCRO, che rappresentano rispettivamente la natura individuale e quella personale, si crea una combinazione atta a donarti una natura molto parsimoniosa ed operosa, con un grande amore per la famiglia che ti renderà sempre ansioso per i tuoi cari ed incline a sentirti a tuo agio se avrai messo da parte un po' di denaro per i tempi difficili. Stai attento alla cerchia delle tue amicizie e nei tuoi rapporti con le persone del sesso opposto, giacché la loro influenza è destinata a dimostrarsi molto forte nella tua vita, e se dovessi formare un'unione infelice o priva di valore l'intera tua vita ne subirebbe un'influenza nefasta. Studia il *carattere* delle persone, e non innamorarti dell'*immagine*. Tendi ad attaccarti tenacemente all'oggetto del tuo amore, in qualche modo incurante delle conseguenze.

586. Se si unisce l'influenza del Sole in SAGITTARIO con quella della Luna in LEONE, che rappresentano rispettivamente la natura individuale e quella personale, si crea una combinazione atta a donarti una natura emotiva molto intensa ed a renderti capace di sentimenti profondi ed ardenti. Hai dei doni *psichici* e potresti diventare molto medianico. Talvolta avrai strani sogni eccezionali e singolari visioni, ed in queste esperienze crederai molto. Hai la capacità di percepire i cambiamenti a livello collettivo dal momento che sei in grado di "sentire" le condizioni della "mente collettiva", come anche quella dei tuoi amici e conoscenti. Sei sempre portato ad agire ispirato dai tuoi sentimenti mentre le tue attività sono per la maggior parte di natura spirituale o sentimentale. Sei molto gentile e di nobile cuore, sei comprensivo, anche troppo sensibile talvolta: una parola o uno sguardo negativi hanno un forte effetto sul tuo cuore. Agirai e parlerai attraverso il tuo cuore, spinto come sei più dai tuoi impulsi che dai tuoi pensieri.

587. Se si unisce l'influenza del Sole in SAGITTARIO con quella della Luna in VERGINE, che rappresentano rispettivamente la natura individuale e quella personale, si crea una combinazione atta a farti amare l'armonia ed a spingerti a grande interesse e devozione per la musica, che potrebbe anche diventare la tua professione di successo. Hai una mente molto analitica ed atta allo studio della matematica e della meccanica, ma anche delle belle arti. Hai gusti raffinati, una certa capacità profetica, e puoi prevedere spesso eventi futuri. Non dovresti mai combattere o litigare dal momento che queste cose ledono il lato superiore della tua natura ed ostacolano quella pace e quella armonia che rappresentano la condizione necessaria all'evoluzione dell'anima. Non essere troppo critico. Cerca di essere sempre ottimista ed allegro, e non lasciarti andare alle preoccupazioni.

588. Se si unisce l'influenza del Sole in SAGITTARIO con quella della Luna in BILANCIA, che rappresentano rispettivamente la natura individuale e quella personale, si crea una combinazione atta a donarti un'ottima capacità percettiva ed intuitiva, e abilità nel soppesare rapidamente ogni cosa con la bilancia della ragione. Sai essere freddo, calmo, ma anche pronto e dinamico sia fisicamente che mentalmente. Hai una mente molto abile negli affari e possiedi predisposizione al ragionamento, all'istruzione ed alla scienza. Mentalmente sei molto indipendente. Le tue percezioni sono precise ed il tuo giudizio in genere corretto, specialmente nei casi in cui la percezione sia stata una delle facoltà usate nel raggiungere la tua decisione. Si tratta dunque di una buona combinazione che dona intuizione e ragione, oltre che la capacità di decidere con precisione. Hai la possibilità di raggiungere la saggezza.

589. Se si unisce l'influenza del Sole in SAGITTARIO con quella della Luna in SCORPIONE, che rappresentano rispettivamente la natura individuale e quella personale, si crea una combinazione atta a donarti un carattere sicuro e determinato, molto orgoglio ed una tendenza al conformismo. Devi stare molto attento alle cose che dici, e devi evitare di usare parole rudi o sarcastiche. Ti realizzerai bene in lavori fisici giacché hai molta capacità personale, ma ti mancano giudizio ed affidabilità. Sei a volte piuttosto pungente e ti piace litigare, sei forte ed impetuoso, ma come avviene a tanti "can che abbaia non morde"[76]. Dovrai stare attento nella scelta degli amici, dal momento che essi possono portarti a compiere azioni sbagliate. Sarà bene che tu consideri con attenzione questo punto.

590. Se si unisce l'influenza del Sole in SAGITTARIO con quella della Luna in SAGITTARIO, che rappresentano rispettivamente la natura individuale e quella personale, si crea una combinazione atta a donarti una natura ben equilibrata sia dal punto di vista fisico che da quello mentale, ed a renderti libero ed indipendente. Sarai incline ad essere molto magnanimo, piuttosto noncurante ma anche sollecito ed operoso. Hai nell'insieme una natura generosa, una mente lucida e decisa e sei poco influenzabile dall'ambiente e dagli amici. Hai una natura fedele, paziente e perseverante. La tua mente è anche molto abile negli affari e sei preciso, sebbene più adatto ai principi generali che ai dettagli delle questioni. In una certa fase della tua vita sarai attratto dalla scienza e dalla religione.

591. Se si unisce l'influenza del Sole in SAGITTARIO con quella della Luna in CAPRICORNO, che rappresentano rispettivamente la natura individuale e quella personale, si crea una combinazione atta a donarti una mente eccellente per gli affari, fertile e capace di decidere e realizzare, e ricca di idee e progetti. Sei pratico e preciso, ma più adatto al mondo degli affari che alla vita sociale o familiare; dal momento che l'elemento professionale è molto forte in te, farai sì che tutto tenda verso quella direzione. Hai molto orecchio musicale e forse un grande amore per la musica, che se sarà sviluppato potrà diventare quasi una passione. Amerai ciò che è bello e magnifico, e tutto per interessarti dovrà essere grandioso.
Se rivolgerai la tua attenzione all'arte potrai riuscire molto bene, ma penso che gli affari siano più adatti ad impegnare le tue energie mentali.

592. Se si unisce l'influenza del Sole in SAGITTARIO con quella della Luna in AQUARIO, che rappresentano rispettivamente la natura individuale e quella personale, si crea una combinazione atta a donarti profonde, dinamiche e vigili percezioni ed a renderti capace di partecipare a qualunque attività d'affari, in quanto puoi stringere facilmente e rapidamente piacevoli e vantaggiose amicizie. Potresti avere molto successo finanziario nel commercio, e sei nell'insieme molto fortunato per quanto concerne i guadagni. Devi però sforzati di condurre una vita pura, altrimenti potresti guastare le tue intuizioni e soffrire di conseguenza per aver mal riposto la tua fiducia. La vita familiare non ti

---

[76] In effetti l'originale è un po' diverso; "bark is worse than your bite" ovvero il tuo abbaiare è peggiore del tuo morso. (Nota del Curatore)

soddisferà ma aspirerai ad una dimensione pubblica di attività. Il mondo degli affari ti attrae molto ed hai la capacità di formare associazioni su vasta scala e di dar vita a grandi imprese.

593. Se si unisce l'influenza del Sole in SAGITTARIO con quella della Luna in PESCI, che rappresentano rispettivamente la natura individuale e quella personale, si crea una combinazione atta a renderti molto ansioso e prudente qualunque sia la direzione che prenderà la tua mente. Sei studioso e ti piacciono i libri, ma possiedi anche capacità creativa e tecnica. Sei molto fedele ed operoso, ma incline talvolta ad essere scontento e preoccupato, sei laborioso e tenace, e non ti piace affrontare troppi cambiamenti. Amerai la tranquillità della campagna e non desidererai una vita pubblica o che ti metta a confronto con tanta gente. Ciò che farai lo farai bene e con precisione, e saprai occuparti dei dettagli. Non hai una particolare fiducia in te stesso e se mai tendi a sottovalutare le tue capacità. Faresti bene a coltivare la concentrazione e la costanza.

POLARITÀ DEL SOLE IN CAPRICORNO

594. Se si unisce l'influenza del Sole in CAPRICORNO con quella della Luna in ARIETE, che rappresentano rispettivamente la natura individuale e quella personale, si crea una combinazione atta a a donarti una mente molto attiva, ricca di idee e progetti, che grazie alla tua tenacia e concretezza, potrai trasferire nella pratica quotidiana. C'è un bel po' di orgoglio in te, grandi ideali ed aspirazioni. In genere senti che le tue idee sono giuste, ed a volte sei incline a forzare la loro attuazione. Hai grandi idee di traguardi intellettuali ed un certo egoismo. Non hai una grande attitudine per i dettagli, ma possiedi una volontà indomabile che alla fine potrà farti raggiungere qualunque posizione desideri.

595. Se si unisce l'influenza del Sole in CAPRICORNO con quella della Luna in TORO, che rappresentano rispettivamente la natura individuale e quella personale, si crea una combinazione atta a donarti una mente potente e tenace, ed a renderti alquanto combattivo, con un grande rispetto per le regole sociali in generale. Hai sentimenti forti ed ardenti ed anche idoneità allo studio dell'igiene e delle leggi della salute. Sei molto sensibile, e gli stati d'animo degli altri possono influenzarti. Hai degli istintivi sentimenti spirituali e se coltiverai la tua intelligenza ti appassionerai alle attività d'insegnamento, con progetti per il miglioramento dell'umanità. Desideri avere una posizione direttiva e sei adatto al comando ed all'organizzazione.

596. Se si unisce l'influenza del Sole in CAPRICORNO con quella della Luna in GEMELLI, che rappresentano rispettivamente la natura individuale e quella personale, si crea una combinazione atta a donarti una mente molto meticolosa ed intensamente attiva, con un amore per la scienza, la letteratura, l'oratoria e le belle arti. Sei un buon organizzatore ed eccelli nell'architettare progetti. Avrai a volte dei traguardi ideali che sono molto al di là delle tue forze e della tua

capacità di realizzazione e dunque ti appassionerai a costruire castelli in aria. Con l'esercizio potrai diventare un buon oratore. Preferirai da molti punti di vista una vita pubblica ad una strettamente privata. Potresti riuscire in un'attività letteraria o in un impiego nel quale possa essere utilizzata l'intelligenza, e non sei molto adatto alla fatica di un lavoro fisico. Hai un profondo senso del valore delle parole.

597. Se si unisce l'influenza del Sole in CAPRICORNO con quella della Luna in CANCRO, che rappresentano rispettivamente la natura individuale e quella personale, si crea una combinazione atta a donarti un grande amore ed anelito per la bellezza, l'eleganza, la perfezione e la magnificenza. Ami le persone di talento e capaci. Sei estremamente prudente e cauto: a volte anche troppo. Sei cauto ed accorto per quanto concerne il denaro. Non dovresti comunque esagerare con la parsimonia e dovresti evitare di metterti in ansia per questioni di soldi. Sei molto sensibile e consapevole di tutto quanto avvenga intorno a te. Desidererai sempre il potere ed il comando. Hai la capacità di occuparti dei dettagli delle cose e lo puoi fare sempre senza sforzo. Andando avanti negli anni tenderai ad equilibrare i sentimenti con la ragione.

598. Se si unisce l'influenza del Sole in CAPRICORNO con quella della Luna in LEONE, che rappresentano rispettivamente la natura individuale e quella personale, si crea una combinazione atta a donarti una forte natura amorosa, ed a metterti alquanto a rischio per quanto attiene i sentimenti, gli appetiti e le passioni: in questi settori della vita dovrai stare in guardia. Sei molto spontaneo nell'azione ed ardente ed entusiasta in tutte le cose che fai. Dal momento che hai una volontà estremamente forte non sarà per te un problema dominare e disciplinare te stesso, ma se sottometterai dentro di te la volontà alla ragione ed all'intuizione, potrai diventare una persona luminosa, buona e filantropica, piena d'entusiasmo in tutte le opere ed i progetti tendenti alla protezione dei poveri e dei bisognosi. Sei incline ad essere troppo generoso con il denaro rispetto ai tuoi interessi. Hai una certa tendenza alla religiosità e vorresti comprendere le cose spirituali. L'amore ed il prestigio saranno i principali perni sui quali ruoterà il tuo destino, mentre tra l'amore ed il dovere si realizzeranno le tue più vivide esperienze.

599. Se si unisce l'influenza del Sole in CAPRICORNO con quella della Luna in VERGINE, che rappresentano rispettivamente la natura individuale e quella personale, si crea una magnifica combinazione della triplicità di terra, atta a farti sviluppare una mente riflessiva ed analitica ed a donarti la capacità di impegnarti con facilità sia in attività letterarie che scientifiche. La tua mente sarà ordinata, logica ed al contempo critica ed analitica, e ci saranno ben pochi settori dello studio nei quali tu non possa impegnarti. Questa combinazione potrebbe renderti idoneo ad occupare posti di responsabilità con tatto e diplomazia, e ti fornisce quel tipo di mentalità efficiente negli affari che sa veramente capire l'importanza e stimare il vero valore delle cose. Se il resto del tema sarà altrettanto favorevole questa polarità favorirà l'espressione, dal momento che tenderà a renderti accurato e coscienzioso, sebbene a volte carente d'iniziativa. Potresti studiare con vantaggio le leggi dell'igiene, e a patto che non diventi troppo chiuso e riservato, potrai comprendere il vero significato del servizio.

600. Se si unisce l'influenza del Sole in CAPRICORNO con quella della Luna in BILANCIA, che rappresentano rispettivamente la natura individuale e quella personale, si crea una combinazione atta a renderti intelligente ed intuitivo, con un'inclinazione per le attività letterarie. Tendi ad essere preciso negli affari perché i tuoi programmi e progetti sono preparati con cura per una piena realizzazione. Hai una buona dose di preveggenza e passione per le cose metafisiche e spirituali, e se eserciterai il controllo del pensiero e vivrai in modo puro, spesso potrai arrivare a conoscere gli eventi in anticipo. Hai una certa capacità di parlare in pubblico e di solito dirigi verso l'interiorità le tue energie e le tue facoltà, così che nei tuoi discorsi potresti talvolta dire cose di cui non eri consapevole fino al momento in cui le hai espresse. La tua percezione è molto buona e possiedi ragione e calma. Questa è una combinazione di Venere e Saturno che indica purezza, perfezionamento e sincerità.

601. Se si unisce l'influenza del Sole in CAPRICORNO con quella della Luna in SCORPIONE, che rappresentano rispettivamente la natura individuale e quella personale, si crea una combinazione atta a renderti molto riservato, sicuro e dignitoso, ed incline a scrivere ciò che pensi, piuttosto che ad esprimerlo a parole. Tendi ad essere alquanto convenzionale ed a sviluppare una sicura attitudine al comando, ma talvolta puoi risultare un po' troppo esigente nei confronti degli altri. Non sarai molto portato per i lavori manuali, ma mostrerai grande capacità nel comandare, organizzare, progettare e disporre. Guardati dalla collera, infatti una volta che tu ti senta offeso da qualcuno non vorrai aver più nulla a che fare con questa persona, anche se farai in modo che questa persona non si accorga di ciò, in quanto sai nascondere i tuoi sentimenti. L'influenza di Marte e quella di Saturno nel tuo oroscopo sono molto pronunciate, ed insieme fanno di te un personaggio eccezionalmente forte.

602. Se si unisce l'influenza del Sole in CAPRICORNO con quella della Luna in SAGITTARIO, che rappresentano rispettivamente la natura individuale e quella personale, si crea una combinazione atta a renderti molto attivo dal punto di vista mentale ed incline ad agire subito e per impulso, senza riflettere o concretizzare, di conseguenza potrai incorrere in fallimenti ed errori negli affari. Attraverso la tua individualità avrai grande amore per la magnificenza e l'eleganza, e tenderai perciò ad essere un po' troppo prodigo e a non dare il giusto valore al denaro. Per quanto concerne le finanze sei troppo generoso, e devi stare attento a questa tendenza per non rischiare di impoverirti. Dovresti coltivare la parsimonia e l'operosità, in caso contrario potresti non raggiungere quel successo che altrimenti potresti ottenere. Ami l'oratoria e ti piace esprimerti attraverso la parola. Sarai anche un appassionato della natura in generale. Questa combinazione indica sia la contrazione che l'espansione.

603. Se si unisce l'influenza del Sole in CAPRICORNO con quella della Luna in CAPRICORNO, che rappresentano rispettivamente la natura individuale e quella personale, si crea una combinazione atta a donarti una mente lucida, molta concentrazione sui tuoi scopi e capacità di portare avanti tutto ciò che cominci. Non sei adatto ai lavori fisici ma agli affari in generale ed alla progettazione, amministrazione, ecc. Ami l'ordine, l'armonia e l'eleganza, e vorresti permetterti un ambiente siffatto, se possibile. Sei molto indipendente e poco disposto a dare la tua confidenza né a stringere amicizie intime. In generale volgi quasi tutta la tua attenzione alle questioni d'affari e a quelle culturali. Hai un eccellente autocontrollo. Non sei troppo appassionato alla vita domestica, ma ciò nonostante la renderai molto armoniosa. Cerca di non diventare troppo freddo e distaccato verso la gente che non conosci e verso i subordinati.

604. Se si unisce l'influenza del Sole in CAPRICORNO con quella della Luna in AQUARIO, che rappresentano rispettivamente la natura individuale e quella personale, si crea una combinazione atta a donarti una natura molto attiva, irrequieta, con una certa dose di orgoglio. Non potresti essere felice vivendo in campagna in solitudine e tranquillità, ma hai bisogno, se possibile, di contatti con tanta gente. Hai attitudine per il commercio in generale ed un certo talento per l'economia politica. Amerai la casa e la famiglia, ma forse preferirai il mondo. Sarebbe bene che non stringessi amicizie con persone che non occupano una buona posizione, in quanto una vita pubblica o maggiormente spinta verso l'esterno ti è molto più congeniale di una tranquilla e troppo chiusa. Hai la capacità di fare analisi accurate della natura umana e potresti fare grandi passi avanti se ti dedicassi allo studio della tua natura interiore.

605. Se si unisce l'influenza del Sole in CAPRICORNO con quella della Luna in PESCI, che rappresentano rispettivamente la natura individuale e quella personale, si crea una combinazione atta a donarti una natura tenace ed operosa che ti rende preciso e parsimonioso, amante della cultura generale e del sapere, ma in certi momenti anche incline ad essere troppo ansioso e preda delle preoccupazioni. Non sei molto portato alle generalizzazioni, ma sei molto incline ad occuparti dei dettagli ed a voler conoscere l'uso pratico di qualunque cosa. Hai capacità tecniche e potresti diventare un ottimo sovrintendente o direttore in tutti i settori lavorativi. Sei molto indipendente nel carattere e nell'azione, ma anche gentile e sensibile, e cercherai di essere preciso in tutto ciò che intraprendi.

POLARITÀ DEL SOLE IN AQUARIO

606. Se si unisce l'influenza del Sole in AQUARIO con quella della Luna in ARIETE, che rappresentano rispettivamente la natura individuale e quella personale, si crea una combinazione atta a donarti un carattere molto determinato ed a renderti incline a spingere qualunque cosa agli eccessi. Hai una natura molto attiva, ma tendi ad essere un po' troppo testardo ed ostinato. Non sempre sveli agli altri i tuoi progetti e le tue decisioni e ti piace avere pieno potere in qualunque ambiente tu sia inserito. Hai un grande autocontrollo in quasi tutte le situazioni della vita, e ti piace avere una tua propria sfera di attività lavorativa. Tenderai sempre ad una posizione dirigenziale e dovrai guardarti dall'avere opinioni troppo estremistiche. Sei molto intelligente, brillante e perspicace ed hai una forte volontà: non vorrai mai essere in alcun modo guidato o comandato dagli altri. Non sarebbe male che tu ti sforzassi di diventare un po' più adattabile.

607. Se si unisce l'influenza del Sole in AQUARIO con quella della Luna in TORO, che rappresentano rispettivamente la natura individuale e quella personale, si crea una combinazione atta a renderti molto sensibile alle condizioni esterne sia fisiche che mentali, ed a donarti la capacità di capire sia la natura umana che quella animale. Sarai molto attivo e concreto negli affari, ed estremamente diligente in tutti i più minuti dettagli della vita. Come amico puoi essere affettuoso e sereno e sai anche essere un ottimo *partner*. Tendi ad essere troppo ansioso nei riguardi delle persone affidate alle tue cure, avendo molto a cuore i loro bisogni. Avrai un singolare amore per i lavori di campagna, essendo un appassionato della Natura comunque essa si presenti, così che sai essere molto felice quando sei da solo. Questa combinazione dona grande determinazione e porta amici fedeli che potranno aiutarti finanziariamente se necessario.

608. Se si unisce l'influenza del Sole in AQUARIO con quella della Luna in GEMELLI, che rappresentano rispettivamente la natura individuale e quella personale, si crea una combinazione atta a renderti appassionato di attività intellettuali ed abile nel parlare in pubblico. Sarai molto interessato alle questioni legate all'istruzione, avrai ottime capacità realizzative e vorrai eccellere in tutte le attività che intraprenderai. Se ti dedicherai allo studio sarai veloce nel capire e nel comprendere, ma non sei adatto ad intraprendere una professione troppo limitante. Sei composto ed ami l'eleganza dei modi. Sei tendenzialmente nervoso e dovrai stare attento a non eccedere nello sforzo mentale o fisico. C'è una certa dualità nella tua natura personale ed anche una certa irrequietezza, ma sei capace di grande progresso mentale.

609. Se si unisce l'influenza del Sole in AQUARIO con quella della Luna in CANCRO, che rappresentano rispettivamente la natura individuale e quella personale, si crea una combinazione atta a renderti molto operoso e parsimonioso, tendente ad applicare la tua parsimonia fin nelle cose più piccole e ad amare il sapere con un forte desiderio di acquisirlo. Sarai molto sensibile per tutta la vita ai malanni ed agli stati d'animo delle altre persone. Hai un certo autocontrollo, non eccessivo tuttavia. Dovresti perciò stare attento nella scelta di amici ed associati giacché sei molto incline a farti notevolmente influenzare da ciò che fanno: sebbene da altri punti di vista tu abbia una buona dose di fermezza, dovrai ricordare di essere particolarmente sensibile all'influenza psicologica degli altri. Impara a distinguere tra le tue condizioni interiori e quelle degli altri.

610. Se si unisce l'influenza del Sole in AQUARIO con quella della Luna in LEONE, che rappresentano rispettivamente la natura individuale e quella personale, si crea una combinazione atta a renderti molto buono e sensibile, e a donarti una natura capace di grande devozione. Sai amare molto profondamente, quasi adorare la persona cui hai donato il tuo affetto. Sei così tenero nei sentimenti da non essere molto adatto al ritmo frenetico ed al trambusto della vita delle grandi città, ma molto più alla naturalezza ed alla tranquillità della vita di campagna. Puoi essere facilmente guidato dai tuoi amici e sei così sensibile al dominio psicologico e tanto incline agli eccessi che sarà saggio che tu tenti di comprendere il carattere degli altri, prima di consegnare loro il tuo cuore; facendo così ti risparmierai tanta sofferenza. Talvolta sei portato ad avere opinioni eccessive e ad essere sviato ed ingannato nelle questioni di cuore. Stai in guardia per quanto concerne i tuoi sentimenti.

611. Se si unisce l'influenza del Sole in AQUARIO con quella della Luna in VERGINE, che rappresentano rispettivamente la natura individuale e quella personale, si crea una combinazione atta a donarti una mente lucida e logica, molto sensibile all'opinione degli altri. Hai una certa dose di orgoglio, ma anche abilità personale, e potrai renderti molto utile ad un'altra persona. Hai una certa capacità realizzativa ed una naturale propensione per il commercio. Questa combinazione ti donerà una tendenza allo studio dell'anatomia, della fisiologia, dell'igiene, e accrescerà la tua prudenza nella dieta e nelle abitudini. Ti piace ragionare in modo critico ed avere finalità precise nelle discussioni. Sei parsimonioso e risparmiatore, ma hai anche grandi ideali. Sarai interessato alle piccole cose della vita ed a volgere all'uso pratico tutte le cose: sei in definitiva una persona concreta.

612. Se si unisce l'influenza del Sole in AQUARIO con quella della Luna in BILANCIA, che rappresentano rispettivamente la natura individuale e quella personale, si crea una combinazione atta a renderti molto intelligente, efficiente, perspicace e selettivo, tendente a soppesare e valutare con cura le qualità e le condizioni delle cose. La capacità percettiva è molto buona, sebbene tu sia quasi interamente governato dalle intuizioni, così da mostrare qualità mentali superiori. Avrai abilità e preveggenza in tutte le attività in cui sarai impegnato. Hai delle doti occulte o capacità medianiche e spesso puoi avere visioni di cose che debbono ancora avvenire. Sai interpretare i caratteri delle persone e comprendere con uno sguardo i loro stati d'animo; sai inoltre elaborare velocemente giudizi precisi. Questa combinazione dovrebbe donarti abilità nella musica.

613. Se si unisce l'influenza del Sole in AQUARIO con quella della Luna in SCORPIONE, che rappresentano rispettivamente la natura individuale e quella personale, si crea una combinazione atta a renderti molto intelligente, perspicace, efficiente e portato al commercio ed a condurre affari. Hai una certa dose di egoismo e, se provocata, una forte ed immediata collericità, e sarai incline a non dimenticare le offese ricevute. Questa combinazione rende necessario tenere sotto controllo la natura inferiore, dal momento che la personalità è molto forte e ti spinge talvolta ad essere troppo duro e non conciliante. Avrai pieno successo nelle attività letterarie, nell'istruzione e nella vita pubblica, se anche le altre condizioni planetarie sono favorevoli. Sei alquanto convenzionale, sebbene tu abbia una propensione per ciò che è fuori dal comune, per il meraviglioso e lo straordinario. Vorrai conoscere il lato nascosto delle cose, e sarai spinto a ricercare e scoprire i segreti della Natura.

614. Se si unisce l'influenza del Sole in AQUARIO con quella della Luna in SAGITTARIO, che rappresentano rispettivamente la natura individuale e quella personale, si crea una combinazione atta a renderti molto attivo in occupazioni sia fisiche che mentali, ed a crearti la necessità di parlare e di agire dopo la dovuta riflessione e preparazione, giacché si potrebbe dire che in tutto ciò che intraprendi sei un po' più precipitoso ed impaziente del dovuto, oltre che incline agli eccessi. Hai ottime capacità realizzative ed un certo talento artistico, anche un senso convenzionale di ciò che è giusto o sbagliato. Sarai operoso in tutto ciò di cui ti occuperai, molto ordinato e composto, con un grande amore per la casa, la famiglia, gli amici, ecc.

615. Se si unisce l'influenza del Sole in AQUARIO con quella della Luna in CAPRICORNO, che rappresentano rispettivamente la natura individuale e quella personale, si crea una combinazione atta a renderti molto efficiente, nervoso ed eccitabile sia nella mente che nel corpo. Hai una certa inclinazione ed idoneità alla vita pubblica e anche al commercio, ma in genere preferisci gli affari di grande portata e le grosse transazioni. Non sarai mai soddisfatto se non ti trovi inserito in un ambiente che fornisca opportunità e tanta attività per la mente e per il corpo. Hai un'alta opinione del prestigio ed alcuni pregiudizi di classe. Devi tentare di tenere sotto controllo la tua eccitabilità o altrimenti la salute potrà risentirne. Amerai la musica, e se non fosse che questa combinazione raramente produce degli studiosi, potresti diventare bravo ed abile in quel campo.

616. Se si unisce l'influenza del Sole in AQUARIO con quella della Luna in AQUARIO, che rappresentano rispettivamente la natura individuale e quella personale, si crea una combinazione atta a donarti una mente pronta, efficiente e sicura, con idee chiare riguardo ad a certo tipo di lavoro o ad una determinata carriera. Sarai indipendente, sincero ed espressivo, e saprai mostrare grande prudenza e saggezza. Questa è una buona combinazione in quanto armonizza ed intensifica la natura del segno dell'Aquario, e fa di te un perfetto rappresentante di questo segno dello zodiaco. Sarai adatto ad impegnarti in una sola attività nella vita e desidererai un tipo di lavoro che ti porti a contatto con il pubblico, cosa per la quale sei molto portato. Sei abile negli affari e sai giudicare la natura umana, in poche parole sei un buon interprete del carattere delle persone. Farai facilmente amicizia con la gente che non conosci, e tutti ti ricambieranno allo stesso modo. Questa è una delle polarità più raffinate delle 144 totali, e denota grandi ideali e talenti artistici.

617. Se si unisce l'influenza del Sole in AQUARIO con quella della Luna in PESCI, che rappresentano rispettivamente la natura individuale e quella personale, si crea una combinazione atta a dotarti di grande perseveranza, efficienza ed accortezza, ma a renderti più idoneo ad un lavoro intellettuale che ad uno fisico. Amerai molto i libri e sarai adatto alle attività letterarie. Hai un alto senso dell'onore e dell'integrità del carattere, tuttavia sarai eccessivamente ansioso per quel che riguarda la tua carriera ed il successo nella vita. Tenderai ad occuparti vantaggiosamente dei dettagli e delle minuzie, in quanto hai sviluppato qualità organizzative. Fai attenzione a non esagerare con le tue forze altrimenti rischi un esaurimento nervoso. Cerca di essere quanto più ottimista possibile e non lasciarti vincere dalla depressione e dalle preoccupazioni, in quanto questa combinazione porta simili tendenze.

POLARITÀ DEL SOLE IN PESCI

618. Se si unisce l'influenza del Sole in PESCI con quella della Luna in ARIETE, che rappresentano rispettivamente la natura individuale e quella personale, si crea una combinazione atta a donarti una natura efficiente ed irrequieta, ma molto determinata, ed a renderti assai deciso ed ostinato, sicuro e poco influenzabile. Possiedi una natura che non può essere forzata ma che può essere più facilmente guidata che trascinata. Hai un grande amore per il sapere e molta forza, sicurezza in te stesso ed autocontrollo, eppure c'è il pericolo che tu faccia troppe cose e possa indebolire così il tuo sistema nervoso. Dovresti cercare di esercitarti alla moderazione, ricordandoti che ti trovi all'interno di un veicolo fisico e che devi usar bene tale veicolo perché esso non ti abbandoni proprio quando ne avresti maggior bisogno.

619. Se si unisce l'influenza del Sole in PESCI con quella della Luna in TORO, che rappresentano rispettivamente la natura individuale e quella personale, si crea una combinazione atta a renderti esternamente molto tranquillo e rilassato, sebbene molto vivace interiormente. Hai forti desideri e sentimenti ed un intenso amore per la Natura, con un interesse per la medicina e per le scienze naturali. Questa combinazione intensifica l'onore e l'integrità della natura Pesci, rendendoti interessato sia al benessere degli altri che al tuo. Sei vittima della malinconia, ma sei tenace in tutto ciò che intraprendi. Cerca il più possibile di diventare ottimista ed allegro. Sei molto sensibile agli stati d'animo delle altre persone e tendi spesso ad isolarti, preferendo un'occupazione tranquilla che ti consenta di stare da solo.

620. Se si unisce l'influenza del Sole in PESCI con quella della Luna in GEMELLI, che rappresentano rispettivamente la natura individuale e quella personale, si crea una combinazione atta a donarti amore per il sapere ed una tendenza a dare valore all'utilità delle cose. Questa combinazione intensifica le attività della natura Pesci e talvolta accentua l'inclinazione all'ansia ed alle preoccupazioni tipica del segno. Devi sempre sforzarti di vedere il lato luminoso delle cose ed incoraggiare in te un atteggiamento gioioso e felice, ricordandoti che è sbagliato e negativo indulgere ad angosce sul futuro ed a fantasie morbose; così facendo puoi controbilanciare le tendenze alquanto sfavorevoli di questa polarità. Tieni sempre in vista il lato luminoso della vita, se vuoi evitare problemi mentali e nervosi. Sarebbe bene che ottenessi quanti più riconoscimenti scolastici possibili, in quanto sei in grado di trarre da essi vantaggio.

—· ⌣

621. Se si unisce l'influenza del Sole in PESCI con quella della Luna in CANCRO, che rappresentano rispettivamente la natura individuale e quella personale, si crea una combinazione atta a donarti una natura molto sensibile ed una inclinazione a eccessiva laboriosità che può portarti talvolta a sfruttare troppo le tue forze. Hai un grande amore per il sapere e vorrai veder prosperare le istituzioni scolastiche; sarai anche molto interessato all'istruzione della tua famiglia ed al miglioramento delle sue condizioni economiche. Sei più adatto a fare generalizzazioni piuttosto che a considerare i dettagli delle cose. Hai una volontà forte e tenace e non sei adatto a lavorare per altre persone, preferendo lavorare in proprio. Sarai molto sensibile all'influenza degli altri e dovresti stare molto attento nella scelta di amici e conoscenti.

622. Se si unisce l'influenza del Sole in PESCI con quella della Luna in LEONE, che rappresentano rispettivamente la natura individuale e quella personale, si crea una combinazione atta a donarti un elevato ideale di unità, amore ed armonia ed una forte inclinazione verso l'unione con un'altra persona. Una volta che quest'unione si sarà realizzata, questa polarità ti spingerà ad operare in tutti i modi per l'elevazione dell'umanità e per il bene comune. Sei molto laborioso e studioso, ami l'occulto e le materie metafisiche. Il desiderio è forte dentro di te ed aspiri a comprendere i misteri della natura, ma la tua mente non sarà capace di operare bene se il tuo cuore non sarà appagato. Devi stare attento nel donare la tua amicizia, tendi infatti a commettere errori. Sei sensibile e hai fiducia negli altri, e per quanto concerne i tuoi sentimenti potresti soffrire molto profondamente, così che delusioni e fiducia mal riposta avrebbero in generale un effetto tremendo sulla tua vita.

623. Se si unisce l'influenza del Sole in PESCI con quella della Luna in VERGINE, che rappresentano rispettivamente la natura individuale e quella personale, si crea una combinazione atta a donarti una mente lucida e logica, incline allo studio delle scienze naturali e (se anche altre condizioni planetarie saranno favorevoli) a renderti molto adatto allo studio della medicina. Hai amore per i problemi matematici e per gli argomenti astrusi. Talvolta sarai piuttosto sicuro di te ed esigente, oltre che alquanto difficile da accontentare, così che dovresti sempre cercare di guardarti dal diventare in qualche modo troppo egoista. Dovresti tentare di rendere il tuo circondario quanto più felice ed armonioso possibile. Hai una certa intuizione e talvolta ispirazioni. Hai anche capacità artistiche e musicali.

624. Se si unisce l'influenza del Sole in PESCI con quella della Luna in BILANCIA, che rappresentano rispettivamente la natura individuale e quella personale, si crea una combinazione atta a donarti una natura molto profonda, tranquilla, seria, e riflessiva, dotata di accortezza e preveggenza in tutto, ed in qualche modo non disposta ad accettare consigli da nessuno. Hai una ricca vita interiore, con inclinazione per la poesia e le attività letterarie. Ami le nuove idee e gli esperimenti, e sei uno studioso alquanto rigoroso, tenace nel pensiero, nel ragionamento e nella ricerca. Sei molto incline ad una filosofia che confini con la spiritualità, e sei più adatto alla vita di lavoro che a quella familiare. Devi evitare l'eccitazione nervosa, l'esagerazione e le preoccupazioni della mente, altrimenti la reazione a questi comportamenti ti causerebbe tendenze melanconiche e depressive. Coltiva quanto più puoi la speranza e la compassione, e lotta per l'equilibrio in ogni cosa.

625. Se si unisce l'influenza del Sole in PESCI con quella della Luna in SCORPIONE, che rappresentano rispettivamente la natura individuale e quella personale, si crea una combinazione atta a renderti molto tranquillo, riflessivo e spesso incline ad essere un po' chiuso. Sei talvolta convenzionale a seconda delle circostanze, con un certo orgoglio più per le tue capacità personali che per quelle individuali. Ami i traguardi ambiziosi e la cultura, ma questa non è affatto una combinazione armonica, e tu devi stare attento a non diventare troppo duro o sicuro di te, in quanto le scorie del sé inferiore sono tenaci, e ti sarà alquanto difficile superare la natura inferiore, perché la tua personalità è molto forte e potente. Sei incline ad una vita pubblica e sei un sostenitore dei principi stabiliti e delle pubbliche istituzioni. E' importantissimo per te vivere una vita pura e casta, dal momento che sei molto sensibile alle energie provenienti dalla sfera magnetica degli altri: quando è la personalità ad essere predominante sei sensibile al male come al bene.

626. Se si unisce l'influenza del Sole in PESCI con quella della Luna in SAGITTARIO, che rappresentano rispettivamente la natura individuale e quella personale, si crea una combinazione atta a donarti una natura molto attiva ed irrequieta, tendente agli eccessi in molte direzioni. Interiormente sei eccitabile ed irritabile con una scarsa capacità di autocontrollo. Hai una certa capacità realizzativa, una tendenza all'arte ed un'inclinazione ad approfondire il pensiero religioso. Sei estremamente operoso e forse troppo attivo e così puoi danneggiare la tua salute. Dovresti tentare di essere riflessivo e prudente nelle parole e nelle azioni, evitando gli eccessi in tutte le cose. Quando sei spinto a ribellarti contro noiose limitazioni ricorda che è necessario rispettare i diritti ed i sentimenti altrui. Abbi cura della tua salute. Cerca di tenere per te i tuoi segreti.

627. Se si unisce l'influenza del Sole in PESCI con quella della Luna in CAPRICORNO, che rappresentano rispettivamente la natura individuale e quella personale, si crea una combinazione atta a donarti un notevole talento ed abilità negli affari, con un'inclinazione per le speculazioni ed una tendenza a partecipare a più progetti di lavoro di quanti tu possa portare a compimento. Sei più disposto ad occuparti di principi generali che di dettagli e sfumature, e puoi a volte fallire in molte delle tue imprese proprio a causa di questo atteggiamento. Con l'aiuto di altre condizioni planetarie avrai un grande amore per la musica e per le belle arti. La soprintendenza e la direzione amministrativa sono il tuo forte. Non sei adatto ai lavori manuali, ma sei più portato alle attività intellettuali. Il tuo amore per la conoscenza si concretizza nella sfera lavorativa.

628. Se si unisce l'influenza del Sole in PESCI con quella della Luna in AQUARIO, che rappresentano rispettivamente la natura individuale e quella personale, si crea una combinazione atta a renderti allegro e felice ed a spingerti a stringere con facilità molte amicizie e conoscenze. Sei disposto a trasformare subito degli sconosciuti in amici. Sei adatto a tutte le attività commerciali ed in effetti a tutti quei lavori che ti mettono a contatto con la gente. Sei appassionato di viaggi e cambiamenti e non hai molto interesse a chiuderti in casa. Non sei molto adatto allo studio quanto invece ad unirti agli altri e ad essere utile all'umanità in generale. Non sarai mai felice se non sarai immesso in una vita pubblica, per la quale hai una forte inclinazione. I tuoi desideri, le tue speranze ed aspirazioni sono molto forti e spesso li vedrai realizzati.

629. Se si unisce l'influenza del Sole in PESCI con quella della Luna in PESCI, che rappresentano rispettivamente la natura individuale e quella personale, si crea una combinazione atta a renderti molto attivo e perseverante in tutte le cose che intraprendi, ma anche poco fiducioso nelle tue forze e nelle tue capacità. Tenderai per così dire ad esser chiuso nella tua sfera di pensiero ed a volte potrai diventare morboso ed ansioso. Hai amore per le attività intellettuali ed una certa attitudine a parlare in pubblico. Sai occuparti dei dettagli delle cose e tutto ciò che ti impegni a fare sarà eseguito con precisione. Guardati dalla malinconia e non lasciarti prendere dalla depressione, altrimenti la tua salute ne risentirà. Se accetti questo consiglio la tua vita se ne avvantaggerà non poco, in quanto questa polarità in genere dona una lunga vita.

Capitolo 34
alcuni paragrafi esplicativi

CAPITOLO XXXIV

ALCUNI PARAGRAFI ESPLICATIVI

Lo studioso che si procura questo libro soprattutto per ottenere istruzioni ad uso personale avrà scarso interesse per il presente capitolo, che sarà invece di utilità per quei principianti che sono ansiosi di "fare l'oroscopo" agli amici, e che saranno felici di avere dei suggerimenti fondati su di una vasta esperienza. I paragrafi presenti in questo capitolo sono da considerarsi "extra" e non fanno parte del vero oroscopo, eppure possono essere piuttosto utili quando occorra spedire un'interpretazione astrologica scritta ad un amico che si trovi lontano, in quanto sono in grado di aiutare il lettore ad entrare in una condizione mentale ricettiva e possono forse anche anticipare e rispondere a certe critiche che potrebbero sorgere nella sua mente, e che anche se non espresse, militerebbero contro l'effetto generale dell'interpretazione.

Per facilitare la consultazione questi paragrafi saranno tutti numerati con il numero 630, ed una lettera sarà aggiunta a questo numero per distinguerli.

Questi paragrafi si spiegano quasi da soli, ma si può dire che A a, A b sono introduzioni alternative ciascuna delle quali può essere usata a piacere, mentre A c si può usare propriamente se la persona per la quale si è redatta l'interpretazione ha un temperamento particolarmente mercuriale o critico; il paragrafo B deve esser usato solo nel caso in cui sia incerta l'ora natale, e dunque anche l'ascendente. Il paragrafo C è utile per chiarire la confusione che spesso si crea su cosa significhi "essere di un certo segno" e se viene usato deve precedere il paragrafo D, che è quasi essenziale includere nella maggior parte dei casi, dal momento che sull'argomento prevalgono nel pubblico le più vaghe opinioni. Il paragrafo E non sarà utile se non molto raramente, giacché come regola generale sarà sempre più saggio omettere qualunque riferimento agli aspetti minori, ma talvolta un semiquadrato o un sesquiquadrato sono ad esempio i soli aspetti del Sole, ed in casi del genere questo paragrafo si rivela utile, dal momento che la descrizione generale di un aspetto "avverso" è espressa in modo troppo forte per essere utilizzabile senza qualche indicazione esplicativa.

I paragrafi F a ed F b sono spesso utili ed in alcuni casi non se ne può fare facilmente a meno. Supponiamo ad esempio un oroscopo che presenti la Luna sestile a Marte e contemporaneamente opposta a Saturno. Che effetto potrà avere sul lettore la lettura consecutiva dei paragrafi 233 e 240? Non potrà egli forse dire che ciò che gli vien dato con una mano gli viene sottratto con l'altra? In casi del genere il paragrafo F a va incontro a tale difficoltà, ed in modo simile F b può essere usato quando si verifichi una situazione del tipo ascendente Ariete e Luna in Capricorno, dove qualunque cosa detta sul segno ascendente appare contraddetta dalla descrizione dell'influenza della Luna. In tal modo il lettore è invitato ad analizzare la sua natura, e non è assolutamente sicuro che un giudizio con il quale l'astrologo abbia tentato di combinare le due influenze e di darne una descrizione condensata si dimostrerebbe alla fine utile anche solo la metà del metodo di attrarre invece l'attenzione sulle due influenze che si contrastano a vicenda, e di descriverle separatamente.

Il paragrafo G a si deve usare nei casi relativamente rari nei quali il luminare che è significatore sia "vuoto di corsa" (v.c.), ovvero lasci il segno nel quale si trova senza realizzare un aspetto con un altro pianeta. Il Sole è il significatore del matrimonio nell'oroscopo di una donna, e la Luna lo è in quello di un uomo, ma qualunque giudizio su questo argomento non può essere dato senza considerare la casa settima, giacché se in quella casa c'è un pianeta, come regola sarà meglio assumere quel pianeta a significatore del matrimonio, come è spiegato nel Cap. XXIV. Se il Sole o la Luna o un altro pianeta significatore del matrimonio si trovano in un segno "bicorporeo" (d. b.)[77] si potrà usare il paragrafo G b, ma ci vuole un po' di prudenza nel farlo, giacché non è sempre saggio alludere alla possibilità di un secondo matrimonio.

Rispetto al paragrafo H si potranno dare gli stessi consigli già forniti per il paragrafo E, e lo studioso dovrebbe esercitare il suo giudizio per decidere quando sia il caso di usarlo. Mercurio retrogrado è molto meno anelante e vigile oltre che molto meno profondamente mentale di quanto non lo sia quando si muove veloce, ed una cosa simile avviene per Venere e Marte; i pianeti più lenti sono forse un po' meno gravemente pregiudicati dalla retrogradazione.

Il successivo paragrafo I è talvolta utile da introdurre prima del Sommario, specialmente in interpretazioni destinate a lettori che non abbiano dimestichezza con la distinzione tra le due parole[78] generalmente riconosciuta nella letteratura Teosofica ed in questi libri.

I paragrafi J e K sono Sommari Generali, rispettivamente *avversi* e *favorevoli*, e potrebbero precedere i paragrafi del Cap. XXXI.

I paragrafi L, M ed N sono introduzioni alle Prospettive Future di cui ci occuperemo nel prossimo capitolo, e si spiegano da soli. La stessa cosa può dirsi dei paragrafi O, P e Q che sono Sommari Generali delle Prospettive Future, rispettivamente *avversi* (a), *favorevoli* (f) e *misti* (m); quest'ultimo (m) è da usarsi in quei casi in cui gli aspetti siano vari e di natura contraddittoria, così che nell'insieme non si potrebbero classificare né come fortunati né come sfortunati.

Il paragrafo R si spiega da solo. Esso rifinisce l'interpretazione e vale la pena riportarlo.

L'ultimo paragrafo di questo capitolo, il paragrafo S, potrebbe rivelarsi utile in certi casi in aggiunta o in alternativa al paragrafo A c. Si potrebbe inserirlo all'inizio o alla fine dell'intera interpretazione ed è particolarmente utile nel caso di un amico scettico che tenda a schivare qualunque cosa sgradevole lo riguardi dicendo: "Certo, ma tu hai sempre saputo queste cose di me, e non rappresentano nessuna prova della verità dell'astrologia!" Questo paragrafo da un lato solleva chi scrive da qualunque responsabilità personale per le opinioni espresse, e dall'altro spingerà ad una maggiore attenzione nella lettura dell'interpretazione un certo tipo di persone nel caso avessero ritenuto che si trattasse solo del lavoro

---

[77] In originale "double-bodied". (Nota del Curatore)
[78] Le due parole sono Individualità e Personalità. (Nota del Curatore)

"di un dilettante". Sebbene in verità al momento siamo tutti "dilettanti" per quanto concerne l'astrologia, e lo saremo ancora per molti anni a venire.

_____

INTRODUZIONE (A)

630 A a. Gli studiosi di astrologia sono convinti che sia un perfetto sistema di studio quello attraverso il quale si possa ottenere una risposta al motto dell'oracolo di Delfi: "Uomo conosci te stesso". Ma "le stelle inclinano, non determinano" ed è l'atteggiamento dell'anima che decide il risultato, in quanto:

> Una nave va ad Est, un'altra ad Ovest
> con gli stessi venti a soffiare.
> E' l'assetto delle vele
> e non i venti burrascosi
> a disporre la direzione.

> Come i venti del mare sono le vie del destino
> mentre viaggiamo attraverso la vita:
> è l'assetto dell'anima
> che dispone la sua meta
> e non la calma o la collera.

Il che significa che con la conoscenza e la volontà noi possiamo governare le nostre stelle attraverso il nostro innato carattere. E' stato detto che _il Carattere è il Destino_ ed è in questo spirito che è stata scritta questa interpretazione: sempre con questo spirito andrebbe studiata.

INTRODUZIONE (B)

630 A b. Il vero scopo dell'astrologia è quello di servire da guida attraverso la vita fisica, ma l'anima deve essersi ridestata per poter comprendere a pieno il valore di un oroscopo. Chi scrive ritiene che il Carattere sia il Destino e che noi nelle nostre vite passate abbiamo tessuto la tela del destino attraverso il nostro pensiero, così che oggi stiamo tessendo la tela del nostro oroscopo futuro. Tutti i peccati sono il frutto dell'ignoranza o della non-conoscenza, perciò per CONOSCERE noi stessi dobbiamo diventare saggi e dominare il destino. Tutti i destini, buoni o cattivi che siano, sono creati in origine dai nostri pensieri e dalle nostre azioni, ed hanno la loro radice nel nostro _carattere_. L'oroscopo ci mostra la Legge Divina in azione e così ci aiuta a scoprire molte cose del nostro destino.

(il paragrafo seguente può essere vantaggiosamente aggiunto all'"introduzione" in certi casi.)

630 A c. Una parola o due renderanno più chiaro il principio adottato in questa interpretazione astrologica. Tutte le posizioni planetarie e tutti gli aspetti sono stati annotati separatamente ed il loro effetto descritto, in modo del tutto distinto rispetto a qualunque altro aspetto, sebbene sia stata aggiunta una nota esplicativa di quell'effetto, nel caso in cui due di essi tendessero a contrastarsi a vicenda. Si realizza così per la coscienza una sorta di svelamento analitico del carattere e del destino al quale non si sarebbe potuti arrivare in nessun altro modo, e l'oroscopo analitico così realizzato potrà essere "sintetizzato" in qualunque momento. Un'interessante spiegazione di questo sistema e delle ragioni che mi portarono ad adottarlo si può trovare in un articolo su *Modern Astrology* del Dicembre 1903, dal titolo "La storia di un oroscopo esplicativo". L'articolo di cui sto parlando fu scritto in risposta ad un critico che aveva obiettato che nessun sistema di interpretazione come questo avrebbe potuto dare risultati precisi, giacché due persone che presentassero lo stesso aspetto avrebbero ricevuto esattamente la stessa nota interpretativa, riguardo a quel particolare aspetto. Ma il punto non è se vengono dette a due persone le stesse cose riguardo ad alcuni particolari dell'oroscopo, ma se l'interpretazione nel suo insieme sia *valida*.

PREFAZIONE

(nel caso l'ora di nascita sia incerta)

630 B. La seguente interpretazione del vostro oroscopo è la migliore analisi che si poteva fare con gli insufficienti dati forniti. L'astrologia si fonda su regole fisse, ma potrete capire facilmente che non è facile interpretare un oroscopo nel suo insieme quando ci non si è sicuri sotto quale stella veramente siete nato. Comunque è stato fatto tutto il possibile perché l'interpretazione fosse la più affidabile possibile, in quanto le pagine sono state organizzate in modo tale per cui la parte incerta si troverà subito dopo, così che la parte finale dell'interpretazione sarà la più precisa, specialmente quella che si riferisce alle Posizioni Planetarie ed al Sommario.

"DI CHE SEGNO SONO?"

630 C. La seguente citazione da *Everibody's Astrology* servirà a chiarire un'incertezza che spesso si presenta rispetto a questa domanda.
"Gli astrologi usano l'espressione "appartieni ad un certo segno", oppure "nasci sotto l'influenza di un certo segno"[79] in tre modi diversi:

---

[79] In originale "...the expression "under" any sign, or "under the influence of" any sign...". In italiano non è particolarmente felice l'espressione "essere nati sotto un segno", ma può essere chiarificante l'espressione "essere nati sotto l'influenza del Sole" ecc. (Nota del Curatore)

1) quando si è sottoposti all'influenza del Sole attraverso quel certo segno, ovvero il Sole è in quel certo segno alla nascita;
2) quando la Luna si trova in quel certo segno alla nascita;
3) quando si è nati sotto un certo segno zodiacale, e cioè con quel segno all'orizzonte alla nascita. (Ascendente)
Così per qualunque persona uomo o donna che sia, nel primo caso sarebbe necessario conoscere solo il mese di nascita; nel secondo occorrerebbe conoscere anche l'esatto giorno di nascita, e nel terzo sarebbe necessaria l'ora esatta di nascita ed il luogo natale. Così si chiarisce l'importanza relativa dei tre significati in cui la frase può essere usata."
Negli articoli di astrologia popolare che appaiono di tanto in tanto nei settimanali, la frase "nati del Toro" ad esempio si riferisce solitamente al segno occupato dal Sole e *non* al segno ascendente, abitudine deplorevole questa dal momento che è causa di molta confusione.

COSA SIGNIFICA IL TERMINE "SEGNO ASCENDENTE"

630 D. Qualunque punto dello Zodiaco sorge, culmina e tramonta una volta ogni 24 ore, e questo fatto è causato dalla rotazione della terra attorno al proprio asse. Lo Zodiaco, che consiste di 360 gradi, è diviso in 12 segni o sezioni di 30 gradi ciascuno, ed il segno che alla nascita si trova all'orizzonte orientale è noto come Segno Ascendente o Segno che sorge. (vedi *Everybody's Astrology* pagg. 93, 94)
Il segno Ascendente descrive la tua costituzione ed il tuo carattere, la tua indole, i tuoi gusti e le tue preferenze. Esso indica la forma adattata all'ambiente, ed è il punto più importante da considerare nel tuo oroscopo. Dopo di esso viene il pianeta che governa quel segno, il *Ruling Planet*, o pianeta governante, insieme a qualunque altro pianeta che alla nascita potrebbe sorgere all'Orizzonte Orientale [assieme all'Ascendente]; dopo di ciò considereremo il Sole e la Luna.

UN ASPETTO MINORE

630 E. L'aspetto appena riferito rappresenta una di quelle posizioni minori tra i due pianeti menzionati, dalle quali non è mai saggio aspettarsi un forte influsso, in quanto aspetti di questo tipo per determinare un effetto dipendono quasi interamente da potenti "direzioni" o dalla progressione dei pianeti verso un punto del tuo oroscopo dal quale possano essere spinti all'azione. E' stato annotato solo allo scopo di darti una qualche idea della sua manifestazione quando sia messo in azione dai "transiti" o dal fatto che è stato raggiunto il periodo di cui si è parlato, nel quale tu puoi renderlo più attivo o puoi cercare di tenere la sua influenza sotto controllo attraverso l'esercizio della Volontà. Comunque la sua influenza è quella descritta, ma in una condizione per così dire più o meno latente.

284

PARAGRAFI CONTRADDITTORI

(aspetti contrastanti)

630 F a. I commenti nelle due pagine precedenti sono leggermente contraddittori dal momento che ci sono due aspetti dal significato opposto che coinvolgono lo stesso pianeta. Noterai che uno dei due aspetti è favorevole mentre l'altro è avverso, e dipenderà molto da te quale dei due dominerà la tua vita. Nella tua vita precedente forse hai attivato due cause, una che porta a buoni risultati e l'altra dannosa, così che ora devi raccogliere il frutto di ciò che hai seminato. L'azione futura di questi aspetti dipenderà alla fine dal tuo atteggiamento mentale verso di essi. La tendenza dell'aspetto cattivo può essere accentuata incoraggiando quell'atteggiamento mentale, mentre l'aspetto buono può superare quello cattivo se consentirai alla sua influenza di guidarti nella giusta direzione.

(influenze contrarie)

630 F b. I commenti dei paragrafi precedenti andrebbero esaminati alla luce di ciò che è stato detto all'inizio di questo capitolo. Se rifletterai con attenzione sulle due formulazioni, sebbene possano apparire a prima vista contraddittorie, potrai facilmente vedere quanto ciascuna di esse sia vera nella sua sfera particolare. Sta a te di regolare l'equilibrio tra queste due influenze che si combattono rafforzando i punti più deboli del tuo carattere e liberandoti da indebite predilezioni di vario genere, così che l'armonia sia ristabilita. E' proprio nello studio rigoroso di questo tipo di influenze contrastanti che rinveniamo il più grande valore e la più grande utilità dell'astrologia, e ti è consigliato di dedicare molta attenzione a questa parte del tuo oroscopo, in quanto non è improbabile che proprio intorno a questo punto orbiteranno gli avvenimenti più importanti della tua vita.

IL MATRIMONIO (v.c.)

630 G a. Il Sole (la Luna) nel tuo oroscopo non si applica[80] a nessun pianeta prima di lasciare il segno nel quale si trova. Questo fatto è un'indicazione in qualche modo contraria al matrimonio e significa impedimenti, ritardi oltre che una tua indisponibilità al matrimonio o anche mancanza di occasioni adatte. Questa posizione solare (lunare) è chiaramente sfavorevole al matrimonio, perciò io ritengo che da molti punti di vista sia meglio che tu viva da solo. Forse non riuscirai ad unirti all'uomo (alla donna) che potrebbe renderti felice, ma se dovessi fare la conoscenza di una persona nel cui oroscopo la Luna (il Sole) occupa lo stesso grado occupato dal tuo Sole (Luna), allora si potrebbe consigliare

---

[80] In originale "applies to none of the planets", *applicarsi in astrologia significa andare a formare un aspetto.* (Nota del Curatore)

il matrimonio. In ogni caso sarà saggio che tu esamini con molta attenzione qualunque ipotesi matrimoniale tu abbia in mente.

IL MATRIMONIO (D.B.)

630 G b. I pianeti che indicano il matrimonio si trovano nel tuo oroscopo in segni detti "doppi", fatto che indica che molto probabilmente ti sposerai più di una volta, o che prenderai seriamente in considerazione due possibili unioni prima di giungere ad una decisione definitiva: infatti quest'influenza è più favorevole all'unione con un'altra persona che al desiderio di vivere da solo e libero da legami familiari. Hai il giusto tipo di carattere per amare ed apprezzare la vita domestica, ed io ritengo che sarai più felice da sposato che da *single*. Quando i significatori del matrimonio si trovano in segni doppi, sembra che all'evoluzione dell'anima sia assolutamente necessaria un'esperienza duplice, così che forse in qualche modo conoscerai la vita matrimoniale in due fasi distinte.

UN PIANETA RETROGRADO

630 H. Questo pianeta è retrogrado, ovvero si muove all'indietro attraverso lo Zodiaco, fatto questo che secondo gli astrologi indebolisce la sua influenza. La retrogradazione, come è noto, è solo *apparente* ed è causata dal moto orbitale della terra che si determina ad una velocità molto maggiore rispetto a quella del pianeta retrogrado stesso, quando quest'ultimo si trova in una determinata posizione rispetto alla terra ed al Sole; si è scoperto però che questo fenomeno ha un effetto molto ostacolante e limitante sull'influenza planetaria, effetto che dovrà esser tenuto in considerazione rispetto ai commenti forniti nelle pagine precedenti. E' degno di nota dire che tutti i pianeti in determinate circostanze possono diventare retrogradi, tranne il Sole e la Luna.

INDIVIDUALITÀ E PERSONALITÀ

630 I. Prima di riassumere i contenuti del tuo oroscopo andrebbe spiegato che esso è distinto in due parti: una che ha a che fare con quella parte della natura che è interiore, superiore, soggettiva ed "individuale", ed un'altra che si riferisce alla manifestazione inferiore, esterna o oggettiva, generalmente detta "personale". Per occuparsi approfonditamente della materia occorrerebbe però una trattazione più accurata di quanto possiamo fare in questa sede, così che passeremo allo studio degli elementi predominanti alla nascita ed alla loro generale influenza.

Se desideri maggiori informazioni sull'argomento potrai studiare libri come *"How to Judge a Nativity"* e *"The Art of Synthesis"*[81].

SOMMARIO GENERALE (A)

630 J. Il tuo non è affatto un oroscopo fortunato in quanto presenta molti aspetti contrari che causano ostacoli nella vita. Ma le anime più forti sono spesso quelle che più debbono combattere, perché sono loro che comprendono lo scopo della vita e che caricandosi della loro croce e liberandosi dei debiti accumulati nel passato, conquistano la libertà per il prossimo futuro. Così che guardando dal punto di vista occulto le più avverse natività sono anche le più evolutive, giacché un ambiente sfavorevole fornisce all'anima l'opportunità di irrobustirsi e di divenire più sicura di sé. Nella precedente analisi astrologica si è tentato di concentrare e spiegare le tue influenze natali nel modo più chiaro e succinto possibile, e tu dovresti ponderare a fondo quanto è stato scritto. (Rifletti bene su questo paragrafo)

SOMMARIO GENERALE (B)

630 K. Il tuo è un oroscopo favorevole e non ti mancheranno le occasioni di sviluppare il tuo carattere e di usare saggiamente le tue facoltà mentali. Trarrai vantaggio dallo studio del tuo oroscopo giacché hai la capacità di approfittare delle buone influenze che operavano alla tua nascita, dal momento che le posizioni planetarie ti donano un certo potere nel mondo, non meno importante perché forse non manifesto o pubblico. L'interpretazione è stata redatta nel modo più chiaro e succinto possibile e tu dovrai meditare sul suo contenuto in modo tale da afferrare tutti i significati spirituali che potrebbero essere correlati ad ogni paragrafo, ricordando che tutto il lavoro è stato fatto con la più importante finalità di aiutarti a progredire. (Il seguente è un breve giudizio su tutte le combinazioni indicate dal tuo oroscopo.)

PROSPETTIVE FUTURE (a)

630 L. Nelle pagine precedenti è stata offerta un'interpretazione delle tue condizioni passate e presenti, tutte cose che sono state desunte dal tuo tema natale. *Ogni oroscopo è soggetto a progressione* però, ed a questo punto alcuni paragrafi saranno dedicati a fornire un sommario delle più importanti influenze

---

[81] Due dei 7 volumi della serie scritta da Alan Leo, che costituisce il più organico e completo lavoro astrologico di questo secolo. Non sono ancora tradotti in italiano. (Nota del Curatore)

attive negli anni a venire. Ciascuna di queste influenze sarà al punto massimo di forza nell'anno menzionato, ma si espanderà in una certa misura all'anno precedente ed a quello seguente. Nel caso tu desiderassi maggiori dettagli relativi ad un anno in particolare, occorrerà calcolare le "direzioni", come è stato spiegato altrove. C'è da dire che gli aspetti più importanti sono quelli che coinvolgono il Sole; dopo vengono quelli che si formano tra i pianeti, ed in ultimo ci sono quelli formati dalla Luna.

PROSPETTIVE FUTURE (b)

Direzioni

630 M. In alcuni oroscopi potrebbe esser citata la parola "Direzioni", e dal momento che le persone non esperte del linguaggio astrologico potrebbero non capirla è giusto darne una spiegazione. La parola "direzioni" si usa in riferimento ad un giudizio interpretativo dato sulle posizioni planetarie calcolate a partire dall'istante di nascita, essendo necessario calcolare un nuovo oroscopo per ogni anno di vita successivo alla nascita, in modo tale che dallo studio delle posizioni progresse possiamo scoprire le possibilità e le influenze attive in qualunque determinato anno di vita. In certi casi è saggio farsi calcolare le direzioni in quanto spesso vi si possono aggiungere consigli per ciascun mese di un qualunque anno.

Le "Prospettive Future" che seguono danno un breve resoconto delle Direzioni per i prossimi.................anni.

PROSPETTIVE FUTURE (c)

630 N. Sebbene tutti gli sforzi che si son fatti per fornire una predizione precisa riguardo al futuro si basino sulle leggi astrologiche, si deve però tenere a mente che gli astrologi son ben lungi dall'essere infallibili. Dovremmo meditare a lungo sulle parole del saggio Tolomeo ai suoi allievi: "Il giudizio deve basarsi su di te, così come sulla Scienza. Infatti non è possibile che chiunque, anche preparato scientificamente, possa predire quel particolare tipo di evento, dal momento che la comprensione concepisce solo una certa idea generale di qualche evento sensibile e non la sua forma. E' dunque necessario che colui che pratica l'astrologia adotti il sistema della deduzione. Solo coloro che sono ispirati dagli Dei possono predire i particolari."

PROSPETTIVE FUTURE - SOMMARIO (A.)

630 O. Ti trovi attualmente sottoposto ad un treno di influenze piuttosto sfavorevoli, anche se si tratta di influenze di minore o secondaria importanza rispetto a quelle radicali cioè del tuo oroscopo natale. E' bene però che tu agisca con la massima prudenza ed attenzione in questo periodo, evitando di assumere nuovi impegni, e non facendo nulla che possa causarti dispiaceri provocati dagli altri o possa creare ansia. Ora infatti con il tuo atteggiamento mentale stai dando forma al futuro, e molto dipenderà proprio dalla natura dei tuoi attuali pensieri e dal tuo atteggiamento verso le circostanze, perché queste cose determineranno il destino che raccoglierai dalla semina di oggi. Gli aspetti lunari che sono attivi in questo momento tengono in soluzione il destino che nel tempo può cristallizzarsi in azione nel futuro.

PROSPETTIVE FUTURE - SOMMARIO (B.)

630 P. Ti trovi attualmente sottoposto ad un treno di influenze favorevoli e tutto sembra andarti bene. (Non c'è nessun aspetto che richieda maggiori commenti di un altro, in quanto ora tutte le applicazioni lunari e solari sono buone), anche se occorrerebbe un ulteriore studio per conoscere l'esatta natura dei buoni aspetti lunari. Ciò si potrà fare non appena sentirai il desiderio di avvantaggiarti attraverso la conoscenza di qualche data particolare, in quanto durante l'attività di queste buone influenze vi sarà la migliore opportunità di dar inizio a nuove imprese che magari stavi considerando da tempo. Questo è il momento di seminare bene per raccogliere buoni frutti domani. Dunque avvantaggiati quanto più puoi di questo momento, perché buone direzioni non supportate dal nostro *sforzo* realizzano ben poco.

PROSPETTIVE FUTURE - SOMMARIO (M.)

630 Q. Nei precedenti paragrafi si è fornito un breve resoconto delle influenze solari, lunari e planetarie. Il passaggio della Luna attraverso ciascun segno e attraverso ciascuna casa indicherà le tendenze del tuo destino in quel particolare periodo; all'interno della tendenza rappresentata da queste influenze tu possiedi comunque un certo libero arbitrio che ti consente di agire nel modo più saggio rispetto alle circostanze. "Le stelle inclinano non determinano". Sei al corrente degli aspetti e della natura dei loro influssi: sta soprattutto a te indirizzare le questioni ed agire in concomitanza. Dunque avendo indicato la tendenza generale delle direzioni sarà giusto concludere con l'antico detto: *tempus omnia revelat* .

La Chiave dell'oroscopo

CONCLUSIONI

630 R. Con il passare del tempo avrai la possibilità di ridestare ciò che è latente nel tuo oroscopo ed in conformità con la tua serietà ed adattabilità potrai realizzare tutto ciò che i tuoi pianeti indicano. Potresti forse non riconoscere tutte le caratteristiche precedentemente descritte, ma se l'ora natale è esatta ogni parola dovrebbe interessarti. Gli astrologi credono al motto: "Il Carattere è il Destino" e credono che nel corso di questa vita dobbiamo lavorare per sviluppare il nostro carattere. In un futuro remoto saremo destinati ad assumere una parte attiva nel governo dell'evoluzione del mondo e dunque dovremmo prepararci per un simile compito, giacché alla fine dovremo diventare perfetti.

SPIEGAZIONE

630 S. Adottando il metodo spiegato in questo libro, metodo inventato dall'astrologo Alan Leo dopo prove molto rigorose, ho potuto fornirti un'interpretazione puramente scientifica del tuo oroscopo, senza inserire pregiudizi personali o mie opinioni indipendenti. Per quanto concerne la conoscenza dell'Astrologia Moderna che abbiamo raggiunto, ti è stato offerto nelle pagine precedenti il meglio dell'esperienza di un famoso astrologo: queste pagine rappresentano molti anni di studi e di sforzi tenaci. I giudizi espressi sono basati unicamente sulle leggi dell'astrologia, e la mia conoscenza del tuo carattere non ha potuto influenzare neanche inconsciamente[82] la stesura.

---

[82] In originale "unconsciously". *Unconscious* esiste come aggettivo/avverbio della lingua inglese che significa "non consapevole, che non percepisce, non segnato da pensiero cosciente ecc" dal 1712 (Webster); *Unconscious* nel significato scoperto dalla Psicanalisi inizia ad esistere dal 1919 circa. (Nota del Curatore)

Capitolo 35
le prospettive future

CAPITOLO XXXV

LE PROSPETTIVE FUTURE

Le prospettive future, ovvero periodi di buona o cattiva fortuna che si realizzano in ogni oroscopo, possono essere facilmente determinate annotando la progressione dei pianeti a partire dalla loro posizione radicale e studiando gli aspetti che i pianeti progressi formano con quelli radicali.

L'oroscopo progresso si calcola contando nelle *Effemeridi* come un anno di vita ciascun giorno successivo alla nascita. Questo metodo è spiegato nel Volume V della Serie: "L'oroscopo Progresso" dove si possono trovare definizioni di tutte le posizioni planetarie progresse che possono realizzarsi in un'intera vita[83].

Ecco come usare il metodo condensato che troverete in questo capitolo, necessario all'interpretazione degli aspetti progressi:

(1) Le posizioni planetarie fornite dalle *Effemeridi* per il giorno successivo al giorno di nascita, rappresentano le posizioni progresse per il primo anno di vita; quelle per il secondo giorno successivo alla nascita rappresentano il secondo anno di vita e così via, andando avanti a contare un giorno per un anno.

(2) Annotate l'età della persona per la quale state preparando la previsione; sulle *Effemeridi* dal giorno di nascita contante in avanti fino al giorno corrispondente all'età di questa persona, ed osservate se qualche pianeta per quella data sia in aspetto con uno dei pianeti natali, aspetto favorevole o avverso che sia. Quindi riferitevi al paragrafo che fornisce l'interpretazione di quell'aspetto.

(3) Fate allo stesso modo per il giorno successivo (anno), per quello ancora successivo e così via.

E' del tutto superfluo (come regola) calcolare la data precisa in cui si forma l'aspetto esatto, in quanto qualunque aspetto solare o planetario dura all'incirca 3 anni: un anno precedente a quello in cui si perfeziona, periodo durante il quale si forma lentamente e diviene più forte; l'anno in cui si perfeziona e per questo raggiunge la sua forza massima, e quello seguente in cui la sua influenza cala gradualmente. *In teoria* le posizioni planetarie andrebbero calcolate per istanti esattamente di 24, 48, 72 ecc. ore successive all'istante natale, dunque le posizioni fornite dalle Effemeridi, che sono calcolate per il mezzodì di Greenwich[84], potrebbero essere o troppo avanzate o troppo ritardate rispetto alla bisogna [cioè l'ora natale]. Ma per gli scopi di questo capitolo non è necessaria una tale precisione, dal momento che dobbiamo fare solo il resoconto di indicazioni generali, e non dobbiamo entrare nei particolari.

---

[83] C'è una traduzione italiana a mia cura di questo libro per le Edizioni Nuovi Orizzonti di Milano. (Nota del Curatore)

[84] Attualmente più spesso per la mezzanotte o 0h di Greenwich. (Nota del Curatore)

A mo' di esempio si potrebbero fornire le posizioni planetarie progresse di Re Giorgio per il 1910, anno della sua ascesa al trono[85]. Contando un giorno per un anno arriviamo al 18 Luglio 1865, giorno per il quale le Effemeridi forniscono le seguenti posizioni:

Sole 25°48' Cancro
Luna 2°25' Gemelli
Mercurio 13°7' Leone
Venere 10°10' Gemelli
Marte 2°59' Vergine
Giove 20°25' R. Sagittario
Saturno 23°56' Bilancia
Urano 1°22' Cancro
Nettuno 10°35' Ariete

Basta un'occhiata per vedere che Venere ha raggiunto l'aspetto di sestile al Nettuno natale. Possiamo allora scrivere "*Venere in aspetto benefico a Nettuno 1909,1910,1911*".

Per gli aspetti lunari la questione è un po' più complicata. Dal momento che l'ora di nascita è evidentemente il punto di partenza dell'oroscopo progresso, l'ora di nascita espressa in tempo di Greenwich (1h18' a. m. nel caso del nostro esempio di Re Giorgio) corrisponderà chiaramente al compleanno dell'anno in questione, ovvero al 3 Giugno 1910 nel nostro caso. Dunque il mezzodì di quel giorno corrisponderà ad una data più avanti nel tempo dello stesso anno, come può rilevarsi dalla seguente proporzione: 24 ore stanno a 12 mesi come 10h42' stanno a 5 mesi e 10,5 giorni: laddove 10h42' è il tempo intercorrente tra le 1h18' ed il mezzodì. Dunque 5 mesi e 10,5 giorni aggiunti al 3 Giugno ci portano al 13 Novembre che di conseguenza è la data a cui corrisponderanno le posizioni per il mezzodì fornite dalle *Effemeridi*; questa data potrebbe esser convenientemente chiamata "la data limite".

Avendo calcolato questa data il resto è facile in quanto la Luna si muove ad un passo medio di 12° al giorno (anno), ed ogni grado del suo tragitto corrisponde ad un mese di vita. Dovremo quindi solo guardare di quanti gradi la Luna si trova indietro o in avanti rispetto al punto esatto dell'aspetto, ed aggiungere o sottrarre altrettanti mesi a o da quella data, ed il giuoco è fatto. Così vediamo che il 13 Novembre 1910 la Luna progressa di Re Giorgio era a 2°25' Gemelli.

Alla Luna progressa mancano ancora 10° per raggiungere la posizione del Sole natale [12°25' Gemelli] e 10° equivalgono a 10 mesi [dal 13 Novembre 1910]: così possiamo annotare: "*La Luna in congiunzione al Sole, Settembre 1911*"

---

[85] Re Giorgio V nasce il 3 Giugno 1865. Se l'ascesa al trono avviene nel 1910, egli aveva all'epoca 45 anni. Contando in avanti 45 giorni dal 3 Giugno arriviamo al 18 Luglio. (Nota del Curatore)

—- -

La Chiave dell'oroscopo

I paragrafi che seguono son tanto chiari da spiegarsi da soli.

Si consiglia vivamente allo studioso di fornire in modo molto misurato questi paragrafi rigurdo alle Prospettive Future, assieme all'interpretazione generale di un oroscopo. Sarebbe bene scegliere due o tre tra gli aspetti più importanti dell'anno ed accontentarsi di questi. Quando non ci sono aspetti ai pianeti radicali, gli stessi paragrafi di questo capitolo potranno essere usati, solo con piccole modifiche, anche per gli aspetti che si formano tra pianeti progressi. Così nel nostro esempio Mercurio che è a 13°7' Leone e Venere a 10°10' Gemelli si stanno separando da un sestile preciso, aspetto benefico, che fu esatto il 15 Luglio 1865, corrispondente all'anno 1907. Gli aspetti dei pianeti progressi tra loro nella maggioranza dei casi sono però considerati meno efficaci rispetto a quelli tra pianeti progressi e radicali.

I seguenti paragrafi sono numerati con numeri romani per evitare di confonderli con quelli che nelle altre parti del libro si riferiscono agli aspetti natali. Per trovare rapidamente un determinato aspetto si faccia riferimento alla Lista dei paragrafi all'inizio del libro.

ASPETTI SOLARI

I. La CONGIUNZIONE del Sole progresso alla Luna che si sta ora verificando, è sempre un aspetto importante, dal momento che il Sole è "la luce maggiore che governa il giorno" e la Luna "la luce minore che governa la notte". Da tutti i punti di vista la congiunzione dei luminari è abbastanza importante, ma dal punto di vista esoterico o spirituale essa ridesta la parte inferiore della natura e dona maggiore forza vitale. Coloro che non hanno una costituzione forte e sana possono incorrere con questa congiunzione in un indebolimento della salute, dal momento che essa immette troppa energia nell'organismo e quando c'è un effetto lesivo sulla salute, sono di solito gli occhi ad iniziare a soffrirne le conseguenze, segnale sicuro questo che importanti cambiamenti sono in atto nell'organismo, e avvertimento sufficiente che la persona saggia non può non tenere in considerazione. Questa congiunzione segna spesso un'epoca importante della vita, nella quale si stanno per realizzare cambiamenti sia nell'ambiente che nelle condizioni generali.

II. L'ASPETTO FAVOREVOLE del Sole progresso alla Luna che si sta ora verificando, segnala un periodo in cui sei sottoposto ad influssi benefici e propizi. Tale aspetto per il tempo della sua attività migliorerà molto il tuo oroscopo. Potrai incontrare persone ben disposte nei tuoi confronti, che vorranno e potranno aiutarti in tutti i modi. Quest'influenza solare è buona sia per il benessere spirituale che per quello materiale, ma molto dipenderà dalla tua capacità di rispondere a tutto quanto essa implica, in quanto spesso determina un risveglio della coscienza verso stati superiori dell'essere, e dona a tutti coloro che sono pronti opportunità di avanzamento in tutte le direzioni: dal punto di vista sociale, finanziario, psichico ecc. Felicità familiare e divertimenti, speculazioni ed investimenti: tutto prospera con i favori di questo aspetto. Dunque mentre è attivo cerca di indirizzare al meglio i tuoi sforzi.

III. L'ASPETTO AVVERSO del Sole progresso alla Luna che si sta ora verificando, segnala un periodo pieno di problemi e difficoltà, ritardi ed impedimenti, perdite di vario tipo; è come se la personalità per il momento si trovasse sotto una nube scura e tu dovessi raccogliere delle esperienze che ti faranno ricordare questo periodo, che non è affatto favorevole alle questioni materiali. Sarà bene che tu salvaguardi la tua salute, dal momento che l'energia vitale non sarà al massimo. Stai attento alla vista e non la sforzare. Non cercare nuovi impegni e non agire in nessun modo che potrebbe causare problemi futuri.

IV. La CONGIUNZIONE del Sole progresso a Mercurio che si sta ora verificando, renderà molto attiva la tua vita, mettendo in primo piano le questioni correlate alla mente più di quanto non lo siano mai state in nessun altro periodo. Con questa potente posizione viaggerai, o ti lancerai in voli mentali dal momento che l'immaginazione ti porterà alla formulazione di molti progetti la cui realizzazione dipenderà dalla tua capacità di realizzare praticamente i tuoi ideali e di dare espressione alla volontà creativa. Ad alcuni questa congiunzione procura fantasie mutevoli e scomposte e causa indecisione ed esitazione, ma nell'individuo che tende ad evolversi spiritualmente, tramite questo raggio solare si determina una rivitalizzazione della mente che è così resa energeticamente pronta per un maggior potere del pensiero e conseguentemente per una libertà di azione, attraverso quell'intuizione preveggente che precede l'attività mentale vera e propria. Avvantaggiati più che puoi in questo periodo dal punto di vista intellettuale.

V. L'ASPETTO FAVOREVOLE del Sole progresso a Mercurio che si sta ora verificando, segnala un periodo di intensa attività mentale che potrà spingerti allo studio. Sarai desideroso di cambiamenti, dunque cerca di migliorare le tue condizioni in generale, ma soprattutto in relazione all'apprendimento ed allo studio. Sarai fortemente attratto da tutto ciò che concerne la corrispondenza e la letteratura. Questo dovrebbe essere un periodo piuttosto felice dal momento che la mente tende ad essere più acuta ed attiva, e che avrai delle illuminazioni. Dovrai sforzarti di usare quanto più puoi l'energia di questo aspetto, perché è sempre indicazione di un'espansione della mente e della coscienza, e ti fornisce l'opportunità per una notevole attività, sebbene per quanto concerne i risultati molto dipenda dal Mercurio natale e dai suoi aspetti.

VI. L'ASPETTO AVVERSO del Sole progresso a Mercurio che si sta ora verificando, segnala un periodo in cui ci saranno alcune ansietà e preoccupazioni o una certa difficoltà nell'andamento dei tuoi affari. Non si tratta comunque di una grave afflizione, in quanto il Sole e Mercurio sono sempre così vicini che i loro aspetti avversi non possono produrre che piccoli problemi, per i quali la mente è in genere incerta e propensa a rimuginare e ad affliggersi per questioni che non sono invero così importanti come sembrano. Mentre questo aspetto è attivo sarà bene evitare controversie o azioni che possano coinvolgerti in dispute legali. Tu potrai comunque fare di questo periodo ciò che vorrai attraverso i tuoi pensieri e le tue azioni.

VII. La CONGIUNZIONE del Sole progresso a Venere che si sta ora verificando, ti porterà unioni piacevoli di varia natura; farai amicizia con le persone o stringerai durevoli legami che ti terranno unito nell'anima e nel corpo alle persone che ami e con le quali desideri legarti. Questa congiunzione può essere apprezzata appieno solo dalle persone evolute che sappiano amare l'arte e la bellezza fine a sé stessa, dal momento che la musica e le belle arti attraggono l'attenzione di coloro che partecipano abbastanza alla natura di Venere, da esser sottoposti a questa magnifica congiunzione. Avrai ora la possibilità di godere la vita nel suo lato migliore più di quanto tu abbia potuto fare in precedenza. Ora è tempo di rendere la tua vita tanto felice quanto l'ambiente intorno a te ti consentirà di fare, giacché il destino ti fornirà molte opportunità di godere pienamente di tutto ciò che potrai prendere.

VIII. L'ASPETTO FAVOREVOLE del Sole progresso a Venere che si sta ora verificando, segnala un periodo molto positivo ed invero uno dei più fortunati possibili. Tale aspetto porta contentezza e successo, nuovi amici e legami, e generalmente spinge alle unioni o alla formazione di nuovi e durevoli relazioni. Tutto va bene con un aspetto di questo genere ed i nuovi impegni si dimostrano soddisfacenti e vantaggiosi da molti punti di vista. Il Sole che da vita e nuova energia a tutto ciò che tocca con il suo raggio, permette alla benevola influenza di Venere di esprimersi nel modo più favorevole possibile, così che tutti i vantaggi latenti e le opportunità avranno ora modo di realizzarsi, e se le tue direzioni sono ora favorevoli questo sarà un bellissimo periodo della tua vita.

IX. L'ASPETTO AVVERSO del Sole progresso a Venere che si sta ora verificando, segnala un periodo in cui nonostante la positività di Venere, sarà impedita l'azione di molte influenze favorevoli ed in cui invece di un'abbondanza di cose felici, ci sarà piuttosto la negazione di tutto ciò. Se sarai accorto nelle azioni, eviterai gli eccessi e vivrai senza superare i tuoi guadagni, tale aspetto non sarà così pericoloso come invece risulterebbe nel caso tu compissi azioni che potrebbero scatenare il suo influsso negativo. In questo periodo non sarai mai abbastanza moderato o cauto nell'evitare eccessi e prodigalità, e nell'attenzione a non offendere gli altri. Potrebbe verificarsi una morte nel tuo ambiente.

X. La CONGIUNZIONE del Sole progresso a Marte che si sta ora verificando, accelererà la tua energia vitale, portando abbondanza di passione e forza nella tua natura; dunque per quanto riguarda gli effetti di questo aspetto dipenderà molto dal tuo modo di vivere e dalla tua capacità di autocontrollo, in quanto è necessario dominare e frenare l'influenza violenta ed impulsiva di Marte esaltata dalla congiunzione al Sole. Le persone più inesperte corrono il rischio di incidenti causati da agire impulsivo; quelle imprudenti ed avventate corrono quello di disturbi febbrili ed infiammatori. Le persone facilmente eccitabili corrono il rischio di liti e tutti allo stesso modo assisteranno ad un certo ridestarsi di ciò che in loro è latente, ed alla messa in azione di tutte le energie animali della loro natura. Le persone moderate avranno una salutare ricarica energetica; quelle impulsive incorreranno in disturbi infiammatori e coloro che non riflettono, si ritroveranno facilmente sbilanciati.

XI. L'ASPETTO FAVOREVOLE del Sole progresso a Marte che si sta ora verificando, segnala un periodo in cui verrà fortificata la tua costituzione fisica, accresciuta la tua vitalità, e saranno ridestate tutte le tue energie latenti. Sta iniziando per te un periodo di grande attività: conoscerai molte persone marziali, sicure di sé e determinate. I tuoi affari tenderanno ad andare bene e tu avrai più energia e maggiore ottimismo del solito. Sarai più tenace, intrepido ed incline ad intraprendere avventure e nuovi progetti. Inizierai ora ad affermare la tua personalità a tuo vantaggio, dal momento che la volontà ed il desiderio cammineranno mano nella mano per promuovere ed inaugurare il tuo benessere materiale.

XII. L'ASPETTO AVVERSO del Sole progresso a Marte che si sta ora verificando, segnala un periodo atto al determinarsi di problemi di tipo marziale. La natura della sua influenza dipenderà molto dal tuo atteggiamento e dal tuo livello evolutivo. Comunque è bene che in generale tu ti prenda cura della tua salute e che ti tuteli contro incidenti e disturbi infiammatori. Questo aspetto tende a ledere il corpo in un modo o nell'altro, si rende allora necessario che tu eviti l'eccitazione e le azioni precipitose. Dal punto di vista mentale spinge all'impulsività, all'avventatezza nel parlare e ad uno stato mentale piuttosto turbolento, ma la sua natura può essere giudicata attraverso le influenze lunari attive nello stesso periodo. Il significato interiore di questo aspetto è quello di un conflitto tra la volontà ed i desideri.

XIII. La CONGIUNZIONE del Sole progresso al benefico pianeta Giove che si sta ora verificando, segnala un periodo della tua vita che sarà bene che tu riesca a comprendere e ad apprezzare fino in fondo. Hai ora raggiunto uno stadio in cui puoi scegliere tra un grande progresso spirituale e morale ed un notevole sviluppo materiale e concreto. La tua forza vitale sarà rinnovata e la mente diverrà calma e serena, così che potrai approfittare di tutte le opportunità e di tutti gli avanzamenti di cui ora ti si darà occasione. Quest'influenza è destinata a durare e sarà saggio se darai corso a qualunque iniziativa, alle nuove imprese ed alle azioni importanti che ti si presenteranno. Osserverai che tutti i tuoi affari ed i tuoi progetti tenderanno ad andare per il meglio, e che anche la tua vita sociale migliorerà dal momento che sviluppo e progresso sono le parole chiave di questa congiunzione benefica e fortunata. Usa quanto più puoi tutte le tue opportunità e batti il ferro mentre è caldo[86].

XIV. L'ASPETTO FAVOREVOLE del Sole progresso a Giove che si sta ora verificando, indica un lungo periodo propizio. Sei arrivato ad uno stadio della tua vita nel quale le occasioni ti verranno incontro, non solo per sviluppare la parte migliore della tua natura, ma anche per migliorare notevolmente il tuo stare al mondo sia

---

[86] In originale "make hay while the sun shines", proverbio inglese. (Nota del Curatore)

dal punto di vista morale che da quello sociale. Sicuramente otterrai successo materiale o progresso spirituale in proporzione alla forza dei tuoi desideri e delle tue aspirazioni, dal momento che molto dell'effetto di quest'influenza dipende dalla tua capacità di rispondere alle occasioni che ti si presentano. Comunque tutte le nuove imprese iniziate in questo periodo avranno successo ed alla fine protrai aspettarti il benessere. Questo potrebbe essere il miglior periodo della tua vita, se saprai usare le tue opportunità nel modo giusto e saprai cogliere il maggior vantaggio.

XV. L'ASPETTO AVVERSO del Sole progresso a Giove che si sta ora verificando, segnala un periodo in cui sarà bene che tu stia attento alla tua salute, soprattutto per quanto concerne le condizioni del sangue. Questo aspetto spinge alla prodigalità ed alla spreco e creerà ostacoli nella tua vita in correlazione a questioni religiose o ad affari di cuore. Sarà bene controllare sempre che le spese non superino i guadagni altrimenti c'è il rischio di essere coinvolto in problemi legali o in difficoltà in cui le finanze giuocheranno un ruolo importante. Riguardo alla salute potresti avere problemi di fegato. "Moderazione in tutto" dovrebbe essere il tuo motto mentre sei sottoposto a questa influenza, che potrebbe rivelarsi anche molto benefica se userai la prudenza e l'autocontrollo.

XVI. La CONGIUNZIONE del Sole progresso a Saturno che si sta ora verificando, è una delle posizioni più importanti e potenti che possa determinarsi in qualunque fase della vita. Essa segna uno stadio critico della tua esistenza caricandoti di una responsabilità grave ed importante, e provocando forti cambiamenti che influenzeranno in molti modi la tua vita ed il tuo destino futuri. Se vedi che la tua mente tende alla depressione o ad una visione buia delle cose, considera ciò come il segno di un pericolo che ti minaccia, ed evita di dar corso a nuove imprese che magari comprendano anche dei rischi, in definitiva cerca di essere sul chi vive per quanto riguarda problemi e guai in generale. Con questa congiunzione potresti incorrere in una qualche grave malattia causata da problemi circolatori a loro volta provocati da raffreddori, infreddature e congestioni, dal momento che in questo momento le forze vitali sono ostacolate dall'influenza di Saturno.

XVII. L'ASPETTO FAVOREVOLE del Sole progresso a Saturno che si sta ora verificando, segnala un periodo che può portarti molte occasioni favorevoli e vantaggi. Avrai ora la possibilità di ottenere maggiori riconoscimenti per i tuoi sforzi, e potrai avere contatti con persone, uomini e donne, più anziane e più sagge di te e con persone influenti; potrai inoltre stringere amicizie vantaggiose e durevoli. Dovresti ora prepararti ad essere sottoposto ad una delle migliori direzioni della tua vita, in quanto questa influenza in genere dura alcuni anni, a meno che altri aspetti non la indeboliscano. Ti accorgerai di essere diventato più contemplativo e riflessivo, ma anche più paziente, prudente e virtuoso, e di avere acquisito molto più autocontrollo.

XVIII. L'ASPETTO AVVERSO del Sole progresso a Saturno che si sta ora verificando, segnala un periodo atto a concretizzare problemi e delusioni, impedendo il tuo progresso ed anche coinvolgendo negativamente la tua salute, mentre le eventuali concomitanti influenze lunari positive tenderanno ad essere annullate ed ostacolate da questo aspetto malefico. Dovrai avere grande cura della tua salute, evitando raffreddamenti ed infreddature, ed evitando di intraprendere nuovi impegni negli affari o nuove attività in generale. In tutto questo periodo sarà bene che tu agisca nel modo più prudente possibile, non facendo nulla che possa esser causa di scandalo o di discredito. In questo periodo potrebbe verificarsi un lutto nel tuo ambiente. Evita di offendere le persone anziane, specialmente i superiori, in quanto tutta questa fase di vita tende ad essere molto sfavorevole.

XIX. La CONGIUNZIONE del Sole progresso al misterioso pianeta Urano che si sta ora verificando, causerà grandi cambiamenti ed esperienze eccezionali. Queste cose possono essere improvvise e straordinarie a seconda della tua sensibilità a questa influenza del tutto unica, ma l'effetto di questa congiunzione non svanirà senza averti causato un cambiamento interiore o esteriore, o un evento improvviso ed imprevisto. Per coloro che cercano di innalzare il livello della loro coscienza, questa è un'occasione unica nella vita, ma per chi non abbia ancora compreso il vero scopo ed il significato fondamentale dell'esistenza essa sarà solo causa di qualche cambiamento esterno che tenderà a smantellare ed alterare condizioni preesistenti; sarebbe dunque bene che tu ora esaminassi te stesso e ti preparassi a cambiamenti interni o esterni in relazione al tuo stadio evolutivo, che può esser desunto o dallo studio del tuo oroscopo o di te stesso.

XX. L'ASPETTO FAVOREVOLE del Sole progresso ad Urano che si sta ora verificando, segnala un periodo che ti promette grande espansione della coscienza che si realizza grazie a viaggi di successo, crociere, o cambiamenti, grazie alla notorietà o attraverso l'incontro con persone che possono avvantaggiarti, ed entrando in contatto con coloro che possiedono una conoscenza più ampia della tua, oltre che una maggiore influenza sugli altri. Questo aspetto talvolta causa dei profitti senza precedenti o affari improvvisi ed inaspettati che alla fine vanno bene. Coloro che sanno rispondere pienamente a questo aspetto vivono grazie ad esso un periodo misterioso nel quale vengono alla mente pensieri ed idee nuovi che portano originalità, intuizioni ecc. Ora potrai ridestare capacità latenti.

XXI. L'ASPETTO AVVERSO del Sole progresso ad Urano che si sta ora verificando, rappresenta un'influenza il cui effetto dipende dagli aspetti lunari attivi durante la sua durata. In genere causa difficoltà improvvise ed inaspettate, ostacoli nel progredire e sofferenza in seguito ad azioni impulsive o avventate. Se agisci senza pensare questo aspetto provocherà molti problemi seri che potranno poi causare dei cambiamenti inaspettati e l'improvviso smantellamento di condizioni preesistenti. Ma questa influenza non agisce su tutti allo stesso modo, ed è difficile considerarla da sola essendo invece necessario studiarla in relazione alle influenze ed alle posizioni della Luna[87]. L'inatteso quasi sempre si verifica con questo aspetto: perciò è difficile dire come possa esattamente operare.

---

[87] Questa è effettivamente una cosa che vale per tutti gli aspetti progressi, in quanto è sempre la Luna a dirci dove e come il tempo vada a concretizzare le sue tendenze. (Nota del Curatore)

La Chiave dell'oroscopo

XXII. La CONGIUNZIONE del Sole progresso a Nettuno che si sta ora verificando, rappresenta un'influenza atta ad agire su di te in relazione alla forza di Nettuno nel tuo tema natale, ed alla tua capacità di rispondere alle sue vibrazioni. Si tratta comunque di un'influenza molto strana e fuori dal comune, sicuramente atta ad influenzare la tua natura emotiva in modo profondo e durevole. E' possibile che tu sia invitato a fare un viaggio verso un luogo molto lontano o che in qualche altro modo tu possa essere temporaneamente tagliato fuori dai tuoi amici e compagni, così da sentirti solo ed isolato. E' difficile dire in che modo particolare questo aspetto ti influenzerà, ma direttamente o indirettamente il mare sarà collegato all'esperienza che ti aspetta.

XXIII. L'ASPETTO FAVOREVOLE del Sole progresso a Nettuno che si sta ora verificando, indica un periodo segnato da un'influenza di per sé buona e favorevole, la cui importanza dipenderà però dalla forza di Nettuno nel tuo tema natale. A coloro che sono sensibili all'influenza di questo pianeta, tale aspetto promette un periodo molto vantaggioso da un punto di vista materiale, emotivo o spirituale: in ogni caso c'è sicuramente da attendersi un effetto favorevole, anche se non troppo palese. Nettuno è correlato in special modo al sentimento della benevolenza nei confronti delle altre persone, e questa influenza amplierà questo sentimento e lo stimolerà. E' probabile che tu intraprenda un lungo viaggio per mare o che in questo periodo risieda a lungo vicino al mare, in quanto c'è una misteriosa connessione tra questo pianeta ed il mare, con buona pace di coloro che credono che il suo nome sia effetto del "caso"[88].

XXIV. L'ASPETTO AVVERSO del Sole progresso a Nettuno che si sta ora verificando, rappresenta un'influenza sfavorevole, atta a provocarti esperienze molto singolari, forse correlate in qualche modo al piano *psichico* o a stati del *post mortem*, o forse altrimenti correlate alla vita di tutti i giorni tramite una persona o persone disoneste. Infatti l'influenza sottile di Nettuno tende molto a dilagare ed a interessare un vasto campo di esperienze, ma si può dire che in generale abbia a che fare con il piano *psichico*, tramite stati emotivi, imprese immense e non facili da gestire, inganni, falsità ed ipocrisie. Essa però nella sua intrinseca natura spirituale è correlata in modo particolare alla realtà della vita, ed è proprio tramite le esperienze che stai per attraversare, che in qualche misura si ridesterà in te una più profonda coscienza.

---

[88] In originale: "in spite of its name having been given to it as we say 'by chance'". Qui si allude alla misteriosa questione dei nomi: "Nomina sunt consequientia rerum", anche in effetti quelli delle persone. C'è un segreto nelle parole e nei nomi; un segreto nel suono e nella loro formulazione grafica. Così il nome di Nettuno fu "immaginato e dato" per un'ispirazione che proveniva dalla realtà spirituale dell'astro appena scoperto. (Nota del Curatore)

ASPETTI TRA I PIANETI

MERCURIO

XXV. La CONGIUNZIONE di Mercurio progresso a Venere che si sta ora verificando, rappresenta un'influenza molto favorevole, ma atta piuttosto ad agire sulla mente, sulle emozioni e sui sentimenti superiori, che sui sensi o sull'ambiente materiale. Dunque se vuoi cogliere tutto il beneficio rappresentato da questa nobile posizione occorre che la tua mente sia molto raffinata ed incline alle cose più nobili della vita. Infatti essa tende ad unire la mente ai sentimenti, e solo coloro che hanno intenzioni pure possono assorbire l'influenza favorevole promanante da Venere in questa congiunzione. Se però le direzioni operanti in questa fase lo permetteranno avrai delle positive opportunità di migliorare le tue condizioni o entrando a far parte di un ambiente migliore o incontrando persone che sono disposte favorevolmente nei tuoi confronti.

XXVI. L'ASPETTO FAVOREVOLE di Mercurio progresso a Venere che si sta ora verificando, tende a migliorare la tua mente, ti spinge a ricercare la conoscenza e migliora in modo notevole lo stato del pensiero. Non si può dire si tratti di un'influenza potente, e difatti non lo è, eppure è più o meno favorevole ed aiuta considerevolmente a disperdere la forza di qualunque aspetto avverso operante nello stesso periodo. Questo aspetto dovrebbe spingerti a distinguere con chiarezza la via d'uscita dalle difficoltà e dovrebbe portarti qualche forma di aiuto da parte di coloro che sono propensi ad avvantaggiarti. Esso favorisce anche la corrispondenza, le questioni legali e finanziarie in generale, ma in special modo le capacità mentali e tutti quelle attività artistiche raffinate in cui è la mente ad essere impegnata.

XXVII. L'ASPETTO AVVERSO di Mercurio progresso a Venere che si sta ora verificando, causa in genere la temporanea separazione della mente dai sentimenti e dunque il fatto che le condizioni del pensiero tendono ad andar contro il lato sentimentale o emotivo della natura. Ciò causerà spesso errori di giudizio ed una condizione generale nella quale le cose potrebbero andare in modo sfavorevole per quanto concerne questioni di minore importanza. Questo aspetto ti spingerà ad un atteggiamento leggermente critico ed a sentirti un po' fuori fase in alcune componenti della tua natura. Sarà bene controllare con attenzione le tue questioni finanziarie, specialmente per quanto concerne la corrispondenza, evitando controversie legali ed in generale i rapporti con avvocati.

XXVIII. La CONGIUNZIONE di Mercurio progresso a Marte che si sta ora verificando, rappresenta un'influenza che solleciterà molto favorevolmente le tue capacità mentali. Sarai molto più vigile del solito e molto preso dai tuoi interessi, essendo in genere intraprendente e pieno di risorse. Incontrerai persone troppo decise, che potranno divenire aggressive o irriguardose nei tuoi confronti se non starai attento ad evitare le liti ed a non lasciarti coinvolgere in azioni avventate ed in discorsi imprudenti. Non far ricorso alla legge in questo periodo e non scrivere lettere che possano causarti dispiaceri. Cerca di agire per quanto possibile con maggiore prudenza, tatto ed accortezza del solito. Evita comportamenti avventati e cerca di tenere a freno la tendenza ad azioni non meditate in precedenza.

XXIX. L'ASPETTO FAVOREVOLE di Mercurio progresso a Marte che si sta ora verificando, rappresenta un'influenza che in generale tende a rendere la tua mente più dinamica ed ambiziosa. Si tratta di un aspetto favorevole a tutti i progetti lavorativi, che ti promette successo nelle imprese che si realizzano attraverso attività intellettuali, o la creazione di nuovi programmi e progetti, e ti terrà impegnato per tutto il periodo della sua durata, sebbene tu debba stare attento a non eccedere in nulla e a non lasciarti prendere da troppa foga. Ti sentirai ora pieno di sicurezza in te stesso e nelle tue capacità e certamente una qualche nuova impresa d'affari occuperà la tua attenzione. Sarai coinvolto in un fitto giro di corrispondenza, o sarai impegnato nella stampa, in lavori letterari ed in tutto ciò che abbia a che fare gli scritti, questioni legali ed attività mercuriali in genere.

XXX. L'ASPETTO AVVERSO di Mercurio progresso a Marte che si sta ora verificando, causa una certa ansietà, di solito provocata da da uno stato nervoso critico cui sei giunto o perché ti sei esaurito o per eccessivo sforzo mentale. Tutto ciò alla fine scende fino al livello del corpo, coinvolgendo negativamente l'intero organismo. Dunque è consigliabile grande prudenza nei rapporti con gli altri in questo periodo, specialmente riguardo a ciò che dirai. Non ti impegnare per iscritto e cerca di evitare problemi legali. Abbi cura di dormire a sufficienza.

XXXI. La CONGIUNZIONE di Mercurio progresso a Giove che si sta ora verificando, rappresenta un'influenza molto favorevole che dona l'occasione di unire la tua mente superiore con quella inferiore, ed attraverso la quale la saggezza rappresentata da Giove e l'intelligenza rappresentata da Mercurio miglioreranno la tua capacità di giudizio, in modo tale che grazie a questa unione tu possa organizzare le tue cose in maniera favorevole e possa avvantaggiarti o dal punto di vista mentale o da quello materiale. Coloro che sono nelle condizioni di abbracciare il lato superiore della vita dove si trovano la religione e la filosofia, vedranno grazie a questo aspetto ridestata la loro intuizione, ed avranno quell'illuminazione tanto desiderata da coloro le cui menti tendono più allo spirituale che al materiale. Coloro invece che non possiedono simili aspirazioni avranno con questa congiunzione un periodo di profitti e guadagni, nella misura delle capacità mentali descritte dal loro tema natale. Dovresti comunque sforzarti di usare quanto più possibile l'energia di questa benefica congiunzione.

XXXII. L'ASPETTO FAVOREVOLE di Mercurio progresso a Giove che si sta ora verificando, rappresenta un'influenza che, dal momento che il primo governa la conoscenza ed il secondo la saggezza, per tutto il periodo della sua durata ti spingerà a mettere a frutto gran parte di ciò che sai attraverso un calmo riflettere, ed una meditazione che coinvolge tutto ciò che giunge alla tua attenzione. Ti renderai conto che la tua capacità di giudizio migliora: sarà bene ascoltare ciò che ti suggerisce l'intuizione, perché ora la tua mente sarà nelle migliori condizioni possibili. Ti avvantaggerai molto attraverso lo studio, ed anche grazie all'atteggiamento filosofico che applicherai nei riguardi di tutto ciò che interessa il tuo pensiero superiore, perché è la saggezza la meta che persegui. Gli affari dovrebbero migliorare, specialmente le attività che dipendono dall'intelligenza.

XXXIII. L'ASPETTO AVVERSO di Mercurio progresso a Giove che si sta ora verificando, rappresenta un'influenza che può forse spingerti a sbagliare nei giudizi o che può causarti perdite finanziarie che si determinano a causa di errori di valutazione, della corrispondenza o di questioni legali. In questo periodo dovresti agire con grande cautela, evitare di ricorrere alla legge, e porre la massima attenzione in ciò che scrivi. Pensa e rifletti molto attentamente prima di agire, perché potresti incorrere in gravi errori di giudizio, che potrebbero causare perdite finanziarie. Con questa influenza la tua mente è come ottenebrata, ed occorrerà grande attenzione nel firmare documenti importanti. Con questo aspetto in atto dovresti evitare sia di prendere in prestito che di prestare denaro, ma dovresti controllare tutte le questioni finanziarie con cura.

XXXIV. La CONGIUNZIONE di Mercurio progresso a Saturno che si sta ora verificando, rappresenta un'influenza tendente a concretizzare il tuo pensiero, e dunque a spingerti ad essere più pratico e critico, con un atteggiamento riflessivo e serio nei confronti delle cose. Potresti incorrere in alcune sofferenze se ti lascerai dominare da una tendenza materialistica o depressiva: c'è infatti un lato cattivo in questa congiunzione, dal momento che la mente è tentata da Saturno a diventare troppo concreta o incline alla malinconia. Coloro che non si sono innalzati al di sopra del piano personale e sensibile della loro natura affronteranno un periodo pieno di fastidi, di preoccupazioni, di ansietà e depressione, ma lo studioso meditativo potrà beneficiare di questa congiunzione per accrescere le sue facoltà di concentrazione, e avrà occasione di assumersi maggiori responsabilità e divenire così più serio ed accurato. Tutti potranno avvantaggiarsi della possibilità offerta dall'aspetto di esercitare la pazienza e la resistenza, ed anche la riflessione.

XXXV. L'ASPETTO FAVOREVOLE di Mercurio progresso a Saturno che si sta ora verificando, rappresenta un'influenza atta a determinare un periodo di pensieri seri e profondi, così che avverrà una trasformazione nel tuo modo di comportarti e tu tenderai a ponderare con maggiore profondità le cose importanti della vita, usando più intensamente le tue attitudini alla riflessione. Verrai in contatto con persone più anziane di te, con persone molto serie e gravi e con coloro che hanno uno scopo preciso nella vita, così che anche tu tenderai a diventare più serio. Attraverso lo studio dell'occulto la tua mente potrà diventare più concentrata e stabile e tu sarai più incline alla meditazione, all'approfondimento ed allo studio.

XXXVI. L'ASPETTO AVVERSO di Mercurio progresso a Saturno che si sta ora verificando, rappresenta un'influenza atta a creare preoccupazione, ansietà e molti problemi correlati alla corrispondenza, agli scritti, ecc. Stai dunque molto attento nei rapporti con avvocati, amministratori e con le persone in qualche modo interessate a questioni legate alla letteratura o alla corrispondenza. Si tratta di un aspetto piuttosto negativo, atto a causarti delusioni, inganni e difficoltà imprevedibili, cose che ti renderanno ansioso e turbato. Sarà bene allora non offendere nessuno. Stai accorto nel parlare, e sii molto scrupoloso nelle questioni legate alla corrispondenza, nel trattare con gli inferiori, gli anziani, i *partner* ecc.

XXXVII. La CONGIUNZIONE di Mercurio progresso ad Urano che si sta ora verificando, rappresenta un'influenza molto importante dal momento che risveglia in te la tendenza alla metafisica ed all'occultismo, e che spingerà la tua mente verso materie quali l'astrologia ecc. E' pur vero che questo aspetto segna un periodo nel quale occorre stare molto attenti in quanto oltre a fornire originalità di pensiero ed inclinazioni inventive, esso spinge ad una certa eccentricità e ad una sovreccitazione mentale che a volte sono pericolose nel caso di persone che non abbiano curato il loro equilibrio mentale. Infatti questa congiunzione tende ad accelerare troppo le vibrazioni causando così disturbi nervosi e terribili mal di testa, ma per coloro che cercano di sviluppare la loro mente, questo è il momento per accogliere interiormente quei pensieri superiori che si presenteranno loro, a prescindere che abbiano o meno cercato di raggiungere ciò, giacché questa posizione di Mercurio crea una disposizione a ricevere la sapienza occulta quale nessun altro aspetto che coinvolga Mercurio è capace di offrire.

XXXVIII. L'ASPETTO FAVOREVOLE di Mercurio progresso ad Urano che si sta ora verificando, rappresenta un'influenza atta a determinare un periodo favorevole che potrà durare alcuni anni. Questo aspetto ridesterà in te un interesse per gli studi di occultismo e ti spingerà a dimostrare una qualche originalità nelle attività intellettuali; esso potrà anche rendere la tua mente più veloce, rendendola brillante e dinamica, filosofica ed originale. Sarai attratto dall'occultismo e potrai anche intraprendere con vantaggio lo studio dell'astrologia. Sarai in grado di gestire i tuoi affari con prudenza e di organizzare le cose in modo tale da migliorare le tue condizioni generali sfruttando al massimo tutte le tue opportunità. Con questa influenza eccezionale potrai avvantaggiarti in molti modi.

XXXIX. L'ASPETTO AVVERSO di Mercurio progresso ad Urano che si sta ora verificando, rappresenta un'influenza atta a rendere la mente molto sarcastica ed insicura. Molto probabilmente sarai ingaggiato in un lavoro impopolare o intraprenderai uno studio o un'attività che potrebbero causarti discredito nell'ambito di amici e conoscenti, ed in generale assumerai punti di vista singolari. Perciò conserva il tuo equilibrio mentale, evitando eccessi nel pensiero ed ogni tendenza all'irritabilità ed all'eccitabilità.

XL. La CONGIUNZIONE di Mercurio progresso a Nettuno che si sta ora verificando, non mancherà di esercitare una speciale influenza sulla tua mente, la natura della quale potrebbe essere compresa attraverso ciò che si è detto in tema di caratteristiche mentali, ma che in realtà dipenderà dalla sensibilità soggettiva all'influsso di Nettuno quale è indicata dall'insieme del tema natale. L'influenza favorevole di questa vibrazione consiste nell'innalzare la mente attraverso l'azione di sentimenti di maggiore benevolenza e più elevate emozioni; l'influenza inferiore spinge invece la mente a fantasie confuse e visionarie, o peggio verso progetti nefasti ed immaginazioni morbose. Ma la vera influenza di questa congiunzione si esprime esaltando la mente verso le più elevate concezioni della poesia e della filosofia.

XLI. L'ASPETTO FAVOREVOLE di Mercurio progresso a Nettuno che si sta ora verificando, rappresenta un'influenza favorevole per coloro che siano in grado di percepirla e di rispondere ad essa, che spinge la mente verso il lato più raffinato della bellezza artistica, e nel caso di coloro che siano naturalmente inclini allo spirituale, anche ad una visione mistica della vita. In ogni caso sarai spinto ad avere un accresciuto interesse per gli studi simbologici come ad esempio per il teatro religioso, per i drammi mitologici, per il folklore e per cose del genere, ma se vorrai ottenere da questo aspetto i risultati più elevati spiritualmente, abbi cura che il lato estetico/sensuale dell'arte e della poesia non ti renda cieco ai loro significati spirituali. Il sistema nervoso si avvantaggia con questo aspetto, e brevi viaggi o gite fatti in questo periodo vivranno a lungo nella tua memoria.

XLII. L'ASPETTO AVVERSO di Mercurio progresso a Nettuno che si sta ora verificando, rappresenta un'influenza che è causa di insoddisfazione e sconforto e che spinge a fantasie morbose, paure immotivate e gusti discutibili. Molto dipende comunque dagli aspetti che coinvolgono questi due pianeti alla nascita, e se desideri maggiori informazioni su questo punto dovrei consigliarti di studiare ciò che ho scritto su Nettuno nel mio *How to Judge a Nativity, Part II*, in quanto non è possibile approfondire in questa sede l'argomento. Dovresti stare attento che la tua mente sia sempre padrona di sé stessa, e non indebitamente influenzata dagli altri. Ricorda che è fondamentale che siano i principi e non gli impulsi a dominare la mente.

VENERE

XLIII. La CONGIUNZIONE di Venere progressa a Marte che si sta ora verificando, è un aspetto molto interessante che indica una sollecitazione dei sensi e l'unione con individui del sesso opposto causata da un'attrazione magnetica e passionale che ti mette nelle condizioni di affascinare e coinvolgere fisicamente coloro che sono a loro volta attratti psichicamente ed emotivamente da te. La congiunzione causerà legami o unioni che non sarai capace di evitare a meno che tu non abbia acquisito il dominio dei tuoi sentimenti e delle tue emozioni, e comunque in questo periodo sarai più incline a vivere facendoti guidare dai sentimenti che non dalla ragione. Sarai attratto da piaceri di vario genere, e se sarai in grado di evitare un comportamento avventato farai l'esperienza di uno stato d'animo esilarante che risulterà molto piacevole e positivo a tutte le persone con le quali entrerai in contatto. Con questa congiunzione si determinano più legami fisici ed unioni che con qualunque altro aspetto, dunque questo è un periodo molto importante per te e se studierai attentamente il contenuto di questo paragrafo, questa posizione ti potrà aiutare.

XLIV. L'ASPETTO FAVOREVOLE di Venere progressa a Marte che si sta ora verificando, rappresenta un'influenza tendente ad eccitare molto sentimenti ed emozioni ed a metterli in azione. Sarai ora più disposto ai piaceri, ai rapporti sociali o allo scambio di piacevolezze con il sesso opposto, e la tendenza del periodo sarà quella di metterti a contatto con coloro che stimoleranno gradevolmente la tua natura, ridestando i tuoi sentimenti e spingendoti ad esprimerti tramite le vie dei sensi, a seconda dell'ambiente e delle circostanze in cui tu sia inserito. E' un aspetto favorevole alle storie d'amore ed in generale alle questioni finanziarie, ai divertimenti ed alla vita di società.

XLV. L'ASPETTO AVVERSO di Venere progressa a Marte che si sta ora verificando, rappresenta un'influenza che causa un conflitto tra le emozioni superiori e quelle inferiori, e che come regola eccita i sentimenti provocando problemi che si determinano a causa di azioni impulsive correlate alle emozioni ed al loro collegamento con questioni di natura sensuale. Perciò è consigliabile la moderazione in tutti i campi e particolarmente occorrerà prudenza nelle spese, dal momento che potranno verificarsi perdite finanziarie causate da un'eccessiva prodigalità o da stolta generosità. Questo non è affatto un aspetto favorevole specialmente per quanto concerne questioni che attengono ai sentimenti, giacché il desiderio può trascinarti ad azioni imprudenti, delle quali dopo, quando la calma sarà tornata, ti pentirai.

XLVI. La CONGIUNZIONE di Venere progressa a Giove che si sta ora verificando, non è un aspetto molto importante, anche se per il tempo che dura accresce le tue risorse e dona una serenità di vita che non ci sarebbe stata senza il suo effetto benefico. Essa ti darà alcune occasioni di avvantaggiarti dal punto di vista economico o sociale, giacché probabilmente maggiori vantaggi sociali e piacevoli amicizie saranno ora più frequenti di quanto non lo fossero precedentemente. Si tratta da molti punti di vista di questioni legate a gradimento e attrazione e non abbiamo sufficienti elementi distintivi per emanare un giudizio sicuro su questa congiunzione, ma è naturalmente più favorevole che avversa, così che credo di poter concludere che grazie ad essa ti trovi ora dinanzi ad un periodo sereno e tranquillo.

XLVII. L'ASPETTO FAVOREVOLE di Venere progressa a Giove che si sta ora verificando, rappresenta un'influenza tendente a donarti molta felicità ed a procurarti successo in tanti modi, soprattutto attraverso i rapporti con altre persone. Per ottenere il massimo beneficio da questo aspetto sarà bene che tu stringa quante più amicizie e conoscenze possibili, specialmente con persone appartenenti al sesso opposto. La tua condotta in questo periodo risulterà ponderata e cauta, tendente alla prudenza ed alla previdenza, cosa questa che ti farà progredire dal punto di vista fisico, mentale e morale. Ma molto del risultato generale dipenderà dagli aspetti lunari attivi nello stesso periodo.

XLVIII. L'ASPETTO AVVERSO di Venere progressa a Giove che si sta ora verificando, sebbene non sia molto rilevante nell'insieme, essendo entrambi benefici i due pianeti coinvolti, indica tuttavia una certa tendenza alla prodigalità o a spese eccessive, mentre questioni correlate alla vita sociale potrebbero non scorrere lisce come prima e tu potresti trovare le spese un po' più pesanti del solito. In generale si tratta di un aspetto che richiede attenzione e prudenza. Evita conflitti con istituzioni religiose o con persone ad esse collegate. Non è affatto un periodo favorevole ai viaggi, ma tutto ciò potrà essere facilmente superato, data la natura intrinsecamente favorevole dei pianeti coinvolti. Non c'è nessuna tendenza assoluta di destino indicata da questo aspetto.

XLIX. La CONGIUNZIONE di Venere progressa a Saturno che si sta ora verificando, non è un'influenza del tutto avversa, sebbene possa procurare molti problemi e sofferenze a coloro che siano molto segnati da Saturno nel loro tema natale. Questa congiunzione potrà metterti a contatto con persone più anziane di te, e renderà considerevolmente più stabili sentimenti ed emozioni. Infatti gli eventi che ora si producono nella tua vita sono tali da spingerti a riflettere ed a mantenere un atteggiamento calmo nelle questioni che ti riguardano, portandoti così ad una maggiore serietà. Ti ritroverai ad occupare un posto di molta maggiore responsabilità rispetto al passato. Sarai anche più desideroso di possesso, più tenace, paziente e costante, mentre gli eventi che ora si determineranno ti insegneranno virtù preziose per la tua anima, che Venere può acquisire solo tramite la congiunzione con il "solidificante" Saturno.

L. L'ASPETTO FAVOREVOLE di Venere progressa a Saturno che si sta ora verificando, rappresenta un'influenza che potrà in questo periodo avvantaggiarti e beneficiarti se sarai in grado di cogliere le molte opportunità che ti saranno offerte. Sarai insolitamente cauto, prudente e parsimonioso, e potrai anche guadagnare denaro tramite persone più anziane, *partner* e questioni familiari, dal momento che i tuoi affetti ed i tuoi sentimenti saranno ora più stabili e sicuri di prima. Potrai acquisire in qualche modo prestigio e credito, mentre gli affari andranno bene e porteranno guadagni tramite altre persone, giacché la tendenza generale è al guadagno. Quest'influenza migliorerà anche le tue capacità mentali, rendendoti molto intuitivo.

LI. L'ASPETTO AVVERSO di Venere progressa a Saturno che si sta ora verificando, rappresenta un'influenza atta provocare delle perdite, pene e delusioni. Sii pronto ad affrontare circostanze avverse e condizioni comunque sfavorevoli per quanto concerne cose materiali. Si tratta di un aspetto che generalmente è causa di dolore per la perdita di qualcuno appartenente alla cerchia familiare, o che produce una grande delusione con difficoltà ad andare avanti. Ora occorreranno moderazione e prudenza in quanto i reni e la circolazione possono essere causa di problemi. Sarà infine bene che tu sia molto cauto nelle tue amicizie.

LII. La CONGIUNZIONE di Venere progressa ad Urano che si sta ora verificando, provocherà un legame romantico o molto insolito. Questa è un'influenza che risveglia i sentimenti sotterranei, latenti o addormentati, che prima ti erano sconosciuti o a cui non avevi dato importanza. Questa è una di quelle potenti congiunzioni che alla prima occasione è in grado di sollecitare un tocco di genialità, e che nelle persone dal talento musicale può esaltare l'anima ad esprimere cose dapprima neanche immaginate; è questo il momento in cui dovresti immergerti totalmente nella tua natura interiore per rivelare all'esterno qualunque capacità sia nascosta dentro di te[89]. Coloro che sono ancora del tutto imprigionati negli spasimi del mondo materiale troveranno questo aspetto sfavorevole, sebbene esso possa far percepire la realtà della dimensione al di là di quella esteriore e materiale. Tutti comunque faranno esperienza di una crisi di qualche natura, ma si tratta più spesso di una crisi di sentimenti che di altro tipo.

LIII. L'ASPETTO FAVOREVOLE di Venere progressa ad Urano che si sta ora verificando, rappresenta un'influenza particolarmente favorevole alle persone che siano naturalmente intuitive ed incline alle materie metafisiche ed occulte, dal momento che innalza ad un livello più alto di espressione sentimenti ed emozioni superiori, eliminando quasi del tutto l'elemento egoistico e donando a tutti un sentimento di amore e di amicizia. Questo aspetto amplia la sensibilità nei confronti degli altri ed io ritengo che tu sarai più benevolo anche con chi non conosci e che entrerai in una comunione spirituale con persone che possederanno una più amplia visione delle cose rispetto a te, mentre dal punto di vista concreto farai amicizia con persone che faranno uscire il lato affettivo della tua natura, dal momento che il tuo magnetismo attirerà gli altri intorno a te.

LIV. L'ASPETTO AVVERSO di Venere progressa ad Urano che si sta ora verificando, rappresenta un'influenza che agirà principalmente sugli affari di cuore o su questioni collegate ad individui del sesso opposto, sebbene possa agire in qualche misura anche sulle condizioni finanziarie. Sarà bene che proprio ora tu sia estremamente accorto nei tuoi rapporti con rappresentanti del sesso opposto, altrimenti potresti essere coinvolto in problemi e dispiaceri che tu stesso non avresti davvero desiderato, dal momento che una particolare seduzione tenderà ad attrarti in varie complicazioni che alla fine potrebbero condurre ad uno scandalo. E' bene che tu sia avvertito in tempo giacché questo aspetto spinge a relazioni segrete o a particolari esperienze che coinvolgono sentimenti ed emozioni: dunque agisci con prudenza in tutto.

LV. La CONGIUNZIONE di Venere progressa a Nettuno che si sta ora verificando, rappresenta un'influenza la cui esatta natura è difficile da stabilire in anticipo, dal momento che il suo effetto dipende molto dalla tua sensibilità a Nettuno ed anche dalla misura della tua capacità a trascendere l'influsso puramente

---

[89] Da questo come da altri paragrafi che concernono Urano si comprende che esso è lo strumento più potente per portare alla luce i contenuti dell'"inconscio". Dunque Urano è massimamente in funzione del processo di individuazione in quanto sollecita all'espressione o alla rivelazione tutti i contenuti del Sole. Urano e Sole sono profondamente legati e siccome il primo "disturba" il livello stabile di gestione dell'io, è anche l'unico aiuto che abbiamo per il superamento di quel livello. L'Autore usa tutte le parole ed i concetti possibili per dirci questo, trovandosi culturalmente in una condizione pre-psicanalitica, che necessariamente però prefigura la psicanalisi. (Nota del Curatore)

personale di questa posizione, che inclina ad indulgere al lato più meramente sensuale della natura. Ma il vero significato di questa congiunzione consiste nell'esaltare ed estendere l'amore che è in te al di là di tutti i limiti dell'egoismo, verso quella pura devozione che non cerca alcun ritorno per l'amore che dona, ed è del tutto possibile che in questo periodo possa sorgere dentro di te una nuova concezione dell'amore. Guardati comunque dal cedere a considerazioni di ordine materiale se vuoi assicurarti il maggior beneficio da quest'influenza.

LVI. L'ASPETTO FAVOREVOLE di Venere progressa a Nettuno che si sta ora verificando, sebbene rappresenti un'influenza dall'effetto non molto forte sulle cose materiali, è comunque in questo periodo in grado di provocare alcune gioie e piaceri. Le cose ti andranno bene, i tuoi affari saranno proficui, e più sarai in grado di innalzarti al di sopra di scopi e desideri personali più sarai felice. La tua sensibilità nei confronti degli altri aumenterà, e la tua visione delle cose sarà più ampia, mentre l'arte e la poesia sembreranno aprirti un nuovo mondo. Molto dell'effetto di quest'influenza però dipende dalla forza di Nettuno nel tuo tema natale, e dalla tua capacità di rispondere al lato più alto della sua influenza. Guadagnerai attraverso rapporti con persone appartenenti ad un ceto sociale più basso rispetto al tuo.

LVII. L'ASPETTO AVVERSO di Venere progressa a Nettuno che si sta ora verificando, rappresenta un'influenza che sebbene la maggioranza dell'umanità non riesca a percepire pienamente, è comunque in grado di esserti in una certa misura sfavorevole. E' difficile dare consigli precisi, ma in generale si può dire che dovresti stare attento a non metterti in una situazione sbagliata a causa di un tuo atto scriteriato o di un'indebita influenza degli altri: in breve guardati da qualunque cosa non sia perfettamente chiara e sicura sia per quanto riguarda questioni finanziarie, che affari di cuore. Stai attento a non "aggrapparti agli specchi"[90], in quanto Nettuno è il pianeta delle illusioni, grazie al quale noi impariamo a distinguere tra reale ed irreale, tra ciò che è permanente e ciò che muta, e questo aspetto è atto a portarti una qualche esperienza che ti mostrerà la falsità dei piaceri terreni.

MARTE

LVIII. La CONGIUNZIONE di Marte progresso a Giove che si sta ora verificando, rappresenta un'influenza che ti promette un insolito accesso di entusiasmo, energia e forte ardore. Non far sì che tutto ciò di conduca ad eccessi nelle speculazioni finanziarie, nelle avventure dettate dall'impulso o nell'incontrollata ricerca dei piaceri. Evita qualunque esagerato entusiasmo religioso. Quest'influenza infatti si manifesterà in una delle suddette direzioni o in qualcosa di simile, a seconda delle tendenze prevalenti del tuo carattere: vi sarà sicuramente un pronunciato risveglio della tua natura emotiva. Si tratta di

---

[90] In originale: "grasping at shadows", ovvero aggrapparti alle ombre. (Nota del Curatore)

un'influenza che di frequente causa il fenomeno conosciuto con il nome di "conversione religiosa"; se ciò dovesse avvenire nel tuo caso non ti aspettare che il primo splendore della devozione possa esser mantenuto al calor bianco indefinitamente; cerca invece di trasformare il tuo fervore nella fiamma tranquilla della vera devozione che nessun vento può trasformare in un falò e nessuna tempesta può estinguere.

LIX. L'ASPETTO FAVOREVOLE di Marte progresso a Giove che si sta ora verificando, rappresenta un'influenza atta ad aumentare la tua energia mentale ed a spingerti a nuove imprese e rinnovati impegni. Sarai più generoso ed aperto del solito e tenderai ad essere di ampie vedute, ma dovrai controllare che le spese non superino le entrate, in quanto in questo periodo potresti tendere a sopravvalutare le cose ed a spendere più denaro del dovuto. Questo aspetto farà bene alla tua salute e ti spingerà ad essere più ottimista, aperto e contento, mentre goderai dell'appoggio dei superiori e di persone autorevoli, oltre che di individui dall'animo religioso. Si tratta di un buon aspetto per quanto riguarda viaggi e cambiamenti, ma parsimonia e prudenza si rendono necessarie.

LX. L'ASPETTO AVVERSO di Marte progresso a Giove che si sta ora verificando, rappresenta un'influenza che ti avverte di usare in questo periodo la massima prudenza per ciò che concerne il denaro. C'è anche qualche possibilità di spreco e prodigalità, mentre le spese tenderanno a superare le entrate. Farai bene a non fare da garante a nessuno ed a non prestare denaro, ed anche ad evitare cause legali e qualunque cosa possa comportare perdite finanziarie. Anche la tua salute potrebbe essere indebolita in questo periodo, forse a causa di condizioni infiammatorie del sangue, essendoci una tendenza alla collera: dunque, per evitare le malattie, sarà necessaria moderazione in tutto.

LXI. La CONGIUNZIONE di Marte progresso a Saturno che si sta ora verificando, rappresenta un'influenza che in questo periodo promette profondi cambiamenti, e se le direzioni lo indicano, ti sentirai più deciso e sicuro di te, con una molto maggiore determinazione a realizzare i tuoi desideri e le tue aspirazioni. Sentirai l'effetto di questa congiunzione ogniqualvolta la Luna formerà un aspetto con questi due pianeti[91] ed allora farai esperienza di grandi cambiamenti e molta attività. In questo periodo le tue ambizioni aumenteranno e sarà stimolata la parte passionale della tua natura. Di solito questo aspetto annuncia uno stato delle cose completamente nuovo, la natura del quale sarà indicata dalle "direzioni" operanti nello stesso periodo della tua esistenza.

LXII. L'ASPETTO FAVOREVOLE di Marte progresso a Saturno che si sta ora verificando, rappresenta un'influenza atta ad aumentare notevolmente le tue energie ed a renderti più amante dell'avventura, tenace, serio e sicuro di te.

---

[91] Questa è poi la base della filosofia delle direzioni secondo Alan Leo, che cioè siano le *direzioni lunari*, ovvero le varie posizioni della Luna progressa che a causa del suo stesso moto nei giorni successivi alla nascita (= anni di vita), portano l'astro a realizzare aspetti sia nei confronti dei pianeti progressi che di quelli natali, a far scattare nel bene o nel male l'effetto di un aspetto più potente che fino a quel momento rimane come latente e potenziale. (Nota del Curatore)

Mentalmente diverrai più coraggioso, e ci sarà anche una tendenza a dar corso ad imprese che in altri tempi ti avrebbero terrorizzato. Una certa stabilità entrerà a far parte del tuo carattere e la tua influenza sugli altri diverrà più positiva di quanto non lo fosse in precedenza. Questa posizione indica che ora è iniziato per te un periodo di successi e che puoi fare in sicurezza i passi necessari per raggiungere condizioni migliori e maggiori realizzazioni.

LXIII. L'ASPETTO AVVERSO di Marte progresso a Saturno che si sta ora verificando, rappresenta un'influenza che, dal momento che il primo indica la natura emozionale ed il secondo il piano mentale/egoistico, determina una lotta di questi due elementi tra loro, e tu potresti esser chiamato a scegliere tra sentimenti o impulsi emotivi e ragione. Si tratta dunque di un periodo alquanto critico nel quale tu da solo dovrai decidere la migliore linea di azione da seguire in rapporto a qualunque crisi, grande o piccola che sia, che dovessi trovarti ad affrontare. Evita di agire per impulso, e, anche se ciò può sembrare paradossale, per quanto concerne i sentimenti evita l'eccessiva razionalità, altrimenti rischi di diventare troppo egoista.

LXIV. La CONGIUNZIONE di Marte progresso ad Urano che si sta ora verificando, rappresenta un'influenza molto importante, foriera di eventi rilevanti e che richiede grande autocontrollo. Le energie nervose raggiungeranno una specie di acme, mentre l'intera natura *psichica* riceverà un insolito stimolo che potrà determinare quegli occasionali lampi di chiaroveggenza o di altra percezione astrale, che sono a volte considerati delle allucinazioni. Ciò che questa influenza tende a determinare dipende in gran parte dall'istintiva purezza della natura, ma in ogni caso essa segnerà sicuramente un periodo memorabile della tua vita. Stai attento a non lasciarti andare agli impulsi entusiastici, sottoponi tutti i tuoi progetti all'esame ponderato della ragione e cerca di mantenere un atteggiamento fermo e spassionato di fronte a qualunque problema possa metterti alle strette.

LXV. L'ASPETTO FAVOREVOLE di Marte progresso ad Urano che si sta ora verificando, rappresenta un'influenza atta a determinare un periodo molto attivo per quel che concerne il pensiero, dal momento che indica che la mente rivolgerà il suo interesse verso materie metafisiche, donandoti un'inedita tendenza ad una maggiore originalità. Questo è il periodo giusto per usare le capacità inventive, ma anche per stimolare le tue percezioni ed in generale per ritemprare le tue condizioni mentali. Ma come regola questa influenza ha più a che fare con altre dimensioni che non con questa dimensione materiale, ed è molto probabile che tu possa entrare in contatto con una sapienza superiore o durante il sonno, o grazie all'influsso di altre persone. E' un ottimo periodo da dedicare all'investigazione di questioni metafisiche, ed in special modo dell'astrologia.

LXVI. L'ASPETTO AVVERSO di Marte progresso ad Urano che si sta ora verificando, rappresenta un'influenza atta a determinare un periodo sfortunato, o anche fortunato a seconda della tua capacità di percepire e rispondere alle particolari vibrazioni prodotte da questi due violenti pianeti. In generale ci sarà una molto maggiore attività all'interno della tua natura, e la mente sarà più incline all'irritabilità ed alla tensione nervosa. Questo aspetto ti spingerà anche ad investigare questioni misteriose ed occulte, o ad intraprendere attività strane e fuori del comune. E' un periodo in cui si potranno presentare delle difficoltà, ma che si dimostrerà favorevole o avverso a seconda delle tue azioni e del tuo atteggiamento mentale rispetto agli eventi che si possono determinare. Evita tutti gli stati di eccitazione, e porta al minimo il rischio di incidenti improvvisi.

LXVII. La CONGIUNZIONE di Marte progresso a Nettuno che si sta ora verificando, rappresenta un'influenza per nulla favorevole, data la natura antitetica dei pianeti coinvolti, e che per questo è atta a causare esperienze particolari. Evita in questo periodo di fidarti troppo dei tuoi impulsi e tieniti alla larga da progetti irrazionali, stando attento a non dar corso ad impegni rispetto ai quali non hai alcuna aspettativa di successo. Infatti in questo periodo potrebbe nascere dentro di te un'inedita sensazione di sicurezza, e se non sarai prudente potresti andare incontro ad un disastro. Fai che la moderazione sia la tua parola chiave in tutto, nel giuoco come nel lavoro.

LXVIII. L'ASPETTO FAVOREVOLE di Marte progresso a Nettuno che si sta ora verificando, rappresenta un'influenza molto positiva, grazie alla quale le tue cose tendono ad andare lisce, ed i tuoi interessi generali prosperano. Le tue energie fisiche aumenteranno ed il tuo magnetismo personale diverrà più intenso, così che la gente avrà facilmente rapporti con te, e sarai piacevolmente servito dai tuoi inferiori, sottoposti e dalla gente comune in genere. Stai attento a non perdere la tua cautela però, ed a non lasciarti coinvolgere in qualcosa che ragionevolmente superi le tue possibilità di efficace realizzazione, perché questo aspetto provoca una leggera tendenza alla prodigalità. Un viaggio per mare ora sarebbe molto favorevole alla tua salute.

LXIX. L'ASPETTO AVVERSO di Marte progresso a Nettuno che si sta ora verificando, rappresenta un'influenza atta a determinare un effetto un po' negativo su di te, sebbene l'influsso di Nettuno sull'umanità sia al tempo presente piuttosto debole. Guardati ora da stravaganze emotive di qualunque genere. Non correre indebiti rischi nel tentativo di aumentare i tuoi guadagni, e cerca di tagliare le spese superflue, in quanto quest'influenza provoca una decisa tendenza alla prodigalità. Stai attento nei rapporti con le così dette "classi inferiori", con servitori, e con persone appartenenti a ranghi socialmente inferiori al tuo, in quanto ora potresti essere portato ad una nociva conflittualità con questo tipo di individui.

GIOVE[92]

LXX. L'ASPETTO FAVOREVOLE di Giove progresso a Saturno che si sta ora verificando, rappresenta un'influenza atta a portarti successo e fortuna. Potrai ora assumere responsabilità ed intraprendere affari che si presentano molto vantaggiosi alla tua partecipazione. Tutte queste cose tenderanno ad andar bene in coincidenza di una vibrazione armoniosa tra Giove e Saturno. Questo aspetto ti promette dei profitti economici e molti vantaggi ed opportunità in relazione alla tua capacità di percepire e rispondere a questa vibrazione. E' un'indicazione di prestigio e favore nei rapporti con le persone più anziane di te, o che possiedano autorità e potere. Potrai ottenere aiuto e favore da questo tipo di persone.

LXXI. L'ASPETTO AVVERSO di Giove progresso a Saturno che si sta ora verificando, rappresenta un'influenza atta a negarti il successo nelle questioni correlate alla legge ed al denaro perché minaccia problemi e difficoltà ed impedisce del tutto il tuo progresso, causando anche la perdita di amici e molte esperienze spiacevoli. Sarà bene evitare con questo aspetto tutte le nuove possibili attività, ma è anche consigliabile non arrendersi ai sentimenti depressivi, cercando di tenere sotto controllo le tendenze alla malinconia ed all'ipocondria. Evita qualunque cosa possa determinare quelle complicazioni che questo aspetto di solito crea. Potresti incorrere anche in problemi di fegato e sanguigni. Fai molto esercizio e segui una dieta leggera.

LXXII. La CONGIUNZIONE di Giove progresso ad Urano che si sta ora verificando, rappresenta un'influenza talvolta favorevole e talaltra molto avversa, in quanto è un aspetto che può sia portarti successo e guadagno, che perdite improvvise e disgrazia. Si tratta di un'influenza molto difficile da giudicare al presente stadio di sviluppo dell'umanità. Urano è un pianeta imprevedibile, che porta vantaggio solo a coloro che siano versati nello studio dell'occulto e delle materie metafisiche[93]. Per gli speculatori o per coloro che si occupano di investimenti questo aspetto può significare fortuna o rovina, e quale di queste due tendenze si realizzerà potrà esser compreso in una certa misura attraverso lo studio di tutte le direzioni in atto in questo periodo. Ma anche in quel caso i calcoli richiederanno grande attenzione se vorremo comprendere come questa congiunzione andrà veramente ad agire, perché potrà donare fortuna spesso seguita da una disgrazia ecc.

LXXIII. L'ASPETTO FAVOREVOLE di Giove progresso ad Urano che si sta ora verificando, rappresenta un'influenza che solo pochi potranno veramente sperare di percepire. Esso significa semplicemente che il "Manas" o Mente Superiore è in grado di informare la personalità sull'esistenza di cose superiori e

---

[92] La congiunzione di Giove a Saturno si forma solo raramente. Essa potrebbe comunque essere considerata un aspetto favorevole. Gli aspetti di Giove a Nettuno non sono importanti e potrebbero essere tralasciati, eccetto forse il quadrato che potrebbe essere considerato al pari di un'afflizione a Urano.

[93] Che sanno cioè comprendere il senso della trasformazione. (Nota del Curatore)

di un più elevato livello dell'essere. Questo aspetto ridesta le facoltà dell'intuizione e dona un particolare e più elevato tipo di visione delle cose che potrebbe essere riassunto nelle parole "qualunque cosa avvenga è la migliore"[94], ed è questo il motto che chiunque venga interamente sottoposto a questa influenza dovrebbe applicare a tutte le questioni della vita di tutti i giorni. Dal punto di vista concreto l'aspetto dona vantaggi tramite colpi di genio, inventiva o originalità.

LXXIV. L'ASPETTO AVVERSO di Giove progresso ad Urano che si sta ora verificando, rappresenta un'influenza sfavorevole e sfortunata, destinata a rimanere attiva per un lungo periodo data la lentezza di questi pianeti, perciò non dare inizio a nuove attività, evita le speculazioni e non agire in modo impulsivo per quel che concerne questioni finanziarie. Evita i conflitti con i religiosi e stai anche alla larga da coloro che possiedano strane credenze o siano eccentrici ed incomprensibili. Non sarà un buon periodo per avere a che fare con persone che non conosci, e sarà bene invece che tu viva in modo tranquillo evitando del tutto l'eccitazione, in quanto le cose ora tenderanno ad andare storte alla minima provocazione, mentre la prudenza sarà la parte migliore del coraggio.

SATURNO[95]

LXXV. La CONGIUNZIONE di Saturno progresso ad Urano che si sta ora verificando, non può essere considerata un'importante congiunzione, ma potrà nonostante ciò agire potentemente se vi saranno altre direzioni importanti attive nello stesso periodo. Sarà necessario fare calcoli molto accurati da classificare come "direzioni", prima di dire qualcosa di preciso sulla sua influenza. Comunque in generale si può dire che questo aspetto ti spingerà ad investigare il lato misterioso ed occulto delle cose, e che solleciterà la tua mente verso lo studio dell'Astrologia e verso la sapienza in genere. L'atteggiamento della tua mente subirà una trasformazione riguardo ad idee convenzionali che potresti aver avuto in passato, e se questi cambiamenti non saranno troppo repentini avrai maggiori opportunità di approfondire il lato soggettivo della vita. Solo pochi possono comprendere l'importanza di questa congiunzione, e sono coloro che sono totalmente ridestati.

LXXVI. L'ASPETTO FAVOREVOLE di Saturno progresso ad Urano che si sta ora verificando, rappresenta un'influenza particolarmente benefica, che indica

---

[94] Che poi è come dire: sia fatta la Volontà di Dio. (Nota del Curatore)

[95] Sia Giove che Saturno nell'oroscopo progresso si muovono così lentamente che non possono (se non in rari casi) formare alcun aspetto per progressione, che non fosse entro "l'orbita" anche alla nascita. Ciò dovrebbe esser tenuto a mente nello studio di questi paragrafi. La progressione di Saturno verso un aspetto a Nettuno è talmente rara e la sua influenza è talmente oscura che risulta inutile inserirne un commento in un libro come questo. Potrebbe essere in gran parte considerata come un aspetto ad Urano.

progressi nella ricerca occultistica ed il risveglio di un anelito della natura inferiore verso cose superiori. Nel tempo in cui questo aspetto sarà attivo avrai l'opportunità di incontrare persone molto evolute e di venire in contatto con le discipline metafisiche, e con molta probabilità potrai iniziare ad interessarti di cose profonde e misteriose. Questa è un'influenza particolarmente benefica per coloro che possono percepire e rispondere a tutto ciò che sia collegato al pensiero superiore, ed io ritengo che tu potrai fare progressi grazie a quest'influenza.

LXXVII. L'ASPETTO AVVERSO di Saturno progresso ad Urano che si sta ora verificando, rappresenta un'influenza che non sarai in grado di percepire in nessun modo diretto in questo periodo, in quanto probabilmente la sua influenza si sta già facendo sentire da tempo e l'attuale perfezionamento dell'aspetto non potrà forse che indicare nient'altro che una delle crisi di minore portata nella catena degli eventi determinata da questo aspetto. Coloro che non sono ancora in grado di percepire in alcun modo la vera natura di quest'influenza non si accorgeranno forse che di un suo effetto di minore portata, ma essa tende comunque sempre a creare una separazione completa tra consuetudini e tradizioni da un lato ed originalità ed indipendenza dall'altro, così che sarai costretto a decidere se andare dove va la massa, o "avere ragione solo con due o tre individui" piuttosto che dimostrarti infedele ad un principio.

POSIZIONI ED ASPETTI LUNARI

LA PROGRESSIONE DELLA LUNA NEI SEGNI

LXXVIII. LA LUNA PROGRESSA in questo periodo attraversa IL SEGNO DELL'ARIETE, fatto questo che metterà ora in primo piano tutte le questioni che hanno a che fare con la sfera mentale. Dal punto di vista del carattere sarai piuttosto deciso, intraprendente ed impulsivo, desideroso di gestire in prima persona le situazioni, di comandare e dirigere. Dal punto di vista mentale sarai più irritabile del solito e sarai sicuramente più attivo ed ambizioso. Ti dimostrerai più pronto ai cambiamenti e desideroso di trasformare le condizioni preesistenti. La tua personalità sarà più forte, e l'energia vitale sarà più abbondante del solito. Dovresti allora evitare l'imprudenza e l'eccessivo entusiasmo.

LXXIX. LA LUNA PROGRESSA in questo periodo attraversa IL SEGNO DEL TORO, fatto questo che metterà ora in primo piano le questioni finanziarie. Tenterai di essere più concreto e stabile, e non desidererai cambiamenti quanto piuttosto di stabilizzarti nella tranquillità. Questa posizione però tenderà a stimolare in modo insolito i tuoi sentimenti e potresti esser come attraversato da una certa inclinazione sensuale. Non farti prendere dall'ostinazione e dal dogmatismo e prova ad imparare il vero significato di ciò che si chiama l'obbedienza. Questa posizione tende a renderti più determinato, anche se i sentimenti potrebbero essere troppo forti per consentirti di esercitare pienamente la tua volontà, dal momento che l'influsso negativo è più forte di quello positivo.

LXXX. LA LUNA PROGRESSA in questo periodo attraversa IL SEGNO DEI GEMELLI, fatto questo che metterà ora in primo piano molte esperienze duplici. Potresti infatti essere impegnato in due diverse attività o avere due esperienze del tutto opposte. Questa influenza ti spingerà a riflettere sul lato sentimentale ed emotivo della tua vita; ci saranno anche occasioni che richiederanno un atteggiamento deciso da parte tua, ma tu tenderai ad oscillare e ad essere indeciso. Questioni correlate ai parenti ed ai viaggi verranno in primo piano, mentre tu sarai più del solito incline allo studio e desideroso di sapere: ma tutte le tue esperienze saranno sempre più o meno duplici. Dal momento che questo è un segno mutevole non ti aspettare niente di stabile e definitivo da questo passaggio, infatti la tua mente risulterà incapace di concentrazione.

LXXXI. LA LUNA PROGRESSA in questo periodo attraversa IL SEGNO DEL CANCRO, quello che governa la vita familiare e le questioni domestiche, ma a anche il lato negativo[96] della vita in generale. In questo periodo le questioni familiari verranno in primo piano e grazie ad esse tu farai molta esperienza. Ci saranno nuovi rapporti e tenderai a legarti a persone e cose. Diventerai molto sensibile, incline ad umori variabili, capace di percepire le vibrazioni che ti circondano. Ma la forza di questo passaggio lunare in questo segno dipenderà in modo rilevante dalle circostanze delle tua vita. Dal punto di vista del carattere avrai occasione di diventare più tenace, ma anche più influenzabile e ricettivo.

LXXXII. LA LUNA PROGRESSA in questo periodo attraversa IL SEGNO DEL LEONE, fatto questo che ti porterà uno stato d'animo felice ed armonioso. Sarai molto più incline ai divertimenti e forse tenderai a ricercarli più del solito. Dal momento che questo segno governa tutto ciò che è correlato al cuore, questo passaggio ti spingerà ad avere molte esperienze che coinvolgono i sentimenti, quali amicizie e situazioni collegate al lato felice della vita. Sarai inoltre incline a fare speculazioni ed investimenti, ed anche le tue facoltà mentali saranno più attive. Si tratta di un buon segno per il passaggio lunare, che mette l'astro maggiormente in grado di resistere agli aspetti avversi e di accentuare il bene. Sei ora sottoposto ad un influsso che spinge gli aspetti ad esprimersi in modo costruttivo.

LXXXIII. LA LUNA PROGRESSA in questo periodo attraversa IL SEGNO DELLA VERGINE, fatto questo che ti metterà nelle condizioni di esprimere tutte le capacità analitiche che possiedi e che accentuerà le tue attitudini critiche. La tua mente sarà coinvolta in molti impegni, le questioni di lavoro tenderanno ad aumentare e ci sarà di conseguenza molta attività. Questo segno non è favorevole alla salute e tu non dovrai tendere alla depressione o alla malinconia, giacché ora potresti diventare ipersensibile, ipercritico e pessimista. Potresti ora applicarti con successo allo studio delle norme igieniche. Sarai inoltre attratto da persone che appartengono ad una classe sociale inferiore alla tua, e fare molto per tentare di avvantaggiarle.

---

[96] Evidentemente qui come anche nel paragrafo precedente ed altrove "negativo" sta per femminile, ricettivo, oscuro, Yin, e non per sfavorevole. (Nota del Curatore)

LXXXIV. LA LUNA PROGRESSA in questo periodo attraversa IL SEGNO DELLA BILANCIA, fatto questo che metterà in primo piano i rapporti di cooperazione ed il matrimonio; avrai più rapporti di prima sia con amici che con estranei e l'unione con un'altra persona ti avvantaggerà in qualche maniera. La tua mente sarà più stabile ed artistica, e tu sarai più affabile, gentile e disposto a giudicare le cose da un punto di vista più equilibrato. Sarà bene usare prudenza riguardo alle questioni legali. La tua capacità di raffronto migliorerà di molto e potresti essere in grado di prevedere il modo in cui le questioni potrebbero svilupparsi e concludersi. Hai ora l'occasione di diventare più tollerante e di guardare le cose in modo imparziale.

LXXXV. LA LUNA PROGRESSA in questo periodo attraversa IL SEGNO DELLO SCORPIONE, fatto questo che ti renderà molto curioso e che ti spingerà ad investigare il mistero ed a desiderare di conoscere i segreti della natura, ma in te ci sarà anche la tendenza ad essere più dogmatico ed orgoglioso del solito. Dovresti guardarti dalla gelosia e da tutte quelle condizioni che potrebbero spingerti a vivere nella dimensione della mente inferiore. Questo passaggio ti darà comunque capacità di autocontrollo e potrebbe anche innalzarti ad una dimensione superiore del pensiero, nella quale alla fine cercherai di vivere. Potresti essere attratto da strani personaggi mentre la Luna attraversa il segno dello Scorpione. E' probabile un lutto nel tuo ambiente, dal momento che questo segno è correlato a ciò che chiamiamo morte.

LXXXVI. LA LUNA PROGRESSA in questo periodo attraversa IL SEGNO DEL SAGITTARIO, fatto questo che accentuerà le tue energie e ti spingerà a grande attività. Sarai incline al pensiero superiore ed uno spirito filosofico ora ti coinvolgerà in modo molto più forte del solito. In questo periodo potrai intraprendere anche dei lunghi viaggi, e la tua mente potrebbe risultare preoccupata riguardo ad essi. Eppure, essendo questa la casa di Giove, si tratta di una buona posizione, così che gli aspetti avversi ti coinvolgeranno di meno rispetto a quanto avrebbero fatto se la Luna si fosse trovata in altri segni. Dovrai evitare di essere ribelle, e dovrai invece cercare di comprendere il significato della legge e dell'armonia, essendo questo il segno che tende alla profezia, alla filosofia, alla scienza ed alla religione.

LXXXVII. LA LUNA PROGRESSA in questo periodo attraversa IL SEGNO DEL CAPRICORNO, fatto questo che ti spingerà ad essere più ambizioso, ma anche più ansioso di ottenere riconoscimenti, e che ti farà fare degli sforzi per farti migliorare la tua posizione sia sociale che finanziaria. A causa di ciò la tua mente sarà disposta al cambiamento, in quanto desidererai migliorare il tuo circondario ed anche te stesso. Sarai molto più contemplativo e riflessivo, sebbene al contempo più pratico; tenderai inoltre a considerare il lato più profondo della vita, verrai a contatto con persone anziane, e rifletterai molto sulle tue azioni. Molto però dipenderà dagli aspetti della Luna, essendo questo il segno della sua caduta, nel quale l'astro notturno non possiede grande potere, salvo quello che gli deriva dagli aspetti ad altri pianeti, che possono essere considerati solo attraverso lo studio delle direzioni attualmente attive.

LXXXVIII. LA LUNA PROGRESSA in questo periodo attraversa IL SEGNO DELL'AQUARIO, fatto questo che ti spingerà ad entrare in contatto con gruppi di individui, associazioni e compagnie, e ad incontrarti con molti amici e conoscenti. I tuoi desideri e le tue speranze aumenteranno e tu ti sentirai più raffinato ed incline all'arte, ma anche più attratto da ideali umanitari, e tenderai a migliorare di molto il tuo circondario e le tue condizioni in generale. Sarai anche più concentrato e più disposto a pensare con maggiore profondità. Si tratta di una buona posizione per la Luna, che ti mette nelle condizioni di studiare la natura umana, dal momento che la personalità diviene ora come mai prima nella tua vita, ansiosa di conquistare una conoscenza dell'uomo. Avrai opportunità di purificare la natura inferiore e di ottenere maggior controllo sulla mente.

LXXXIX. LA LUNA PROGRESSA in questo periodo attraversa IL SEGNO DEI PESCI, fatto questo che indica un periodo di grande ricettività, di esperienze duplici, ma al contempo nient'affatto favorevole. Pene e delusioni possono presentarsi e tu non sempre considererai le cose dal loro lato luminoso. Sarai incline ad indagare lo spiritualismo o a studiare l'occulto, ma, dal momento che questo non è un segno di concretezza, dovrai guardarti dal cedere più del solito ad una dimensione di sogno. Ti sentirai ora molto interessato allo *psichismo* o avrai determinate esperienze collegate ad istituzioni pubbliche, case di cura o grandi edifici[97]. Dovrai stare molto attento a non offendere gli altri in alcun modo. Questo segno ridesta il lato più dolce e profondo del tuo carattere, e di solito rende la mente molto sensibile ed incline alla medianità, o all'essere influenzata dalle menti degli altri.

---

[97] Qui la prudenza e l'eleganza di Alan Leo gli impediscono di parlare in modo chiaro di carceri o reclusori ecc. In originale si parla solo di "large buildings". Queste stesse qualità le dimostra anche in tema di sessualità che viene sempre piuttosto adombrata con allusioni varie ed eufemismi! (Nota del Curatore)

IL PASSAGGIO DELLA LUNA PROGRESSA NELLE CASE[98]

XC. LA LUNA PROGRESSA in questo periodo attraversa LA PRIMA CASA del tuo oroscopo, fatto questo che metterà maggiormente in azione la personalità e che ti consentirà di fare esperienze più specifiche e personali che influenzeranno non solo il tuo ambiente, ma anche la tua mente e la tua disposizione di carattere. Sentirai in modo più acuto le vibrazioni attorno a te, desidererai dei cambiamenti e ti sentirai alquanto irrequieto ed instabile. Affronterai anche le cose in modo più diretto, portando avanti tuoi interessi e cercando, più di quanto tu abbia fatto in passato, di stimolare il lato energico del tuo carattere. Potresti ora fare dei viaggi o trasferirti, o ancora apportare dei cambiamenti favorevoli nell'ambiente e nel circondario.

XCI. LA LUNA PROGRESSA in questo periodo attraversa LA SECONDA CASA del tuo oroscopo, fatto questo che ti spingerà ad una maggiore preoccupazione riguardo alle tue questioni finanziarie: avrai più a che fare con il denaro, oppure i tuoi introiti saranno soggetti a fluttuazioni, cosa questa che coinvolgerà più del solito la tua mente in questioni legate al denaro ed agli affari. Questo passaggio ha anche a che fare in qualche modo con il pensiero, dal momento che trattandosi di una casa succedente, qui avviene una maturazione del pensiero ma non la sua immediata messa in atto. Con molta probabilità avverranno dei fatti che ti spingeranno a soffermare la tua attenzione ed a riflettere, ed è molto probabile che questi fatti avranno a che fare più che altro con le tue questioni finanziarie; dunque preparati a dei cambiamenti riguardo a ciò.

XCII. LA LUNA PROGRESSA in questo periodo attraversa LA TERZA CASA del tuo oroscopo, quella della mente, fatto questo che ti farà sentire accresciute le tue capacità mentali, e che ti renderà più attivo del solito. O farai un importante viaggio in questo periodo, oppure tenderai a viaggiare molto, o ancora, dal momento che la terza casa ha a che fare con parenti e fratelli, potrai aspettarti di esser coinvolto in questioni che più o meno riguardano queste persone. I trasferimenti, ma più probabilmente i viaggi, occuperanno ora molto della tua attenzione e del tuo tempo. Si tratta di un buon periodo per studiare ed esercitare la mente, sia attraverso la lettura che tramite quelle occupazioni intellettuali che tendono a migliorare in generale le tue attitudini.

XCIII. LA LUNA PROGRESSA in questo periodo attraversa LA QUARTA CASA del tuo oroscopo, quella correlata alla casa ed alle questioni familiari, ma anche alla fine delle cose. Questo fatto potrebbe metterti nelle condizioni di aspettarti dei cambiamenti, trasferimenti o trasformazioni, condizioni mutevoli ecc., cose che tenderanno in una certa misura a sconvolgere i tuoi piani. Questioni legate alla famiglia ed alla casa saranno molto importanti in questo periodo, e con molta probabilità ci saranno dei nuovi occupanti nella tua casa o residenza, o ci saranno persone che vivendo con te avranno una particolare influenza su di te. In

---

[98] Le posizioni della Luna nelle case a cui ci si riferisce in questa parte del capitolo considerano le case dell'oroscopo natale. Le posizioni lunari nelle case dell'oroscopo progresso sono relativamente irrilevanti.

definitiva però questa progressione della Luna attraverso la quarta casa non è molto importante, eccetto per il fatto che generalmente coinvolge i genitori o le persone anziane, ed in particolare le questioni familiari[99].

XCIV. LA LUNA PROGRESSA in questo periodo attraversa LA QUINTA CASA del tuo oroscopo, fatto questo che ti spingerà all'intraprendenza e che causerà un'intensificazione della sfera dei tuoi sensi, che ridesterà in molti modi la tua natura passionale. Sarai più ansioso che mai di coinvolgerti nei divertimenti e potrai anche investire denaro o darti alle speculazioni, o ancora desidererai aumentare i tuoi introiti. Sarai attratto dai ricevimenti, da gradevoli intrattenimenti, da attività piacevoli ecc. dal momento che la quinta casa indica i piaceri, il profitto ed il successo, ma anche i figli e tutto ciò che li concerne. Sarai ora interessato ad una o a tutte le suddette questioni, a seconda della tua capacità di risposta o di repressione dell'influsso.

XCV. LA LUNA PROGRESSA in questo periodo attraversa LA SESTA CASA del tuo oroscopo, fatto questo che metterà in evidenza tutti i contenuti tipici di questa casa. Sarà bene che tu protegga la tua salute, in quanto ogniqualvolta la Luna passi attraverso questa casa c'è la minaccia dell'insorgere di malattie. Questa casa è anche correlata alla magia pratica, ed alle cose che hanno a che fare con la dimensione *psichica*. Essa è anche collegata ai tuoi sottoposti, ai servitori, ed agli individui appartenenti ad un rango sociale inferiore rispetto al tuo, ma l'influenza maggiore di questo passaggio lunare coinvolge soprattutto la salute. Dovresti cercare di vivere con prudenza, senza mai arrenderti alla depressione. Questo periodo tende al buio e ad una certa mancanza di fortuna.

XCVI. LA LUNA PROGRESSA in questo periodo attraversa LA SETTIMA CASA del tuo oroscopo, fatto questo che ti farà incontrare possibili associati o individui coi quali la tua vita sarà in qualche modo unita, ciò in quanto la settima casa del proprio oroscopo è quella delle unioni, ed è stato spesso notato che quando la Luna attraversa questa sezione dell'oroscopo di un individuo, di solito si verificano matrimoni in famiglia o si realizzano unioni di vario tipo. Questo passaggio ti metterà più del solito in vista, oppure potrà farti assumere una posizione molto importante che ti renderà famoso nell'ambiente nel quale vivi. Evita le controversie legali, giacché questa è la casa che può dar luogo a cause e liti.

XCVII. LA LUNA PROGRESSA in questo periodo attraversa L'OTTAVA CASA del tuo oroscopo, quella collegata ai lutti, ai testamenti, alle eredità ed a tutto ciò che concerne i morti e le questioni che li riguardano. Durante il passaggio della Luna attraverso questa casa, potrebbe morire qualcuno appartenente al tuo ambiente. Guadagnerai denaro tramite associati o grazie a lasciti di persone defunte. Si tratta comunque di una posizione critica per gli affari che ti riguardano, anche se grazie ad essa potrai avvicinarti alla vita occulta e molto probabilmente ti applicherai, molto più approfonditamente di quanto non abbia mai fatto, allo studio di

---

[99] L'usuale prudenza di Alan Leo appare anche qui dove c'è un riferimento alla nascita di figli, ed alla morte dei genitori. (Nota del Curatore)

materie segrete e misteriose. Diverrai un membro di qualche scuola occulta, ovvero ti sentirai molto più incline allo *psichismo* ed al misticismo. Questa posizione spesso porta notizie di lutti.

XCVIII. LA LUNA PROGRESSA in questo periodo attraversa LA NONA CASA del tuo oroscopo, fatto questo che spingerà la tua mente ed i tuoi pensieri verso attività filosofiche e scientifiche. Durante l'azione di quest'influenza o farai un lungo viaggio o viaggerai comunque molto. Essa indica che la tua visione mentale tende ad ampliarsi e che il tuo modo di vedere sarà più filosofico del solito. Incontrerai persone religiose o profondi pensatori. Sarai attivo e vigile e studierai materie più profonde di quelle a cui in genere ti applicavi. La nona casa è collegata a ciò che chiamiamo "mente superiore", luogo in cui l'anima è più seriamente coinvolta con esperienze soggettive piuttosto che con ciò che è oggettivo e concreto. Le tue aspirazioni in questo periodo tenderanno ad intensificarsi.

XCIX. LA LUNA PROGRESSA in questo periodo attraversa LA DECIMA CASA del tuo oroscopo, che è collegata al prestigio, alla professione ed alle cose concrete in generale. Ti metterai ora molto più in vista di prima, ottenendo notorietà, avanzamento o riconoscimenti per i tuoi sforzi. Dovresti tentare di fare più progressi che puoi, in quanto sarai ora in grado di conquistare una posizione autorevole, di approfittare di molte più occasioni per andare avanti nella vita e di rendere le tue attività più produttive di prima. Talvolta questa posizione dona il successo, ma anche potere e responsabilità. L'intero tuo oroscopo è rafforzato da questa posizione progressa della Luna, ed il successo dipenderà dalle tue capacità, anche se le occasioni non mancheranno.

C. LA LUNA PROGRESSA in questo periodo attraversa L'UNDICESIMA CASA del tuo oroscopo, quella collegata ai desideri, alle speranze, agli aneliti ed alle amicizie ecc. Farai ora nuove amicizie e riuscirai ad entrare in contatto con associazioni e gruppi di persone. Farai molte nuove conoscenze ed avrai molte occasioni di stringere alcune amicizie definitive. Da molti punti di vista questa è una posizione favorevole alla Luna, e durante il passaggio dell'astro notturno in questa casa otterrai un certo successo. Potrai ora usare vantaggiosamente la tua mente in attività artistiche, mentre i tuoi desideri tenderanno a realizzarsi, in quanto questa casa favorisce tutti gli aneliti. In questo periodo riuscirai più del solito ad applicarti allo studio della natura umana e del carattere delle persone.

CI. LA LUNA PROGRESSA in questo periodo attraversa la misteriosa DODICESIMA CASA del tuo oroscopo, fatto questo che ti causerà pene e problemi e che potrà creare sofferenze a causa di nemici e accuse ecc. Questo perché la dodicesima casa tende a ridestare le influenze peggiori e più spiacevoli dell'oroscopo natale. Ma non ostante tutto si tratta di una buona posizione dal punto di vista del compimento del destino, e se lo considererai da questo punto di vista, questo passaggio ti fornirà molte opportunità di realizzazione. In questo periodo avrai forse a che fare con ospedali o luoghi di reclusione, o forse ci saranno per te degli incarichi riguardo istituzioni del genere. Sarai più attratto del solito dalla dimensione *psichica* e sarai più interessato del solito al lato più profondo della vita: occultismo ecc. La tua sensibilità verso i sofferenti ed i bisognosi sarà accresciuta.

GLI ASPETTI LUNARI

CII. LA LUNA PER PROGRESSIONE È ARRIVATA ALLA CONGIUNZIONE AL SOLE, posizione importante che di solito indica che si sta per realizzare un decisivo cambiamento nelle circostanze, conseguenza dell'influsso dell'energia del Sole sulla personalità lunare, attraverso cui quest'ultima riceve una nuova carica di energia. Questo cambiamento è in genere preceduto da un periodo di insicurezza e di indecisione, come se, per così dire, gli eventi che si stanno per realizzare mostrassero prima la loro ombra. Questa congiunzione indica cambiamenti nell'organismo ed è talvolta accompagnata da un'indisposizione di qualche tipo, attraverso la quale l'organismo si adatta al nuovo flusso vitale che lo sta per coinvolgere. Questo cambiamento è come regola più favorevole agli uomini che alle donne. Stai attento alla salute in questo periodo, ed evita gli eccessi alimentari.

CIII. L'ASPETTO FAVOREVOLE DELLA LUNA PROGRESSA AL SOLE, che si sta ora verificando, rappresenta un'influenza atta a donarti prestigio, successo e considerazione. Potresti conquistarti il favore di persone socialmente superiori, ma anche, se necessario, godere dell'aiuto di quelle che rivestono posizioni autorevoli. La tua mente tenderà ad essere piuttosto ambiziosa ed ansiosa di raggiungere ricchezza e progresso. Avrai una sicurezza interna maggiore di prima, e potrai fare guadagni grazie alla cooperazione con altri. Sarai anche incline a stringere legami e relazioni favorevoli. Si tratta di un periodo fortunato per i cambiamenti importanti, e con questo aspetto la tua crescita morale sarà stimolata, mentre le tue capacità mentali saranno migliorate. Si tratta di un'occasione che faresti bene a sfruttare quanto più possibile dal punto di vista pratico.

CIV. L'ASPETTO AVVERSO DELLA LUNA PROGRESSA AL SOLE, che si sta ora verificando, rappresenta un'influenza nociva alla salute ed atta a causare problemi con i genitori o con coloro che siano in qualunque modo in posizione superiore rispetto a te. La tua mente sarà piuttosto decisa ed ostinata, e tu sarai spinto a compiere azioni che potranno metterti in cattiva luce. Potrebbe succederti di perdere persone che ti erano d'aiuto o amici, e ciò sarà causato dalle condizioni del tuo magnetismo, o dal tuo atteggiamento nei confronti degli altri; potrai altresì perdere un po' del tuo prestigio e sentire che stai combattendo contro influssi avversi. Ma sarà l'atteggiamento della tua mente che più di tutto determinerà il modo in cui questo aspetto agirà, dunque domina la mente e non farti dominare da lei. Abbi cura però della tua salute perché l'organismo potrebbe essere esaurito.

CV. LA LUNA PER PROGRESSIONE È ARRIVATA ALLA CONGIUNZIONE A MERCURIO. L'aspetto che si sta ora verificando, rappresenta un'influenza atta a ridestare tutte le tue capacità mentali, determinando una notevole attività nel campo delle imprese e degli affari. Potrai viaggiare o intraprendere nuove attività, o abbandonarti a voli dell'immaginazione che ti metteranno nelle condizioni di dar corpo a nuovi progetti e idee. Sarà un periodo molto favorevole per studiare, leggere e parlare, difatti ogniqualvolta sarà richiesto un uso attivo delle facoltà mentali, potrai vantaggiosamente esercitare le tue. Mentre è in azione questa congiunzione non ti mancherà la possibilità di esprimerti, giacché essa ti metterà nelle condizioni di usare e dinamizzare la tua intelligenza nelle misura delle capacità mentali ed intellettuali che sono indicate nel tuo oroscopo natale. Per ciascuno di noi c'è "un tempo ed una stagione per ogni cosa" e questo è il momento per espandere al massimo la mente, dato che ora la sua elasticità sarà superiore a quella che tu abbai mai sperimentato.

CVI. L'ASPETTO FAVOREVOLE DELLA LUNA PROGRESSA A MERCURIO, che si sta ora verificando, rappresenta un'influenza atta a realizzare un periodo di molta attività negli scritti, nella corrispondenza, nella letteratura, nei viaggi, nei lavori di mediazione e negli affari in genere. Potrai ora aspettarti dei cambiamenti dal momento che la tua mente è irrequieta e desiderosa di trasformazioni positive. Anche le tue idee saranno più chiare e lucide, mentre progresso generale e ricchezza premieranno quasi tutti quegli sforzi che coinvolgeranno l'uso delle tue facoltà intellettuali. Dunque in questo periodo saranno le attività mentali a sollecitare vantaggiosamente la tua attenzione. Molto dei risultati dipenderà naturalmente dalla natura di Mercurio dal punto di vista degli aspetti che lo coinvolgono nel tema natale, cosa questa che potrà desumersi tramite uno studio della carta natale, ma in generale si può dire che in questo periodo la tua mente sarà più del solito attiva e desiderosa di miglioramenti.

CVII. L'ASPETTO AVVERSO DELLA LUNA PROGRESSA A MERCURIO, che si sta ora verificando, rappresenta un'influenza atta a rendere la tua mente inquieta ed ansiosa: tante piccole preoccupazioni tenderanno ora ad intralciare i tuoi affari, mentre tu sarai eccessivamente in apprensione per tutti i progetti che hai in mente. Cerca per quanto possibile di evitare di scrivere lettere, ed anche di firmare documenti, contratti o accordi, essendo consigliabile in questo periodo di avere a che fare il meno possibile con avvocati, funzionari e persone del mondo letterario. Questa influenza è tale da produrre ansia, ma i problemi che coinvolgono la mente avranno una reazione inevitabile sulla salute, finendo per coinvolgere l'intero organismo. Libera la mente dall'ansia, o altrimenti incorrerai in vari problemi. Evita di essere troppo sarcastico o imprudente nel parlare, e sforzati di non diffondere le tue idee fino al momento in cui questo aspetto non sarà svanito[100].

---

[100]Se consideriamo per la teoria di Alan Leo che un aspetto progresso è attivo un grado prima, il grado stesso ed un grado dopo rispetto al grado esatto dell'aspetto, dobbiamo dedurre che dal momento che la Luna compie diciamo 12° in un giorno=anno, un aspetto lunare progresso durerà circa 3 mesi. Un mese di preparazione, uno dell'aspetto esatto ed uno di calo dell'energia dell'aspetto. Ad esempio se il mio Mercurio natale è a 12°07' del Cancro, la Luna progressa in Ariete comincerà a farsi

La Chiave dell'oroscopo

CVIII. LA LUNA PER PROGRESSIONE È ARRIVATA ALLA CONGIUNZIONE A VENERE, che indica un periodo molto felice e piacevole, ma questo aspetto potrà favorirti nella misura della tua capacità di goderne. Tutto ciò che sia in qualche modo correlato al piano emotivo della tua natura sarà ora sollecitato; inizia un periodo favorevole agli impegni, agli incontri sociali ed alle unioni con altre persone, ma anche a tutto ciò che possa dare espressione all'amore che è in te. Incontrerai persone che vorranno renderti felice e potrai goderti pienamente la vita. Per alcune persone questa congiunzione segna un momento memorabile, perché introduce un'altra vita nella loro e da questa unione viene stabilito tutto il destino futuro. Ad altri il cui oroscopo non è così sensibile a questa vibrazione, questa congiunzione dona soltanto un periodo favorevole e felice.

CIX. L'ASPETTO FAVOREVOLE DELLA LUNA PROGRESSA A VENERE, che si sta ora verificando, rappresenta un'influenza atta a portar successo nei tuoi affari finanziari, ma più in particolare nelle questioni che hanno a che fare con le cose piacevoli e con gli interessi familiari. Potrai ora indirizzare con vantaggio la tua attenzione nei confronti di individui del sesso opposto, giacché si prevede ora un periodo felice e prospero. Il tuo carattere diverrà molto armonioso e felice, e tutto tenderà ad andare avanti bene, specialmente ciò che attiene alle amicizie ed ai rapporti sociali. E' anche un periodo favorevole alla cooperazione ed alle storie d'amore in genere, o ancora alle questioni più strettamente finanziarie. Questo periodo dovrebbe dimostrarsi molto favorevole al tuo benessere materiale.

CX. L'ASPETTO AVVERSO DELLA LUNA PROGRESSA A VENERE, che si sta ora verificando, rappresenta un'influenza atta causare alcune pene e delusioni, specialmente per quanto concerne le questioni familiari. I tuoi sentimenti ne saranno influenzati, e tu correrai il pericolo di agire in modo poco accorto e potresti aspettarti delusioni, ma anche conflitti con individui del sesso opposto. Sarà meglio evitare tutto ciò che abbia a che fare con i piaceri, perché questo periodo risulta ben poco favorevole alla gioia ed al diletto. Sarà bene che tu ti sappia limitare, evitando eccessi nei sentimenti, nel dolore o nelle pene. Questo aspetto causa una certa prodigalità o eccessi di qualche tipo, cose che a volte coinvolgono negativamente la salute; si tratta comunque di un'influenza che può essere superata attraverso la prudenza, e cercando di evitare conflitti con le donne in genere.

CXI. LA LUNA PER PROGRESSIONE È ARRIVATA ALLA CONGIUNZIONE A MARTE, aspetto che non rappresenta una posizione felice, ed il cui effetto, mentre è attivo, dipenderà molto dalla tua capacità di fermarti a riflettere prima di agire, invece di lasciare che sia l'impulso a determinare tutte le tue azioni. Si tratta di uno dei

---

sentire (aspetto di quadratura) a circa 11°07' Ariete. L'aspetto esatto si realizzerà con la Luna a 12°07' Ariete, mentre da 13°07' Ariete in poi la forza dell'aspetto tenderà a calare. E' come l'impennata di una curva che raggiunge il suo apice in coincidenza dell'aspetto esatto e che poi tende a scendere. 3 mesi rappresentano più o meno la durata degli aspetti lunari, salvo quando la Luna progressa sia talmente lenta da impiegare più tempo per attraversare i gradi dell'aspetto, ma mai tanto di più. A tal proposito è bene calcolare il *passo* della Luna progressa. (Nota del Curatore)

peggiori periodi della tua vita, nel quale può esserci possibilità di incidenti, liti, e pericoli di molte cose negative che si realizzano tramite associati o tramite rapporti con individui del sesso opposto. Per alcune persone questa congiunzione segna il più disastroso periodo della loro vita, ma sono solo coloro che non si fermeranno a pensare prima di agire. Per tutti però è un periodo in cui va esercitata la massima prudenza: mentre questa congiunzione è in attività non va intrapreso nulla di importante. La salute potrà risentire di condizioni febbrili, ma mentre è in azione questo aspetto c'è anche la minaccia di alcuni disordini funzionali, dunque si rendono necessarie maggiori cautele e prudenza per evitare disgrazie. L'energia fisica in sovrappiù, che accompagna questa posizione, potrà essere applicata vantaggiosamente a situazioni preesistenti. Cerca di controllare l'irrequietezza.

CXII. L'ASPETTO FAVOREVOLE DELLA LUNA PROGRESSA A MARTE, che si sta ora verificando, rappresenta un'influenza atta ad intensificare i tuoi affari in generale ed a darti un'inclinazione a viaggiare ed a spostarti, dal momento che la tua mente risulterà più del solito attiva e disposta ai cambiamenti, all'applicazione ed all'attività in generale. Sarai più coraggioso, amante della libertà e della tua indipendenza. Ma dovrai guardarti comunque dall'impulsività e non dovrai mai agire d'impeto in quanto la tua attuale tendenza sarebbe quella che ti spingerebbe ad azioni improvvise ed imprudenti. Dal momento che è l'elemento positivo ad essere predominante, ti sarà favorevole tutto ciò che avrà a che fare con il sesso maschile. Gli affari anche andranno bene ed il tuo dinamismo ti consentirà di imbarcarti in nuovi progetti ed imprese. La sfera emotiva sarà sollecitata in questo periodo.

CXIII. L'ASPETTO AVVERSO DELLA LUNA PROGRESSA A MARTE, che si sta ora verificando, rappresenta un'influenza atta a causare uno stato infiammatorio del sangue, febbri ed incidenti di vario tipo, e se tenderai ad agire in modo minimamente imprudente andrai incontro a parecchi pericoli. Questo aspetto ti rende mentalmente incline alle liti, e se provocato sei disposto ad intraprendere immediatamente una causa legale; dunque evita di essere troppo precipitoso ed avventato nei tuoi giudizi. Se sarai in viaggio evita i rischi di incidenti e tieni a bada impulsi ed eccessi. Non far nulla di corsa e prendi tempo per riflettere prima di agire, in quanto ora è proprio l'avventatezza che può metterti nei guai. Tutto quello che potrà accaderti di male in questo periodo sarà almeno in parte l'effetto di pensieri o azioni precipitosi, e qualunque accenno a parlare in modo avventato sarà causa di guai. Evita cibi troppo stimolanti.

CXIV. LA LUNA PER PROGRESSIONE È ARRIVATA ALLA CONGIUNZIONE A GIOVE, che rappresenta un'influenza molto benefica e fortunata, e che farà di questo periodo una fase importante della tua vita. Miglioreranno sia il tuo stato di salute che il tuo benessere materiale, mentre i rapporti sociali saranno vantaggiosi e favorevoli. Coloro che ricercano il progresso spirituale troveranno in questo periodo la migliore opportunità per aspirazioni e pensieri superiore. Questa congiunzione rappresenta il punto di culmine dell'influenza favorevole e porta molte gioie che solo coloro che sono sensibili al profumo delle più sottili vibrazioni spirituali possono apprezzare. Ma anche coloro che ricercano le ricchezze materiali in questo periodo non dovranno solo dare inizio a nuove attività, ma anche portare al meglio le condizioni già esistenti, dal momento che il successo coronerà ogni sforzo teso a raggiungere benessere e guadagno. Ci saranno prestigio, promozioni e notorietà per coloro che nel tema natale hanno i segni della riuscita per questo periodo.

CXV. L'ASPETTO FAVOREVOLE DELLA LUNA PROGRESSA A GIOVE, che si sta ora verificando, rappresenta un'influenza atta a rendere questo periodo particolarmente favorevole, dal momento che quasi tutti i tuoi sforzi saranno accompagnati da prosperità e successo. La tua mente sarà libera e generosa, sincera e gioviale, mentre il tuo corpo sarà sano. Sta per cominciare per te un periodo pieno di speranze ed aspettative liete, durante il quale potrai stringere legami ed amicizie rispettabili e vantaggiosi. Potrai ora impegnarti in nuove importanti attività nell'aspettativa di guadagno e felicità futura, e di solito tutto va bene. La mente risulterà più incline al pensiero superiore, mentre carattere e attitudini morali miglioreranno. Tenderai in questo periodo a spingere in avanti le tue questioni importanti, nell'attesa di un sicuro successo finale. Non perdere tempo, ma usa subito le tue opportunità.

CXVI. L'ASPETTO AVVERSO DELLA LUNA PROGRESSA A GIOVE, che si sta ora verificando, rappresenta un'influenza che indica alcune perdite finanziarie e cambiamenti sempre nel campo del denaro. Si tratta di un'influenza negativa per nuove attività o per gli affari, a meno che non si eserciti la massima cautela. Le speculazioni andrebbero del tutto evitate, ma anche i rapporti con avvocati, o con persone autorevoli, grossi proprietari o individui alla testa di istituzioni pubbliche. Questioni che abbiano a che fare con la legge tenderanno a provocarti perdite economiche, ed in questo periodo tu sarai incline alla prodigalità ed all'eccessiva liberalità. Si tratta di un aspetto effettivamente negativo per le finanze, così non chiedere né concedere prestiti; stai anche attento che le spese non superino le entrate. Mantieni puro il sangue [con la giusta dieta] se vuoi rimanere sano.

CXVII. LA LUNA PER PROGRESSIONE È ARRIVATA ALLA CONGIUNZIONE A SATURNO, un aspetto che spesso non si dimostra favorevole o produttivo di fortuna materiale. Questa è considerata un'influenza limitante ed ostacolante, e come tale è atta ad impedire ed a contrastare il progresso. Indirettamente è però anche positiva, in quanto crea stabilità, precisione ed un certo grado di fermezza. Le persone evolutive in realtà affronteranno un periodo carico di responsabilità, e durante l'azione di questo aspetto non dovrai tentare di schivare nessun onere, vecchio o nuovo che sia. Alcuni con questa congiunzione in atto avranno un calo delle forze vitali, e saranno soggetti a raffreddori o raffreddamenti, che determineranno uno stato fisico indebolito, che sarà difficile riportare a livelli giusti se non staremo attenti a non sprecare le forze. Dunque sii prudente mentre è in azione questa congiunzione.

CXVIII. L'ASPETTO FAVOREVOLE DELLA LUNA PROGRESSA A SATURNO, che si sta ora verificando, rappresenta un'influenza atta a causare successo negli affari e che promette un periodo di stabilità e prosperità. La tua mente sarà più concentrata, riflessiva e serenamente operosa e tu avrai successo in tutte le attività o investimenti di natura saturnina, quali miniere, edifici ecc., o grazie ad affari correlati a queste cose. Dal punto di vista mentale sarai più moderato, serio, calmo e tenace, tendente a riflettere prima di agire. Questa congiunzione porta successo a coronamento di sforzi che sono costati molta fatica o hanno necessitato di accurata pianificazione, ed è questo il momento in cui tu potresti coltivare delle idee che daranno frutti durevoli. Questo periodo rappresenta un'ottima occasione per studiare la scienza o qualunque altra materia che richieda lucidità e profondità.

CXIX. L'ASPETTO AVVERSO DELLA LUNA PROGRESSA A SATURNO, che si sta ora verificando, rappresenta un'influenza che causa delusioni e pene, e che tende a creare un periodo sfortunato. La tua mente sarà spinta alla depressione e tu potresti soffrire a causa di tendenze morbose e malinconiche, che ti renderanno soggetto a prendere facilmente dei raffreddori e dunque ad indebolirti dal punto di vista della tua salute. Diventerai ora più freddo e sospettoso del solito, ma anche più chiuso e riservato, e ti sentirai anche più bloccato. Con questa influenza in atto sarà bene che tu non dia corso ad alcuna importante attività e che usi la massima prudenza nei tuoi rapporti con gli altri, specialmente se sono persone più anziane di te. Allo stesso tempo però non esagerare con la prudenza. Mentalmente sarai ansioso ed impaurito, ma dovrai evitare il sospetto e la diffidenza eccessivi.

CXX. LA LUNA PER PROGRESSIONE È ARRIVATA ALLA CONGIUNZIONE AD URANO, un aspetto che indica che sta per accadere qualcosa di improvviso ed inaspettato, ma al contempo è difficile prevedere di che tipo di avvenimento si tratti. Questa influenza può agire sul piano mentale, su quello emotivo o ancora su quello fisico, ma in ultima analisi si tratterà di un qualche cambiamento, molto probabilmente momentaneo, o nella coscienza o nell'ambiente. Sarà il momento giusto per cominciare ad interessarti ad un nuovo pensiero o per venire a contatto con opinioni più avanzate in modo tale che la tua visione delle cose possa essere ampliata, ed insieme ad essa anche la tua sfera d'influenza. Per taluni questo aspetto significa un amore oppure nuove imprese, ma in tutti tende ad aumentare il magnetismo personale e ad attrarre coloro che sono sensibili alle sue vibrazioni ad alta frequenza. Urano infatti è il pianeta dei misteri, delle meraviglie e del progresso, dunque poni grande attenzione alle tue condizioni interiori mentre sei sottoposto alla sua influenza.

CXXI. L'ASPETTO FAVOREVOLE DELLA LUNA PROGRESSA AD URANO, che si sta ora verificando, rappresenta un'influenza atta a causare vantaggi improvvisi ed inaspettati, e forse dei viaggi strani e fuori del comune. Sono indicati trasferimenti e cambiamenti che si dimostreranno favorevoli, ed in qualunque avventura vorrai coinvolgerti, il risultato finale sarà positivo. Mentalmente ti sentirai come mai prima pieno di aneliti, maggiormente interessato a studi fuori del comune, e disposto a considerare il lato più profondo delle cose, ma sarai anche più anticonformista e guarderai le cose da un nuovo punto di vista; in definitiva questa influenza è favorevole allo studio dell'astrologia. La tua forza magnetica aumenterà ed avrai una certa influenza sugli altri, il che ti porterà al successo nei rapporti con società e pubbliche istituzioni.

CXXII. L'ASPETTO AVVERSO DELLA LUNA PROGRESSA AD URANO, che si sta ora verificando, rappresenta un'influenza atta a mandare inaspettatamente male i tuoi affari, ed a causare delusioni e conseguenze sgradevoli. Dovrai esser prudente e guardarti dagli incidenti durante i viaggi: in effetti sarebbe consigliabile evitare del tutto, se possibile, i viaggi durante l'azione di questo aspetto, dal momento che c'è la possibilità di eventi sfortunati. Sii cauto nel parlare, dal momento che tenderai ad essere più brutale del solito, ma anche mentalmente più aggressivo, disturbato ed ansioso. E' un aspetto avverso che indica un periodo molto critico nel quale le questioni si metteranno inaspettatamente male, mentre le cose su cui non hai controllo prenderanno una piega contraria. Evita i rapporti con le istituzioni pubbliche, con società ed associazioni. Sforzati il più possibile di comprendere il punto di vista degli altri, in quanto in questo periodo tendi ad essere precipitoso ed a commettere errori.

CXXIII. LA LUNA PER PROGRESSIONE È ARRIVATA ALLA CONGIUNZIONE A NETTUNO, e stai sicuro che sentirai quest'influenza in una qualche particolare maniera legata alla dimensione *psichica*, sebbene forse durante il suo passaggio non causerà alcun cambiamento di rilievo nelle situazioni. L'effetto di questo aspetto progresso dipende in gran parte dalla tua sensibilità all'influenza di Nettuno, e da quale dimensione, fisica, emotiva o mentale, essa riesca a coinvolgere. Per la maggioranza delle persone questa congiunzione produce pochissimi o nessun effetto, salvo forse il fatto che rende possibili degli incontri con individui un po' fuori del comune o che fa incorrere in esperienze di poco conto ma strane e fuori del comune. In questo periodo sicuramente avverrà un'esaltazione della natura emotiva, e tu dovrai stare molto attento a non venir trascinato in azioni imprudenti che un tuo più calmo [successivo] giudizio non approverebbe.

CXXIV. L'ASPETTO FAVOREVOLE DELLA LUNA PROGRESSA A NETTUNO, che si sta ora verificando, rappresenta un'influenza interamente favorevole, sebbene molto soggetta, per quanto riguarda il modo in cui agisce, alle altre influenze in azione. Le tue condizioni interiori saranno ora armoniose, e tenderai ad andare d'accordo con le persone con le quali entrerai in contatto. Forse escursioni o brevi viaggi sulla costa rappresenteranno occasioni per una o due settimane piacevoli, in quanto il mare, direttamente o indirettamente, ha una certa importanza su tutto ciò che viene indicato da Nettuno, il pianeta correlato alle emozioni più profonde della natura umana, che sono simbolizzate dal mare. Non ti aspettare però nessun beneficio durevole da questo aspetto, che è solo transitorio.

CXXV. L'ASPETTO AVVERSO DELLA LUNA PROGRESSA A NETTUNO, che si sta ora verificando, può avere o meno un'influenza su di te a seconda della tua particolare sensibilità alle vibrazioni di Nettuno. Si tratta di un influsso che rimane del tutto inavvertito per la maggioranza delle persone, ma che comunque coinvolge soprattutto la dimensione *psichica* o quella emotiva. E' un aspetto interamente sfavorevole però, dal momento che rende le persone più soggette agli inganni, alle frodi, o ad essere vessate in qualche modo, e tu dovrai stare in guardia in questo periodo, evitando di sottoporti eccessivamente all'influsso di un'altra persona, o di un gruppo di persone della cui *bona fides* non sei del tutto sicuro. Guardati da falsi progetti che offrono grossi ritorni finanziari a fronte di piccoli investimenti, e non lasciarti troppo influenzare dal "magnetismo personale".

La Chiave dell'oroscopo

Capitolo 36
conclusioni

CAPITOLO XXXVI

CONCLUSIONI

Al fine di usare nel miglior modo possibile questo libro, andrebbe preparata una speciale tabella, simile a quella pubblicata nella pagina successiva, che andrebbe riempita accuratamente con i numeri di paragrafo che il lettore potrà facilmente trovare utilizzando l'apposito elenco dei paragrafi (Reference Chart) che compare prima dell'indice, alla fine di questo libro.

Una volta che sia stata preparata questa tabella con il sommario di tutte le posizioni, andremo a leggere i vari paragrafi che contengono le interpretazioni che ci interessano. Tali interpretazioni potranno esser lette direttamente nel libro, o potranno esser trascritte a parte nel loro ordine, come a formare un completo testo interpretativo. L'intera interpretazione potrà essere ampliata ed approfondita facendo riferimento agli altri volumi della serie[101].

---

[101] Attualmente in italiano esistono le mie traduzioni di Astrologia Esoterica e L'Oroscopo Progresso. Ambedue sono pubblicati da Nuovi Orizzonti, Milano. I testi comunque citati da Leo ad integrazione degli argomenti trattati in questo volume sono: Astrology for All, How to Judge a Nativity, The Art of Synthesis e Progressed Horoscope.

Per quanto riguarda l'utilità di questa lista con i numeri di paragrafo sembra un sistema attualmente di scarso interesse, in quanto dovrebbe servire solo nel caso che si volesse leggere direttamente dal libro il contenuto dei paragrafi che ci riguardano. Ma oggi basterebbe un minimo lavoro di fotocopiatura per avere il testo originale dei paragrafi anche senza doverne riscriverne il contenuto, ammesso che si desideri utilizzare il testo originale senza alcuna variazione frutto di riflessioni originali del lettore.... (Nota del Curatore)

The Key to Your Own Nativity
Special Chart

La Chiave dell'oroscopo

APPENDICE

ESEMPIO DI INTERPRETAZIONE

Il lettore penserà che sebbene il metodo raccomandato in questo libro sia semplice e chiare le istruzioni, un esempio completo potrebbe essere d'aiuto per essere sicuri di aver afferrato l'intera teoria in modo soddisfacente. Si è pensato così che fosse giusto inserire nel loro giusto ordine i paragrafi relativi all'oroscopo che appare nell'Introduzione di questo libro.

La scelta di quell'oroscopo a tale scopo non ha bisogno di spiegazioni, giacché dall'anno della sua ascesa al trono la figura di Sua Maestà Re Giorgio V è al centro dell'attenzione di tutto il mondo.

Ci si potrebbe chiedere perché i paragrafi siano stati ristampati nella forma originaria presente nel volume, o perché per lo meno non siano stati modificati dalla seconda alla terza persona. Non c'è una certa impertinenza, potrebbe argomentarsi, ad indirizzare ciò che potrebbe sembrare un'ammonizione personale espressa nel familiare "tu", ad una persona di sì nobile livello?

Questa possibilità fu chiaramente prevista, e due alternative furono considerate prima che si decidesse per il metodo adottato. Prendere ad esempio l'oroscopo di un'altra persona sembrò un peccato dal momento che il carattere ed il temperamento di Sua Maestà erano stati argomento di articoli apparsi su giornali e riviste: quale sarebbe dunque stato un *test* migliore di questo della verità dell'Astrologia *come scienza* ?

D'altronde modificare la forma di ciascun paragrafo sarebbe stato una specie di invito al compito di "nobilitare" l'interpretazione. La trasformazione dell'espressione dalla seconda alla terza persona non avrebbe, è vero, causato grosse conseguenze, ma avrebbe danneggiato la spontaneità ed il vigore che derivano dall'uso della seconda persona, e come risultato avremmo avuto un certo indebolimento del testo.

Infine fu ritenuto che i lettori in generale, e persino l'Augusto Personaggio (se mai ci facesse l'onore di leggere questo libro) troverebbero non offensiva l'apparente familiarità del testo, considerando lo scopo che si intendeva perseguire con un'interpretazione astrologica. Ecco perché i paragrafi sono stati riportati parola per parola, come esattamente appaiono nei precedenti capitoli, rendendo dunque questa interpretazione un perfetto esempio del valore e dell'uso di questo libro.

La seguente interpretazione va considerata un modello da seguire da parte dei principianti, quando dovranno farne una per i loro amici.

Nel caso in cui si prepari un'interpretazione scritta, sarebbe meglio organizzarla in modo tale che ciascun paragrafo occupasse da solo un'intera pagina. Dal momento che ciascuno di essi è lungo abbastanza da entrare comodamente in una pagina di un normale quaderno, non ci saranno difficoltà per far ciò, mentre è ovvio il vantaggio di concentrare l'attenzione del lettore su di un solo paragrafo alla volta. Se si userà solo la pagina di destra del quaderno lasciando la sinistra bianca, aumenterà la chiarezza, ed inoltre si lascerà in tal modo spazio per aggiunte e commenti senza rovinare il testo. In realtà molti di coloro che hanno fatto così, concordano che è un'inutile economia quella di scrivere su entrambe le pagine. Ciascun lettore però sarà in grado di inventare il sistema che più gli si confà. Nessun metodo si adatta a tutti indistintamente, e questi suggerimenti sono solo consigli che potranno interessare qualcuno.

A questo punto nell' originale viene riportato il testo dei vari paragrafi che compongono l'interpretazione dell'oroscopo di Re Giorgio V, nell'ordine in cui Alan Leo intendeva si dovesse costruire un'interpretazione completa utilizzando i vari paragrafi del libro "assemblati" per il singolo caso completo, compresi dunque quei paragrafi generali esplicativi del senso dell'Astrologia, del significato delle componenti ecc. Io ritengo sia inutile riportare il testo completo dei vari paragrafi, ma preferisco segnalarli solo per numero nella costruzione ed ordine originali e rimandare il lettore alla loro consultazione direttamente nel libro. Con il numero sarà semplicissimo ritrovare ogni paragrafo. (Nota del Curatore)

L'OROSCOPO DI SUA MAESTA' RE GIORGIO V

La Chiave dell'oroscopo

COME SI FA A RICONOSCERE L'OROSCOPO DI UN RE?

Una domanda che sorgerà spontanea, essendo giunti alla fine dell'interpretazione dell'oroscopo di Re Giorgio è: come facciamo a capire che questo oroscopo è quello di un Re? La risposta è molto semplice: *non lo possiamo capire*, cioè non possiamo sapere se un dato oroscopo appartenga ad una persona di sangue reale, sebbene si possa subito capire quando esso appartenga ad una persona di potere.

Tuttavia prima di procedere oltre potrebbe essere interessante esaminare i casi dei "doppi astrologici" di Re Giorgio III e di Re Giogio IV.

I) Nel *Manual of Astrology* di Raphael (R. C. Smith) pubblicato nel 1837, edito da Thomas Tegg & Son, 73 Cheapside, a pag.16, si legge:

"Sui giornali del Febbraio 1820 fu riportata la morte di un tal Sig. Samuel Hemmings. Si leggeva che egli era stato un ricco commerciante di ferramenta nato il 4 Giugno 1738, quasi nello stesso istante di Sua Maestà Re Giorgio III, nella zona appartenente alla stessa parrocchia di *Saint Martin's in the Fields* ; quest'individuo si era messo a lavorare in proprio nell'ottobre del 1760 quando Sua Maestà saliva al trono; si era sposato l'8 Settembre 1761, lo stesso giorno in cui anche il Re si era sposato, ed infine dopo che altri avvenimenti della sua vita erano stati così simili a quelli occorsi al Re, era morto Sabato 29 Gennaio 1820 nello stesso giorno e quasi alla stessa ora di Sua Maestà".

II) In un libro intitolato "Shadow Land, or the Seer", di E. Oakes-Smith, pubblicato nel 1852 da Fowler & Wells, 131 Nassau Street New York, a pag. 89 si legge:

"Ho di recente scoperto in una pubblicazione astrologica l'oroscopo del Principe di Galles (Giorgio IV), unitamente a quello di un piccolo spazzacamino, venuto al mondo lo stesso giorno e la stessa ora del nostro cattivo esempio di nobiltà reale, e battezzato con il nome di "Principe Giorgio". Un bambino avvolto nella porpora e l'altro in una sudicia coperta: eppure le stesse stelle ad indicare una similitudine di destino alla fine stranamente confermata. Non è necessario parlare della carriera del Principe di Galles, i suoi vizi, le sue follie, le sue menzogne erano tutti da re, ma il suo amico spazzacamino non era da meno. La scopa ed il raschietto erano altrettanto inadatti alle mani dell'uno, quanto lo scettro lo era a quelle dell'altro. I genitori del "Principe Giorgio", stanchi della sua condotta immorale che era una vergogna per la loro professione, alla fine lo sistemarono come fabbricante di candele. Egli ora era un capo con apprendisti ed una cricca attorno a sé, e poteva fare quel che voleva. Era bello, gentile, galante, spendaccione, giocatore d'azzardo già prima dei venti anni, e con queste tendenze aveva messo a repentaglio le fortune e la reputazione della sua famiglia. Divenne subito famoso nel suo ambiente, vestito nel miglior stile possibile per il suo ceto sociale, era l'idolo delle donne, l'essenza dell'educazione, il più grande scommettitore e giocatore di azzardo a tutte le gare e fiere che si tenevano in un raggio di 10 miglia da Londra, ed alla fine riusciva ad avere i migliori asini da corsa del giorno. Al contempo il suo reale compagno viveva un destino perfettamente analogo, eccetto per il fatto che uno stava comodo nei saloni reali e l'altro giù nelle stanze della servitù: il primo correva con i migliori purosangue, mentre l'altro con un asino da corsa. Ma c'è un termine a tutte le glorie: il Principe di Galles fece bancarotta ed il "Principe Giorgio" pure: *lo stesso giorno in cui lo stallone di Sua Altezza Reale il Principe di Galles fu venduto da Tattersall, anche gli asini da corsa ed i pony dell'altro "Principe Giorgio" furono messi all'asta. Sic transit gloria mundi!"*

A questi esempi può esserne aggiunto un terzo, quello di Re Edoardo VII, in quanto nell'edizione di Manchester del *Dayly Sketch* del Sabato susseguente alla morte del Re, apparve il resoconto di un simile caso di doppio astrologico, quello di un abitante di Walthamstow, nato il 9/11/1841 e morto il 6/5/1910, gli stessi giorni di Re Edoardo, e che aveva avuto molti altri avvenimenti della sua esistenza in parallelo con il Re. Vi è inoltre il famoso caso del doppio astrologico del Kaiser, un artigiano i cui figli erano nati negli stessi giorni di quelli di Guglielmo II, e che aveva in molti altri modi ripercorso nella sua vita le fortune del suo Reale Patrono, cosa che appena giunse all'orecchio di Sua Maestà gli guadagnò la Sua Reale generosità.

Questi fatti servono ad illustrare un punto molto importante dell'Astrologia Genetliaca, e cioè che in certi rari casi due persone possono nascere nello stesso luogo ed alla stessa ora e possono dunque avere oroscopi identici. Eppure anche se vediamo che le loro vite scorrono stranamente parallele, essi non sono identici. Così in un certo momento il Principe Giorgio ereditò il trono d'Inghilterra, e contemporaneamente il suo "doppio", il ferramenta, riuscì solo ad aprire un esercizio per conto suo. In ambedue i casi c'era però il raggiungimento di prestigio e responsabilità: al principe una corona, ed al commerciante l'indipendenza.

L'oroscopo mostra le tendenze innate, ed attraverso la sua progressione indica i momenti nei quali si presenteranno le opportunità di fruizione di quelle tendenze: occasioni di espansione, prestigio, occasioni per esaminare sé stessi, sofferenze e disgrazie.

In altre parole l'oroscopo mostra le influenze in azione, a prescindere che il soggetto sia nobile o contadino, ma onori per il nobile significano la porpora, per il contadino al massimo niente più del consiglio di parrocchia. L'oroscopo è scritto in un linguaggio simbolico che parla di *principi generali* , non di dettagli, e la stessa carta celeste, a seconda del metodo d'interpretazione, può svelare all'astrologo il carattere di un infante, il destino di una nazione o il luogo in cui si trova un bambino che si è perso.

Dunque è essenziale considerare nella lettura di un'interpretazione astrologica che tutti i riferimenti all'ambiente ed alla fortuna sono RELATIVI alla sfera sociale e civile in cui il bambino viene al mondo. Esattamente come la manifestazione del carattere - sebbene non il carattere in sé - sarà modificata dall'istruzione o dalla mancanza di essa, così la benefica influenza di Giove opererà ad un livello sociale e finanziario maggiore o minore a seconda dell'ambiente nel quale è nato il soggetto. Si deve infatti considerare che l'eredità materiale conta qualcosa, che c'è qualcosa di reale nell'essere di "sangue blu", e che anche se si dice che un'anima forte possa in certe particolari circostanze *scegliere* deliberatamente un ambiente ostacolante e plebeo, nonostante la forza spirituale che si può ottenere in quelle condizioni, non ci sarà mai lo stesso livello di successo, *rispetto a ciò che il mondo intende per successo,* quando si scelga una nascita di basso rango. Persino ciò che è divino deve operare attraverso strumenti fisici, e persino nelle mani di un grande artista un cesello spuntato non è nient'altro che un cesello spuntato.

Eppure c'è del vero nel detto: "un cane vivo è meglio di un leone morto". Il dominatore nato è un dominatore, anche se i suoi sottoposti non sono altro che un gruppo di pescatori, e l'Astrologia può dire se un oroscopo presenti gli elementi del comando, e favorevoli opportunità per esercitarlo. In questo senso possiamo dire di poter riconoscere l'oroscopo di un Re a prima vista. Non altrimenti.

Reference Chart

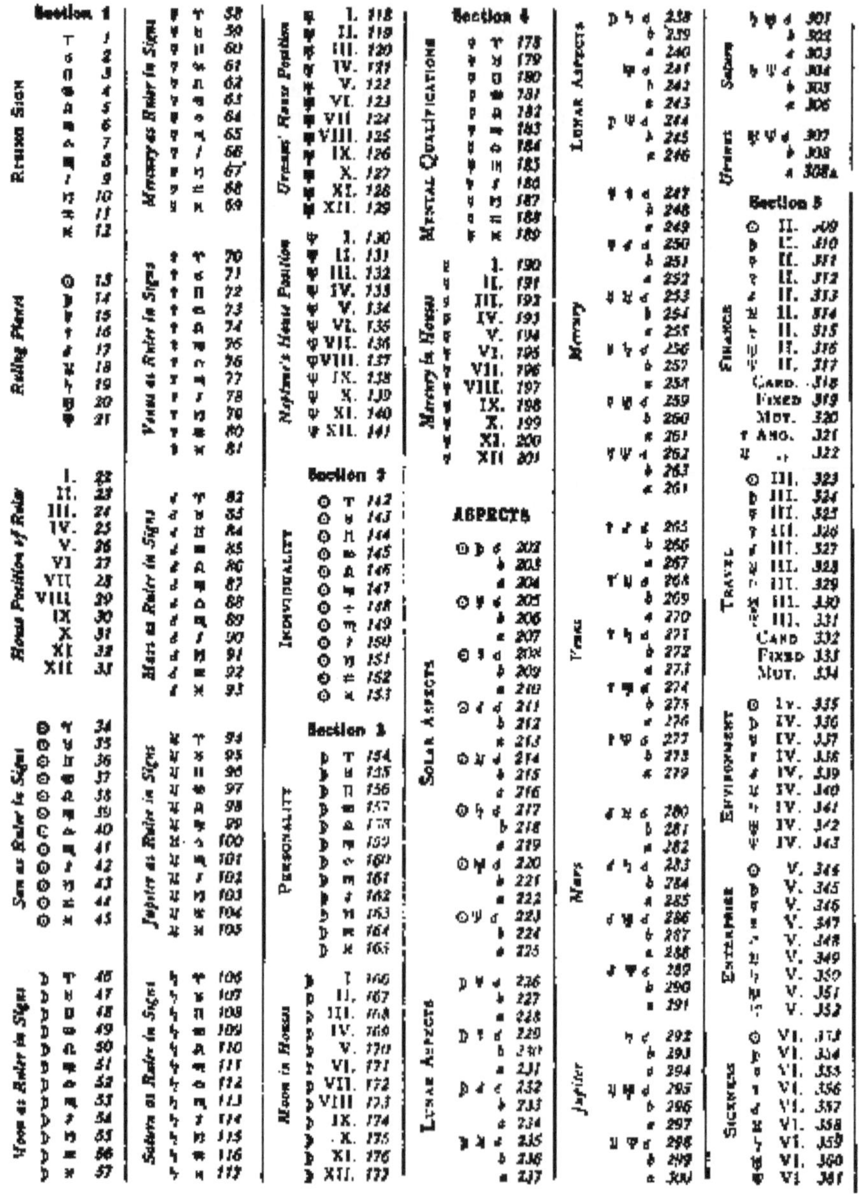

Section 1

Rising Sign: ♈ 1, ♉ 2, ♊ 3, ♋ 4, ♌ 5, ♍ 6, ♎ 7, ♏ 8, ♐ 9, ♑ 10, ♒ 11, ♓ 12

Ruling Planet: ☉ 13, ☽ 14, ☿ 15, ♀ 16, ♂ 17, ♃ 18, ♄ 19, ♅ 20, ♆ 21

House Position of Ruler: I. 22, II. 23, III. 24, IV. 25, V. 26, VI 27, VII 28, VIII 29, IX 30, X 31, XI 32, XII 33

Sun as Ruler in Signs: ☉ ♈ 34, ☉ ♉ 35, ☉ ♊ 36, ☉ ♋ 37, ☉ ♌ 38, ☉ ♍ 39, ☉ ♎ 40, ☉ ♏ 41, ☉ ♐ 42, ☉ ♑ 43, ☉ ♒ 44, ☉ ♓ 45

Moon as Ruler in Signs: ☽ ♈ 46, ☽ ♉ 47, ☽ ♊ 48, ☽ ♋ 49, ☽ ♌ 50, ☽ ♍ 51, ☽ ♎ 52, ☽ ♏ 53, ☽ ♐ 54, ☽ ♑ 55, ☽ ♒ 56, ☽ ♓ 57

Mercury as Ruler in Signs: ☿ ♈ 58, ☿ ♉ 59, ☿ ♊ 60, ☿ ♋ 61, ☿ ♌ 62, ☿ ♍ 63, ☿ ♎ 64, ☿ ♏ 65, ☿ ♐ 66, ☿ ♑ 67, ☿ ♒ 68, ☿ ♓ 69

Venus as Ruler in Signs: ♀ ♈ 70, ♀ ♉ 71, ♀ ♊ 72, ♀ ♋ 73, ♀ ♌ 74, ♀ ♍ 75, ♀ ♎ 76, ♀ ♏ 77, ♀ ♐ 78, ♀ ♑ 79, ♀ ♒ 80, ♀ ♓ 81

Mars as Ruler in Signs: ♂ ♈ 82, ♂ ♉ 83, ♂ ♊ 84, ♂ ♋ 85, ♂ ♌ 86, ♂ ♍ 87, ♂ ♎ 88, ♂ ♏ 89, ♂ ♐ 90, ♂ ♑ 91, ♂ ♒ 92, ♂ ♓ 93

Jupiter as Ruler in Signs: ♃ ♈ 94, ♃ ♉ 95, ♃ ♊ 96, ♃ ♋ 97, ♃ ♌ 98, ♃ ♍ 99, ♃ ♎ 100, ♃ ♏ 101, ♃ ♐ 102, ♃ ♑ 103, ♃ ♒ 104, ♃ ♓ 105

Saturn as Ruler in Signs: ♄ ♈ 106, ♄ ♉ 107, ♄ ♊ 108, ♄ ♋ 109, ♄ ♌ 110, ♄ ♍ 111, ♄ ♎ 112, ♄ ♏ 113, ♄ ♐ 114, ♄ ♑ 115, ♄ ♒ 116, ♄ ♓ 117

Uranus' House Position: ♅ I. 118, II. 119, III. 120, IV. 121, V. 122, VI. 123, VII 124, VIII. 125, IX. 126, X. 127, XI. 128, XII. 129

Neptune's House Position: ♆ I. 130, II. 131, III. 132, IV. 133, V. 134, VI. 135, VII. 136, VIII. 137, IX. 138, X. 139, XI. 140, XII. 141

Section 2

Individuality: ☉ ♈ 142, ☉ ♉ 143, ☉ ♊ 144, ☉ ♋ 145, ☉ ♌ 146, ☉ ♍ 147, ☉ ♎ 148, ☉ ♏ 149, ☉ ♐ 150, ☉ ♑ 151, ☉ ♒ 152, ☉ ♓ 153

Section 3

Personality: ☽ ♈ 154, ☽ ♉ 155, ☽ ♊ 156, ☽ ♋ 157, ☽ ♌ 158, ☽ ♍ 159, ☽ ♎ 160, ☽ ♏ 161, ☽ ♐ 162, ☽ ♑ 163, ☽ ♒ 164, ☽ ♓ 165

Moon in House: ☽ I 166, II. 167, III. 168, IV. 169, V. 170, VI. 171, VII. 172, VIII 173, IX. 174, X. 175, XI. 176, XII. 177

Section 4

Mental Qualifications: ☿ ♈ 178, ☿ ♉ 179, ☿ ♊ 180, ☿ ♋ 181, ☿ ♌ 182, ☿ ♍ 183, ☿ ♎ 184, ☿ ♏ 185, ☿ ♐ 186, ☿ ♑ 187, ☿ ♒ 188, ☿ ♓ 189

Mercury in House: ☿ I. 190, II. 191, III. 192, IV. 193, V. 194, VI. 195, VII. 196, VIII. 197, IX. 198, X. 199, XI. 200, XII 201

ASPECTS

Solar Aspects: ☉ ☽ ☌ 202, ⚹ 203, □ 204; ☉ ☿ ☌ 205, ⚹ 206, □ 207; ☉ ♀ ☌ 208, ⚹ 209, □ 210; ☉ ♂ ☌ 211, ⚹ 212, □ 213; ☉ ♃ ☌ 214, ⚹ 215, □ 216; ☉ ♄ ☌ 217, ⚹ 218, □ 219; ☉ ♅ ☌ 220, ⚹ 221, □ 222; ☉ ♆ ☌ 223, ⚹ 224, □ 225

Lunar Aspects: ☽ ☿ ☌ 226, ⚹ 227, □ 228; ☽ ♀ ☌ 229, ⚹ 230, □ 231; ☽ ♂ ☌ 232, ⚹ 233, □ 234; ☽ ♃ ☌ 235, ⚹ 236, □ 237; ☽ ♄ ☌ 238, ⚹ 239, □ 240; ☽ ♅ ☌ 241, ⚹ 242, □ 243; ☽ ♆ ☌ 244, ⚹ 245, □ 246

Mercury: ☿ ♀ ☌ 247, ⚹ 248, □ 249; ☿ ♂ ☌ 250, ⚹ 251, □ 252; ☿ ♃ ☌ 253, ⚹ 254, □ 255; ☿ ♄ ☌ 256, ⚹ 257, □ 258; ☿ ♅ ☌ 259, ⚹ 260, □ 261; ☿ ♆ ☌ 262, ⚹ 263, □ 264

Venus: ♀ ♂ ☌ 265, ⚹ 266, □ 267; ♀ ♃ ☌ 268, ⚹ 269, □ 270; ♀ ♄ ☌ 271, ⚹ 272, □ 273; ♀ ♅ ☌ 274, ⚹ 275, □ 276; ♀ ♆ ☌ 277, ⚹ 278, □ 279

Mars: ♂ ♃ ☌ 280, ⚹ 281, □ 282; ♂ ♄ ☌ 283, ⚹ 284, □ 285; ♂ ♅ ☌ 286, ⚹ 287, □ 288; ♂ ♆ ☌ 289, ⚹ 290, □ 291

Jupiter: ♃ ♄ ☌ 292, ⚹ 293, □ 294; ♃ ♅ ☌ 295, ⚹ 296, □ 297; ♃ ♆ ☌ 298, ⚹ 299, □ 300

Saturn: ♄ ♅ ☌ 301, ⚹ 302, □ 303; ♄ ♆ ☌ 304, ⚹ 305, □ 306

Uranus: ♅ ♆ ☌ 307, ⚹ 308, □ 308A

Section 5

Finance: ☉ II. 309, ☽ II. 310, ☿ II. 311, ♀ II. 312, ♂ II. 313, ♃ II. 314, ♄ II. 315, ♅ II. 316, ♆ II. 317, Card. 318, Fixed 319, Mut. 320, ♀ Asc. 321, ♃ ... 322

Travel: ☉ III. 323, ☽ III. 324, ☿ III. 325, ♀ III. 326, ♂ III. 327, ♃ III. 328, ♄ III. 329, ♅ III. 330, ♆ III. 331, Card. 332, Fixed 333, Mut. 334

Environment: ☉ IV. 335, ☽ IV. 336, ☿ IV. 337, ♀ IV. 338, ♂ IV. 339, ♃ IV. 340, ♄ IV. 341, ♅ IV. 342, ♆ IV. 343

Enterprise: ☉ V. 344, ☽ V. 345, ☿ V. 346, ♀ V. 347, ♂ V. 348, ♃ V. 349, ♄ V. 350, ♅ V. 351, ♆ V. 352

Sickness: ☉ VI. 353, ☽ VI. 354, ☿ VI. 355, ♀ VI. 356, ♂ VI. 357, ♃ VI. 358, ♄ VI. 359, ♅ VI. 360, ♆ VI. 361

Reference Chart—*continued.*

Marriage

☉	VII.	362
☽	VII.	363
☿	VII.	364
♀	VII.	365
♂	VII.	366
♃	VII.	367
♄	VII.	368
♅	VII.	369
♆	VII.	370
♀	♈	371
♀	♉	372
♀	♊	373
♀	♋	374
♀	♌	375
♀	♍	376
♀	♎	377
♀	♏	378
♀	♐	379
♀	♑	380
♀	♒	381
♀	♓	382

Legacies

☉	VIII.	383
☽	VIII.	384
☿	VIII.	385
♀	VIII.	386
♂	VIII.	387
♃	VIII.	388
♄	VIII.	389
♅	VIII.	390
♆	VIII.	391

Philosophy

☉	IX.	392
☽	IX.	393
☿	IX.	394
♀	IX.	395
♂	IX.	396
♃	IX.	397
♄	IX.	398
♅	IX.	399
♆	IX.	400

Profession

☉	X.	401
☽	X.	402
☿	X.	403
♀	X.	404
♂	X.	405
♃	X.	406
♄	X.	407
♅	X.	408
♆	X.	409
Card.		410
Fixed		411
Mut.		412

Friends

☉	XI.	413
☽	XI.	414
☿	XI.	415
♀	XI	416
♂	XI.	417
♃	XI.	418
♄	XI.	419
♅	XI.	420
♆	XI	421
Fiery signs		422
Earthy ..		423
Airy ..		424
Watery ..		425

Occultism

☉	XII.	426
☽	XII.	427
☿	XII.	428
♀	XII	429
♂	XII.	430
♃	XII.	431
♄	XII.	432
♅	XII.	433
♆	XII.	434
N.P.		435

Section 6

Rising	436
Setting	437
Above	438
Below	439
Fire	440
Air	441
Water	442
Earth	443
Card.	444
Fixed	445
Mut.	446

Summaries

C. & F.	447
C. & M	448
F. & C.	449
F. & M.	450
M. & C.	451
M. & F.	452
F. & A.	453
F. & W	454
F. & E.	455
A. & F.	456
A. & W.	457
A. & E.	458
W. & F.	459
W. & A.	460
W. & E.	461
E. & F.	462
E. & A	463
E. & W	464

Supplementary Paragraphs

Rising Planets

☉	465
☽	466
☿	467
♀	468
♂	469
♃	470
♄	471
♅	472
♆	473

Personal Colouring

☽	♈	474
☽	♉	475
☽	♊	476
☽	♋	477
☽	♌	478
☽	♍	479
☽	♎	480
☽	♏	481
☽	♐	482
☽	♑	483
☽	♒	484
☽	♓	485

Polarities

☉ ♈ - ☽ ♈	486
☉ ♈ - ☽ ♉	487
☉ ♈ - ☽ ♊	488
☉ ♈ - ☽ ♋	489
☉ ♈ - ☽ ♌	490
☉ ♈ - ☽ ♍	491
☉ ♈ - ☽ ♎	492
☉ ♈ - ☽ ♏	493
☉ ♈ - ☽ ♐	494
☉ ♈ - ☽ ♑	495
☉ ♈ - ☽ ♒	496
☉ ♈ - ☽ ♓	497
☉ ♉ - ☽ ♈	498
☉ ♉ - ☽ ♉	499
☉ ♉ - ☽ ♊	500
☉ ♉ - ☽ ♋	501
☉ ♉ - ☽ ♌	502
☉ ♉ - ☽ ♍	503
☉ ♉ - ☽ ♎	504
☉ ♉ - ☽ ♏	505
☉ ♉ - ☽ ♐	506
☉ ♉ - ☽ ♑	507
☉ ♉ - ☽ ♒	508
☉ ♉ - ☽ ♓	509
☉ ♊ - ☽ ♈	510
☉ ♊ - ☽ ♉	511
☉ ♊ - ☽ ♊	512
☉ ♊ - ☽ ♋	513
☉ ♊ - ☽ ♌	514
☉ ♊ - ☽ ♍	515
☉ ♊ - ☽ ♎	516
☉ ♊ - ☽ ♏	517
☉ ♊ - ☽ ♐	518
☉ ♊ - ☽ ♑	519
☉ ♊ - ☽ ♒	520
☉ ♊ - ☽ ♓	521
☉ ♋ - ☽ ♈	522
☉ ♋ - ☽ ♉	521
☉ ♋ - ☽ ♊	524
☉ ♋ - ☽ ♋	525
☉ ♋ - ☽ ♌	526
☉ ♋ - ☽ ♍	527
☉ ♋ - ☽ ♎	528
☉ ♋ - ☽ ♏	529
☉ ♋ - ☽ ♐	530
☉ ♋ - ☽ ♑	531
☉ ♋ - ☽ ♒	532
☉ ♋ - ☽ ♓	533
☉ ♌ - ☽ ♈	534
☉ ♌ - ☽ ♉	535
☉ ♌ - ☽ ♊	536
☉ ♌ - ☽ ♋	537
☉ ♌ - ☽ ♌	538
☉ ♌ - ☽ ♍	539
☉ ♌ - ☽ ♎	540
☉ ♌ - ☽ ♏	541
☉ ♌ - ☽ ♐	542
☉ ♌ - ☽ ♑	543
☉ ♌ - ☽ ♒	544
☉ ♌ - ☽ ♓	545
☉ ♍ - ☽ ♈	546
☉ ♍ - ☽ ♉	547
☉ ♍ - ☽ ♊	548
☉ ♍ - ☽ ♋	549
☉ ♍ - ☽ ♌	550
☉ ♍ - ☽ ♍	551
☉ ♍ - ☽ ♎	552

Polarities—*continued*

☉ ♍ - ☽ ♏	553
☉ ♍ - ☽ ♐	554
☉ ♍ - ☽ ♑	555
☉ ♍ - ☽ ♒	556
☉ ♍ - ☽ ♓	557
☉ ♎ - ☽ ♈	558
☉ ♎ - ☽ ♉	559
☉ ♎ - ☽ ♊	560
☉ ♎ - ☽ ♋	561
☉ ♎ - ☽ ♌	562
☉ ♎ - ☽ ♍	563
☉ ♎ - ☽ ♎	564
☉ ♎ - ☽ ♏	565
☉ ♎ - ☽ ♐	566
☉ ♎ - ☽ ♑	567
☉ ♎ - ☽ ♒	568
☉ ♎ - ☽ ♓	569
☉ ♏ - ☽ ♈	570
☉ ♏ - ☽ ♉	571
☉ ♏ - ☽ ♊	572
☉ ♏ - ☽ ♋	573
☉ ♏ - ☽ ♌	574
☉ ♏ - ☽ ♍	575
☉ ♏ - ☽ ♎	576
☉ ♏ - ☽ ♏	577
☉ ♏ - ☽ ♐	578
☉ ♏ - ☽ ♑	579
☉ ♏ - ☽ ♒	580
☉ ♏ - ☽ ♓	581
☉ ♐ - ☽ ♈	582
☉ ♐ - ☽ ♉	583
☉ ♐ - ☽ ♊	584
☉ ♐ - ☽ ♋	585
☉ ♐ - ☽ ♌	586
☉ ♐ - ☽ ♍	587
☉ ♐ - ☽ ♎	588
☉ ♐ - ☽ ♏	589
☉ ♐ - ☽ ♐	590
☉ ♐ - ☽ ♑	591
☉ ♐ - ☽ ♒	592
☉ ♐ - ☽ ♓	593
☉ ♑ - ☽ ♈	594
☉ ♑ - ☽ ♉	595
☉ ♑ - ☽ ♊	596
☉ ♑ - ☽ ♋	597
☉ ♑ - ☽ ♌	598
☉ ♑ - ☽ ♍	599
☉ ♑ - ☽ ♎	600
☉ ♑ - ☽ ♏	601
☉ ♑ - ☽ ♐	602
☉ ♑ - ☽ ♑	603
☉ ♑ - ☽ ♒	604
☉ ♑ - ☽ ♓	605
☉ ♒ - ☽ ♈	606
☉ ♒ - ☽ ♉	607
☉ ♒ - ☽ ♊	608
☉ ♒ - ☽ ♋	609
☉ ♒ - ☽ ♌	610
☉ ♒ - ☽ ♍	611
☉ ♒ - ☽ ♎	612
☉ ♒ - ☽ ♏	613
☉ ♒ - ☽ ♐	614
☉ ♒ - ☽ ♑	615
☉ ♒ - ☽ ♒	616
☉ ♒ - ☽ ♓	617
☉ ♓ - ☽ ♈	618
☉ ♓ - ☽ ♉	619
☉ ♓ - ☽ ♊	620
☉ ♓ - ☽ ♋	621
☉ ♓ - ☽ ♌	622
☉ ♓ - ☽ ♍	623
☉ ♓ - ☽ ♎	624
☉ ♓ - ☽ ♏	625
☉ ♓ - ☽ ♐	626
☉ ♓ - ☽ ♑	627
☉ ♓ - ☽ ♒	628
☉ ♓ - ☽ ♓	629

Section 7

Future Prospects—Solar Aspects

☉	☽	☌	i.
		b	ii.
		a	iii.
☉	☿	☌	iv.
		b	v.
		a	vi.
☉	♀	☌	vii.
		b	viii.
		a	ix.
☉	♂	☌	x.
		b	xi.
		a	xii.
☉	♃	☌	xiii.
		b	xiv.
		a	xv.
☉	♄	☌	xvi.
		b	xvii.
		a	xviii.
☉	♅	☌	xix.
		b	xx.
		a	xxi.
☉	♆	☌	xxii.
		b	xxiii.
		a	xxiv.

Future Prospects—Interplanetary or Mutual Aspects

☿	♀	☌	xxv.
		b	xxvi.
		a	xxvii.
☿	♂	☌	xxviii.
		b	xxix.
		a	xxx.
☿	♃	☌	xxxi.
		b	xxxii.
		a	xxxiii.
☿	♄	☌	xxxiv.
		b	xxxv.
		a	xxxvi.
☿	♅	☌	xxxvii.
		b	xxxviii.
		a	xxxix.
☿	♆	☌	xl.
		b	xli.
		a	xlii.
♀	♂	☌	xliii.
		b	xliv.
		a	xlv.
♀	♃	☌	xlvi.
		b	xlvii.
		a	xlviii.
♀	♄	☌	xlix.
		b	l.
		a	li.
♀	♅	☌	lii.
		b	liii.
		a	liv.
♀	♆	☌	lv.
		b	lvi.
		a	lvii.
♂	♅	☌	lviii.
		b	lix.
		a	lx.
♂	♄	☌	lxi.
		b	lxii.
		a	lxiii.
♂	♅	☌	lxiv.
		b	lxv.
		a	lxvi.
♂	♆	☌	lxvii.
		b	lxviii.
		a	lxix.
♃ & ♄		☌	lxx.
		a	lxxi.
♃	♅	☌	lxxii.
		b	lxxiii.
		a	lxxiv.
♄	♅	☌	lxxv.
		b	lxxvi.
		a	lxxvii.

Future Prospects—Man's progress through Signs

☽	♈	lxxviii.
☽	♉	lxxix.
☽	♊	lxxx.
☽	♋	lxxxi.
☽	♌	lxxxii.
☽	♍	lxxxiii.
☽	♎	lxxxiv.
☽	♏	lxxxv.
☽	♐	lxxxvi.
☽	♑	lxxxvii.
☽	♒	lxxxviii.
☽	♓	lxxxix.

Future Prospects—Man's Progress

☽	1st	xc.
☽	2nd	xci.
☽	3rd	xcii.
☽	4th	xciii.
☽	5th	xciv.
☽	6th	xcv.
☽	7th	xcvi.
☽	8th	xcvii.
☽	9th	xcviii.
☽	10th	xcix.
☽	11th	c.
☽	12th	ci.
☽ ☉	☌	cii.
	b	ciii.
	a	civ.
☽ ☿	☌	cv.
	b	cvi.
	a	cvii.
☽ ♀	☌	cviii.
	b	cix.
	a	cx.

Future Prospects—*Man's Progress (continued)*

☽ ♂	☌	cxi.
	b	cxii.
	a	cxiii.
☽ ♃	☌	cxiv.
	b	cxv.
	a	cxvi.
☽ ♄	☌	cxvii.
	b	cxviii.
	a	cxix.
☽ ♅	☌	cxx.
	b	cxxi.
	a	cxxii.
☽ ♆	☌	cxxiii.
	b	cxxiv.
	a	cxxv.

www.ingramcontent.com/pod-product-compliance
Ingram Content Group UK Ltd.
Pitfield, Milton Keynes, MK11 3LW, UK
UKHW041346271224
3869UKWH00039B/262

9 781088 142622